西方史学的开拓与创新

庆贺张广智先生八十华诞暨从教五十年论文集

本书编委会 编

复旦大学
出版社

编委会

张广智先生近影

耿淡如先生诞辰120周年座谈会合影（2018年3月）

张广智先生与夫人蔡幼纹女士

张广智先生与首届博士研究生郭长刚　　　　　　　　张广智先生与首届博士研究生吴晓群

博士学位论文答辩会（2008年5月）

张广智先生与部分学生合影

《西方史学通史》（六卷本）新书发布会暨学术研讨会与会者合影（2012年3月）

张广智先生与部分学生合影（2018年3月）

八十自述（代序）

张广智

岁月荏苒，真是日月如梭，不知不觉吾已行年八十有余，渐入老境矣。八十年了，于时代、于国家而言，历经新旧中国两重天，又跨越世纪换新颜，改革开放再出发，当然是"天翻地覆慨而慷"了；但回顾个人的经历，却是平凡得很。已做的事少可记述，想做的事还未做完。大体说来，迄今为止，"已做的事"和"想做的事"都可以集中在一件事上，那就是西方史学史的教学与研究。的确，西方史学史是我的一个精神家园，在那里，我有一种安身立命、有所归属的亲切感，从中寻找到了一块赖以安顿心灵、乐不思蜀的精神沃土，于是毕生为此耕耘不已，也奋斗不已……

一、"江海门户通天下"

"江海门户通天下"，中央电视台在介绍江苏海门这座城市时，用了这样七个字。"江海门户通天下"，我不知道是哪位高人起的，多年前就播出过，今又再现，可见这"广告语"的生命力。它画龙点睛，生动地点明了这座位于长江出海口的城市的地理方位，也确切地反映了当今海门人立足长三角、面向全国、走向世界的雄心壮志与宏伟气沛。

1939 年 9 月，我就出生在海门乡下。在那个动荡的岁月里，战乱不息，生灵涂炭。生逢乱世，连生存都成了问题，还说什么那蒲公英飘拂过的童年。

由弗洛伊德所创立的现代西方心理史学，对个人传记中的"童年经历"尤为关注，认为它是日后个人行为或人格的一种基础。在西方心理史家那里，一个人的"童年经历"对后来的影响，显然被肆意地夸大了，这自然是不对的；但倘若忽视"童年经历",特别是那种留下难忘的"童年记忆",那也是不足取的。我这里要说的我幼时留下深刻记忆的一段短暂的启蒙教育,在我选择历史学作为最终志向时,曾产生过潜移默化的影响,因而这段"童年记忆"至今还难以忘怀。

我父母虽受过一点旧式教育,但是文化程度都很低,母亲能识些字,但几乎不能写。父亲要好些,读写水平也不过小学程度。但父亲从小在祖父那里受教,对四书五经相当熟悉,尤其是《论语》和《孟子》中的句子,他能大段大段地背诵下来。这在我成年后,他也常常在我面前脱口而出,令我十分钦佩,让我这个名牌大学历史系出道的人感到羞愧。

父亲的"才华"得益于祖父的教诲。我的祖父张汝僖先生,是当地乡间远近闻名的"知识分子",他开办私塾,吸引四方学童前来求学(一般贫家子弟不去远处上"洋学堂",也上不起),于是在老家正房西头搭建了一大间草屋,祖父以其父(我的曾祖父张文云先生)之名,把这间由他执教的草庐称之为"文云堂"。从我稍稍懂事的时候起,五岁左右的时候,就在这间"文云堂"里念书,成天背诵儒家经典,给我留下印象深的是《论语》。

汝僖先生每天给幼孙讲解一段古文,在当时我幼小的心灵里,当然不知其意(我真正能知《论语》等古文之意,还要等到进复旦大学历史系贺卓君老师给我们上《历史文选课》的时候),但还要囫囵吞枣地把它背下来。我记性不差,祖父给我留下的"作业"很快地就完成了,我就"唆使"学堂里的小朋友,乘我祖父不在时,悄悄地溜出去玩,不是去抓麻雀,就是去捉蟋蟀,而那些顽皮的学生第二天往往背不出老师圈定的篇章而受到体罚("尺罚",打手心)。祖父知道缘由后,就给我加大"背书量",以此不让我带头去玩。但我照样能背下来。就这样,我与祖父暗自较劲。现在回想这段童年趣事,还是蛮有劲的,而幼时背诵古书的童子功确让我终身受益。

好景不长,祖父不久因病去世,由此也结束了我的"学前教育"。这大约有一年多的时间,但因战乱,加上祖父身体素来屡弱,故辍学的日子很多,实际上只读(背)了一点点书。抗日战争结束后,已在上海立足的大舅唤我母亲去那儿闯荡。1946年冬,母亲带着时年七岁的我还有那襁褓中的妹妹,离乡别井,踏上了"十里洋场",开始在这座远东大都市里生根。1949年中华人民共和国成立后,我在上海念完了小学与中学。1959 年 9 月,又顺利地考取了复旦大学历史系,在人生的道路上,翻开了新的一页,真的走上了这条"江海门户通天下"的通衢大道。

二、"谦虚治学,谦虚做人"

我是相信缘分的,命运注定我此生要在复旦大学遇上耿淡如先生(1898—1975),并与西方史学史结下不解之缘。不是吗? 耿师竟与我是同乡。我的出生地海门县正余乡距老师家很近。我与耿师都毕业于复旦大学,之后又都终身在那里工作。也许在冥冥之中,一双无形的"上帝之手"把我们牵连在一起。

事实上,淡如先生是最早实践"江海门户通天下"的海门籍的前辈历史学家。1923 年他以优异的成绩毕业于复旦大学,遂在故乡海门中学和复旦大学附属中学(复旦大学中学部)任教。1929 年 11 月至 1932 年 5 月赴美留学,入哈佛大学研究院,攻读政治历史与政治制度,获硕士学位。1932 年 5 月学成归国后,他开始在沪上多所大学任教,而主要在母校复旦大学授课。中华人民共和国成立后,转入历史系工作,在那里与周谷城先生共事多年,专治世界中世纪史,成就斐然,并与专治世界古代史的周先生齐名而享誉史学界。60 年代初,他开始致力于西方史学史的教学与研究工作。在迄至"文革"前的这五六年间,他为中国的西方史学史的学科建设作出了开创者的贡献。

当我于 1959 年秋进复旦大学历史系就读的时候,耿师已步入花甲之年。平实而言,在上个世纪 50 年代,复旦大学并不像现在这样有名,但它的历史系却在国内名列前茅,足可与当时的北京大学历史系相媲美,堪称 20 世纪前期中国史学之表征。当时的历史系,名教授云集。在中国史方面有周予同、陈守实、谭其骧、胡厚宣、马长寿、蔡尚思等;在世界史方面,有周谷城、耿淡如、王造时、陈仁炳、朱澂、章巽、田汝康等,真可谓是极一时之选。刚过弱冠之年的我,既仰视他们,又从他们的教泽中得益。五年的本科学习扎扎实实,得到了一个史学工作者必备的学术素养和严格的史学训练,这为我日后从事西方史学史的教学与研究工作创造了良好的条件。

不过,把我领进西方史学史这座精神家园的却是耿淡如先生。1964年9月,我考取了他的研究生,有幸成了他的"关门弟子"。也由于历史的因缘际会,我在无意中竟成了中国大陆"文革"前首位经高教部获准的统一招生考试的西方史学史专业方向研究生,就此开启了我一辈子学习与研究西方史学史的人生之旅。

我在《耿淡如与中国的西方史学史研究》(载《史学史研究》2002年第4期)这篇文章中,从总体上(就耿师的史学理念)和具体实践上,谈及耿师为中国的西方史学史学科建设所作出的贡献,我把这种奠基性的贡献比喻为"先行者的驼铃"与"探索者的足印"。试想,一个人在找不到方向的时候,该多么渴望能听到先行者的驼铃,发现探索者的足印啊。

耿师教我读原著。耿师为我指示的"阅读原著,进行批判性研究"的准则,即便在今日也是一种值得倡导与发扬的好学风。一切从原著出发,不尚空言,唯其如此,中国的西方史学的研究才能有所长进。

耿师教我做研究。耿师认为,阅读原著是深入研究工作的前提,但不能停留于此,否则便是一般性的介绍了。在这里需要发扬独立思考的精神,这就是耿师所说的"阅读原著,进行批判性研究"后半句话的意思了。

耿师教我采良法。这里说的是研究方法。耿师常常说道,我们从事西方史学的研究工作,方向与目标看准了,还需要有开门的钥匙,这就是方法。他倡导的"标本"与"模型"研究法、史家"类型"与"作风"分析法、"习明那尔"教学法等,都堪称为我至今仍在仿效运用的"良法"。

……

总之,作为他的学生,我从学贯中西的耿师那里,不只学到了西方史学史的专业知识,更重要的是通过学习,从中培养了独立思考的能力,学会了分析解决问题的方法。我之所以在耿师谢世(1975年)之后,在中国新时期"单枪匹马"前行,主要得益于此;作为他的学生,更为重要的是,我从他那里懂得了为学与为人之道。耿师生前经常对我说,要谦虚治学,更要谦虚做人:对于"治学",需要刻苦而不是懈怠,需要认真而不是轻薄;对于"做人",需要真诚而不是虚伪,需要宽厚而不是偏狭。耿师在这方面为我们树立了永远的榜样。他的"谦虚治学,谦虚做人"的教导,更成了我毕生的格言。总之,我在学习与研究西方史学史的道路上，把老师留给我的这份精神遗产视作一座灯塔，它时刻照亮着我的行程，照亮着我的精神家园。

三、从教：闸北十年

闸北区已在前几年并入静安区，渐渐为人们所淡忘，然而这个过去被沪上人家视为"下只角"的地方，却伴我度过了难忘的青少年时代。从1968年5月至1978年5月，我又在这里工作了整整十年，闸北啊闸北，它于我怎能忘却。

闸北十年，一直在中教岗位上工作，前六年在新中中学任教，后四年在区教育学院供职。新中中学，历史久远，说来也巧，它建校1925年，也正是吾系诞生之时，与我有同样经历的中文系教授黄霖（现为复旦中文系资深教授、著名的中国古典文学大家），那时也一起分配到新中中学。此时，学校尚未复课，于是我们做了一点新中的校史，为此发现校图书资料室是个宝，这儿藏书宏富且具价值，如二十四史就有两套（后赠上海图书馆一套），有《四部备要》《四部丛刊》，妙哉！竟还藏有《万有文库》，这对我们两人所从事的文史专业，实在是难得的相遇了。

进校后渐悉，新中教师队伍优秀，可用"藏龙卧虎"来形容。文科师资就人才济济，如语文学科就拥有宦邦显、王心恒、沙本钧、徐大刚等名师，后又从他校调进一批教师，实力更强。我离开新中后，吾系67级学生郭天成从外校调入新中，任校长，同班同学王妙龙也从外校调入，任校科研组组长，均成绩不俗，博得了新中人的一致好评，我想复旦历史系与新中中学还真有缘分啊！

新中六年，我带过两个班级：一个是72级，从迎新至毕业分配，上山下乡，做全了（这中间有一年多时间被《解放日报》借调）；一个是76届，只带了一年，1974年就被调进区教育学院，又经四年，直至1978年离开闸北。

回想这十年的中教历程，终觉遗憾，虽则我也教学认真，也与学生们学工学农，同吃同住，风雨同舟，但时逢乱世，非不为也，乃不能也。然就我个人的人生旅程而言，意义不凡。掐指算来，十年闸北区，历史一瞬间，自此，开启了我毕生从教的半个多世纪的艰难行程。

四、克丽奥之路

1978 年春来早，是年 5 月重返复旦，重执教鞭，自此开启了四十多年的学术旅程，沿着克丽奥之路，攻艰克难，奋力前行，不觉已过朝杖之年。

传承与革新，作为一对范畴，是矛盾的对立还是包容的互动，我以为是后者。进言之，传承与革新的辩证运动，当是学术前进和繁荣的原动力。为此，我们需要传承，又要不断革新。前者是为了给史学发展以基础，后者是为了给史家的个性发挥以空间，舍此别无他途，除非你排斥创造，墨守成规。

在这种思想指导下，我这里主要说一说我在西方史学史研究领域中已做过的工作。对此，我曾于 2009 年初，就西方史学史学科建设的问题，接受了复旦大学历史系、新闻学院等几位同学的联合采访，在回答他们的问题时，曾用"四个一"归纳与总结过我的工作（"已做的事"），那就是：确立一种史学理念，这里说的是从前辈那里继承他们对西方史学及其所持的基本思想；建立一个课程体系，这里说的是为本科生、硕士生到博士生所开设的课程，不是随意的，而应当是系统的和有计划的；编著一本适用的教材；形成一支教学梯队。我这里集中说一下，我于西方史学史研究方面"已做的事"，而这与上述所说的"四个一"也是紧密关联的。

这里说的"研究"，也涵盖学习。回溯起来，我的西方史学史研究当滥觞于上个世纪 60 年代拜耿时。在 1966 年前，那时主要是学习，我也做过耿师的"助教"，但在学习中也有"研究"，也有对西方史学的"批判性研究"。众所周知的是，经历"文革"的我们这一代人的学术经历，刚起步就被中止了。待到大地重光，又得重新起步，我也是这样。

在新时期，我的重新起步还得要从开设"西方史学史"一课讲起。记得在 80 年代初，国内只有北京大学历史系张芝联先生、四川大学历史系谭英华先生、华东师范大学郭圣铭先生等少数几位前辈在开设西方史学史课程。我步他们的后尘，也在 1982 年，为 78 级、79 级学生开设该课，算是国内最早讲授这一课程者之一。我一边上课，一边进行研究。我个人是沿着这样的思路进行的：第一，从个案研究开始，这是"基础工程"。我大体是从希罗多德开始的,一直往下延伸,几乎囊括了从古迄今的西方著名史家或流派,于是就有这种"个案研究"文章的不断发表;第二,在整体思考中求证,在上述这样研究的基础上,力图从宏观上了解与把握西方史学发展的历史进程,这就产生了下文要说到的"系列著作";第三,从主体(西方史学)向外拓展,这就是说,要不断深化史学史研究的内涵,以不断开拓与创新西方史学史的学术研究。在这方面,个人既有理论的阐发,也有实践的工作。

其实,我并没有写作西方史学史著作的系列构想,但以下三本书却在无意中构成了一个"系列",且都在各自的读者群中产生了广泛而又持久的回响。

以出版时间先后来看,这三本书首先是《克丽奥之路——历史长河中的西方史学》,其次是《史学,文化中的文化——文化视野中的西方史学》,第三本是《西方史学史》。这三者虽同是对西方史学发展进程的整体性思考,但在视角、立意和写法上又各有讲究,因此造就了不同的读者群:前者为适应社会大众的"普及版",中者为学术研究的"经院版",后者为高校学生的"教材版",如此说来,它就形成了一个"系列"。

《克丽奥之路——历史长河中的西方史学》,正如副题所示,它只是在西方史学历史发展的长河中,摄取若干断面,而主要是选择西方自古至今的著名历史学家与史学流派,加以重点铺陈,这些"断面"或可单独成篇,但联系起来看,或可是一本简明的西方史学史。为了稍稍改变一下历史编纂学历来那种严肃而又刻板的面孔,我不仅取了这样一个有悖于传统历史学的书名,而且在写法上,也作了一些"改革":力求生动活泼,注意可读性,但又蕴含着浓浓的学术色彩,时刻不忘历史学所要表述的主题。这本被书评界誉为"颇具房龙《宽容》风格"的小书,之所以深受读者,尤其是广大青年读者的欢迎,我想与我在写作上这些"改革"有关吧。当今,如何把学术资源转化为社会资源,以提高国民的素养,推进社会人文科学的普及化、大众化,当是当代中国历史学家的时代命题,我个人将为此继续作出努力,推出普及化、大众化的西方史学史的新作。

《史学,文化中的文化——文化视野中的西方史学》一书,与传统的史学史编纂模式不同,它不按纵向的时间顺序叙述,而是从西方文化背景上来考察西方史学的各种元素,意图多层次、多方面地揭示西方史学的发展进程。此书出版(1990年)后,曾多次重印,学界引用率也相当高。后来(2003年)出了插图修订版,又获得了新一代读者的欢迎。该书初版问世后,很快也在台湾出版了繁体字版(1992年)。在此顺便插入一点,我的书除上述之外,另有《西方史学散论》《影视史学》和《寻梦天涯》(主编)等也相继在台出版。当我于1998年首次访台时,发觉在海峡那边,我的书也得到了读者的喜爱,这使我颇感意外,令我十分愉悦。

由我主著的《西方史学史》,初版于2000年,目前已出了第四版。作为一本教材,本书先后被教育部列为"面向二十一世纪课程教材"、普通高等教育"十五""十一五"国家级规划教材,荣获全国普通高等学校优秀教材一等奖,并被教育部历史学科教学指导委员会指定为"推荐教材"。据不完全统计,四版印数已近15万册,其发行量已大体覆盖需用此类教材的全国各高等院校,得到了一届又一届的莘莘学子的热烈欢迎,学界评论此书是"教材的写作与学术研究进行完美结合的著作"(见张耕华:《一部"经院式"的西方史学史》,载《史学理论研究》2000年第3期)。这让我感到十分欣慰。现出的新版,无论就内容与观点等,都胜过前几版,新加盟的作者为新版带来了一股清风,为这本深受学生欢迎的教材增色。在此需要强调的一点是,这本教材,既是我个人多年来学术研究的成果,也是多年来我从事教学工作、教学相长的产物。本书除参与实际写作的我的几位弟子外,还包含了我授课的历届学生们的集体智慧,因此不管是引用还是海外非正规的版本,倘删去了"主"字,都是不妥的。

就学术著作而言,我与胞弟张广勇除合著上述《史学,文化中的文化》一书外,还有《现代西方史学》一书。在研究西方史学史的行程中,我还得到了学界同仁的鼎力支持,其学术成果的集中体现是已出版的由我主编的《世界文化史》(古代卷)、《二十世纪中外史学交流》和《史学之魂:当代西方马克思主义史学研究》等著作。

新世纪伊始,由我主编的多卷本《西方史学通史》由酝酿、起步、写作、定稿,历经十年艰辛,终于在2011年出版。本书阐述自"荷马时代"迄至现当代西方史学发展的历史进程,开多卷本西方史学史编纂之先河,它的问世为中国的西方史学史研究作出了贡献。从《西方史学史》一卷本的编纂到《西方史学通史》多卷本的完成,我对中国的西方史学史研究就有了一个确确实实的交代,也就不枉为此生了。

关于个案研究、史学评论、读史札记、序跋等学术论文和文章,迄今为止已发表有200余篇。1995年由台湾出版的《西方史学散论》一书,2008年由大陆出版的《超越时空的对话:一位东方学者关于西方史学的思考》、2012年的《克丽奥的东方形象:中国学人的西方史学观》等,这三本论著收录了我上述篇章中的主要的学术论文和文章。

众所周知的事实是,中国的西方史学史研究很薄弱,我上面说的这些"已做的事"(学术论著),在很大的程度上,还停留在述评层面,至于说到独创性的研究,还不多。但这并不妨碍在这块被视为西方学者的"世袭领地"上,由中国学者自己耕耘而收割的果实。盘点我个人在这方面的学术成果,虽不敢自诩有多少"创新点",然始终秉持着"西方史学,中国眼光",对西方史学中的许多问题,也有一位东方学者的思考。现择其要者,略说以下三点。

1. 关于西方史学的新陈代谢

新陈代谢,亘古不变,西方史学也是这样。如何在历史长河中把握住西方史学的流变呢?这一答案来源于西方史学自身的发展变化,蕴含于西方社会与时代的深刻变革之中。我个人以为,西方史学史经历了五次重大的历史性转折,即现今被学界竞相引用的"五次转折说":第一次转折发生在公元前5世纪的古希腊时代,它标志着西方史学的创立;第二次转折发生在公元5世纪前后,西方史学从古典史学转向基督教神学史观;第三次转折是从14世纪西欧文艺复兴运动开始的,这次转向再一次把人放在历史学发展的中心地位;第四次转折发生在19世纪与20世纪之交,西方史学从此开始了从传统史学向新史学转变的发展阶段;第五次转折发生在20世纪50年代,西方史学又面临一次"重新定向"。

2. 关于西方史学的开拓与创新

关于这方面的论述,个人"与时俱进",林林总总也发表过不少,比如关于史学的范型、史学思想、史家的文化视野乃至"全球史观"等问题的学术探讨,这里就近年来本人关于拓宽西方史学史研究的内涵略说一二。

一是关于中外(西)史学交流史的研究。传统的史学史研究,不管是中国史学史还是西方史学史,都只关注史学自身问题的研究,这自然是必要的。但仅仅停留在这一层面就不够了,它还应该研究不同国家或地区之间史学文化的相互交汇与相互影响,即我常用的词汇"影响研究"。可以预期的是,重视史学史的影响研究,亦即重视中外(西)史学史交流史的研究,将为我们的史学史(不论中西)研究开启一扇新的窗户,并成为它的一个新的增长点。

二是关于马克思主义史学史的研究。自19世纪40年代马克思主义史学的"横空出世",至今已有180年的历史了。对于这个时段的史学史研究,似乎还未引起我国学界的关注。个人以为,加强马克思主义史学史的研究,无论就开创中国马克思主义史学研究,还是就西方史学史研究自身内涵的深化,都是当今中国历史学家的一项迫切任务。

3. 关于西方史学史之史

为了开拓中国的西方史学史研究,我们还应当重视和加强西方史学史之史的研究。从事史学史的研究,而不关注史学史之史,亦即不知晓这门学科自身的历史,这是说不过去的。研究一门学科的历史,对它进行回顾与总结,是史学史研究工作者自觉性的体现,唯其如此,史学史研究的开拓与创新,才有了历史前提与理论基础。此见对西方史学史研究亦可作如是观。

上述几个方面,个人皆有一些相关论著发表,前面所列的诸书,或能大体上反映我在这方面的认知。总之,"克丽奥之路"漫漫,吾将上下而求索。

五、"成活率高"

我祖父毕生是个乡村私塾教师,父亲先是务农后又当了工人,我继承祖父之业,也成了一个"教书匠",所谓的"隔代传"吧。我庆幸此生选择了教师这个职业,"春蚕到死丝方尽,蜡炬成灰泪始干",那种高尚致远的境界,虽不能至,但却心向往之。

多年来,我一直坚守在大学本科生的教学工作岗位上,曾在复旦大学历史系长期开设《西方史学史》和《世界古代史》等课程。由于生源优秀,也为了适应他们不断获取新知的需要,我不断在教学过程中,对所授课程的教学内容与教学方法进行了多方面的改革,多次获得了上海市及学校颁发的优秀教学成果奖。

关于研究生的教学工作,我曾开设多门课程,但最多的是"西方史学专题研究"一课,除本系硕士、博士研究生选读该课外,还吸引外系硕、博生选修,选课者常常爆满。我采用兰克的"习明那尔"(seminar,专题研究讨论班)教学法,这也是耿师当年培养我时的方法:选课者自行选题、独立搜集资料、撰文、报告,接着由专人评论,然后自由讨论,最后由我点评(小结)。采用这种方法,学生学习的主动性增强了,独立思考的能力提高了,行文写作的水平进步了。实践证明,这是培养研究生的一种行之有效的教学模式,我屡试不爽,都取得了很好的教学效果。不仅学生们收获良多,由此也找到了一把开启历史科学之门的钥匙,而我也获得教学相长之乐,在课堂里师生平等对话所撞击出来的思想火花,也助我思考,益于我深入研究某个问题。

在教书育人方面,我用力最多的是研究生的培养,从 1992 年招收首届硕士研究生陈靖丰以来,为研究生的培养作出了自己的贡献。这里着重说说博士研究生的情况。我所带的博士研究生,粗略算来,有 30 余人,在我们系里不算多的。依照他们的专业研究方向,有学世界古代中世纪史的,有学世界文化史的,有学西方史学史的,其中以选西方史学史专业研究方向为最多。不管入学时的情况如何,他们在各自度过一段难以泯灭的"复旦生涯"后,都迅速地成长了。现在,在他们中间,有"马克思主义理论研究和建设工程重点教材"外国史学史的首席专家,有著名高校的博士研究生导师,有各省市相关学科的学术带头人,更多的是散布在各高校历史系等部门的学术骨干。在西方史学史这座精神家园里,我的弟子们辛勤耕耘,已硕果累累,成绩不凡。在每年举行的全国史学理论学术研讨会上,他们中的许多人不约而扎堆地活跃在会场,竟成了一道亮丽的"风景线",这自然令我十分高兴。是改革开放的时代造就了他们,是复旦这所百年名校的沃土哺育了他们,更是具有深厚的史学史研究传统的复旦历史系培养了他们。当然,最重要的还是取决于他们自身的努力。本系教研室同仁赵立行教授夸我在培养弟子方面的成就时,他作了一个形象的比喻,说道:"张老师培养学生,就像植树一样,成活率高啊!"立行逢师生聚餐时,还不止一次地说过,说得我很脸红。学生们个个根红苗正,又植在沃土,天赐风调雨顺,当然能迅速成长,我不过是不时洒点水浇灌一下而已。

六、徜徉在史学与文学之间

文事渐启,史事未了。

近年来,我自谓"徜徉在史学与文学之间",故以上八字,大体可以概括我当下的生存状态,这也是一个步入望九的文史工作者所孜孜以求的奋斗目标。长我五岁的文学大家王蒙先生说得好,小说可以写到老,创造到老,追求开拓到老。王氏之言铮矣,我相信,在我缓慢的行进步伐中,但愿能在今后的文史写作中也"有所创造,有所开拓"。

史事未了,倘问何时了? 回答是否定的。我十分赞赏法国年鉴史学派创始人马克·布洛赫作传记的书名《为历史而生》。是的,为历史而生,这位卓越的历史学家确实笃志于史学,即便是面对法西斯枪口的时候,也矢志不渝,以自己的践行,树立了一位为后来者所崇敬的榜样。

这十年间,史事仍忙。完成了一些课题的结尾工作,特别是由我主持的教育部人文社会科学重点研究基地重大项目《近代以来中外史学交流研究》进入了后期工作阶段;接受了一些推迟不掉的约稿,如《人民日报》理论部约写的"大家手笔",首篇一试,即受到了编辑部的看重,竟一连发了四篇,另有一篇发在该报学术版的头条文章;应邀参加了一些史学理论与史学史的学术研讨会,为参会,必撰文,费时多,收获亦丰。

回望来路,我从 1959 年进复旦历史系求读、任职至今,在史苑已生活了一个甲子。在这六十年里,秉承先师耿淡如先生的旨意,在西方史学史这个领域内"做垦荒者的工作",从主著《西方史学史》到主编多卷本《西方史学通史》、多卷本《近代以来中外史学交流史》,从专著《西方史学散论》到《超越时空的对话》《克丽奥的东方形象》,艰难困苦,玉汝于成。说真的,我要感恩史学,只是因为它为我的生命换来了另一种形式,一丝绚丽,一份荣光。"我为历史而生",史学于我就成了我的人生形影不离的生命共同体,那怎能不啊? 就好像一首歌所吟唱的:"一步步追不回那离人影,一声声诉不尽未了情……"

近年来,文事萌兴,且乐此不疲。我少时的文学梦,因后来读历史系而中辍。退休后,在务"正业"的同时,又做起了文学梦。2016 年,我申请加入上海作家协会获准，更是为文忙碌了。回顾这几年作为一个文学写作者的行程，虽艰辛、劳累，但也获得了劳累后的果实，艰辛后的丰收。六年前秋日，我在上海《文汇读书周报》头版头条发表了《我与京城四老的书缘》一文，竟一炮打响，迅即在坊间流传，又被颇具影响的《新华文摘》以文艺类作品转载，使我一时"暴得大名"，又一连在该报均以首版头条刊发了四五篇文章。我是以散文的笔法写这类文章的，作品发表后拥有的读者群，远胜于我的那些高头讲章的"学术论文"，于是以写我熟悉的人与事起步，便成了我初涉文坛时的写作路径，在散文世界的莽原上，争得了一席之地。我只是一位文学新兵，在散文写作上也是个新手，当代散文名家的"学、识、情"（董桥）或"情、知、文"（赵丽宏）之良言，都为我所信奉和践行。然而，我以史家落墨，当另有所求，那就是写现实题材的作品，蕴藏历史感，如《无花果树下》；写历史题材的作品，隐含现实感，比如《敦煌：传唱千年的诗》，在时空交错中流连，在历史与现实回旋中往返。春华秋实，收获属于这类成果的约有：编有《历史学家的人文情怀——近现代西方史家散文选》，著有散文随笔集《瀛寰回眸》《徜徉在史学与文学之间》等。

我的弟子们要我为此书写个"年谱"，为后来者的学术研究提供史料，我想了一下，个人乃一介"布衣教授"，凡人凡事，少可记述，并不值得花精力年年写谱，然 2018 年，是我个人甚为重要而又忙碌的年份，就做个"年谱"吧。

是年 3 月 30 日，召开了由我操办的《耿淡如先生诞辰 120 周年座谈会》，耿师同事、耿师学生及再传弟子，汇聚一堂，以缅怀先贤，传承历史，发扬复旦历史系重视史学史的传统，光大西方史学史的学科优势，追寻先行者的足印再出发，在新时代作出复旦人的新贡献。

是年，我主著《西方史学史》第四版的修订工作，经师生合力，如约完成。3 月 31 日召开了《西方史学史》（第四版）的发布会，聚众共议如何编纂一部具有中国特色的西方史学史，为我们今后的工作开启和提示了一个新方向。新版已于 2018 年 6 月发行，不到一年，就重印两次，深受读者欢迎，令我兴奋不已，更激励全书撰稿者不断努力，作出新的成就。

是年 7 月底至 9 月初，我去美国探亲，在一个多月的时间里，行走在美国东部地区，写了《走近瓦尔登湖》等篇章，借题对世界文明与现代社会进行了"批判性研究"。

是年下半年，集中全力对前述教育部重大项目《近代以来中外史学交流研究》再次修订。事实上，《近代以来中外史学交流研究》是《二十世纪中外史学交流》一书的"最大化"，不仅要涉及"域外史学在中国"，也要关注"中国史学在域外"，上下两编，合为一体，这就在严格意义上实现了中外史学交流的双向互动的内涵。这项工作，汇集了国内从事该领域研究的精英们全力打造，通力合作，终于完成了这部百万余字书稿的定稿工作，现已付梓，书名易为《近代以来中外史学交流史》，等待出版。

2018 年 11 月 18 日，上海市世界史学会年会时授我"终身学术成就奖"，这让我多少有点意外，愧不敢当。这当然是个市级的非官方学术组织所设的一个奖项，较之我以前获得过的"国务院特殊津贴"、教育部教材一等奖等多个官方奖项，但我更看重这个奖，因为它是学界对我毕生从事西方史学史教学与研究工作所取得成就的认可，于复旦历史系世界史学科而言，也是一个零的突破。

想做的事真的还有很多，很多。我决心志存高远不停步，就像我的老师耿淡如先生一样，"老骥伏枥，志在千里"，越到晚年，越加努力，老当益壮，继续徜徉在史学与文学之间，辛勤耕耘，不断前行，心之所向，无问西东。

2020 年夏日于复旦书馨公寓

目　录

文明核心、文明碰撞与文明衰落[*]

——对汤因比文明理论的若干思考

郭长刚^{〔1〕}

英国著名史家阿诺德·汤因比及其文化形态史学早已为人们所熟知。然而目前国内学人所及,大都是对他的宗教唯心史观以及他那以普罗克拉斯提斯式^{〔2〕}的粗暴方法建立起来的史学理论体系进行批评,而很少对其中的合理成分予以充分估价。事实上,汤因比的史学理论虽在总体上难以令人接受,但他对许多具体历史现象及历史过程的分析,却不无洞见和卓识,其针砭时弊之切,关照未来之情,往往振聋发聩,令人击节。他的有关文明问题的论述,便是一例。

文化与文明核心

汤因比是"文化形态史学"的著名代表人物。跟斯宾格勒一样,他认为历史研究的"可以自行说明问题的"最小单位,不应是"像现代西方的民族国家或古希腊、罗马时期的城邦国家这一类任意分隔的片断"^{〔3〕},而是一个个的社会整体,即"文明"。在对文明进行空间范围的界定时,汤因比指出,"在今天,

---

* 本文原载于《学习与探索》1996年第5期。

〔1〕 郭长刚,复旦大学历史学博士(1995年9月入学,1998年7月毕业),现为上海社会科学院历史研究所所长、上海大学文学院历史系教授。

〔2〕 古希腊神话中开黑店的强盗。强行让被劫来的人睡在一张特定的床上,若身体比床长则斩去其伸出部分;若身体比床短,则强拉之使与床齐。

〔3〕 汤因比:《文明经受着考验》,杭州:浙江人民出版社1988年版,第10页。

从经济方面来说,包括英国在内的这个社会无疑是同地球上有人居住的和通航的区域同样广阔的。从政治方面来说,在今天这一个社会的世界性也差不多是同样明显的。可是,当我们转到文化方面,那么现在英国所属的这个社会的地理范围就小得多了。具体说来,它的范围只限于欧洲西部、美洲和南太平洋上的天主教和新教的那些国家"。又说,"在为了生存而进行的斗争里,西方社会把它同时代的社会逼到了墙角,而且在它的经济和政治上的上升过程中,把它们层层绑缚起来。可是……它们的灵魂却还可以说是它们自己的"〔1〕。正是出于这一观察,汤因比认为,区分文明的标尺应是文化圈,而不是经济、政治或军事区域。为此,他把当今世界划分为五大文明体,即基督教社会、东正教社会、伊斯兰教社会、印度教社会和大乘佛教的远东社会。不难看出,汤因比对这几个文明体的称呼具有明显的"误导性",这与其说他是以文化来界定文明,毋宁说是用宗教。尤其是当他说标志远东社会(包括中国、日本、朝鲜等)文化价值尺度的是大乘佛教时,他便变成了一个十足的蛮无道理的普罗克拉斯提斯。实际上,汤因比是把宗教看成是文化中的"决定性"成分,或者是文化的最高体现,所以便很自然地用宗教来代替文化,或把文化浓缩为宗教,从而认为宗教是"文明应具备的灵魂","各种文明形态,就是此种文明所固有的宗教的反映"〔2〕。汤因比这里所说的宗教其实决不纯粹是指神学意义上的信仰,而是指一种哲学意义上的观念。晚年的汤因比或许认识到了这一概念的误导性,所以在与池田大作对话时,他特别对宗教的内涵作出了界定,强调说"这里所说的宗教指的是对人生的态度"〔3〕。

既然把文化(宗教)视为是文明的核心,那么,历史上的文明间的冲突,在汤因比看来,最终(或最根本上)必将表现为一种文化的冲突。也就是说,一个文明尽管可以相对比较容易地在经济上、政治上、军事上征服另一个文明,却很难在文化上征服它。在分析近代西方文明与远东文明冲突的历史时,汤因比指出,发生在16世纪的西方文明对远东文明的第一次冲击所以失败,而发

---

〔1〕 汤因比:《历史研究》上册,上海:上海人民出版社1959年版,第9、11页。
〔2〕 汤因比、池田大作:《展望二十一世纪——汤因比与池田大作对话录》,北京:国际文化出版公司1985年版,第363页。
〔3〕 同上书,第363页;第363、369页。

生于 19 世纪的第二次冲击所以成功,除有其物质技术的原因(19 世纪时的西方在军事上与 16 世纪相比已不可同日而语,而东方社会在这 300 年间却基本上没有什么变化)外,更有其文化上的原因。在这两次冲击中,西方文明实际上是以不同的方式出现的。第一次主要是以陌生的宗教的形象,第二次则主要是以新兴技术的面孔。而"对于一个已被侵略了的社会来说,一种外来宗教当然会比外来技术具有更为直接、更为严重的威胁。因为这有着比称为'第五纵队'的颠覆危险更为深刻的原由。那就是,外来技术只是在表层发挥作用,而宗教则会向纵深发展"〔1〕。基于这一观察,汤因比进而总结出了一条文化辐射的"规律",认为"文化辐射中各种成分的穿透力通常与这一成分的文化价值成反比。在被冲击的社会机体中,不重要的成分所引起的阻力小于决定性成分所引起的阻力,因为不重要的成分没有对被冲击的社会的传统生活方式造成那么猛烈或那么痛苦的动乱的征兆"〔2〕。

汤因比的这一文化辐射规律当然也就是他的文明生存的规律。根据他的这种论断,决定一个文明生死存亡的,最终将不在于军事、政治或经济力量的强弱,而是在于文化或宗教水平的高低。汤因比明确指出,宗教是"使各种文明产生,使其延续下来的生机源泉","一旦失去对宗教的信仰,就会带来文明的崩溃和更替"〔3〕。

考察人类文明的发展史,我们看到,历史上曾有很多文明,如古代埃及、古代巴比伦,虽然曾经显赫一时,一度征服过广袤的土地,建立过庞大的帝国,但最终却落得个土崩瓦解,湮没不彰,为其他文明所取代,如今只剩下些断壁残垣、无言遗物在默示着它们昔日的辉煌。而像犹太民族这样一个弱小的文明,尽管离井背乡,四处飘零,饱经沧桑,却终能经受住历史的考验,生生不息,传承至今,原因何在? 文化之功用使然也。我们伟大的中华文明,也不乏被外族入侵、统治的历史,却都能一一将侵入者吸收同化,更是博大文化威力的明证。读史如临鉴,那种忽视发展文化,而只注重经济、政治,甚或动辄炫耀武功的行为,必是近视的、缺乏远虑的,当是文明衰落的一种反映。这确如汤因比所论

〔1〕 汤因比:《文明经受着考验》,第 266 页。
〔2〕 同上书,第 272 页。
〔3〕 汤因比、池田大作:《展望二十一世纪——汤因比与池田大作对话录》,第 363、369 页。

断的,"对于一个衰落了的文明来说,其特征之一便是特别有利于发展崇拜财神、战神和火神的假宗教。但是,既然文化成分乃是一个文明的精髓,而经济和政治成分乃是比较不太重要的成分,那么经济和政治上的最辉煌的影响,其本身就是危险而不完备的"〔1〕。

汤因比认识到精神文化在文明发展中的巨大作用,认为文化乃是文明的精髓,这无疑显示出了他深刻的历史洞察力。然而,他却把文化的地位无限制地加以抬高,以致将之视为是历史的本体,认为作为文化形态的宗教是人类社会历史发展的"主角",是"更高一级的社会品种"。相比之下,文明本身反而成了宗教的"婢女","处于从属地位",其任务不过是孕育高级宗教。并声称,"如果说宗教是一驾四轮马车,那么,看来它凭以奔向天堂的轮子也许就是地上文明的周期性兴衰。文明的运动看来似乎是呈现周期性循环的,而宗教运动可能是一根单向连续上升的曲线,宗教的连续向上运动是由文明按照生、死、再生这一循环的同期运动来提供服务和加以促进的"〔2〕。汤因比的宗教唯心史观至此昭然若揭。

文明碰撞及其对策

处于同时代的世界上的各个文明,由于地缘上的相互邻近,彼此之间必然要进行接触。而且,随着物质技术的进步,人们驾驭自然能力的增强,以及交通工具的改进,这种接触就更加频繁、更加密切。尤其是在当今世界,高度发达的交通技术实际上已把地球变成了一个小小的村落,高山、大河、沙漠、海洋,再也不能构成人们相互交往的障碍。任何文明,已根本不可能保持自己完全的孤立状态而不受其他文明的影响。遗憾的是,历史上各文明之间的接触,往往不是采用和平友好的方式,而更多的是通过战争或武力的手段。即使在今天,这种武力手段也仍远未销声匿迹。因此,历史上各文明间的接触,实际上是一种名副其实的碰撞。当文明发生碰撞时,汤因比认为,碰撞的双方都会

〔1〕 汤因比:《历史研究》中册,第206-207页。
〔2〕 汤因比:《文明经受着考验》,第201页。

根据自身所处的形势而采取不同的对策。

首先,那些成功地侵入到其他文明中的碰撞的得势者,往往会陶醉于自己的胜利,沉迷于骄傲自满,认为自己与众不同,从而视失势者为"低人一等的'乌狗'",称他们或为"异教徒",或为"蛮族",或为"土著",或为"劣等人种"。汤因比认为,得势者的这种傲慢行为,实际上是对失势者的一种人性上的蔑视。其中称失势者为"异教徒",其所表现的非人道的程度还是"最低的",因为这不过是否认失势者的宗教地位而已;若称之为"蛮族",则是对失势者文化的一种贬低,是否认失势者人性的更为恶劣的形式。但无论是以宗教标准还是以文化标准来划定得势者与失势者的界线,都没有"在人类的这两方面之间划出一道不可逾越的鸿沟"。而当得势者把失势者视为是"土著"时,就意味着"认为失势者完全没有政治和经济的地位从而否认他们的人性",其恶劣程度便更甚了一步。如果再进一步把"土著"称为是"劣等人种",则是恶毒之至,因为这等于无条件地全部"取消了失势者的人的资格"[1]。汤因比认为,得势者对失势者的这种傲慢的蔑视态度,根本不可能产生出文明间的和平共处,更不可能导致文明间的团结与融合,相反只会播下不和与仇恨的种子。历史上的情况正是如此。越是推行种族歧视和文化压迫的地方,民族精神和文化独立倾向就越明显;越是主张民族平等、文化尊重,就越容易达到和谐与同一。这恰好呼应了汤因比的挑战与应战理论。当一个文明身处逆境,遭遇不幸,受到压力和打击,其生存面临挑战时,它势必会奋力进行应战,竭力维持自身的存在;反之,如果根本不存在这种挑战,这种刻意的自我保护意识也就完全没有存在的必要。汤因比曾以犹太人为例,说"在荷兰、英国、法国和美国的已经获得了自由的犹太人里,犹太人的民族精神已经不太明显",其原因正在于此。

至于那些在碰撞中失势的一方,即被侵略的一方,汤因比认为,它们往往会采取两种互不相容的政策,即"狂热主义"和"希洛德主义"。所谓狂热主义,其渊源是指古代坚决拒绝希腊文化、完全不许它存在于"圣地"的犹太狂热者。他们认为,"只要恪守祖宗的传统,不让一步,他们就可以从自己精神生活上排他性的泉源中取得一种神力,把侵略者击退"。而希洛德主义则渊源于以希洛

---

〔1〕 汤因比:《历史研究》下册,第 276-280、280-281 页。

德王为首的另一派犹太人所采取的应战策略。他们主张"要向希腊文明学习对犹太人所必需的东西,使犹太人可以武装自己,保持力量,在一个无可逃避的希腊化世界的环境中,取得一个多少安适的生活"[1]。

对于这两种应战对策,汤因比认为,前者(即狂热主义者)完全是"往后面看的"。由于在力量上难以与入侵者相对抗,而又坚决不肯作些许的让步,所以不可避免地要遭受到巨大的磨难与痛苦。犹太人的颠沛流离的惨痛历史是其例证。历史进入近代以来,在西方文明与世界其他文明的冲突中,由于西方文明掌握了压倒一切的力量,受其入侵的其他文明便无法奉行这种路线。所以,无论近代中国还是近代日本,虽都曾一度采取过"闭关锁国"政策,却都无法持久。当这种政策难以奏效时,被入侵文明往往又转而采用另一种途径,即通过引进一些无伤大体的形而下的东西来对抗入侵者,以期自保。此所谓"师夷之长""中体西用"是也。然而,这种方式也是不可能的,因为"入侵的各种文化因素并不像人们所想象的那样可以彼此分割,而是'一个跟着一个来的'"。所以,"只要被侵入的一方没有阻止住辐射进来的对手文化中的哪怕仅仅是一个初步的因素在自己的社会体中获得据点,它的唯一的生存出路就是来一个心理革命。放弃犹太教狂热者的态度,采取相反的希洛德战术……这样做或许能够拯救它自己"[2]。近代中国的历史实际上已验证了汤因比的这一论断。

然而,希洛德主义是否真的能够解决一切,拯救遭受入侵的文明呢?汤因比的回答是否定的。他认为,希洛德主义者实际上是完全丢弃自己的传统而全面接受一个异质的文明。他们"自以为眼光向前,而实际上是向旁边看,努力仿效邻人之所为",是"对于另一个社会的制度和风气的间接模仿;在最好的情况下,也不过是对一个可能并不很美妙的原型的肤浅的模仿;在最坏的情况下,却成为不协调的各种因素的一团矛盾混合"[3]。那么,被入侵的文明的出路在哪里呢?汤因比指出,这将是一条超乎狂热主义与希洛德主义之上的"福音主义"之路。他以《圣经》中福音传播者圣保罗的行为作依据,认为圣保

---

[1] 汤因比:《历史研究》下册,第 276-281 页。
[2] 同上书,第 273、275 页。
[3] 同上书,第 287 页。

罗采取了超乎那两条道路以上的一条创造性的道路，"既没有传布犹太教反对希腊文明，也没有传布希腊文明反对犹太教，而是传布了一种新的生活方式，这种新的生活方式毫无偏见地兼容并蓄了两种对立文化的精神财富"。原有的文化界线已"阻碍不了他那福音的前进"，因为他所代表的是一个"新社会"〔1〕。

汤因比鼓吹"福音之路"，无疑是为他的那套宗教唯心史观张目的。然而，他的这一独特思维对我们却不无启迪。的确，近代以来各落后国家现代化的历程无不证明，那种"祖宗体制"不可变的狂热主义政策完全是在缘木求鱼，而"全盘西化"的希洛德主义路线则直接是饮鸩止渴。成功之路只能是兼容并蓄"两种对立文化的精神财富"。这恐怕决不是纯粹的理论空谈，当今东亚"四小龙"的腾飞繁荣便是鲜明的证据。

社会分裂与文明衰落

汤因比认为，在目前已经辨认出的 26 个文明（包括停滞的文明在内）中，有 16 个已经死去，在剩下的 10 个当中，除了当今西方文明之外，其余的 9 个也已衰落。而这些文明之所以衰落，传统上一般都作如下的解释：其一，认为这是"宇宙老化"或"历史循环"的规律使然；其二，认为文明是一种有机体，所以必然会像其他生物一样，有其从青年到老年的自然发展过程；其三，认为是丧失了对于自然环境和人的环境的控制能力的缘故。汤因比不同意以上这些看法，认为前两种解释不过是一种决定论或宿命论的观点，实不足为取；而后一种解释则正好颠倒了因果关系，因为控制环境能力的丧失不但不是文明衰落的原因，恰恰是文明衰落的结果。在他看来，真正导致文明衰落的，应是社会的分裂，即社会内部分裂为少数统治者和多数无产者。汤因比认为，文明在产生以后，并不意味着从此就会自然而然地走向成长之路，只有有了少数创造性的个人，文明的生长才有可能。这些少数个人，因为具有天赋的创造性才能，从而在没有创造性的多数人中获得了一种魅力，取得了领导地位。而那些

---

〔1〕 汤因比：《历史研究》下册，第 289 页。

多数人则心甘情愿地"模仿"他们,追随他们。于是一者领导,一者服从,文明便在这种和谐统一中成长发展。然而,当那些创造的少数人失去他们的创造力之后,他们的魅力也就没有了,为了继续维持其社会领导地位,就只好依靠武力,强迫多数群众服从他们,于是从原来的创造性的少数变成了"统治的"少数。而原先那些没有创造性的自愿服从的多数此时就撤回了他们的模仿行为,不再追随他们,从而变成了离心离德的"无产者"。他们开始"用仇来对待迫害,用恨来对待恐怖,用暴力来对待暴力"[1]。社会最终走向了分裂,丧失了自决的能力,陷入了衰落和解体形态。

汤因比的这种解释无疑是他的英雄创造历史的观念的反映。但是,如果我们剥去这种英雄史观的粗劣外皮,便不难发现其中的合理成分。纵观中外历史,任何国家,任何民族,任何朝代,其社会繁荣昌盛之日,无不是阶级矛盾缓和、人民安居乐业之时。在我国的古代社会,当王朝刚刚建立之时,往往能采取一些与民休息的政策,这样,统治者和被统治者之间便达到了一种相对的"团结一致",社会生产遂很快得到恢复和发展,王朝统治也逐步走向巩固繁荣,于是出现诸如"文景之治"、大唐盛世等历史文化景观。反之,在每个王朝统治的后期,由于统治者贪欲的增强,开始加重对广大平民群众的剥削和压榨,社会的团结遭到破坏,阶级斗争日趋尖锐。统治者视民为草芥,百姓则视王官大人为仇寇。统治者不再依靠德行来使国民心悦诚服,而只以武力来巩固自己的统治特权地位。百姓最终也针锋相对,以暴力对抗暴力。社会于是陷入混乱,国家于是走向衰亡。

中国的历史发展情况是这样,西方的历史也是如此。古希腊伟大的思想家柏拉图在诊治当时希腊城邦政治顽症时痛心疾首地指出,任何一个城邦,不管怎样小,"都分成相互敌对的两个部分,一为穷人的,一为富人的",穷人们"有的负债累累,有的失去了公民资格,有的两者兼有,他们武装了……急切地希望革命"[2]。想当年艨艟斗舰战波斯的雅典儿女的爱国热忱早已灰飞烟灭,伯里克利时代的从容气度没了踪影,眼下只有彼此的争斗,自相作践,终为

---

〔1〕 汤因比:《历史研究》中册,第 162 页。
〔2〕 柏拉图:《理想国》,北京:商务印书馆 1986 年版,第 137、329 页。

马其顿所扫灭。

与古希腊相比，古代罗马的兴衰更能说明问题。当初，罗马不过是局促在梯伯河畔的一个小邦，内部因平民与贵族间的世仇，不仅不能有所发展，反而时常因穷于"窝里斗"而面临为邻邦覆灭的危险。之后，罗马的统治阶层——贵族元老院开始调整内部统治政策，不仅逐步满足平民的土地要求，缓和他们的债务负担，吸收他们的上层进入统治圈，更又通过霍登西乌法，规定部落大会上的平民决议可不必经过元老院的赞同而生效，即罗马公民皆须遵守，贵族亦不得例外。如此一来，长达200余年的平民与贵族间的斗争遂告一段落，统治者与人民之间的分离倾向得以消除。罗马人民感悟到了国家利益与个人利益的一致性，因而为了城邦利益，他们甘愿东征西讨，不惜赴汤蹈火，造就出了一种历史上罕有其匹的罗马人的忠勇与爱国主义精神。正是由于这一社会的精诚团结，由于这一无私的爱国精神，罗马城邦才得以胜利地走出拉丁姆，统一意大利，战胜迦太基，囊括地中海世界，从而熔铸出为世人称颂的"罗马的伟大"。然而，罗马的统治者并未能将社会的精诚团结维持长久。随着罗马城邦变成世界帝国，他们开始堕落了、腐败了。他们重又霸占国家的土地，使得那些为了罗马、为了意大利而冲锋陷阵的罗马士兵、罗马平民无有蔽身之地，只好流落罗马街头，变成流氓无产者。而在罗马无产者身上，再也无法找到原有的"浑厚淳朴的罗马古风"，他们也不再为罗马的光荣而战，只想着如何背弃元老院，使他们丢丑受辱，只想着饮宴和表演。此时的罗马诚如汤因比所言，原来依靠自身感召力确立自己特权地位的少数元老们，现已变成了只有依靠暴力才能维持自己统治的少数；原来甘愿服从、不惜牺牲的多数平民也坚决撤回了他们的支持行为，站在了统治者的对立面。于是整个社会分崩离析，罗马共和国终于走向了灭亡。[1]

当然，以上所举的社会失和现象不过是曾经为我们所熟知的、为社会经济所规定的阶级斗争的表现形式。汤因比显然没有这样深刻的认识，然而，他对文明衰落症结的诊断无疑具有醒世作用。确实，当一个统治者、一个政府变得

---

[1] 关于古代罗马兴衰问题，可进一步参见张广智：《论古罗马的政治文化：一项历史学的分析》，载《江海学刊》1995年第1期。

完全依靠暴力和高压维持其统治的时候，可以说是气数已尽。因为暴力和高压虽可得逞于一时，但断不可以长久。周厉王尽管能让国人"道路以目"，却终逃不掉"毙于彘"的下场。只有树立威信，赢得民心，方可立于不败之地。这正如孔子所言，"为政以德，譬如北辰居其所而众星共之"〔1〕。

汤因比是一个主张经世致用的史学家。他曾经毫不掩饰地指出："我永远是一只脚踏在目前，而另一只脚踏在过去，同时还瞻望到未来。当一个人在研究目前及过去的时候，想完全无视于未来，是不可能的。"〔2〕他通过研究历史，认识到文明的冲突最终将表现为一种文化之争、宗教之争，并由此感悟到将来世界的大一统必须依靠高级宗教的大混合来实现，必须"到宗教领域内去寻找"。于是殚思极虑，构筑了一座宗教唯心主义的史学理论大厦。他的这一理论大厦尽管是蹩脚的，无法使用的，然而并不应该否认构成这一大厦的片砖只瓦的有用性。因此，今天我们不应只满足于将它拆毁推翻，更应对之进行认真清理，以充分利用其有用的材料。〔3〕

---

〔1〕《论语·为政篇》。
〔2〕 张和声：《阿诺德·汤因比的史学观》，载《历史研究》1988 年第 3 期。
〔3〕 汤因比：《文明经受着考验》，第 185 页。

公众记忆与口述传统

——再论《历史》的真实性问题 *

吴晓群[1]

一、关于《历史》"真实性"的讨论及其问题意识

对于希罗多德(Herodotus)《历史》(*Histories*)一书"真实性"的讨论自古以来就没有停止过,最早对希罗多德进行批评的是与他相隔不过三十年的另一名希腊史家修昔底德(Thucydides),他认为希罗多德与他之前的散文纪事家一样,"关心的不在于说出事情的真相而在于引起听众的兴趣,他们的可靠性是经不起检查的;他们的题材,由于时间的遥远,迷失于不可信的神话境界中"[2]。从修昔底德不点名的批评中,我们看到的是两位古典史家对历史的不同认识。可以说,希罗多德在《历史》中记载了两类事件:一是与波斯帝国密切相关的东方国家的过去与现在;二是希腊最近的过去发生的事件——希波战争(the Persian Wars)。修昔底德则认为,严肃、准确的历史在时间上应当关注的是现在,而不是过去;在空间上,则应当是作者居住的地方,以及作者能够毫不困难地用自己的语言表达他们思想的人们的历史,而不应当是遥远的时间和遥远的地区人们的历史。修昔底德对历史的这一理解为希罗多德以后的希腊罗马史家所认同,并最终决定了古代世界对希罗多德的评价。[3]

* 本文原载于《新史学》(台湾)21卷2期(2010年6月)。

[1] 吴晓群,复旦大学历史学博士(1995年9月,1998年6月毕业),现为复旦大学历史系教授。

[2] 修昔底德:《伯罗奔尼撒战争史》,谢德风译,北京:商务印书馆1997年版,第17页。

[3] 相关讨论可参见 Arnaldo Momigliano, "The Place of Herodotus in the History of Historiography," in his *Studies in Historiography*, New York: Garland Publishing, 1985, p. 130。

之后,古典史家们不仅很少去研究遥远的过去,而且很少去搜集异域的第一手资料。他们的写作或集中于当代的历史,或总结或重新解释以前史学家的作品。探索过去则成为博古学家的职责。这样,希罗多德就与古代历史学的主流相分离了。

不仅如此,之后的学者对《历史》真实性问题的批评更是比修昔底德有过之而无不及。希腊化时代,一方面,东方学者不满意希罗多德对他们民族和国家的记载,其中最有名的是埃及的祭司曼涅托(Manetho),他极力向希腊人展示一部由他自己撰写的本民族的历史,同时,他又撰写了一部攻击希罗多德的小册子。另一方面,希腊人也不能忍受希罗多德在评判希腊人与外族人的冲突时所持的冷静态度,他们认为这种态度就是希罗多德"亲蛮"的证据。希腊的地方史家和博古学家也因为希罗多德没有记载他们城邦的荣誉而攻击他。遗憾的是,除了普鲁塔克(Plutarch)的《论希罗多德的恶意》(*The Malice of Herodotus*)保留下来外,希腊化时代批判希罗多德的文章只留下个别的名称,诸如《论希罗多德的偷窃》《论希罗多德的说谎》《反对希罗多德》等,不过,仅从这些标题中我们也能感受到在那些人的眼中,希罗多德的不诚实已经达到了何等地步。普鲁塔克对希罗多德的攻击主要集中在以下几个方面:过于同情蛮族人、偏爱雅典、对别的希腊城邦极不公正、在一些事实上缺乏真实性、在评判上欠平衡等。[1] 不过,普鲁塔克的这些批评被后世普遍认为带有强烈的个人主观色彩而有失公允。最使人疑惑也最令人深思的是,罗马时期,西塞罗(Marcus Tullius Cicero)在同一篇著作中,既将希罗多德称作"历史学之父"(the Father of History),同时又把他和提奥彭普斯(Theopompus)放在一起,看成是另外一个说谎者。[2] 在另一篇文章中,西塞罗再次怀疑希罗多德捏造了德尔斐(Delphi)对克洛伊索斯(Croesus)和居鲁士(Cyrus)之间战争结果的预言。[3] 应该说,西塞罗的这种观点代表了古代作家对希罗多德的普遍

---

[1] Plutarch, *The Malice of Herodotus*, trans. with an introduction and commentary by Anthony Bowen, Warminster, England: Aris & Phillips, 1992.

[2] Marcus Tullius Cicero, *De Legibus*, Oxford: Oxford University Press, 2006, Vol. 1, pp. 1, 5.

[3] Marcus Tullius Cicero, edited by Arthur Stanley Pease, *De Divinatione*, Darmstadt: Wissenschaftliche Buchgesellschaft, 1963, Vol. 2, p. 116.

看法,即没有人否认他是历史学的创造者,但他们对"何为历史的真实"似乎有不同的理解。

不过,在古代,许多学者对希罗多德的文体和语言还是倍加称赞与推崇的。哈里卡那苏斯的狄奥尼修斯(Dionysius of Halicarnassus)说:

> 只要我们一拿起这本书,便充满了崇拜之情,直到最后一个音节,仍然意犹未尽。[1]

卢奇安(Lucian of Samosata)也说:

> 我虔诚地希望能够模仿希罗多德其他一些特点就好了!我并不希望学会他所有的特点——那当然是毫无希望的。但他使模仿者失望的那些特点中怕只学会一种也好啊,例如他那令人愉快的风格、他那构思的技巧、他那爱奥尼亚语的天然力、他那万千警句构成的财富,或者是他那成匹锦绣上的万千花朵中的任何一朵,如果能学到手该多好啊![2]

但是,我们注意到,在这些对希罗多德的赞美中却只字未提其著作的真实性问题。在他们看来,重要的是,希罗多德选择了一个高贵的主题,他讲述的是希腊的光荣,而不是它的不幸。《历史》有一个较好的开头和较好的结尾,希罗多德还以一种较为有趣的方式撰写它的历史,其文体优美,甚过修昔底德。对此,莫米格里亚诺(Arnaldo Momigliano)认为,希罗多德在古代的这一境遇都源于这样一个事实,即他写了一部与修昔底德完全不同的又没有得到修昔底德认同的历史。而他的史学之父的地位则是因为他确立了以口述资料作为撰写历史的主要和重要的依据这一事实。[3]

拜占庭最后一位伟大的历史学家雷尼卡斯·卡尔科康第拉斯(Laonicus Chalcocondyles)是希罗多德的研究者和模仿者,他曾向15世纪上半叶的意大利学者传递了对希罗多德的兴趣甚至崇拜。这一时期,希罗多德受到重视不仅仅是因为他的文体,还有他的写作方式、他广泛的游历以及他自由、独立的

---

〔1〕 Dionysius of Halicarnassus, *On Thucydides*, Berkeley: University of California Press, 1975.

〔2〕 Lucian, "Herodotus or Aëtion," in *Lucian* VI, Cambridge Mass.: Harvard University Press, 1959, p. 1.

〔3〕 Arnaldo Momigliano, "The Place of Herodotus in the History of Historiography," p. 135.

思想。对于《历史》真实性的问题,人们也有了新的认识。蓬塔诺(Giovanni Pontano)指出,人们应该注意到,在希罗多德撰写《历史》时还没有严格的有关"历史真实"的标准。1566 年,巴黎著名的出版商史蒂芬(Henricus Stephanus,也即 Henri Estienne)在出版瓦拉翻译的拉丁文的《历史》时写下《为希罗多德辩护》("Apologia pro Herodoto")一文为序,他根据对民族习俗的比较研究,证明希罗多德是值得信任的。此外,他还认为,希罗多德强烈的宗教感使他不可能说谎。是什么原因促使这一时期的西方学者对希罗多德进行重新的认识和评价?莫米格里亚诺认为是两个原因促成了这一转变[1]:一是 16 世纪新大陆的发现以及由此而来的人种学研究。当时许多人的写作都是完全根据自己亲身的经验和当时的需要而成,重要的是,他们通过亲身的经历表明,人们能够广泛地游历,其间自然会遇到各种各样千奇百怪的事情,也可以通过口述资料重构遥远过去的历史,而未必就是说谎者。二是宗教改革。宗教改革增加了人们对《圣经》中叙述的历史的兴趣,但人们在理解《圣经》的内容时,常常感到背景资料的缺乏,只有《历史》才能够填补这一空白。[2] 应该说,16 世纪后半叶,希罗多德的真实性及其地位已得到学者们的首肯。[3]

　　17 世纪,牛顿(Isaac Newton)绘制年代表时宣称,要使年代学符合自然的进程,与天文、神圣的历史和史学之父希罗多德的记载相一致。18 世纪,对希罗多德可靠性的争论虽仍然存在,但他的著作已成为古代希腊史和东方史的权威。在浪漫主义的前夜,赫德(Johann Herder)把希罗多德看作他的盟友,伏尔泰(Voltaire,原名:François-Marie Arouet)也以希罗多德为范型构建他的历史,力图将历史研究的中心从政治与军事转向希罗多德注重的社会文化方面。不过伏尔泰的这一思想与方法在当时并没有对实际的历史研究产生重大影响。19 世纪是西方历史学专业化的时代[4],修昔底德的政治军事史

---

[1] Arnaldo Momigliano, "The Place of Herodotus in the History of Historiography," pp. 137-140.

[2] 比如斯卡利泽(Joseph Scaliger)就把《历史》作为理解《圣经》的必要补充。参见 Anthony Grafton, *Joseph Scaliger: A Study in the History of Classical Scholarship*, New York: Oxford University Press, 1993。

[3] 中世纪直到 16 世纪西方学界有关希罗多德的研究情况,可参见 Arnaldo Momigliano, "The Place of Herodotus in the History of Historiography," pp. 127-142。

[4] 19 世纪西方学者对希罗多德和修昔底德的研究,参见 Arnaldo Momigliano, "Friedrich Crauzer and Greek Historiography," in *Studies in Historiography*, pp. 75-90。

范型被德国史学家兰克(Leopold von Ranke)及其学派奉为圭臬,成为西方史学纷纷效仿的正宗模式,以至于伊格斯(Georg G. Iggers)说:

> 从古代希腊直到最近几年,历史学家们在研究和撰写历史的方法中有一种高度的连续性。……修昔底德撰写《战史》所提供的一种模式,史学家们不仅在古典时代仿照,而且在文艺复兴运动开始时又恢复使用。19世纪历史研究的专业化并没有破坏这一传统,反而在某种程度上巩固了它。兰克所写的关于修昔底德的博士论文其重要意义就在于此。[1]

然而,尽管政治史再次成为历史学的主流,但这一时期,东方学家依靠考古学和语言学的帮助,详细地考察了希罗多德的记载。他们的研究表明,希罗多德较真实地描写了他所看到的,并且诚实地报道了他所听到的事件。《历史》中的不实之处,有可能是因为他的告知者误导了他,或者是他误解了告知者转述给他的事情。

20世纪50年代以来,许多西方学者开始分析希罗多德和修昔底德两位古典史家著作的结构,希望通过对文本的分析,确认在希罗多德和修昔底德的历史著作中隐藏着什么样的原则,他们是如何搜集资料的,又是用什么样的方法把这些资料组成我们今天看到的一个复杂的统一体,等等,诸如此类的问题纷纷被提出并试图作出解答。在60、70年代,研究《历史》文本的重要著作有:福那拉(C. W. Fornara)的《希罗多德——解释性的评论》[2]、伊默瓦哈(H. R. Immerwahr)的《希罗多德的形式与思想》[3]、伍德(H. Wood)的《希罗多德的历史——形式结构的分析》[4]等。他们普遍认为,希罗多德的《历史》太长了,包含了大量地理和编年的资料,而且混杂着许多方言和传说,其中的插话不仅非常详细,且篇幅惊人,希罗多德似乎根本没有考虑文本的结构。因此,后人只能从《历史》中获得愉悦感,但要分析和理解它,则不大可能。而力

---

〔1〕 伊格斯:《历史研究国际手册》,陈海宏等译,北京:华夏出版社1989年版,第1页。

〔2〕 C. W. Fornara, *Herodotus: An Interpretative Essay*, Oxford: Clarendon Press, 1971.

〔3〕 H. R. Immerwahr, *Form and Thought in Herodotus*, Cleveland: Case Western Reserve University Press, 1966.

〔4〕 Henry Wood, *The Histories of Herodotus: An Analysis of the Formal Structure*, Hague: Mouton, 1972.

图回归希罗多德精神的是 20 世纪最有影响的史学新锐——年鉴学派(the Annales School)的总体史研究。尤其在年鉴学派第二代领导人布罗代尔(Fernand Braudel)的身上,更是体现了希罗多德的精神。在他的《地中海与腓力二世时期的地中海世界》〔1〕中,我们明显看到了希罗多德《历史》中的一些基本因素,如地理环境、风俗习惯、奇迹以及政治史。当然,无论在理论上还是方法上,立足于 20 世纪的年鉴学派都不是对希罗多德历史的全然复兴,而更应将其视作一种继承上的创新,它们在精神上是遥相呼应的。

然而,20 世纪 80 年代以后,希罗多德的可靠性在西方史学界再一次受到众多质疑。1986 年,在美国召开了以希罗多德为主题的学术研讨会,次年出版了由 D. Boedeker 等人主编的该会的学术论文集《希罗多德与历史的发明》。〔2〕1988 年,伍德曼(A. J. Woodman)出版其大作《古典历史学中的修辞》〔3〕,他认为希罗多德之所以常常说明他的资料来源,这仅仅是希腊的一种文学习惯,并不能表明是为了证实的目的,因此很难相信他的记载是真实的。1989 年,费林(Detlve Fehling)的《希罗多德和他的"资料"》〔4〕一书的英文版问世。同年,卡梅伦(Averil Cameron)编辑的《作为文本的历史》〔5〕也相继出版了。这些书都是要否认希罗多德和修昔底德作为历史学家的身份,并进一步否认古典史学与现代史学之间的传承关系。阿尔玛约(O. K. Armayor)在《希罗多德到过黑海吗?》〔6〕一文中认为,希罗多德并没有到过那些他声称他参观过的地方,也没有看到那些他说他看到的一切。事实上,他没有做过任何旅行,他只是改编了文学和传说中的信息。而韦斯特

〔1〕 Fernand Braudel, *La Méditerranée et le monde méditerranéen á l'époque de Philippe II*, Paris: A. Colin, 1966.

〔2〕 D. Boedeker ed. , *Herodotus and the Invention of History*, Arethusa, special vol. 20 (1987), pp. 185-201.

〔3〕 A. J. Woodman, *Rhetoric in Classical Historiography: Four Studies*, London: Croom Helm, 1988.

〔4〕 Detlev Fehling, *Herodotus and His "Sources": Citation, Invention and Narrative Art*, Leeds: Francis Cairns, 1989.

〔5〕 Averil Cameron ed. , *History as Text: the Writing of Ancient History*, Chapel Hill: University of North Carolina Press, 1989.

〔6〕 O. K. Armayor, "Did Herodotus Ever Go to Black Sea?" *Harvard Studies in Classical Philology*, 82 (1978), pp. 45-62.

(S. West)在《希罗多德的铭文趣味》[1]一文中则通过对《历史》中铭文的考察,进一步支持费林和阿尔玛约的观点。他认为,在希罗多德的表述方法和他实际遵循的方法之间存在着巨大的差异,他对历史写作所持的态度与传统对他的看法截然不同。与此同时,维护古典史家声誉的著述也随即出现,比如塔索拿巴斯(F. L. Tasolambros)的《为修昔底德辩护》[2]、多弗(K. J. Dover)的《作为"历史"与作为"文学"的修昔底德》[3]、西蒙·霍恩布洛尔(S. Hornblower)的《修昔底德》[4]、唐纳德·拉特内尔(D. Lateiner)的《希罗多德的历史方法》[5],以及罗兹(P. J. Rhodes)的《为希腊史学家辩护》[6]等著作及文章都为希罗多德和修昔底德的历史学家地位进行了辩护。

总之,对《历史》一书"真实性"问题的关注的确由来已久,从古至今,历代学者对希罗多德的评价主要围绕着他所采用的文体和叙述的真实性两个方面展开,但是讨论背后的时代精神、问题意识、评判标准却很不一样。因为在不同时期,历史写作被赋予和承载的意义不同,人们思考的角度不同,想要解决的问题不同,西方学者对这同一个问题的评价自然也就颇不相同了。造成这种差异的原因,当然不是希罗多德及其著作发生了变化,究其根本是研究者对历史及其研究历史的这门学科——历史学——的理解和要求有所不同。而一个时代、一个群体的表述可能代表着一个时代的关注点和思想取向,学术史的回顾不仅仅在于介绍不同学者的观点,更在于弄明白学者们是如何理解研究对象和他们所处的那个时代,以及学术表述背后所蕴含的理念和文化价值是什么的问题。我们认为,尽管不同时代的学者所面对的问题不同,想要解决的问题以及方式也有所不同。然而,在研究古人及其经典时,首先需要的是客观地看待研究对象并对之保持一种起码的尊重态度,不应完全以今人的知识构

[1] S. West, "Herodotus' Epigraphic Interests," *The Classical Quarterly*, 35 (1985), pp. 278-305.

[2] F. L. Tasolambros, *In Defence of Thucydides*, Athens: Grigoris Publications, 1979.

[3] K. J. Dover, "Thucydides 'as History' and 'as Literature'," *History and Theory*, 22 (1983), pp. 54-63.

[4] Simon Hornblower, *Thucydides*, Baltimore: Johns Hopkins University Press, 1987.

[5] Donald Lateiner, *The Historical Method of Herodotus*, Toronto: University of Toronto Press, 1989.

[6] P. J. Rhodes, "In Defence of the Greek Historian," *Greece and Rome*, 41 (1994), pp. 156-171.

架来看待古人、以现代的方式去猜度他们,而更应该顾及其本身的问题意识以及问题产生的历史语境,从而就其自身的特点出发去理解古典著作。要做到这一点,就需要我们尽可能地将古典著作放在当时的语言、语义、语用和语境中去考察,以便更好地理解古典作家的表述方式、问题预设以及写作意图。因而我们认为,只有将希罗多德的历史叙述放在古代希腊城邦的特定语境下加以解读,才是合理的解读。

二、城邦语境中的"历史"与"真实"

和许多古代民族一样,最初,希腊人是以史诗的方式用神话和传说来叙述他们过去的经历,那即是他们的"历史"。而希罗多德的《历史》却放弃了神话的形式,直接以叙事的散文体对人类的经历加以描绘。为此,美国史家布雷塞赫(Ernst Breisach)说,"随着从韵文向散文体的转变,对历史的态度也发生了改变"[1]。

那么,是什么原因促使希罗多德放弃遥远神秘的神话而集中于人类的业绩?[2]应该说这与进入城邦时代以后希腊人的迫切需要有关,而这种需要又与城邦制度的建立及其特征密切相关。让-皮埃尔·韦尔南(Jean-Pierre Vernant)指出,"城邦在公元前 8 至 7 世纪的出现本身,就标志着一个开端,一个真正的创举;它使社会生活和人际关系呈现出新的形态,后来的希腊人将充分体会到这种形态的独特性"[3]。的确如此,通观古代希腊史,城邦的建立及其特征正是希腊古典文明得以产生、兴盛,又终至衰落的根源所在;同时,城邦社会也是希腊人历史叙述方式发生变化的社会大背景。在这种背景下,希腊人有了对自身历史及其周边世界进一步认知的渴望,当然他们对于"历史"与"真实"

〔1〕 Ernst Breisach, *Historiography: Ancient, Medieval & Modern* (Chicago: The University of Chicago Press, 1984), p. 17.

〔2〕 关于这一问题的讨论,传统上学者们从三个方面给出了回答,参见 J. B. Bury, *The Ancient Greek Historian* (London: MacMillan, 1909); Arnaldo Momigliano, *The Classical Foundations of Modern Historiography* (Berkeley: University California Press, 1990); J. L. Myers, *Herodotus, Father of History* (Oxford: Oxford University Press, 1953); G. S. Shrimpton, *History and Memory in Ancient Greek* (London: McGill-Queen's University Press, 1997).

〔3〕 让-皮埃尔·韦尔南:《希腊思想的起源》,秦海鹰译,北京:生活·读书·新知三联书店1996年版,第37页。

的理解有着那个时代、那种国家形式下的鲜明特征,而只有理解了那种历史语境中赋予这两个概念的含义,我们才能真正解决《历史》真实性的问题。

对古希腊人来说,城邦意味着一种共同的生活,它不仅是一个生活共同体,而且也是实现人类自我完善的道德共同体。公民便是这个共同体的成员,他们因对某些神灵的共同信奉、对城邦事务的共同参与、对祖制圣法的共同遵循、对同一片土地的共同热爱和保卫而组成一个共享者的团体,孤立的个人是不存在的,一个人必定属于一个公民团体。而在古代希腊,个人与团体的不可分割,就是公民与城邦的不可分割。所以,亚里士多德说:

> 凡隔离而自外于城邦的人——或是为世俗所鄙弃而无法获得人类社会组合的便利或因为高傲自满而鄙弃世俗的组合的人——他如果不是一只野兽,那就是一位神祇。[1]

可见,城邦并非只是一个地域性的概念,公民也不是在一个地域范围内所有人的简单集合。对于古代希腊人来说,城邦是一个"公共空间",是公民共同生活得以展开的一个"场所"。这不仅仅是一个几何学意义上的空间,更重要的是一种理念上的空间。而神的允诺、仪式的举行则为城邦的存在提供了合法性和神圣性的依据。[2] 因此,我们可用三个词汇来概括古代希腊人的城邦生活:共同体、公开性以及神圣性。

这是进入城邦时代之后,希腊世界普遍存在的一种社会政治环境,它并不是某个城邦所特有的,这就如同当时希腊虽城邦林立、政体各异,但其文化的一致性却十分明显,在他们自己看来,希腊人是同一个民族,说同一种语言,信奉共同的神明,并有着同样的生活方式。也就是说,本文所理解的"城邦语

---

〔1〕 亚里士多德:《政治学》,吴寿彭译,北京:商务印书馆1995年版,第26—29页。

〔2〕 对于希腊城邦公共空间的经典论述,参见 Jürgen Habermas, *The Structural Transformation of the Public Sphere: An Inquiry into a Category of Bourgeois Society* (Cambridge, Mass.: The MIT Press, 1989); 让-皮埃尔·韦尔南:《希腊思想的起源》。国内学者的相关论述,参见洪涛:《逻各斯与空间——古代希腊政治哲学研究》(上海:上海人民出版社1998年版);黄洋:《希腊城邦的公共空间与政治文化》(《历史研究》2001年第5期);吴晓群:《公共空间与公民团体——对希腊城邦的一项宗教文化学分析》(《史林》1998年第2期);吴晓群:《古代希腊仪式文化研究》(上海:上海社会科学院出版社2000年版,第2章);吴晓群:《公民宗教与城邦政权——雅典城邦的宗教管理》(《世界历史》2008年第3期)。

境",它并非为某一个具体的希腊城邦所独有,而是当时希腊人所共有的一种文化氛围。因此,处在这种语境中的古典作家,无论他们以何种方式进行写作,一方面对于其个体来说是在从事一种智慧探寻的工作,另一方面则不可能完全无视这种大的文化社会背景对其的影响。当然,不同的个体还会因其出身、境遇及思想取向的不同而对不同的政体有着不同的取舍和喜好,我们看到,在希腊城邦时代一些古典作家(如 Xenophon)并不因身处民主制的城邦而竭力讴歌民主制度相反却趋向贵族政体,也有不少贵族政体或寡头政体城邦中的知识分子向往民主政体的,希罗多德便是一例。[1] 由此,在他们的历史叙述中,具体的表现也会有所不同。[2] 这是客观存在的,然而,无论他们的

---

[1] 希罗多德约生于公元前 484 年小亚细亚西南部的哈利卡尔那索斯[Halicarnassus,今土耳其西部的波德鲁姆(Bodrum)],当时,该城邦的统治者吕格达米斯(Lygdamis)是一个通过阴谋篡夺了政权的僭主。成年后的希罗多德随叔父等人积极参与推翻僭主政治的斗争。但斗争遭到镇压,他的叔父于公元前 454 年被杀,他本人则被放逐,被迫移居到萨摩斯岛(Samos)。后来,吕格达米斯的统治被推翻,希罗多德曾一度返回故乡。不久,或因某种类似的政治原因又再度被迫出走,从此再也没有回去过。公元前 445 年前后,希罗多德来到雅典。经历了希波战争的雅典,政治经济都获得了高度发展,一派欣欣向荣的景象,学术文化更是称雄于希腊世界。在雅典居留期间,希罗多德与伯里克利(Pericles)、索福克勒斯(Sophocles)等名人交谊甚笃,对雅典的民主政治极为赞赏。公元前 444 年前后,他随雅典移民来到意大利南端的一个殖民地图里邑(Thurioi),并取得了该城邦的公民权。此后便在那里著述终老,大约于公元前 425 年去世。

[2] 如希罗多德与修昔底德这两位古典史家同处"城邦语境"的大环境之中,同样对雅典怀抱深厚感情,同样受到口述传统和公众记忆的影响,但他们的表现却不尽相同。对此历代学者有多种理解和讨论,本文认为主要有三重原因:一是两人分别作为独立探讨真理、寻求智慧的个体自有其独特视角、见解和目标。二是希腊人喜好竞争的态度(布克哈特称之为"竞赛精神"),使他很容易采取彼此对立的方式进行创作。参见 Jacob Christoph Burckhardt, *The Greeks and Greek Civilization*, London: Fontana Press, 1998; A. J. Woodman, *Rhetoric in Classical Historiography*, p. 43; H. R. Immerwahr, "'ERGON': History as a Monument in Herodotus and Thucydides," *American Journal of Philology*, 81: 3 (1960), p. 279。三是两人境遇的不同。希罗多德到雅典时正值黄金时期,在其著作中可看到他对民主制的褒扬、对雅典的称赞(参见第 19 页注[2])。而修昔底德虽为雅典贵族家庭出身,与希罗多德仅相差三十年不到的时间,但他所处的时代却是雅典遭受多重打击(盟邦背叛、军事失败、国内党争不断、奴隶暴动、瘟疫连绵)的时期,他本人在这一系列的事件中也远非旁观者。公元前 433 年,他先于该年春当选为将军,随后却在同年秋因营救不力而遭放逐,之后又在雅典连续三年的瘟疫中身染恶疾,虽然他最终痊愈幸存了下来,然而看到的却是战败后雅典的混乱和对现实的逃避,黄金时代一去不复返了。处于这样重大的家国变故之中,修昔底德一方面想为自己并非主观所为的战事失利辩护,另一方面更想为雅典的失败找寻根本性的原因,因此,他不可避免地要述及雅典昔日所犯的错误和灾难降临时所呈现的恐怖景象。因此,他被后来的古典作家(如阿里斯托芬、狄奥尼修斯等)批评,认为他违背了战后雅典国家倡导的宽容精神,更不应将失败与灾难作为历史叙述的主题。但也正因为此,修昔底德又被近代以来的史家认为是一个独立、带有"近代唯理精神的""科学"的探索者。

政治取向如何、个人境遇怎样,城邦背景所赋予的文化语境却是一致的,即都具有以上我们所概括的特性:共同体意识、城邦生活的公开性以及对神意的遵从。正如英国著名古典学家康福德(Francis M. Cornford)在论及修昔底德的著作时所说的:

> 任何一个人的思想,无论他认为自己与同时代人多么不一致,都不是完全隔绝的,而像是一个连续环境(他所处时代和地点周围的环境)中的一池塘。……即使他谨慎,传统的思维模式(雅典人思想的典型特征)还是会出现在他的作品中。[1]

当然,这并不意味着在这样的语境中所有希腊作家写出来的作品就会是一样的。城邦作为一个由自由的公民所掌控的"开放的"空间,它提供的是一个相对宽松的(或曰松散的)话语环境,加之"竞争"(agon)的风气渗透到社会生活的各方面,因而其"传统"和"声音"当然不止有一种。然而,在一个时代、一个民族、一个共同生活的社会里,总会有一些是占据主流地位、为大家所认可的公共的价值及标准。因此,在这样的城邦语境之中,古典史家对历史的认识,或者说是希腊人对历史叙述的普遍要求就具有以下几个方面的特征。

首先,城邦时代的历史叙述是对人事的记录。因为城邦是自觉的人的集合体,因此,城邦时代的历史叙述就应该是关于人的历史。

希罗多德在《历史》的一开篇就声明:

> 这里公开展示出来是哈利卡纳索斯人希罗多德所做的探究(histories apodexis),目的是使人类的所作所为(ta genomena ex anthropon)不致因时光流逝而黯然失色(exitela),使一部分由希腊人、另一部分由异族人展示(apodekhthenta)的那些值得赞叹的伟业(erga megala te kai thomasta)不致失去荣耀(aklea),特别是他们之间发生战争的原因(aitie)。[2]

---

[1] 弗朗西斯·麦克唐纳·康福德:《序》,《修昔底德——神话与历史之间》,孙艳萍译,上海:上海三联书店 2006 年版,第 3 页。

[2] 关于这段译文,本文采用的是复旦大学历史系张巍博士自古希腊文原文的翻译,张巍认为王以铸先生的中译文虽晓畅通顺,但掩盖了一些重要概念(即括号中的单词与词组)。其余引文均出自希罗多德:《历史》,王以铸译,北京:商务印书馆 1997 年版(以下简称《历史》),卷 1,段 1。

在这段话里,希罗多德明确地告诉读者,他想要探究的是人事,他的写作目的是为了记录人的活动、展示人类的伟业以及人间发生战争的原因。修昔底德用三十余年时间撰写的《伯罗奔尼撒战争史》(*History of The Peloponnesian War*)描述了希腊世界的内战,他本人并没有为自己的著作冠以一个专门的书名,他只称自己叙述的主题是"伯罗奔尼撒人和雅典人之间的战争"。色诺芬(Xenophen)的名著《长征记》(*Anabasis*,又译作《远征记》)也是作者根据自己参加雇佣军远征西亚又率军返回希腊的亲身经历整理而成的。可见,城邦时代的历史叙述都体现了对人的关注、对人事的关注。

正是由于他们要做的都是对人事的描述,所以在其著作中他们都很强调人的因素:希罗多德一开篇就明确指出他的这一著述是属于"我"的,而并非是代神立言,这与荷马(Homer)恰成对比,诗人以呼唤缪斯女神作为《伊利亚特》(*the Iliad*)全诗的开头:

> 女神啊,请歌唱佩琉斯之子阿基琉斯的致命的忿怒……[1]

进而又一次向女神恳求:

> 居住在奥林波斯山上的文艺女神啊,你们是天神,当时在场,知道一切,我们则是传闻,不知道;请告诉我们。[2]

可以说,荷马的全部叙述本质上都是在转述神的回答。同样是讲述过去发生的事情,同样有神的参与,"史诗"和"历史"的分水岭或许就在于:到底谁是话语的主宰? 是神? 还是人? 只有当人成为真正的讲述者时,真正的关于人的历史才有可能开始。这样的"探究"才可以被称为"历史"。正是具有这种首创的意义,希罗多德才自罗马时代始就被人称作是"历史学之父"。由此,柯林伍德(R. G. Collingwood)认为希罗多德的历史思维的特点是以人为本的,他说:

> 历史学对于希罗多德来说乃是人文主义的,而与神话的或神权的都

---

[1]　荷马:《伊利亚特》,罗念生、王焕生译,北京:人民文学出版社 1994 年版,卷 1,段 1—2。
[2]　同上书,卷 2,段 484—486。

不相同。〔1〕

修昔底德也在其书中借伯里克利(Pericles)之口说：

> 人是第一重要的，其他一切都是人的劳动成果。〔2〕

色诺芬则用大量的笔墨记述了退军途中希腊人与波斯军队和游牧部族所发生的无数次恶战和所经历的千辛万苦、雇佣军内部的意见分歧和士兵心理。总之，在对大多数事件的处理中，他们都是从人的角度来解释事件的原因、经历及其结果。这正如波兰历史学家托波尔斯基(Jerzy Topolski)所说的：

> 尽管在古代和以后在中世纪一样都强调神的干预和天命，但在古代要比在中世纪更为多得多地强调作为历史中一个因素的人(个人)……在古代，这就是抛弃神话而用历史的观点进行思考。〔3〕

其次，城邦时代，这种对人事的记录和描述是一种不同以往的"探究"，是希腊人的一种新的寻求智慧的方式，具有批判的精神。这种探究是指以人的理性去观察求证、描述理解人类的各种活动以及活动的原因。在此，我们需要对 historia 一词的含义及其语义背景做一番简单的梳理：英文 history 一词是由古希腊文 historia 转化而来，其词根是 histor，最早见于《伊利亚特》中，指能够从诉讼双方的讼词中调查出真相并做出判断的人，他因此而获得报酬。〔4〕从词源上追溯，histor 演化出一个名词和一个动词，即 historia 和 historein，前者最初强调的是实地观察(autopsy)，用目击证据来讲述某件事情并为之担保作证；后来，这种知识扩展到可以用别的方式来获取，比如通过对目击证人的询问，而并不一定要通过亲自经历；到了前 6 世纪，它的含义演变成通过收集和甄别证据然后以人的理性评判来获取真知。后者的意思是"询问、探询"，这个词派生自 idein(看见)和 eidenai(知道)，"看见"和"知道"是一个整体，是同一个词的两种动词形式，可进一步引申理解为通过亲眼所见获知事情的真相。

---

〔1〕 柯林伍德：《历史的观念》，何兆武、张文杰译，北京：中国社会科学出版社 1986 年版，第 21 页。
〔2〕 修昔底德：《伯罗奔尼撒战争史》，谢德风译，第 108 页。
〔3〕 耶日·托波尔斯基：《历史学方法论》，张家哲等译，北京：华夏出版社 1990 年版，第 67 页。
〔4〕 参见荷马：《伊利亚特》，罗念生、王涣生译，卷 18，段 497—508；卷 23，段 486。在这两个场合中，histor 通常被理解为相当于仲裁者，根据传统习俗以及调查事实来判定过错在哪一方。

最先使用 historia 一词来指称一种新的认知方式的是爱奥尼亚的思想家。公元前 6 世纪,小亚细亚爱奥尼亚地区的哲学家们普遍用 historein 的方法来研究自然界,并用散文的形式把他们的研究成果记载下来。通常他们被认为是希腊哲学的创始人,因为他们首先对万物的本原做出了较之传统更为理性的探索。他们的方法影响了另一些人,他们开始实地调查异域民族的地理与风俗,并同样用散文的形式将他们调查的结果记载下来,这些人被称为散文纪事家或史话家(logographer)。他们的作品不同于以往的神话或史诗,他们几乎是有闻必录,探询的领域不仅包括人类的过去,动植物、地理风貌以及风俗习惯、伟大的建筑物等都可以成为探究的对象。然而,他们似乎有着某种确定的倾向,那就是竭力要使记载与事实相符。其中的代表人物是米利都的赫卡泰乌斯(Hecataeus of Miletus,大约公元前 550 年至公元前 478 年)。据说,他可能是哲学创始人泰勒斯(Thales)的再传弟子。他大概写过两本书,以游记的方式记录了他在希腊、小亚细亚、埃及各地的见闻,其中也收集了大量有关各地民族起源、城邦建立者的传说和神话。在其《谱系》(*Genealogies*)的序言中他宣称:

> 我在这里所记载的是我认为真实的事情,希腊人的传说很多,但在我眼里都是荒谬可笑的。[1]

这表明了一种谨慎求实的态度、一种理性化的倾向,与过去相比是一种重大的转变。为此,莫米格里亚诺说:

> 赫卡泰乌斯真正的重要性不在于对他讲述的事情做出个人的解释,而在于他发现对历史传说的系统批判是可行和可望的,而对不同民族的传统的比较有助于确立真实性。[2]

后来,这种批判求真的精神得到进一步的发展,成为古典史学中最宝贵的传统。

正是因为加入了个人的思考和判断,原来广义的 historia 一词才有了具

---

[1] Hecataeus, *Fragments*, Firenze, Nuova Italia, 1954, 1. (作者按: 此处指残篇 1)

[2] Arnaldo Momigliano, *The Classical Foundations of Modern Historiography*, pp. 33-34.

体明确的含义。这是一种理性的〔1〕、以人的判断对事件所做的分析。可以说,这种分析方法是希罗多德的发明,虽然他还没有将其上升为一种理论,但他之前的作家还没有谁明确自觉地使用过这种方法。在《历史》中,希罗多德始终很强调这种"探究"的态度,他不断提到:

> 以上所述都是我个人亲自观察、判断和探索的结果。〔2〕
>
> 我是按照我自己所相信的来讲的。〔3〕
>
> 但是我以为这不是由于上述的原因,而是还有另外的原因。〔4〕

遇到有问题的地方,他也会坦率地表示:

> 然而我个人觉得不可索解。〔5〕
>
> 我说不确实了。〔6〕

可见,他倾听、选择、记录听到的内容,但同时又保留着自己批判的权力,在没有旁证可以参照比较的情况下,他姑且记录下来,但他并不轻信,而是提出自己的看法,提请读者注意,让读者自己去判断,这可以说是在当时情况下最可取的态度、最彻底的批判精神。〔7〕

　　尽管修昔底德并没有使用这个词来指代自己的历史叙述,但他仍表示出

---

〔1〕 谈到"理性",特别是古代希腊的理性时,需要指出的是这并非是一个现代学术中完全排除"神性"思维的概念,更不是近代"工具理性"所强调的面向。这是一个复杂的问题,也是一个尚有很大讨论空间且可能有多重理解的概念。在本文中,我们主要是将其作为与散文体出现之前希腊人神话思维占主导地位的思维方式相区分的一种思维转变的方式。而希腊思想中这种以人为主导的探究的思维方式始终都没有完全排除"神意"的影响,同时这种理性思维方式在古希腊也是一个逐渐发展变化的概念。(如果说赫卡泰乌斯那一代的纪事散文家受爱奥尼亚哲学家的影响,在其著述中只是初步表现出这种从人出发的探究的精神的话,那么,到了希罗多德这里,这种探究的精神和方法则成为一种更加自觉的行为)

〔2〕 《历史》,卷2,段99。

〔3〕 同上书,卷2,段120。

〔4〕 同上书,卷7,段133。

〔5〕 同上书,卷4,段30。

〔6〕 同上书,卷8,段152。

〔7〕 维科在《新科学》中从人的思维方式论述了人类从以感觉和想象为主而"缺乏反思能力"的野蛮思维,过渡到具有"充分发展的人类理性"的文明思维。这种文明思维模式的特征是"思考"与"观察",在历史学中,就表现为历史的叙述必须通过仔细的观察、证据的检验和理性的批判才能成为最确凿可凭的知识。参见维科:《新科学》,朱光潜译,北京:商务印书馆1989年版,第137—139页。

他自己同样具有这种探究的思想。他没有告诉我们他是如何辨别材料的,但他毋庸置疑的态度让人们相信他对其所采用的材料是经过筛选、论证的。他还用"发现"(find)来表述他对希腊早期历史的研究,对当时希腊的研究,他使用的词语则具有"搜集并把它们记载下来"的意思。[1] 可以说,自希罗多德之后,那些研究人类过去发生事件的人、那些研究社会演变的人,都会将自己的判断、自己的见解加进去。这种对材料的选择、批判是为了给正确的判断和解释提供一个事实基础,而历史学的目的,就是要在事实基础上理解过去发生的事情,从而使之具有意义。正是在这个意义上,英国历史学家伯里(J. B. Bury)说,希腊人"不是最早用编年形式记载人类活动的人,然而却是最早采用批判方法的人。换句话说,他们开创了历史学"[2]。

再次,城邦时代的历史叙述是对公众记忆的反映。由于城邦生活的共同性和公开性[3],"使全部行为、程序和知识逐渐回到社会集团的手中,置于全体人的目光之下"[4],在这样的一个空间里,个人是没有独立的价值的,他的价值来自城邦也依赖于城邦。吕西亚斯(Lysias)在为科林斯战争中阵亡的雅典将士所做的葬礼演说("Funeral Speech for those who assisted the Corinthians")中说:

> 我觉得他们死得幸运,我羡慕他们。假如有必要诞生,在我们之中,也只有那些以其美德留下了一种不朽回忆的人——尽管他们带着一具终有一死的肉体——才配得上。[5]

正如韦尔南(Jean-Pierre Vernant)所说的:

> 对于古代希腊人而言,"不死"意味着一个离开了阳光的人却永远存

---

〔1〕 修昔底德为何没有使用这一术语? 霍恩布洛尔认为,可能出于两个原因:一是这一术语与希罗多德有着密切的关系,在一定程度上,就等同于希罗多德,而修昔底德极力将自己与希罗多德区分开来,因此他没有使用这一术语;二是这一术语尚未发展为专门的术语,真正的原因恐怕应该是第二个。参见 S. Hornblower, *Thucydides*。

〔2〕 J. B. Bury, *The Ancient Greek Historian*, p. 1.

〔3〕 所谓"共同生活",韦尔南认为是指:"社会生活中最重要的活动都被赋予了完全的公开性。"参见让-皮埃尔·韦尔南:《希腊思想的起源》,秦海鹰译,第 38 页。

〔4〕 让-皮埃尔·韦尔南:《希腊思想的起源》,秦海鹰译,第 38 页。

〔5〕 Lysias, trans. by S. C. Todd, *Speeches*, Austin: University of Texas Press, 2000, pp. 79-80.

在于集体的社会记忆之中……集体记忆的功能就像是某种机制一样确保某些特定的个体在其光荣逝去之后仍然能够继续存在。因此，代替永生灵魂的则是不朽的荣光与人们永久的怀念。虽然没有为世俗之人保留的天堂，然而确有一个为应得之人保留的永恒的记忆，那是停留在活着的人居住其中的社会内心深处的。[1]

这里的"集体记忆"显然是指一个民族共同的记忆，也即是共同体的传统。因为记忆不仅是一种生理功能，同时它还具有社会功能，社会环境和共同体内部成员的相互作用是记忆的重要因素，并在时间和空间里对集体记忆起到某种调整的作用。法国社会学家哈布瓦赫（Maurice Halbwachs）说：

一旦一个回忆再现了一个集体知觉，它本身就只可能是集体性的了；对于个体来说，仅仅凭借他自身的力量，是不可能重新再现他以前再现的东西的，除非他诉之于所在群体的思想。[2]

如果说，史诗是希腊人对本民族最早的集体记忆的记录的话，那么，希罗多德的《历史》便应该是对城邦时代希腊人公共记忆的记录和反映。作者说他要将他"所做的探究""公开展示出来"，以使人类的伟业不至于被遗忘。可见，希罗多德的历史叙述是与记忆（且是公众的记忆）密切相关的，并与遗忘相抗衡，因为对于"探究"结果的"公开展示"实际上就是一种纪念的方式，是为一个共同体保存记忆的方式，同时也是在公共空间中接受公众检验古典作家的叙述是否真实的最佳方式。因此，有学者指出：

对于"历史学家是在向谁诉说"，古代史学家的回答是：为了使得自己认为不仅值得提起而且还应记住的一系列事实免于被遗忘，他在向他的公民同胞们讲述历史。这样，历史学家就像史诗作者一样使得公民和遥远的重大事件从遗忘中摆脱了出来，这是通过使得它们成为记忆的对

---

[1] Jean-Pierre Vernant ed., Charles Lambert & Teresa Lavender Fagan trans., *The Greeks*, Chicago: The University of Chicago Press, 1995, pp. 19-20.

[2] 莫里斯·哈布瓦赫:《论集体记忆》,毕然、郭金华译,上海:上海人民出版社 2002 年版,第284 页。

象而完成的。[1]

即使被近代以来的许多史家认为是一个客观主义者的修昔底德也未脱离这种"城邦语境"的大环境,他之所以述及雅典的失败并不意味着他不想遵循公众记忆中有趋利避害、记住光荣遗忘痛苦的趋势。恰好相反,正因为他也是一个十分在意公众意见的古典作家,当他在其著作中所表达的主题和政治立场与战后雅典社会的整体心态相悖时,他感到悲怆与孤独,终至不能完稿而死。而现代一些学者的溢美则可能因为他们忽略了一个事实:在古代希腊,历史作为"被记忆的过去"[2],社会在作家们(包括剧作家和历史学家)将记忆载之以笔的过程中有着绝对的权威。因此,个人没有权利描绘社会不期望的事件,即使它是真实的。面对这一绝对的权威,不论是剧作家还是史学家,只能描述社会已经知道的、希望知道的和至少已经提前接受的事情。即使在自由民主的雅典也不例外。正是在社会这一强大的压力下,修昔底德被迫放弃了他为之奋斗终生的事业。[3]

第四,城邦时代的历史叙述仍是在口述的传统中进行的,在希罗多德之前,希腊还没有真正意义上专供阅读而进行写作的作家,文学传播主要是以口

---

[1] 乔斯·巴雷拉:《创造历史与讲述历史》,杨小辉译,收入陈启能、倪为国主编:《书写历史》,上海:上海三联书店 2003 年版,第 44—75 页。

[2] 约翰·卢卡斯(John Lukacs)将历史定义为"被记忆的过去",本文认为这一界定对古代希腊的历史学是最恰当不过的。相关论述参见 John Lukacs, *Historical Consciousness*, New York: Harper & Row, 1968。

[3] 修昔底德为何没有写完这场他从一开始就加以关注并对其进行思考的战争呢? 这是一个长期以来令学界困惑的问题。古代学者多认为是因作者的猝死才使其中断。受古代作家影响,过去的观点是用回国后遇刺或突然病逝来解释修昔底德写作的未完成。参见 Plutarch, trans. by Bernadotte Perrin, *Cimon*, New York: C. Scribner's sons, 1910, 4. 3; Pausanias, trans. by W. H. S. Jones, *Description of Greece*, Harvard University, 1918-1935, Vol. 1, 23. 9; G. B. Grundy, *Thucydides and the History of His Age* Oxford: Basil Blackwell, 1948, p. 44。20 世纪 50 年代以来,学者们开始从修昔底德当时所处的境遇以及可能有的社会及心理原因等方面提出了新的解释,认为很有可能是修昔底德对自己著作不满意,在极度失望中放弃了继续著述。相关的论述参见 Frank E. Adcock, *Thucydides and His History*, Cambridge: Cambridge University Press, 1963; Michael Grant, *The Ancient Historians*, London: Duckworth, 1970, p. 84; W. R. Connor, *Thucydides*, Princeton: Princeton University Press, 1984, p. 210; Gordon Spencer Shrimpton, *History and Memory in Ancient Greece*, New York: McGill-Queen's University Press, 1997, p. 58; Emily Greenwood, *Thucydides and the Shaping of History*, London: Duckworth, 2006, p. 84, n. 5。

头方式进行。[1] 即使是已用散文体写作的希罗多德,主要考虑的仍然是在公众中进行朗诵和表演[2],文字只是记录口头文学的载体,严格意义上的书面文学在当时的希腊社会生活中还没有单独出现过。城邦时代的大多数时间里,希腊人传播知识、探讨智慧、表演戏剧、讨论事务的主要方式仍然沿袭了荷马以来的口述传统[3],对于当时的希腊人来说,"讲述"是高于"写作"的,或者说前者是后者的完成形式。因为一个作者写出一段文字后,只有当他讲给大家听了才算是最后完成。因此,在许多希腊城邦(特别是在雅典)能够当众朗诵其作品,无论是对于演说家、诗人、剧作家还是智者、政治家来说都是一种至高无上的荣誉。而城邦的公共空间正好为种种言说提供了一个充分展示的场所:公民大会上,发表政见者头戴花冠登上演说台,为说服民众支持自己而侃侃而谈;半圆形的剧场内,悲剧作为一种公民教育的重要方式在全体公民面前上演[4];探讨城邦伦理的喜剧也在众人的嬉笑声中展开;法庭上,原告、被告以及目击证人在陪审团前的陈词是至关重要的,而所谓的证据相对来说则是次要的;希腊的史家将自己定位在一名描述自己所见或转述他人所见事件的目击者这样一种位置上[5];苏格拉底不是一个以书本传世的哲人,他长于

[1] 关于古代希腊口述传统与历史、记忆的关系及其影响,参见 M. I. Finley, "Myth, Memory, and History," *History and Theory*, 4 (1965), pp. 281-302, esp. pp. 294-299; Arnaldo Momigliano, "Historiography on Western Tradition and Historiography on Oral Tradition," *Studies in Historiography*, Londres, Weidenfeld & Nicolson, 1966, pp. 211-220; Arnaldo Momigliano, *Essays in Ancient and Modern Historiography*, Middletown: Wesleyan Univ. Press, 1977。

[2] 参见 John Marincola, *Greek Historians*, Greece & Rome: New Surveys in the Classics, No. 31, Oxford: Oxford University Press, 2001, pp. 23-24. 关于希罗多德口头文学传统的特征以及他与修昔底德书面创作风格的不同,参见 Rosalind Thomas, *Literacy and Orality in Ancient Greece*, Cambridge: Cambridge University Press, 1992, chapter 6, esp. pp. 102-104, 107。

[3] 也有学者认为,到了修昔底德生活的时代,情况已有所变化,书写和阅读开始变得重要起来。参见 Francois Hartog, *The Mirror of Herodotus: The Representation of the Other in the Writing of History*, Berkeley: University of California Press, 1988; Rosalind Thomas, *Literacy and Orality in Ancient Greece*; Alan K. Bowman & Greg Woolf eds., *Literacy and Power in the Ancient World*, Cambridge University Press, 1994; Ernst Breisach, *Historiography: Ancient, Medieval & Modern*。

[4] 有学者指出,"文字对于欧里庇得斯和埃斯库罗斯之意义在于'遗忘的补偿',而非因为它提供了有趣的或富有教益的消遣"。参见 Stewart Flory, "Who Read Herodotus' Histories?" *The American Journal of Philology*, 101: 1 (Spring, 1980), p. 21。

[5] 参见乔斯·巴雷拉:《创造历史与讲述历史》,第44—75页。

言说、不立文字,实际上他没有亲笔写下过任何作品;柏拉图也认为文字只能让人变得健忘而无法强化记忆,因为文字会使人不重视当下的交谈,不致力于内心真正的理解,这样人们从文字中学到的只是近似于智慧的东西,而非智慧本身。[1] 凡此种种,可见言说对于希腊人的重要性。

事实上,当时只有重要的法令才会被刻在市政广场的石柱上,神庙的祭司也会对一些有关神事的重大活动加以记载,但通常都很简要,而从埃及进口的纸草又比较昂贵,不可能大批量地使用,所以,可以想见当时希腊人对于书籍的使用与传播并不广泛。据研究,直到公元前 5 世纪中后期,希腊世界才出现书籍买卖的现象。[2] 在这种情况下,可以说古代希腊的历史学,从一开始起,就不是、也不可能是建立在文字资料的基础上,而只能是根据口述资料和个人的回忆来撰写的,也就是说,希腊的历史学家只有通过亲历事件者的直接记忆和口口相传的记忆,或者是通过自己的亲自观察来获取史料。据记载,希罗多德曾在人群聚集的雅典广场上当众朗读他的作品,获得一致好评,为此他还受到了奖赏。还有传说修昔底德少年时,也曾随父亲一起在广场上聆听希罗多德朗诵其作品,并为之感动流涕。可见,《历史》一书最初的流传方式中"讲述"仍是重要的形式之一。有学者推测,修昔底德回到雅典后,有可能也会按照当时的惯例向雅典人朗诵他的作品。[3] 对此,莫米格里亚诺进一步认为,希腊人对口述资料的偏爱并不仅仅是因为文字资料的欠缺,而是在他们看来,文字资料更有利于建立年代记,但对历史事件的重构,如战争和公民大会等历史事件并无重大的作用。[4]

最后,城邦时代的历史叙述中不排除神意对历史事件的影响。城邦时代,对于神的崇拜不是统治阶层的特权,而是城邦的公共活动,是全体公民共同参与的活动。而且,城邦存在的合法性及其神圣性正是从那些在神庙前围绕祭坛与坛火所举行的公共活动中确立起来。所有的公共活动都是从某种对神表

---

[1] Plato, trans. with introduction by James H. Nichols, Jr., *Phaedrus*, New York: Cornell University Press, 1998, pp. 274c-275b.

[2] 参见 L. D. Reynolds and N. G. Wilson, *Scribes and Scholars: A Guide to the Transmission of Greek and Latin Literature*, New York: Oxford University Press, 1991, p. 2。

[3] G. S. Shrimpton, *History and Memory in Ancient Greece*, p. 59.

[4] Arnaldo Momigliano, *Essays in Ancient and Modern Historiography*, p. 192.

示敬意及虔诚的仪式中得以展开的,可以说,没有一次公共活动不是在神的关注下举行的。在这些活动中,共同的敬畏和共同的希望,通过人们共同的关注,将团体中的不同个体紧密地联系在一起,从而形成一种社会伦理控制的巨大力量。因此,有学者指出:

> 城邦的整个生活,渗透着神性,希腊人是与神生活在一起的。我们只有理解"神"的因素在希腊人生活中的作用,才可理解希腊人的城邦。〔1〕

与史诗相比,希罗多德"探究"的主题似乎不再包括"诸神的业绩",但这并不意味着神在他叙事中的缺席。事实上,我们发现希罗多德似乎对预兆、神谕以及祷文、先知等深信不疑,认为正是这些预示着事情的成败。他说:

> 当城邦或是民族将要遭到巨大灾祸的时候,上天总是会垂示某种征兆的。〔2〕

其实,希罗多德的这种态度是当时希腊人普遍心理的反映。古代的希腊人无论是国家大事还是个人的生活问题都喜欢求得神的旨意,然后在神的名义下进行。希罗多德书中那些随处可见的神谕表明他对神灵降旨的相信,同时也是他想为自己所记载内容的真实性寻求根据和保证的表现。即使是修昔底德所表现出来的理性精神,也并不完全是现代以人为根本出发点的理性,许多时候在面对许多事物时,他仍然认为是人的理性所无法把握的,如康福德所说:"这位古代作家虽然平实且富有理性,但我们可以认为他的思想活跃在一种诗意和神话的氛围之中。"〔3〕色诺芬同样也在其《长征记》中多次提及诸神及神谕。〔4〕

---

〔1〕 洪涛:《逻各斯与空间——古代希腊政治哲学研究》,第107页。
〔2〕 《历史》,卷5,段27。
〔3〕 弗朗西斯・麦克唐纳・康福德:《序》,《修昔底德——神话与历史之间》,第2页。
〔4〕 例如:卷3,出发前先到德尔菲求取神谕,"色诺芬在按照阿波罗神谕向指定的神祭献之后便启航了";卷4,"准备好前所许愿的祭供""感谢宙斯使他们得救""还感谢其他诸神";卷6,"对神起誓";卷7,以"雅典娜"为口令,"这样,从前祭献牺牲的兆头便证实了。……在这里,色诺芬向神致了敬"。参见色诺芬:《长征记》,崔金译,北京:商务印书馆1997年版,第61、113、164、183、206—207页。

　　综上所述,我们认为,在希腊人这样的历史认识中[1],对人事的记录、"探究"以及对神意的尊重是希腊古典史学的重要特征,而公众记忆与口述传统则是古典史家历史著述的主要依据和方法,同时也是理解古典史家著作真实性的关键所在。两者是紧密联系的,但并非可以彼此替代。公众记忆作为一种集体意识可能存在于任何时代及任何民族中,而口述的传统则只可能出现于书写尚未大众化的历史时期。只是当两者同时存在于同一个时间段时则相互的依赖性会更强,这也是我们将这两种因素放在一起考虑的重要原因之一。

　　解决了城邦时代希腊人历史认识的基本特征之后,我们还需要讨论一下希腊人是如何看待与历史叙述密切相关的"真实性"问题。[2]

　　古希腊语中的"真实"(aletheia)一词是由前缀 a 和 letheia 组成的,letheia 的意思是"遗忘",a 则是一个表示否定意思的前缀词。所以,对于古代希腊人来说,真实的意思就是不忘记。由此,"真实"便与记忆有关、与谨慎的表达传统有关。而在希腊人的神话思维中,主管"历史"的克尼奥(Cleio)是记忆女神摩涅莫绪涅(Mnemosyne)的长女,位居九位缪斯女神之首。由此,我们将古代的史学称之为"记忆史学"。这种记忆当然不是一种纯粹个人的记忆,而是

──────────

[1]　至于亚里士多德在《诗学》第 9 章中对于"历史"与"诗"相区分的论述,他说:"历史家与诗人的差别不在于一用散文,一用'韵文'。希罗多德的著作可以改写为'韵文',但仍是一种历史,有没有韵律都是一样;两者的差别在于一叙述已发生的事,一描述可能发生的事。因此,写诗这种活动比写历史更富于哲学意味,更被严肃地对待;因为诗所描述的事带有普遍性,历史则叙述个别的事。"见亚里士多德:《诗学》,罗念生译,北京:人民文学出版社 1990 年版,第 28—29 页。因为更为接近于后世学科分类后"史学"与"诗歌"的理解模式,便被现代人想当然地认为那是古希腊人的普遍认识。而这种先入为主的观念恰好是忽略了"城邦语境"可能对大多数人所产生的影响。亚里士多德虽仍处于这同一种语境之中,但此时城邦制已经开始衰微,特别是在理念上,"城邦"已不再是"人之为人"的唯一居所,亚里士多德所从事的一系列智慧活动,即表明他与之前的希腊哲人有了很大的差别:如果说苏格拉底是一位直接参与城邦公共生活的哲学家,柏拉图在其学园仍将哲学作为一种生活方式在实践着;那么到了亚里士多德,他则将多种智慧的学问学科化了。这种从苏格拉底的身体力行到柏拉图的学园生活,再到亚里士多德哲学的学科化的过程,在希腊哲学史上是一个重大的转变,具有重要意义。对于本文而言,或者更为中立地说,至少亚里士多德关于"史学"的说法与本文所论及的口述传统及公众记忆对古典史学的影响,应该都是我们理解古典史学的一个面向,而不是非此即彼的选择。

[2]　关于诗人的真实与历史学家的真实之间的异同是一个十分有趣的问题,容另文讨论。

一种集体记忆〔1〕,在希腊城邦时代它就是公民团体的共同记忆。因此,施林普顿(G. S. Shrimpton)说,在古代希腊"历史真实的判定是共同体的权力,并从不容许个人涉足"〔2〕。

既然古代的历史学家从事的是保存社会记忆这一任务,那么他们著述的真实性就必须要与公众记忆或群体记忆相一致。〔3〕也就是说,希腊历史学家的叙述是否真实,在很大程度上是由听众来检验的。听众的反应对史家的叙述有着至关重要的影响,如果他们对史家搜集到的信息产生怀疑,无疑会迫使史家放弃其著述。而公元前404年回到雅典的修昔底德正是受到了这样的敌视。因为公元前402年至399年的雅典是不宜于谈论战争的,而修昔底德却将失败与灾难作为其历史叙述的主题,他向他的雅典同胞叙述他们的帝国最终败于斯巴达与波斯联合的故事,雅典人不愿听这个故事,这一主题引起他同胞的愤怒和耻辱感。因此,战争结束后回到雅典的修昔底德明显感到其同胞对他的敌意,而他本人又十分在意公众的意见,因而他完全陷入孤独绝望的境地。对此,我们从古代作家对修昔底德真实性的评价和他们提出的历史理论中可以得到同样的结论。狄奥尼修斯说:

> 我们要求历史是高级女祭司的真实。他既没有为事件添加任何不合适的东西,也不曾删除一些;他没有把自己的权威插入他的写作中,但他保持他的著作无可指责,也不曾留有任何邪恶的迹象。〔4〕

在古代希腊,女祭司保存的正是社会价值体系中悠久的传统和公众所认可的价值。而历史学家的"真实"就是要看其是否与女祭司保持的传统和公众的价

---

〔1〕 现代心理学认为,记忆的过程就是程度不同的内容省略和文化同化的过程。巴特利特通过实验表明,记忆的过程是遗忘与文化融合的过程。代代相传的记忆往往带有群体的标志,一些学者甚至认为,个人记住什么通常是由社会决定的。参见 F. C. Bartlett, *Remembering: A Study in Experimental and Social Psychology*, Cambridge: Cambridge University Press, 1950。丹尼特认为,如果社会、个人意识到对他们的未来有用,对熟悉的文化背景中发生的事件的记忆是不会以令人过于惊讶的速度衰退的。对未来的期望使人们不会轻易忘记熟悉文化背景中的经历,但在记忆中难免会出现一些创造。见 D. C. Dennett, *Consciousness Explained*, Boston: Little, Brown and Co., 1991。

〔2〕 G. S. Shrimpton, *History and Memory in Ancient Greece*, p. 26.

〔3〕 参见 G. S. Shrimpton, *History and Memory in Ancient Greece*, pp. 6–7。

〔4〕 Dionysius of Halicarnassus, *On Thucydides*, p. 8.

值判断相一致。这意味着历史学家不能仅出于个人的喜好而加入大量的评论,也不能删除那些众所周知的信息。历史学家只有忠实于公众的评价,他的"真实性"才能得到认可。[1] 可以说,古希腊史学的"真实性"并不总是经验的"真实",很多时候它只是记忆的"真实"。

这种记忆的"真实"还带有某种普遍性。因此,古代的历史学家会把一些普遍的知识看作是真实的。反映在他们的著述中,一个最重要的表现就是性格描绘。[2] 因为在希腊社会,英雄人物的性格是广为人知的,这恰好是历史学家表现他们真实性的最好时机,读者之所以把真实归于历史学家就是因为他们反映出历史人物普遍的性格特征。这种将普遍知识看作真实的记忆史学使得作者对所记忆之事的描述有可能不是按照实际发生的情况来记载,而是按照通常在普遍状况下理应如此的方法进行描述的,因此,便出现了许多程式化的描述,但"程式化并不意味着就是虚假的"[3]。同时,记忆的描述带有更多的感情色彩,常常把事件戏剧化。因此,用高度概括的术语表达刻板模式的陈述是记忆历史的一大特征。[4] 此外,在记忆中,记忆者本人常常从事件的参与者转化为一个旁观者,角色的转换使得记忆的描述往往采取第三人称的身份进行叙述。

至于希罗多德的"历史叙述"是否就是在上述的城邦语境中展开的,我们或许还需要解决的一个问题是:作为"哈利卡尔那索斯人"的希罗多德(Herodotus of Halicarnassus)并非雅典公民,而是以外侨的身份在此短暂居住过,那他在进行其"历史叙述"时采用的是何种"城邦语境"? 如前所述,在"城邦语境"的大环境中,在对整个希腊民族团结一致、抵御外族的希波战争这一事件的记忆中,"侨民"与"公民"并不存在根本性的分歧,雅典在希波战争中所起的作用也是为整个希腊世界所有目共睹的。同理,在希罗多德对待包括埃及、波斯、斯基泰(Scythians)等其他东方民族的态度上,这种为全体希腊人所共同分享的集体记忆也是至关重要的。这就如同希腊人自称

---

[1] G. S. Shrimpton, *History and Memory in Ancient Greece*, p. 25.
[2] 这是诗人普遍采用的一种手法,在荷马史诗中十分常见。
[3] S. Hornblower, *Thucydides*, p. 29.
[4] G. S. Shrimpton, *History and Memory in Ancient Greece*, p. 62.

Hellenes,而将所有不说希腊语的人称之为 barbarians(蛮族)一样,这种民族的认同与辨异是在希腊城邦时代逐渐确立起来的,也可视作是"城邦语境"下的一个产物,在彼此没有具体而微的权利及利益冲突和争夺的大背景下,"侨民"与"公民"的视角与立场很可能是一致的。而希罗多德所处理的正是在这样的大背景下所展开的一系列事件,因此,无需对其"侨民"的身份过于强调。

具体到希罗多德的历史写作,首先,他记载的是他童年时发生在希腊的事件,然而他并未亲身经历那一时期的历史事件,他也没有官方的文献材料可资佐证,他只是在进行记忆性的叙述。当然这种叙述并不仅仅是对"个人记忆"的叙述,同时也包含了希腊人对这场战争的一些普遍性的"公众记忆"。而"公众记忆"与"个人记忆"当然是有差别的,但当人们对待同一个事件有着某种"充分共享的集体记忆"时,两者便会相互影响、相互作用。在大多数情况下,集体记忆能够帮助个体的记忆,而个体记忆则借助于集体的记忆。个体生活的群体能提供他重建记忆的方法。也就是说,个体的思想将自身置于社会框架之中,并汇入能够进行回忆的记忆中去。[1]科瑟(Lewis A. Coser)对此的进一步解读是:"当然,进行记忆的是个体,而不是群体或机构,但是,这些植根在特定群体情境中的个体,也是利用这个情境去记忆或再现过去的。"[2]而希波战争正是这样一个能激发起全体希腊人强烈情感的重大事情,共同的经历,一致对外的态度,使他们拥有一个几乎相同的集体记忆。

其次,在《历史》中我们发现了一些戏剧化的叙述,最明显的是大流士(Darius)等人讨论应该采取何种政体的场景。他们分别发表了不同的意见,然而每个人的话语中却都带有浓厚的希腊风格。[3]在此,戏剧化本身并不能说明什么,关键是这种描述与记忆性的历史相吻合,即它们都是用极概括的语言表达刻板模式的陈述。这些场景给人的印象是,它们似乎曾保存在记忆中,即使并不曾如此。再次,长期以来,研究者们注意到,在古希腊,历史家们

---

〔1〕 参见刘易斯·科瑟:《导论》,收入莫里斯·哈布瓦赫:《论集体记忆》,第 39 页。
〔2〕 刘易斯·科瑟:《导论》,第 40 页。
〔3〕 参见《历史》,卷 3,段 80—85。

都是用第三人称来表述自己的[1]，传统以为，这一现象充分地表现了作者的超然与客观。然而，也可认为这种表述方式更多的是符合记忆的特征。

既然古代希腊的历史是"记忆的历史"，那么，它们的"真实性"就不能如文献历史那样通过对史料的严格考订来实现，我们也不能根据文献历史的标准来衡量古代希腊历史学的真实性。以掌握事实的准确性作为对古典史学研究和历史写作唯一关注的焦点实际上是在以当代西方的研究标准来评判古代学术，从而犯了时间上的错误。记忆历史的"真实性"是"记忆的真实"，与"经验的真实"相比，"记忆的真实"也许缺乏发生事件的准确信息，其内容在细节上可能会存在一些偏差，但它表达了过去经验到的、但却在经验的记载中没有表述的感情因素。也就是说，它不仅反映了过去所发生的事情，而且还反映出了当时的人们是怎样考虑那些事情。在一切"最重要的活动都被赋予了完全的公开性"的城邦语境下，那些口述的材料经过公众集体记忆的检验，在很大程度上还是能够还原历史的本来面目。

历史知识是一个民族的自我认识与自我确证，历史并不是封闭的知识，而是在历史过程中特定阶段、特定群体的知识。而集体记忆也是一个由社会建构起来的概念，并非某种神秘思想。城邦时代，希腊人对"历史"及其"真实性"的理解有着那个历史阶段以及那种文化背景中的特色，与今天史学家们的理解不尽相同，而希罗多德的历史叙述正是符合那个时代特征的。

三、希罗多德的叙事方式

尽管不同的文本形式或话语结构与史家所要叙述的史实以及所要表达的思想并没有直接的联系，但他对材料的选择以及叙事的方式却在很大程度上决定着叙述的展开，因而无论是对作者还是对读者的思维和理解都会产生影响，同时也会对历史的叙述和分析产生影响。而希罗多德的叙事方式中最与

---

[1] 除希罗多德在开篇时自称"哈利卡尔那索斯人希罗多德"外，修昔底德在《伯罗奔尼撒战争史》的第四卷描述他自己的活动时自称"奥罗拉斯的儿子修昔底德"，色诺芬在其回忆录《长征记》中也使用了第三人称的表述方式。

其作品真实性问题相关的是他对口述资料的使用，以及如何兼顾对公众记忆的尊重和他作为一个探究真理、寻求智慧的知识分子独立性之间的关系。[1]

读希罗多德的《历史》是需要很大耐心的，这不仅是因为此书牵涉的地区、年代跨度太大，人物、事件头绪太多[2]，而且作者特殊的讲述方式更是难读的重要原因之一。在书中，他不断地打断自己的叙述，不断地在一件事尚未讲完时插进一段相关的背景介绍。这种插话，短则一两节，长则多达整整一卷，最长的一段就是介绍埃及风俗的第二卷。更有甚者，还有"插话中的插话"，即在一段插话之中再插进另一段。比如《历史》第五卷第55节以下，希罗多德讲到反抗波斯的爱奥尼亚起义的领导者之一阿里司塔哥拉斯（Aristagoras）到希腊本土寻求支援。他先到了斯巴达，没有结果，又转去雅典。在此，作者插进一大段追述[3]，向读者介绍雅典是如何摆脱僭主的统治，走上民主之路的。这本不算过分。可他在卷五的第57节又插进了另一段，介绍起杀死雅典末代僭主希庇亚斯（Hippias）之弟希帕尔科斯（Hipparchus）并最终引发人民起义的两位英雄的原籍——盖披拉（Gephyraei）。而这还不算完，在紧接下来的卷五第58节，他又开始讲述和盖披拉人一道在希腊本土定居的腓尼基人（Phoenicians），进而讨论自己的一个研究成果——他认为希腊字母是腓尼基人传来的，并花了三节的篇幅来举例说明。[4] 诚然，这个研究成果或许是很具洞察力，但是这与盖披拉人有什么关系？与雅典人摆脱僭主有什么关系？与爱奥尼亚起义又有什么关系？这种三次插话在希罗多德的书中并不只此一处。[5] 这种不时脱离主题的叙述方式，过去通常被视之为主题不明确、主线不清楚，并将其视作是当时写作技巧不完善的结果。但是，我们认为，这恰是

---

[1] 关于希罗多德作为一个有着自己独立见解的真理追求者的角色论述是理解《历史》的另一个关键点，也是本文作者的兴趣之一。然其并非本文讨论的重点，故在这一部分的论述中只提及一些相关说法，并不打算进一步展开。有关于此的深入讨论容另文论及。

[2] 从空间上看，东起印度、西至直布罗陀海峡，北到北极圈附近，南达尼罗河的源头，希罗多德都涉及了。从时间上看，从吕底亚王国的兴起（大约公元前680年）到希腊人击退波斯人的侵略（公元前479年），前后200年的时间。这还只是书中的主线，如果加上插叙中提到的其他事件，则有的可以上溯到更久远的年代。

[3] 《历史》，卷5，段55—96。

[4] 同上书，卷5，段59—61。

[5] 《历史》插话多的情况主要出现在前五卷中。后四卷因为已经直接开始叙述希腊与波斯之间的战争，所以插话就减少了很多。

希罗多德叙事方式的独特之处,这种叙事方式表明希罗多德所引用的材料主要是来自口述的[1],同时其著述的流传也仍然保留了便于口述的形式。因为他是在面对听众讲故事,这种讲述就可能会因为不同的听众有不同的需要和兴趣而不断地打断他的叙述。这是一种随着语言本身的流动而流动的讲述方式,是一种随时准备分流、回溯,然后再重新汇合的言说方式。讲述者和听众,有着一种当下的、直接的、即时的交流。这种讲述方式想向人们展示的,其实并不是一个有着清晰的原因——结果的、单线条的固定的叙述客体。而是一个有着众多线索、可以随时把某一段拆开来单独讲述,并可从不同视角、不同目的去解读的东西。这也正好表明,希腊人的"公众记忆"因着不同的角度和对象,侧重点也会有所不同。

自然,这种有着多重叙述流的口述资料使得学者们难以追究资料的提供者究竟给希罗多德说了些什么,而《历史》中引用的口述资料不仅普遍且极有规律,这又使得有学者质疑,它们是否真的只是一种文学习惯?而不是作者用来证实他的叙述?不过,施林普顿(G. S. Shrimpton)和吉利斯(K. M. Gillis)利用光盘检索的方法对《历史》中口述资料的引用作了广泛、翔实的分析,证明了希罗多德对资料的引用并不是为了掩盖他所编造的故事。[2]在希罗多德引用的188条有出处的资料中,96处来自希腊人,其中54处是希腊主要城邦的资料,如雅典人、拉凯戴孟人(Lacedaemonians)、科林斯人(Corinthians)和埃吉纳人(Aeginetans)等,还有三处引用了马其顿人的说法。在这种情况下,希罗多德叙述的故事不可能是他编造的,而只能是他的希腊听

---

[1] 有学者反对口述材料是《历史》主要资料的这一观点,代表人物是费林(Fehling),他认为,实际上希罗多德既没有得到任何口述资料,也没有得到文字资料。费林认为,这种资料标示的做法只是古希腊的一种文学习惯,它遵循许多的原则和模式。古希腊后来的历史学依然保持这一习惯。因此,他认为希罗多德从事的是文学创作,而不是历史的著述。参见 Detlev Fehling, *Herodotus and His "Sources": Citation, Invention and Narrative Art*, pp. 115, 257。

[2] 他们对"资料引用"作了严格的界定,即指"在既定的上下文中被归于一种资料或多种资料的任何持续的,或实质上是持续的叙述或陈述"。他们对各卷中有出处的资料进行了统计分析并制表说明,认为希罗多德在资料引用上似乎受三方面因素的影响,即时间、空间距离和文化转换。施林普顿和吉利斯把时间的标准定为距希罗多德撰史前一百年,距离的标准是希罗多德所说的已知世界的尽头或是那些非常遥远而他不能到达的地方,文化的转换包括所有从非希腊文化向希腊文化的转换。参见 G. S. Shrimpton, *History and Memory in Ancient Greece*, pp. 235—239。

众记忆中的事件。这也表明费林认为希罗多德的资料引用是他编造故事的说法是不妥当的。然而,作为口述历史的实践者,希罗多德是用什么方法确保叙述的真实以及我们如何认识他的真实性呢?

希罗多德没有明确提出"证据"这一概念,但这并不意味着他在叙述中毫无依据。从表面上看,他只是尽可能地搜集遗闻旧事,几乎有闻必录,甚至把那些他个人也觉得"不可索解"的事情也照样收录。其实,希罗多德深知历史真实性的重要性。他一再告诫读者:

> 我的职责是把我所听到的一切记录下来,虽然我并没有任何义务来相信每一件事情,对于我的全部历史来说,这个说法我以为都是适用的。[1]

从中我们可以看出,他有作为一个记录者的责任感,他自己虽然缺乏鉴别史料的能力,但仍然有着追求历史真相的愿望。同时,他也竭力想要从当时存在的各种不同说法中做出明智的选择,他对那些认为的确不可信的东西就采取了拒斥的态度。[2]这表明,虽然希罗多德在其《历史》中记载了多种多样的现象和言论,但同时我们仍能明显地感觉到他作为一个探究真理的、独立的知识分子所要表达的思想。因此,希罗多德在书中时常还会对同一件事情列举他听来的两种以上的说法,然后做出个人的判断,比如他说:

> 对于这些不明确的事情,现在我必须提出我个人的意见来了。[3]

> 这是埃及祭司们的说法,但我个人是不相信这种说法的。[4]

> 人们可以相信任何一个他认为是可信的说法,但是在这里我要说一下我自己关于它们的意见。[5]

> 这是在传说当中最为可信的一个说法。[6]

这些话反映了早期希腊史学朴素、客观的处理方法。正如有学者所指出的那样:

---

〔1〕《历史》,卷2,段123。
〔2〕有关例子可参见《历史》卷2和卷4。
〔3〕《历史》,卷1,段24。
〔4〕同上书,卷2,段121。
〔5〕同上书,卷2,段146。
〔6〕同上书,卷2,段9。

尽管希罗多德的方法粗糙,既像游记又像口头传闻,但他绝对不是不加批判的。譬如他区别了事实和神话,他知道耳闻和目睹的分别,他也知道事件发生的原因与前奏。[1]

具体而言,在《历史》中希罗多德辨别材料真假的标准有二:一是看其是否有确凿的证据,以神话为依据的观点在他看来是不可信的。他所谓的证据主要是公众承认的事情,即普遍性。例如,关于伊索(Aesop)是雅德蒙人(Iadmon)的说法。[2] 二是看所闻之事是否合乎情理。所谓"合乎情理"一方面是指所闻之词与希罗多德的亲自观察相吻合,如在谈到埃及人是如何哺育婴儿时,他不仅引用了祭司们的话,而且还做了实地考察,他说:

我甚至为了这个目的到底比斯和黑里欧波里斯去,专门要去对证一下那里的人们所讲的话是不是和孟斐斯的祭司们所讲的话相符合。[3]

另一方面,合乎情理也指所闻之词合乎人之常情,这其实也是普遍性的一种表现,比如在谈到一个司奇欧涅人(Scione)的故事时,希罗多德用了这样的说法:"如果一般的说法是真实的话……"[4]有时,他则将这两项标准结合起来以辨真伪,例如关于波斯王薛西斯(Xerxes)战败逃跑之事。[5] 可见,希罗多德已能初步运用批判的方法,注意考订史料的真假,比较各种记载或传说的异同,从而使历史学发生了具有决定意义的变化。虽然希罗多德的著作有时因失于轻信,仍有谬误,但总的看来,正如现代美国史家汤普森(J. W. Thompson)所说:"在批判精神方面,他还是超越了他自己的时代。"[6]可以说,希罗多德为古典史学奠定了牢固的基础。也正是对此的肯定,当代英国史家彼得·伯克(Peter Burke)在总结西方历史思想的十大特点时认为其中的一个特点便是:

在任何时候和任何地方,几乎所有的历史学家都注意对史实的查验,

---

[1] Donald R. Kelley eds., *Versions of History: From Antiquity to the Enlightenment*, New Haven: Yale University Press, 1991, p. 23.

[2] 《历史》,卷2,段134。

[3] 同上书,卷2,段3,还可参见《历史》卷2,段5、10、15等。

[4] 同上书,卷8,段8。

[5] 同上书,卷8,段119—120。

[6] J. W. 汤普森:《历史著作史》,谢德风译,北京:商务印书馆1988年版,第35页。

即鉴别和评估他们听到或读到的有关过去的个别的故事,以便获取对历史事件的最可靠的史料。西方史学传统之所以在这方面具有其特点是因为它同时关注这一问题的普遍性和特殊性。[1]

有关希罗多德的叙述风格之所以是"荷马式的"以及他的叙述是否完整的讨论,实际上也与希罗多德采用口述的材料以及他的著述必须兼顾公众记忆的特点密切相关。

学者们曾认为,从赫卡泰乌斯到希罗多德是一条直线的发展过程。但是,早在古代,希罗多德就被认为是古代作家中"最荷马的",也就是说,对希罗多德产生最大影响的是荷马。首先就其形式而言,《历史》是荷马式的:希罗多德使用的是荷马式的语言、直接的演说词、相同的主题以及相似的情节结构。比如在《伊里亚特》中,我们经常看到诗人在介绍某位英雄时,总会追述他的祖先及其家世。在《历史》中,希罗多德对于书中重要人物同样也是如此处理,比如对斯巴达王列奥尼达(Leonidas)、波斯王薛西斯等,他都花了不少笔墨来介绍他们的家族谱系。[2] 再比如《伊里亚特》第十七卷一整卷的主题就是双方为争夺阿基琉斯(Archilles)的朋友帕特洛克罗斯(Patroclus)的遗体而战,为此双方一共进行了四次争夺战。而《历史》第七卷第225节写到斯巴达军队和波斯军队为了争夺列奥尼达的遗体,也混战了四次。这样的战斗或许确实发生过,但为什么这么巧,都是四次呢? 在题材方面,《历史》与荷马史诗的类似在于它们都描述了希腊人与非希腊人之间的大战,希腊人都最终取得了胜利。希罗多德在叙述手法上很多地方也是学习荷马的,比如荷马对奥德修斯(Odysseus)历经磨难的返乡途上所遇到的那些国家民族风土人情的描写,让人自然联想起《历史》中的类似章节。[3] 只是,前者想象的成分更重些,但是

---

[1] 彼得·伯克:《西方历史思想的十大特点》,王晴佳译,《史学理论研究》1997年第1期。

[2] 参见《历史》,卷7,段11、204。

[3] 希罗多德书中的前三分之二都在谈论他的旅行和旅行见闻。他似乎对人世间任何地方的任何事物都有着浓厚的兴趣。他告诉我们居住在湖边的人们怎样防止他们的孩子失足落水,埃及的蚊帐是什么样子的,波斯国王旅行的时候只喝开水,阿杜尔玛奇达伊人驱除跳蚤的方法,阿拉伯人怎样理发,多瑙河岛上的居民闻到某种味道就会醉倒,赛西亚人怎样给他们的母马挤奶,巴比伦城的街道是怎样分布的等。参见《历史》,卷1,段134—137、178;卷2,段35—36;卷4,段46—53;卷7,段109—110等。

这种风格的类似却是很明显的。

除了这些形式上的相似以外,更重要的是希罗多德似乎也与荷马一样将自己"定位"为一个讲故事的人(或一个言说者),而不是一位作家。如前文所述,在希罗多德的时代,讲述和写作可以理解为是大体上重合的两个概念,讲述甚至包括写作。德国古典学家弗雷德里克·克罗伊策(Friedrich Creuzer)认为,希罗多德从一开始构想撰写希波战争直到最后完成他的计划,不时出现于他的头脑中的是荷马的《伊里亚特》和《奥德赛》。他指出,要完整地理解希罗多德的著作,就必须首先对史诗作完整的研究。克罗伊策认为,希腊历史学起源于史诗,从史诗发展到史学,经过了四个阶段:(1)荷马史诗;(2)史诗组;(3)散文记事家;(4)希罗多德。在这几个阶段中,只有荷马和希罗多德不是按照事实的表面顺序,而是以真正的艺术的完整性组织他们的叙述。他认为,希罗多德与荷马不仅在叙述的安排上,更在精神、因果关系都是一致的。[1]这样,他就赋予了传统认为希罗多德是荷马的模仿者这一观点以深刻的意义。而希罗多德像诗人那样,向公众朗诵他的作品则从另一方面不仅证实了历史是从史诗发展而来的理论,同时也证明了口述传统以及公众记忆对于早期历史叙述的重要性。

《历史》的结构是否具有完整性?这是一个长期以来争论颇为激烈的问题。[2]我们认为,《历史》之所以呈现出如此繁杂的面目,完全是受作者所处

---

〔1〕 相关论述参见 Arnaldo Momigliano, "Friedrich Creuzer and Greek Historiography," pp. 75-90。

〔2〕 在有关《历史》结构的问题上,西方学者通常分为两大阵营:一派被称为"分析学派"(analytic),另一派则是"统一学派"(unitarian)。他们的争论围绕着《历史》的起源、发展、主要的观点和最后的形式等问题展开。19世纪末20世纪初的分析学派持一种发展的理论。他们认为,《历史》的各卷最初只是一些互不关联的单独的叙述,只是在某年某月,作者的兴趣发生了转变,遂将它们整理在一起。明显的证据就是书中大量的插话,以及缺乏明晰的、决定性的中心主题。希罗多德兴趣的转移也标志着他由旅行家或商人向历史学家转变的过程。然而分析学派的最大弱点在于,他们无法准确划分出希罗多德思想发展的不同阶段。统一学派则认为,贯穿《历史》的不仅仅是一个连续的主题,而且全书的叙述模式也极为一致,其中的每一部分都渗透了作者的政治观念和道德观。但即使在统一学派内部也没有一个为大家所公认的中心主题,而且他们也注意到希罗多德在叙述东方和希腊时明显存在着观念和语言上的差异。也有学者认为,两派的观点"并不是不相容的"。分析学派较好地解释了希罗多德是如何开始逐步撰写历史的,他为什么记载了如此多有关埃及的河流和风俗的情况,以及他为什么给每个故事以特别的形式和长度。统一学派则充分解释了贯穿始终的作者的精神和他的文学技巧。参见 C. W. Fornara, *Herodotus: An Interpretive Essay*, Oxford: Clarendon Press, 1971, p. 5。

时代对历史认识的理解所致。在一个口述传统的城邦语境之下，希罗多德所掌握的主要史料大多不是官方的或非官方的书面文件，而只是同时代人的口头证词，这样得来的材料难免头绪众多。再者，如前文所述，在古希腊文中，"探究"（historia）的原初意思就是通过问询获得的知识和资料。换句话说，对于古希腊早期史家来说，经过问询得来的口碑史料就是"历史"。而这种"历史"叙述的内容不仅包括人类的活动，动植物、地理环境、风俗习惯等也都可以成为"探究"的对象。因此，在希罗多德的心目中，希波战争是他写作《历史》的主要题材，但并不是唯一目的。他在《历史》的开篇之处就将自己的写作目的定为：一是记录希腊人和异邦人的那些值得赞叹的功绩，二是希腊人与异邦人发生纷争的原因。于是，他在《历史》中以将近一半的篇幅讲到了希腊人和异邦人那些值得赞叹的丰功伟绩。例如，卷二中几乎全是埃及的事情，包括埃及的地理环境、发明创造、奇闻逸事、宗教信仰等。他说：

> 关于埃及本身，我打算说得详细些，因为没有任何一个国家有这样多的令人惊异的事物，没有任何一个国家有这样的非笔墨所能形容的巨大业绩。[1]

言下之意，若不是埃及人创造了如此伟大的功勋，他是不会如此详尽地用180节的篇幅去介绍埃及。他这样做并不是离题，而正好是他"探究"精神的体现。可以说，希罗多德的主要任务之一就是报告自己旅行中的所见所闻，同时说明希腊人和异邦人的那些最伟大和最主要的设施。这一目的已经达到了，而有关纷争的原因也做了交代，可以说，希罗多德著述的两大目的都已完成。

至于希波战争的结果，这并不是希罗多德所关心的，他在提及其写作目的时没有说他要写战争的结果。然而，却有学者因此认为希罗多德的《历史》没有写完，也有人为其以精妙的高论结束全书而赞叹。其实这些都没有抓住问题的关键，希罗多德之所以没有提及战争的最终结果，根本性的原因在于，普拉提亚战役后，希波战争的性质发生了较为明显的变化，它已从一场整个希腊世界团结自卫的解放战争变成了一场为争各自私利而进行的掠夺战争。若再写下去，势必提及雅典与斯巴达的分裂及它们为争夺领导权而进行的斗争，这

---

[1] 《历史》，卷2，段35。

不仅与希罗多德著述的初衷和主题相悖,更为重要的是这与当时整个希腊世界团结一致、共同对敌的爱国主义和英雄主义的情绪相违背。这种高涨的民族主义情绪使得人们想要记住的是他们同仇敌忾抵御外辱并终获胜利的光荣,而不是内部的相互争夺彼此削弱而终致衰落的局面。希罗多德说:

> 如果他们为领导权而争吵,希腊便一定要垮台了。[1]
>
> 因为内争之不如团结一致对外作战,正如战争之不如和平。[2]

事实上,正是在对主题的选择上(实际上也是对公众记忆的尊重和服从)古代史家比较了希罗多德与修昔底德之间的优劣,狄奥尼修斯说:

> 对所有史学家来说,首要和最基本的任务是为他们的读者选择一个美好和令人高兴的主题。我认为,希罗多德的选择比修昔底德的要好。他的历史是有关希腊人与蛮族人的总体的历史,如同他所说的,"为了使人类的业绩不会随着时间的流失而被遗忘"……但修氏仅仅描写了一场单独的战争,这一主题既不高贵,又非常不幸。它本不应该发生,但却事与愿违,它应默然置于一旁,并且被后代遗忘或忽视。[3]

修昔底德声称他所记载的战争充满前所未有的灾难,狄奥尼修斯以为,这正显示了修昔底德主题的低下。他说:

> 历史写作的第二项任务是知道从哪里开始,应该走多远。在这方面,希罗多德远比修昔底德明智。他始于蛮族人对希腊的第一次侵略,结束于他们遭到惩罚与报应。而修昔底德却从希腊民族陷于困境的那一刻开始他的叙述。他,一个希腊人,实际上一个雅典人不应该如此做……他的总结性叙述是巨大的错误。尽管他声称他目睹了整个战争,并允诺描述战争中发生的所有事情,但他却止笔于雅典人和伯罗奔尼撒人间的塞诺西马战役(发生于公元前411年)……如果他完整地叙述了整个战争,如果他有一个令读者高兴的、不同寻常的结尾,比如,使全篇结束于雅典重

---

[1] 《历史》,卷8,段3。
[2] 同上。
[3] Dionysius, *On Thucydides*, pp. 15, 41.

获自由后,流放者们从斐尔归来(即公元前 403 年,民主制的恢复)之日,那么,他就较好地完成了史学家的任务。[1]

狄奥尼修斯对两位古典史家的评价为我们更好地理解城邦时代的古代思维提供了一个很好的角度,显然我们应该尽可能地在古人的话语中,以古人的诠释来理解古典史家及其作品。

以神意解释历史也是希罗多德著作的真实性受到后世学者批评的重要原因之一。[2] 关于希罗多德对事件因果关系的分析,唐纳德·拉特内尔(Donald Lateiner)将其总结为五种因素:神的嫉妒、命运或循环、神意、行为和报应以及历史的分析。[3] 除了历史的分析法以外,其余四种都与神有关。在众多的原因中,希罗多德没有做出终极的选择。即使对同一事件,他也会至少使用上述三四种甚或五种因素来分析其原因。[4] 拉特内尔说:

---

[1] Dionysius, *On Thucydides*, pp. 15, 41. 狄奥尼修斯对修昔底德的这种态度是否具有代表性?伍德曼认为,虽然没有有力的证据对这一问题做出非常肯定的答复,但他相信狄奥尼修斯的观点代表了古代批评家们的普遍看法。参见 A. J. Woodman, *Rhetoric in Classical Historiography*, p. 66, note 237。

[2] 需要注意的是,近十几年来,对希罗多德的宗教态度,学者们不再只是简单地加以批判,而是在承认其宗教信仰对《历史》的重大影响的同时指出,由于希罗多德认识到了人类权威的有限性,因此力图通过命运、幻象、神的报复、神谕等来获取更可靠的支持,而这种"提前命定模式"则是理解希罗多德的一个非常重要的模式。参见 John Gould, "Herodotus and Religion," in Simon Hornblower ed., *Greek Historiography* (Oxford: Clarendon Press, 1994); Thomas Harrison, *Divinity and History: The Religion of Herodotus*, Oxford: Clarendon Press, 2000; Thomas Harrison, "Prophecy in Reverse? Herodotus and the Origins of History?" in Peter Derow, Robert Parker eds., *Herodotus and His World*, Oxford: Oxford University Press, 2003; Jon D. Mikalson, *Herodotus and Religion in the Persian Wars*, Chapel Hill: University of North Carolina Press, 2003. 还有学者认为,希罗多德关于神谕的陈述是有意的浪漫主义或英雄主义,但在尝试以这种方式体现事件的真实,同时在判断每一个神谕时他也完全知晓谨慎的必要性。参见 Hugh Bowden, *Classical Athens and the Delphic Oracle: Divination and Democracy*, New York: Cambridge University Press, 2005; Elton Barker, "Paging the Oracle: Interpretation, Identity and Performance in Herodotus' History," *Greece and Rome*, 53: 1 (2006), pp. 1-28.

[3] D. Lateiner, *The Historical Method of Herodotus*, pp. 189-210.

[4] 《历史》中希罗多德在分析事件的原因时总是从多个角度加以论述,如在著作的一开始,论及希波战争的渊源时,他先是记载了希腊人、波斯人和腓尼基人对战争起因的不同解释,然后他又说:"这两种说法中哪一种说法合乎事实,我不想去论述。下面我想指出据我本人所知是最初开始向希腊闹事的那个人,然后再把我所要叙述的事情继续下去……"(I5)再比如,对薛西斯远征希腊原因的分析,他指出,薛西斯的远征既有证明自己能力的需要,也有为波斯掠夺财富的动机,还有报复希腊人的目的。(VII8)此外,希罗多德还从对薛西斯梦境的描述中让读者看到,促使薛西斯远征的还有神意。(VII12)

希罗多德从个人、政治和形而上学的层次上对事件的解释使得读者能够多维度地理解事件。[1]

的确,他没有必要在人的自由意志和神意之间做出选择,因为对于古代希腊人来说,这些观点相互之间既不排斥也不冲突。因而,希罗多德对事件原因的多重解释在一定程度上是相互补充的,拉特内尔甚至认为,"希罗多德在原因上的缺乏决定性是一种美德"[2]。虽然这种多重的因果关系使他缺乏逻辑上的严谨,但却考虑到了人类生存的许多不确定性,历史学家可以无视或轻视这一不确定性,但无论如何却无法超越这一不确定性。在希罗多德撰写《历史》时,因果关系尚是一个有待发展的观念。他使用的"不同的解释形式在我们看来也许是不恰当的,但每一种解释都适合它自身的模式和整体的结构"[3]。此外,希罗多德的这种包括神意的多重原因分析法表明他在选择和安排史料的时候,就将自己的某种历史理解灌注于文字之中了,即在希罗多德的眼中,人并不是无拘无束存在着的,而是生活在一定关系范围内。这些关系最初被理解为绝对合理的、充满秩序和意义的宇宙。这些不以人为转移的宇宙力量,决定着人的外部,使人感到它是一种决定劫数和命运的普遍力量。希罗多德这种多重原因解释法开拓了在更大范围内发现事件的内在联系、从更广阔的视角理解解释历史的思路。虽然这在今人看来显得幼稚且不够客观,但却符合当时大多数希腊人的思维模式,同时这种方式也表明希腊历史学自它生成的那一天起,就坚定地向着历史的理解与解释的目标迈进了。这正如伯克说的:

> 虽然追求历史的解释是举世皆有的,但将这种解释放在"因果关系"上考虑是西方史学的一个显著特点。这一史学传统源自古希腊。[4]

德尔斐神庙上那句"认识你自己"的谕言,对于希腊人来说,不仅仅是意味着人应当反思自身,更重要的是要认识到人的凡人的身份以及他在尘世间的

---

〔1〕 D. Lateiner, *The Historical Method of Herodotus*, p. 205.

〔2〕 Ibid. , p. 208.

〔3〕 Ibid. , p. 209.

〔4〕 彼得·伯克:《西方历史思想的十大特点》,王晴佳译,《史学理论研究》1997年第1期。

地位,明白自己是人而非神,因此,其所作所为就不应该僭越人的适当的行为规范。[1] 这一神人关系的指导思想无疑也是希罗多德处理神人关系的准则。有人认为这种思维模式不仅使希罗多德的批判力度被削弱,而且也使其著述的真实性受到怀疑。然而,我们认为,这恰好符合当时城邦语境中人们对于"历史"及其"真实"的理解。

四、结语——另一种历史的真实

古典史家叙事的方式及著述的目的的确与今天的史学家不同,他们的因果概念也与我们今天的概念不同。更重要的是在他们的时代还没有现在意义上的历史写作,只有到亚里士多德时,才有对 historia 概念的使用专门化和技术化的趋向。这意味着希罗多德并非是现代学科意义上的历史学家,虽然他开创性地使用了许多被后世认为是属于历史学的方法,但他并非为了要"成为"一位历史学家而进行写作,理解了这一点可以方便我们考察他的写作方式、叙事目的及其著作的真实性,如果说现代历史学主要研究的是人类以往发生的事件及其规律的话,那么希罗多德的写作至少不完全与此学科要求相符。对于古典史家来说,他们既不像现代的学者那样关心细节的准确无误,他们也不通过分析和批判文献来"研究"历史,因此,他们自然也就不会根据经验主义的标准来衡量历史的准确性。在他们看来,重要的是要以迷人的风格叙述他们的故事,并以此将公众记忆保存下来。事实上,历史的含义并不只能从文献中获得,而且也能够从记忆中获得,这是另一种历史的真实,即"记忆的真实"[2]。因为,口述史[3]按其性质来说,同样是历史,它是一种来自社会并

---

〔1〕 韦尔南说:"德尔斐神庙上的神谕:'认识你自己'并不是像我们所假想的那样,是在称赞一种回到自身的转变……'认识你自己'实际上意味着:了解你的局限,明白你是一个凡人,不要试图与诸神平等。"见 Jean-Pierre Vernant ed. , *The Greeks*, p. 16。

〔2〕 本文认为,关于记忆以及记忆术对早期希腊历史写作的影响,最具启发性的研究著作当属 G. S. Shrimpton, *History and Memory in Ancient Greece*。

〔3〕 我们在此使用的是广义的"口述史"概念。现代意义上的口述史(Oral History)出现于上个世纪 40 年代的美国,哥伦比亚大学口述史研究室和森林史协会是最早的两个口述史研究中心。从方法上说,现代意义上的口述史是历史学与社会学、民族学、人类学等注重田野工作即实地调查的学科相结合的产物。

要求回到社会中去的历史。可以说，口述的历史非但没有偏离历史学家对于真实的追求，反而反映了历史生产的真实过程，以及当时人们对历史事件的真实看法，而这也正是历史学家求真求实的根本。《历史》中的资料当然不可能是完全正确的，因为，公众记忆的不完全一致性以及口述资料的不确切性都会影响希罗多德的叙述，因此，我们应当充分注意到希罗多德的局限性。但也无可否认，《历史》中的绝大部分仍然是我们拥有的最好资料。希罗多德的世界是一个不同于我们生活的世界，他的想法及其出发点也与我们不同，但无论希罗多德与现代史学家之间存在着多么大的距离，这种距离都不能使我们因此而否认他是一个真正的历史学家，也不能因此而否认其作品的真实性及其价值。正如莫米格里亚诺所说，没有希罗多德，希腊史和东方史的研究不会在17、18 和 19 世纪取得那样大的进展，信任希罗多德是我们卓有成效地探索遥远过去的首要条件。[1]

总之，希罗多德叙事的真实性之所以一直受到怀疑，特别是 20 世纪晚期以来更是受到严重质疑，这固然与《历史》中个别明显的错误有关，但更为关键的是，虽然学者们认识到希罗多德生活于一个口述的社会，以及他对口述资料的依靠，却未曾考虑口述的历史对记忆的依靠。也就是说，学者们没有从记忆（特别是公众记忆）这一角度来思考希罗多德的真实性问题。由于当时的大多数希腊人是在"听"而不是在读他的作品或其他书面文本，口头证据始终是探究以往的事实与意义的问询者获取材料的主要途径。希罗多德是在没有图书馆的条件下进行他的"探究"，他记录的是考古学出现之前的古代的事情。因此，采用大量传说见闻作为史料不仅不是他的过错，反之，应视为他的重大成就和贡献才是。当然，记忆不可避免会带有记忆者鲜明的个人色彩与事后解释的偏见。当人回忆时，那些最初的信息会在这一过程中被重新塑造，他会用习惯性的术语描述他记忆中的事情。这些术语带有他生活于其中的文化的特征。这也就解释了希罗多德对非希腊的传说的描写为什么会带有希腊风格的原因。因此，在评价希罗多德真实性的时候，我们应该充分认识到，希罗多德实践的是口述的历史学，而口述的历史依靠的是记忆。

---

[1] Arnaldo Momigliano, "The Place of Herodotus in the History of Historiography," p. 141.

　　由于任何口述者都生活在一定的时空中,主观因素在他们追述历史时不可避免地被加进去。而且口述者在追述记忆时,往往是有选择地回忆以及有选择地叙述他们认为有意义且无损自身形象的那部分记忆,由此自然会削弱口述史料的真实性。希罗多德历史叙述中的缺陷可能就是由口述或者说是由记忆失误造成的,但这并不是一种自我欺骗或有意的对他人的欺骗。"观察者把所有的事情搞正确是不可能的。详细的准备和训练只能减少错误,但要消灭错误是不可能的。"[1]因此,我们没有理由把希罗多德由于这种原因而犯的错误称作是谎言。更何况口述史料与文献史料主要的区别就在于口述史料是经过史学家与口述者双重主体选择后形成的。这样,在口述史中,历史主体就不只是历史学家,而且还应该包括口述者,这能使历史学家避免其一己之主观性。这一点在古代希腊尤为重要,因为在城邦的语境下,任何口头传说都会在社会共同体中不断地被塑造再塑造,经过集体记忆的检验,这种记忆的方式使人们对那些关乎城邦生活的重大事件拥有了某种共同的记忆,因此古典史家在选择自己的主题、记录发生的事件时,就会力图在兼顾自己的认识的基础上把集体记忆加之于历史之上,在他们看来,这样历史叙述才是有意义的,也才是会被人们所认可的。我们看到,希罗多德《历史》的一个特点(这也是古典史学的一个典型特征)就是寓解释分析于叙述之中,他们的著作都是叙述性的,而叙述本身就包含了选择和批判。一件事情之所以被选择被叙述,不仅仅是因为它发生了,而且还因为它能够解释一种现象、指出一种教训或象征一种周期性发生的模式。这种解释并非只是古典史家个人的认识和理解,同时也是公众记忆的表达和再现,是与当时的社会价值取向相一致。然而,由于古人对于应该保有怎样的集体记忆以及记忆的形式和它所承载的意义的理解与今人有所不同,所以我们就不能简单地从某种现代的"历史"观念出发[2],以之

---

〔1〕 G. S. Shrimpton, *History and Memory in Ancient Greece*, p. 230.

〔2〕 我们在做研究时当然要参照历代学者的观点,但不能完全被他们所束缚、被既有的理解模式所吓倒。例如,后现代主义思潮对现代文明以及科学至上的质疑,的确对我们很有启发,但是,他们所谓的"不存在事实,只存在语言"的激进观点,却是我们所不能认可的,因为这会使人误以为历史是由与事实没有直接联系的语言所组成的。劳伦恩·斯通说:"这种极端主义的观点把事实和小说不加区别地混淆在一起,将毁灭着历史本身。"见 Lawrence Stone, "History and Post-Modernism," in *Past and Present*, 131 (May 1991), pp. 217-218。

衡量希罗多德在多大程度上符合这种观念，并判定《历史》在多大程度上是真实可信的。我们只有愈加深入地了解古典史家生活的社会环境及其时代精神，了解他们的局限性、他们的期望和古代读者（或听众）的期望，才能够成功地解读他们的著作。[1] 在此基础上也才能真正从人类思想史发展进程上对当代思想的状况及其面临的难题进行反思和关照。

综上所述，围绕《历史》真实性的讨论在很大程度上基于这样一个事实：即希罗多德的叙述多以口述资料为主，由于口述资料来自记忆，如何判断记忆的真实性是一个问题。而近代以来西方历史学家一直追求的所谓不偏不倚的"客观性"又使问题变得更为复杂。[2] 要解决这一问题只有回到古典史家所生活的社会环境中去，避免以自我为中心、以现时代为中心去解读他人和他时代，忘掉现代学科分类的严格标准，也不要以进步观去衡量古人。[3] 更何况，历史学家的任务不应该只是铺陈事实，史学著作也不应该仅限于对当时某个事件具体进程的描述，还应包括不同时代的人们是怎样或愿意怎样记住那些事件的，以及过去的人们是以何种方式谈论他们生活于其中的社会的。法

---

[1] 如果我们能从一个更为动态且相互间具有对抗性的古代希腊的学术传统以及写作风格的角度对此做进一步深入的讨论，那将更有助于理解这一问题，然此非一篇论文所能涵盖，且容另文详述。相关讨论参见 Rosalind Thomas, *Oral Tradition and Written Record in Classical Athens*, New York: Cambridge University Press, 1989; Rosalind Thomas, *Literacy and Orality in Ancient Greece*; Alan K. Bowman & Greg Woolf eds, *Literacy and Power in the Ancient World*; Egbert J. Bakker, Irene J. F. de Jong, Hans van Wees eds., *Brill's Companion to Herodotus* (Boston: Brill, 2002); Carole Gillis and Marie-Louise B. Nosch eds., *Ancient Textiles: Production, Craft and Society*, Oxford: Oxbow Books, 2007.

[2] 谈论这一理想最多的时期是宗教改革以后的一个半世纪。原因之一是历史学家想要摆脱宗教信仰和政治斗争所带来的偏见。原因之二则是受到自然科学模式的影响，在历史研究和理解上也出现了追随自然科学的倾向。事实上，自笛卡儿（René Descartes）以来，西方史学与科学的关系便一直是既紧密又紧张的，史学是否是科学的争论为西方史学打上了一个明显的印记。对此，刘家和曾颇有见地地指出："不论刘知几还是近代主张客观主义的科学史学派的学者，都有一种近于天真的想法，即只要把史料找齐核实并排除主观的干扰，史学之真便可达到百分之百，亦即'不多不少'正是科学的态度。……史学既然是人们对于往事的研究和论述，它本身就是人的精神活动及其成果；因而我们只能要求史学的主观尽可能地符合客观，而不可能要求史学完全排斥主观。因为，完全排斥主观并不足以达到纯客观，相反却使史学的客观也无所依托。"参见刘家和《史学、经学与思想》，北京：北京师范大学出版社 2005 年版，第 6 页。

[3] 实际上，思想史研究的意义既不在于简单地求同而为自己的言行找寻一个"古已有之"的证据；也不在于纯粹的求异，以表明今人的所谓"进步"之处。我们认为，对经典的研读首先应该是将古人的思想平等地视作一种可供借鉴、参照的精神资源，研究者彰显古人与今人思维的异同，是要以此与现时代形成对照或批判，从而使人们对自己身处的时代及思潮进行反思。

国史家菲斯泰尔·德·古朗士(Fustel de Coulanges)说:"历史并非只研究事件和制度,它真正的研究对象应是人类的心灵;历史应该是要了解不同时期人类头脑中的所思所想、所信所感。"〔1〕

〔1〕 菲斯泰尔·德·古朗士:《古代城市——希腊罗马宗教、法律及制度研究》,吴晓群译,上海:上海人民出版社 2006 年版,第 9 页。在今日,菲斯泰尔·德·古朗士的著作作为史学著作而言应该说早已过时,但其思想特别是有关古代社会与宗教之关系的论述却对后世的学术界颇有启迪,尤其是对如 Emile Durkheim 等一代的法国社会学家产生了极大的影响。

对布罗代尔关于资本主义论述的分析与思考[*]

——兼论布罗代尔资本主义论述对中国社会经济史研究的启示

王建娥　张海英[1]

　　法国著名历史学家费尔南·布罗代尔的名字对中国学者并不陌生,他的"长时段理论"连同年鉴学派一起,在 20 世纪 80 年代曾引起了中国学者的极大兴趣。他的《菲利普二世时代的地中海和地中海世界》《15 至 18 世纪的物质文明、经济和资本主义》和《法兰西特征》三部巨著,已译成中文,同中国读者见面。近日,中央编译出版社又出版了他论述资本主义的文集《资本主义论丛》,为中国学术界全面了解这位 20 世纪世界史坛巨匠的历史思想提供了有益的帮助。

　　对资本主义概念内涵和资本主义运作方式以及资本主义历史结构的论述,是布罗代尔创造性研究的重要部分,其不落俗套、睿智新颖的观点与见解,向传统的资本主义理论提出了大胆的挑战,为我们理解资本主义的历史和结构、认识当今世界的政治与经济开辟了一个新的视野和新的思路,对中国经济史的研究也不无启发。

一

　　布罗代尔从分析社会经济运行的模式入手,赋予了"资本主义"以全新的

　　[*]　本文原载于《中国经济史研究》1998 年第 1 期。

〔1〕　王建娥,复旦大学历史学博士(1996 年 3 月入学,1998 年 7 月毕业),现为中国社会科学院民族学与人类学研究所研究员。张海英,复旦大学历史系教授。

含义。

首先,布罗代尔区别了"资本主义"与"市场经济"两个概念的不同。布罗代尔认为,市场经济是联系生产和消费的纽带,它沟通生产与消费两大领域,调节供求关系的平衡,通过集市、店铺、交易会、交易所这些低级和高级的"交换齿轮",把愈来愈多的人和地区纳入统一的经济活动之中,在他们中间造成分工和专业化,使其为着各自的利益进行必不可少的交换。市场经济以公平竞争为特征,它是一个"透明的""正规的"世界。在这个世界里,每个人都能凭着共同的经验,预先知道交换过程怎样展开,贸易的起因、条件、途径和结果等都是公开的;有关的路线、日程、价格差异都为人所共知,人人都能投入竞争,市场经济是一个活跃的、生机勃勃的领域,它促进发明创造,通过竞争带来经济的活跃和繁荣。

资本主义则不同。资本主义不属于真正的市场经济,它是一个和市场经济"绝对相矛盾的层次"[1],其基本特征之一就是垄断,就是"反市场"。资本主义是一种少数人的现象,是一种"高海拔"的现象。[2] 它通过一系列的"非经济"手段,或是拼命依赖法律手段,或是寻求国家支持,达到独占市场、控制流通、获取垄断利润的目的。

布罗代尔仔细考察了亨利·皮雷纳从商业角度和伊玛努埃尔·沃勒斯坦从世界体系角度对资本主义进行的解释,在结合二者之长的基础上,提出了他对资本主义独具一格的解释。布罗代尔认为,资本主义起源于商业,市场的规模决定着分工,劳动分工产生了现代经济。但是,资本主义并不等同于市场经济,它也不仅仅是市场经济中的大规模交换。资本主义是大金融家的绝对王国。大金融家们像食肉鸟一样,翱翔于经济的山水之上,瞅准时机猛扑下来,叼起选定的猎物。大金融家操纵着货币的运动,使货币自由地流向制造业和国家贷款,他们选择在什么时候、什么地点、以什么手段进行干预,并且永远是为了利润的目的。如果说经济活动的基本运作空间是由核心—中间—外围构成的经济世界的话,那么,核心地带的经济也是分成等级的,在它的上方,盘踞

---

〔1〕 费尔南·布罗代尔:《15 至 18 世纪的物质文明、经济和资本主义》,第二卷,顾良、施康强译,北京:生活·读书·新知三联书店 1993 年版(下简称《物质文明》),第 3 页。

〔2〕 布罗代尔:《资本主义论丛》,顾良、张慧君译,北京:中央编译出版社 1997 年版,第 7 页。

着资本主义。[1]

针对资本主义研究中，人们往往把工业资本主义当作资本主义的最终归宿，或者把资本主义的发展分作商业资本主义、工业资本主义和金融资本主义三个阶段，布罗代尔指出："那种把资本主义设想为分阶段发展或跳跃式发展——商业资本主义、工业资本主义、金融资本主义的看法是错误的。"[2]资本主义的本质特征是最大限度地追求利润，这一本性使"资本主义从不把哪一个领域作为自己永久的基地。无论在其所谓商业阶段或其所谓工业阶段，资本主义都有一个基本特点，即在出现严重危机或利润率显著减少时，几乎随时都能从一种形态转变为另一种形态，从一个领域转移到另一个领域"[3]。即便到了工业时代，资本主义也并不因此改变其见异思迁的性格。它通过建立一种兼收并蓄、不可分割的体系，把一切能够带来巨额利润的领域都变成自己的营地和禁脔，大地产投机和交易所投机、大银行、工业大生产、国际贸易等。这种为生存不择手段的应变能力和适应能力正是资本主义的主要特征，也是它充沛生命力的秘密所在。

布罗代尔认为，资本主义不是一种排他的生产方式，使用自由劳动并非资本主义的本质特征。资本主义不仅能够适应所有的经济部门，也能够与其他生产方式并存，无论这种生产方式采用了什么样的劳动控制方式——西欧城乡的外包工制、美洲种植园的奴隶制经济还是东欧波兰的二期农奴制。在这里，追求最大限度的利润的本性再次使它向一切前工业化的生产体系渗透。"抓住销售这个瓶口，间接地控制生产。"[4]在不改变传统社会结构和经济关系的条件下，把传统生产方式下生产的产品纳入其控制下的流通领域，使这些异质结构为最大限度的资本积累服务，从而将它们变成资本主义世界经济的一部分。

与以往历史研究将资本主义的形成定位在封建主义末期的传统不同，布

---

[1] William Green, *History*, *Historians and the Dynamics of Change*, Praeger Publishers, 1993, p. 196.

[2] 布罗代尔:《物质文明》第3卷，第723页。

[3] 同上书，第2卷，第469页。

[4] 同上书，第275页。

罗代尔坚持认为,资本主义是一个长时段的历史发展过程,是"一种古老的尝试","早在人类历史的初期,一种'潜在的'资本主义便逐渐形成"[1],"当工业革命开始时,它已有一段很长的经历"[2],当代大规模的资本主义行为赖以进行的手段,诸如"汇票、信贷、铸币、银行、期货、财政金融、公债、殖民主义……一切都早已存在"[3],并非当代资本主义的发明。

当然,以往的资本主义不同于今天的资本主义,在经济生活中,它"只占据一个狭窄的平台"。它不是扩张到整个社会的"体系",而是一个与四周的社会和经济整体不同的乃至异变的独立世界。它被确认为资本主义,不仅是同后来新出现的资本主义新形态相对而言,而且也是同社会和经济整体相对而言,其实就是同范围广阔的"非资本主义"相对而言。[4]

最后,布罗代尔指出,资本主义不只是一种经济制度,它也是一种"社会组织的寄生物",它是在社会各种力量的冲突中实现其发展的。资本主义很早就懂得巧妙地处理好它同国家的关系,把耗资巨大而收益不多的事留给国家去做。利用国家的支持排斥对手,独占市场,牟取暴利;它也懂得利用文化为加固社会大厦而提供全部支持。没有这些社会的、政治的、历史的因素,资本主义的发展是不可能的。

二

布罗代尔对资本主义的论述,蕴含了对传统历史方法和思维模式的批判。而这一批判则是植根于更深层次的对 19 世纪社会科学领域占主导地位的认识论以及由此认识论出发的社会科学研究范式的批判基础之上的。

19 世纪,社会科学研究领域占主导地位的思想观念和研究范式包括三方面的内容和倾向。首先是社会科学研究的专门化。19 世纪,随着自然科学对哲学的凯旋,自然科学在知识领域愈来愈赢得崇高的社会声誉,自然科学的方

---

[1] 布罗代尔:《物质文明》第 3 卷,第 722 页。
[2] 同上书,第 699 页。
[3] 同上书,第 85 页。
[4] 同上书,第 2 卷,第 244 页。

法日益渗透到对社会的研究,有关人文和社会的知识被分解为多种多样各自独立的现实领域,并通过大学里的系科设置而被学科化、专业化和制度化。整体的社会历史现象被割裂肢解为经济学、历史学、社会学、政治学、人类学等彼此孤立的学科,并在相互之间竖起了高墙。

第二种倾向是以国家或民族作为研究的基本单位。按照当时社会科学家的理解,人类行为是在一定的空间范围内进行的,人类行为的主要方面——政治、社会和经济过程之间,自然有着基本的空间一致性。19 世纪欧洲社会科学领域对语言、文化、民族研究的现实水平和以民族国家为单位的政治经济舞台上的利益争夺,使当时的社会科学家们很自然地认定国家疆界便是这个基本的空间一致性,是社会行为的共同载体和容器,因而将它作为历史和社会科学的主要研究单位,这就限制了人们从一个更高的视点、更宽的范围来认识世界历史的整体运动。

第三,作为占统治地位的意识形态,普遍主义和进步观念浸淫到社会科学研究的各个领域,使这两个与社会现实密切相关的前提假设获得了似乎不证自明的地位:世界历史是一个不断进步的过程,后一种社会制度总比前一种社会制度包含着更多的合理性;历史上的所有民族都要毫不例外地经历前后顺序相同的历史阶段。从这种前提假设出发,现代世界各民族之间存在着的差异,便被看作发达与不发达的区别,并解释成历史发展阶段的不同。这种观念成为 20 世纪中期在现代化研究中占统治地位的发展理论的核心。

布罗代尔对资本主义的分析和解释,从上述所有三个方面,突破了 19 世纪以来历史学和社会科学研究范式的局限,为资本主义研究吹来一股清新之风,在方法论上具有重要的启迪意义。

首先,资本主义作为一种长时段的结构,它不是"现代"的代名词,也不是历史发展过程中的一个阶段,而是一种经济运作方式,是一种经济制度和一种"社会组织的寄生物"。资本主义并非像传统历史研究所认为的那样,在推翻旧的封建土地贵族阶级的基础上建立起新的社会财产关系,而是寄生在封建等级制的身旁,利用它的奢侈、闲散和缺乏远见,攫取它的财产。资本主义并没有从根本上触动旧的财产关系:"财产和社会特权相对地受到保护,名门世家还能相对平静地坐享其成。由于财产神圣不可侵犯，各人基本上仍留在原来的位置上……必须确立这种平静或相对平静的局面，才能使资本得以积累，使名门世家得以绵延长存，使资本主义在货币经济的帮助下降临人间。"[1]历史上遗留下来的财产继承制度，封建大地产、世家豪门长期积累起来的经济实力，所有这一切，都为资本主义的发展提供了条件。布罗代尔认为，历史时间不应该仅仅被看作生产方式的持续变化，历史远比单纯的生产方式的变化要复杂得多，"世界的历史是一连串生产方式的共处，而我们却惯于依时代的先后顺序考察不同生产方式。其实这些不同的生产方式是互相牵制着的，最先进的生产方式取决于最落后的，反之亦然。发达是不发达的背面"[2]，"资本主义只有在其他生产方式的簇拥下并牺牲其他生产方式才能生存……资本主义首先意味着梯级的存在，它自己处在这个梯级的顶端"[3]。布罗代尔对资本主义的这些论述，撕下了长久以来蒙在资本主义头上的面纱，向资本主义是一场革命、一场进步、一场生产关系变革的神话提出了挑战，为资本主义的正确定位找到了一个合适的"参照系"。

与传统的以国家或帝国为中心的历史研究不同，布罗代尔不是从政治单位出发研究资本主义和经济运动的，而是从商品交换、远程贸易、金融业务的地理和商业纽带出发，勾画出资本主义的活动空间——经济世界。经济世界不是由单质的经济成分所组成，它包括了一个作为中心的经济发达的城市、城市周围次发达的半边缘地区和外层最不发达的边缘地区，它超越国家的疆域，跨越不同的文化，通过经济纽带，构成一个有机的整体。经济世界的地图可能会同一些国家的政治地图有很多的重合之处。但是，无论国家还是民族，都是在一个比它们更宽广的经济整体的内部运作。国家机器、民族市场的强大与否，完善与否，无疑对经济世界内部中心的转移起到重要作用，或由一个城市转到另一个城市，或由一个国家转到另一个国家。但是，中心地位无论怎样转移，国家或城市在经济世界中地位是怎样大起大落，它都离不开经济世界这一整体实在。

---

〔1〕 布罗代尔：《资本主义论丛》，第 97 页。
〔2〕 布罗代尔：《物质文明》第 3 卷，第 61 页。
〔3〕 同上书，第 54 页。

　　布罗代尔从一个更高的视点上，来分析工业革命以及它在英国成功的原因，从而看到了工业革命更深刻、更广阔的联系，他没有把工业革命看成一个简单的技术进步所引起的生产进步，而把它看作一个整体现象，一个起源深远、发展缓慢的过程。物质和技术的长期积累、蓬勃发展的民族市场、由民族市场所带来的国内各部门之间的协调发展、农业领域的革命、外部产品的竞争、棉纺织业革命的成功以及由此带来的巨大收入、国内交通事业的改善，凡此种种，都直接或间接地促进了工业革命的成功。然而，仅有这些内部原因还不足以说明工业革命的成功，"工业革命作为整体现象，不可能仅靠内部经济各部门的和谐发展而实现，它还必须凭借控制外部市场这个必不可少的条件"[1]。"如果没有使英国当时能横行世界的外在环境，英国工业革命的进行肯定不能如此顺利。""剥削世界不是单凭自己的意愿就能做到的，必须事先慢慢积累，但可以肯定，力量的加强也必须以剥削他人为条件。"[2]正是因为有巨大的海外商业帝国，英国才能逐渐地完成贸易中心从欧洲向海外市场的转移，并通过对外贸易调整自身的产业结构。18 世纪，英国为国内生产的工业品产量的增长为基数的 150％，而为出口生产的工业品产量的增长则高达550％。巨大的对外贸易额和贸易顺差，提高了不列颠岛的财富水平，而财富的高水平则载负了英国的成功之舟。英国的成功全靠其世界中心的地位，它不是一个自然发展过程，而是在特定条件下异乎寻常的特殊现象。对工业革命的长时段大规模的分析，从反面解释了近几十年来第三世界各国在实现工业化过程中所遇到的重重困难和阻力，解释了为什么一些国家在工业化方面取得了初步进展，但仍然无法改变自己在世界经济和国际关系中的地位的深层原因，从理论和实践上扭转了发展理论的"普遍模式"，显示出布罗代尔历史研究方法在解释历史和现实世界方面的巨大潜能。

　　布罗代尔对经济世界内部核心—半边缘—边缘三层结构及其运作方式的分析，揭示了经济世界范围内的剥削关系。"这块地域的内部具有等级的差异，它是许多独特的经济区的总合，其中有些贫穷，另一些属于一般，唯独其中

〔1〕　布罗代尔：《物质文明》第 3 卷，第 639 页。
〔2〕　布罗代尔：《资本主义论丛》，第 116 页。

心比较富裕。由此产生的不平衡以及压差是整个经济赖以运转的保证。由此便出现了'国际劳动分工',这种分工将具体地表现为发达与不发达地域对立的模式。"[1]在这一点上,布罗代尔不仅受到保罗·斯威齐的影响,更受到沃勒斯坦思想的影响。在《15 至 18 世纪的物质文明、经济和资本主义》一书中,他用了长达几十页的篇幅介绍沃勒斯坦的世界体系理论,并且表现出对沃勒斯坦三层结构分析的极大赞赏:"经济世界将使我们把对竞争的认识,把对统治的认识上升到一个新的高潮,我们难得一次能在欧洲和世界的编年史上,在真正体现着资本主义整体发展进程的一系列世界体系中,正确无误地找出一些规律。经济世界是国际的劳动分工,其中当然还包括由此产生的利润分配……这个说法把需要表达的意思表达得十分清楚。"[2]

三

目前国内外学术界有一种看法,认为布罗代尔对资本主义的研究缺乏理论框架,属于一种印象派。[3]对此种看法,我们认为很有商榷的余地。

的确,布罗代尔没有专门的理论著作集中阐述他关于资本主义的分析,构建一个系统的理论框架。布罗代尔自己也无意这样做。他曾说,"并不是说,我没有读过经济学家的鸿篇巨著,只是我并不始终把这些著作认真看待罢了。我宁可观察真实的经济生活。作为历史学家,我只承认事实,试图分析摆在眼前的东西,不轻易相信经济学家的理论","历史应着重描绘、观察和分类,而不应先入为主"[4]。这表现出布罗代尔的历史批判风格。历史研究的方法恰恰是通过对现象的观察分析来理解事实,在理解事实的基础上抽象出理论,而不是从理论出发,寻找事实以支持理论。布罗代尔对资本主义的研究也遵循着这一个原则。他没有首先把资本主义作为一个理论问题来探讨,而是把它

---

〔1〕 布罗代尔:《物质文明》第 3 卷,第 7 页。
〔2〕 布罗代尔:《物质文明》第 2 卷,第 669 页。
〔3〕 乔治·杜比:《法国历史研究的最新发展》,载《史学理论研究》1994 年第 1 期,第 100 页。另见张芝联:《费尔南·布罗代尔的史学方法》,见《15 至 18 世纪的物质文明、经济和资本主义》中译本代序,第一卷,第 18 页。
〔4〕 布罗代尔:《资本主义论丛》,第 7、72 页。

看作一种历史现象,置于更大规模的时空背景中去观察、去描述、去分析。透过资本主义在不同时期的不同表现寻找资本主义的共性和个性特征,发现资本主义的本质。布罗代尔关于资本主义最大限度地追求利润、资本主义通过变化维持自己的存在、资本主义不断向高利润部门渗透的分析,他关于市场经济和资本主义不属于一个范畴、资本主义是"反市场的"、无论资本主义还是市场经济都不能覆盖全部经济活动的论述,以及资本主义并不按照商业—工业—金融资本主义三级模式发展,它可以在各个部门自由选择的论述,都是在对过去的资本主义和现在的资本主义大量事实材料的分析基础之上,对资本主义本质特征和活动规律的高度抽象和概括。这些论述和分析,卓然自成一家,不仅与传统的经济学理论大相径庭,而且向传统的资本主义理论发出了挑战。只要我们深入到布罗代尔的著作之中,我们就会感受到他关于资本主义的论述的深刻的理论内涵和坚实的史料基础。他站在一个更高的视点上,从历史事实出发,全面考察资本主义的长时段历史结构,从而提出了与以往完全不同的新概念,为我们重新认识资本主义开辟了一条新思路,把对资本主义的研究带到了一个更高的理论和方法论层面。无法否认,布罗代尔对资本主义历史与现状的研究既是在事实基础上也是在理论思考和探索的基础上展开的,他的论述所包含的理论探索意义,也许比一部专门论述资本主义的理论著作还要大。布罗代尔关于资本主义的论述已经并且还将继续对资本主义的研究产生影响。

布罗代尔关于资本主义的研究,是他一生史学实践的重要组成部分,毋庸置疑,布罗代尔一生的事业和"年鉴学派"有着解不开的渊源。作为第二代年鉴学派的领袖,布罗代尔不仅在自己的历史实践中身体力行年鉴学派创立者所倡导的总体研究,并且将它发扬光大,创立了长时段的理论与方法,丰富了年鉴学派的理论和历史研究实践,成为年鉴学派的共同遗产。

然而,布罗代尔的思想和他的研究活动并不限于年鉴学派。1968年布罗代尔退出年鉴领导岗位之后,无论在思想上和研究兴趣上,都开始和新一代的年鉴学派分道扬镳。对资本主义的研究主要是他这一时期的研究成果。这一点在勒高夫1979年为纪念年鉴创刊50周年而作的《新史学》一书的前言中得到证明。勒高夫在强调长时段研究的方法时,并没有谈到布罗代尔对资本主

义的研究。我们是否可以因此认为,对资本主义的研究是布罗代尔历史研究
中最具个人特色的内容,也是他走出年鉴学派的历史实践? 如果说,布罗代尔
作为年鉴学派的代表,以长时段的理论饮誉世界史坛的话,那么,对资本主义
的研究则达到了他一生事业的巅峰。从《15 至 18 世纪的物质文明、经济和资
本主义》《资本主义论丛》中,我们看到布罗代尔无论在思想的深刻性、眼光的
敏锐性、视野的广博性和方法的成熟性上都比以往更高出一筹。他从一个更
长的时间跨度、更高的着眼点、更大的空间范围去理解历史现象,发现历史现
象更长远、更深刻的联系,并且通过这种长时段大规模的研究,沟通历史和社
会科学的联系,构筑起联系过去和现在的桥梁。对布罗代尔关于资本主义的
论述的深入研究,无疑是全面理解和认识这位"一生为了历史"的历史学家的
思想和他对 20 世纪历史与社会科学的巨大贡献的有效途径。

四

　　布罗代尔关于资本主义的论述,对中国社会经济史研究也很有启发意义,
有助于我们打破以往对资本主义所怀有的或充满戒意或极力推崇的朦胧神秘
之感,使得我们能够从社会制度和经济形态的角度,心态平和地重新审视资本
主义。长期以来,我们习惯于认为商品经济—市场推动资本主义的发展,计划
经济属于社会主义的范畴,将市场经济与计划经济对立、商品经济与社会主义
对立,而没有意识到计划与市场只是资源配置的两种手段和形式,而不是划分
社会制度的标志,结果导致了商品生产萎缩、比例关系失调以及供求矛盾尖锐
化等严重后果。难怪顾良先生在译毕《15 至 18 世纪的物质文明、经济和资本
主义》一书后会发出这样的感叹,"如果我们的经济学家及时读到这部著作,说
不定也就没有必要于 1991 年对市场经济姓'社'姓'资'的问题进行争
论了"[1]。

　　20 世纪 90 年代以来,中国经济史研究中曾就中国社会经济史上一系列
重要的理论和实践问题——如明清以来的资本主义萌芽、商品化的发展、自然

---

[1] 顾良:《布罗代尔与年鉴学派》,《史学理论研究》1994 年第 1 期。

经济与市场、封建主义传统市场与市场经济等问题进行了热烈的讨论。[1]
美国著名学者黄宗智也发表《中国经济史中的悖论现象与当前的规范认识危机》一文，从方法论上对以往中国经济史的研究予以深刻的反思，在学术界引起了强烈反响[2]，黄文指出，基于以往研究中"商品化必然导致近代化""市场推动经济发展"的"规范"认识，许多学者误认为，"一旦阐明了商品化和资本主义生产关系，资本主义的经济发展就不言而喻了"。然而中国明清时期的历史发展并非如此，明清时期蓬勃发展的商品经济并未带来生产关系的变化，繁荣的市场经济(诸如江南地区)也并未从根本上改变农民的生活状况。"西方入侵说"固然可以满足人们反帝情绪的感情需要，但终究说明不了以下事实：中国经济自数百年前的所谓"萌芽"以来，从未显示出自己发展资本主义的动向，于是便产生了"商品经济发展而资本主义没有发展""明清商品化蓬勃发展与小农生产停留于糊口水平两个现象同时发生""有增产而无发展""城市工业化与农村不发展并存""分散的自然经济与整合的市场并存"等众多的悖论现象。[3]

对于黄氏的某些具体观点，我们还可以进一步商榷探讨。但他确实指出了长期以来经济史研究中人们对封建经济和资本主义经济的定位往往自觉不自觉地陷入方法论的误区，将封建经济与自然经济相等同，将商品经济与资本主义相等同，二者截然对立不容混淆。关于封建社会市场经济与小农经济的讨论，也常常陷入非此即彼的论断模式之中，似乎商品经济的比例越大，离封建社会解体的路程就越近。这样就很难对中国封建社会某些时期特别繁荣的商品经济并未导致封建制度解体和资本主义产生的现象作出合理的解释。于是又出现了"变态的封建制度""战国资本主义萌芽论"诸说[4]，但这些论点似乎也没能解决上述问题。如果我们换一个角度，不是从这种笼统、绝对的公式出发，而是像布罗代尔那样，把资本主义看作一种长时段的历史结构，看作在时间之维中不断变化自己的形式、与多种生产方式共存共处的历史结构，我

[1] 讨论详情见《史学理论研究》1993 年第1—4 期和1994 年第1 期。
[2] 黄宗智全文刊载于《史学理论研究》1993 年第1 期。
[3] 同上。
[4] 《传统市场与市场经济研究述评》，载《中国经济史研究》1994 年第4 期。

们对中国封建社会某一阶段商品经济的繁荣是否可以得出一个更为合理的解释？我们对中国近代史的研究是否可以多一个新的思路、新的角度、新的视域？

近几十年来，国外学术界关于封建社会的研究取得了很大的进展。"人们不能把封建社会看作是一个在自然经济框架中完全自给自足的封闭型结构，实际上，市场遍布各地。作为一个历史体系，封建社会自有其独特的运行逻辑，而市场经济则与这种逻辑有着千丝万缕的联系"〔1〕。今天，阅读布罗代尔关于资本主义的论述，回过头来再看90年代初的这场讨论，我们会觉得，黄文提出的诸种"相悖现象"实则多为我们传统方法论上的误区，是不该存在或不该出现的"悖论"。

布罗代尔关于资本主义的活动空间——"经济世界"的分析，也为我们研究近代中国社会经济的发展提供了新的思路：无论承认与否，工业革命之后的世界已与传统农业经济下的世界具有很大的不同。传统农业经济下的世界尚可存在相对独立或封闭的经济世界，而在工业革命之后，交通运输业突飞猛进的发展，使彼此孤立的经济世界的存在已经不再可能。无论愿意不愿意，中国在19世纪鸦片战争后就已经开始了被"融入"世界经济的过程，不可避免地受到世界政治经济格局的影响，一厢情愿地封闭大门或"自主"发展已经行不通了。鸦片战争之后的中国近代经济已身不由己地成为世界经济的一部分，无论当时的对外贸易在全部经济体系中地位如何，它对中国社会的影响都极其深远——它令中国难以拒绝地走上了被动适应世界经济发展之路，在此后的一百多年里，中国实际上在很大程度上都是在寻求一条在世界经济格局中自强发展之路。因此，对中国近现代经济史的研究，也应该置于这个历史大背景之中，充分意识到世界市场对中国经济的影响。从这个思路出发，改变我们的研究角度，开拓近现代中国经济史研究的新课题、新视野：鸦片战争后的中国是如何主动地或被动地适应世界经济发展的？世界经济这个大体系是如何影响近代中国经济发展的？一个尚待开发的国家徘徊于资本主义及现代社会

---

〔1〕 布罗代尔：《资本主义论丛》，第33页。

之外,应当如何决策?[1] 阅读布罗代尔关于资本主义的论述,对于我们走出传统思维模式的困境,从一个新的角度重新审视资本主义有很大的帮助,这也许是在当前中国改革开放的形势下,布罗代尔给我们的最大的启示吧。

---

[1] 黄仁宇:《资本主义与二十一世纪》,北京:生活·读书·新知三联书店 1997 年版。

论历史叙述中的理解与解释[*]

陈 新[1]

在实际生活中,人们往往要解释自己或他人已经历史化了的行为,因此回避不了历史叙述,它成了人类社会实践中的必要组成部分。当人们在不同程度上作为一位历史叙述者,通过理解个体自身的历史或生存情境,阐发自己的存在与实践目的,即进行历史叙述时,他已经置身于一个历史叙述的循环之中。历史叙述循环从现象上分为两个阶段,其一是叙述前的准备阶段,即阅读与历史理解阶段;其二是叙述阶段,即叙述与历史解释阶段。这两个阶段在现象上并没有绝对分明的界限,但在性质上却存在着一定的差别。本文旨在通过遵循历史叙述的逻辑顺序,分别阐明活跃在其中的历史理解与历史解释,并指出其中的差异性与同一性。

一、前叙述阶段:历史阅读与历史理解

1. 历史理解的一般前提

要探讨历史理解的一般前提,我们首先必须明确"文本"(text)这个概念的含义。显然,文本是一种被理解物,但它以怎样的形式存在呢? 利科认为:"一个文本是任何通过书写(writing)被固化的话语,根据这个定义,由书写固化构成了文本自身。"[2]此处,利科所说的书写是一个与谈话(speech)相比

---

[*] 本文原载于《史学理论研究》2000 年第 2 期。

[1] 陈新,复旦大学历史学博士(1996 年 9 月入学,1999 年 7 月毕业),现为浙江大学历史系教授。

[2] 保罗·利科:《文本是什么》(Paul Ricoeur,"What is a Text? Explanation and Understanding"),载于马里奥·瓦尔德编:《利科读本:反思与想象》(*Ricoeur Reader: Reflection and Imagination*),纽约,1991 年,第 43 页。

较的概念,这些词汇的运用使我们很容易将文本视作一个被笔书写下来的文件,例如可以将修昔底德的《伯罗奔尼撒战争史》那样的历史著作视为一个文本。然而,一旦我们只是将书写与固化联系在一起,也就可以认为人类的每一个行为在它完成时就被固化,不可改变了,所以人类的行为过程也可以说是个书写过程,因为人类所有的社会实践构成了行为的文本,它记载着实践的历程。我们经常说社会是一本更难懂而且更重要的"书",以劝导只重书本知识的人重视社会实践,在此,"书"这个文本本身难道不是对社会实践的一个隐喻吗? 当发生了的任何实践随着时间的流淌被固化时,它却从我们眼前消逝了,我们真正能获得的关于过去的知识(传统意义上的历史)绝大多数来自被书写固化的文本及由人们回忆的谈话构成的文本,而后者事实上在通过语言被说出时已经等同于被书写固化了。比较起来,书写具有的持久性特征优于转瞬即逝的谈话,它凭借这种优越性确保文本根据它自己的特性获得定义。

对一位现实的或潜在的历史叙述者来说,他生活于历史之中,是一个历史性的存在。在他进行历史叙述、创造文本之前,他需要掌握叙述技巧、明确叙述意图、了解叙述内容等,这些只有通过阅读这种方式来获得。无论是阅读书面文本还是阅读行为的文本,有一点是明显的,即阅读是历史叙述循环的第一个步骤,阅读先于叙述。历史叙述者在成为叙述者之前,首先是一位读者,他在阅读过程中同时进行理解活动,而确认自己获得了理解的表现是:读者能够给被理解物提供一种解释,即使这种解释被认为完全照搬自他人(事实上,只要承认人具有主体性,这种情况就不可能存在),它始终直接指向读者自身。如果读者想成为叙述者,那么他势必将这种解释写出来,将它呈现给新的读者。当对事物有了合理理解时,读者、理解者便能够将事物的解释融入他在历史中生成的意义体系,使该体系中的各种要素相互协调一致。

由于文本的叙述者都是历史的存在,文本本身也就不可避免地蕴含着原叙述者的历史性,成为历史文本,因此,读者在进行阅读或理解文本时,读者个人的历史性与文本的历史性(也可以说是文本作者在叙述之时的历史性)之间将存在一个由冲突到协调的过程,这是一种不同个体之间历史性的交融过程,阅读与理解也就因而具备了历史阅读与历史理解的一切特征。

不同的读者在理解同一个文本之时，可能出现相当大的差别，例如我们在研究修昔底德的史学思想时，同样主要依据《伯罗奔尼撒战争史》一书，我们既可以认为修昔底德的思想中求真意识占据主导，也可以根据他坚信人性保持了超越时间的一致性这一观点，而认为修昔底德是想利用历史叙述实现史学的功用，因此垂训意识占据主导。这两种理解之区别源于何处呢？在被阅读的文本没有被改变的情况下，人们为什么这样理解而不那样理解？我们倘若归因于阅读或理解，就不如追溯到阅读或理解之前读者具有的意识结构。这种结构被海德格尔称为理解前结构，它是历史理解的一般前提。

在海德格尔之后，理解前结构被诸多学者以不同的方式表述出来，其中，伽达默尔称它为成见（prejudices），他系统地揭示了读者已然存在的成见是进行理解的基本前提和条件，没有它，一切理解都将无从下手。[1]

如果理解前结构是一种僵化的结构，它就会将读者的理解局限于自身之内，这时，读者从阅读或理解中得不到任何新的东西。所幸理解前结构是一个开放的结构，它本身随着理解的进行不断变动。尽管我们在阅读或理解之时具有理解前结构，但就如伽达默尔要求的那样："我们所被要求的是对他人或文本的意义保持开放。"[2]这意味着，读者在理解前结构的基础上进行理解时，并不排斥他人或文本的意义，而是试图将他人或文本的意义置于我们整个的意义体系中或将我们的意义置于他人或文本的意义体系中。不管意义放置的方向如何，这是两种意义体系的交融。读者获得的任何一点理解都将作用于原有的理解前结构，使它得到更新，从而成为下一次理解的基本前提，正是以这种方式，理解前结构成了一种完全开放的结构。

我们进一步询问，理解前结构只与个体理解者有关吗？毋庸置疑，个人作为社会的人、历史的人，他受制于文化传统，那么个人的理解能力自然也与他身处的文化传统所具备的理解能力，即社会意识水平相关。从整体的角度来看，如果我们能够说现代人的理解能力普遍强于古人，那是因为现代社会将其

---

〔1〕 伽达默尔：《真理与方法》（Gadamer, *Truth and Method*），纽约，1982年，第235—267页。

〔2〕 同上书，第238页。

较古代社会有所发展的意识水平施加于个人,为个人建构理解前结构提供了更强有力的基础,使得现代社会中个人的理解能力得到了社会整体意识水平的支持。反过来,我们也可能说古人的理解能力受到了其社会整体意识水平的制约。据此,我们认为:个人的理解能力往往受到决定着他的理解前结构的社会整体意识水平的影响,要想使自己的理解超越于自己时代的社会整体意识水平将永远是一种不可能实现的幻想,因为任何性质的"超越"无非是对社会整体意识水平的贡献,是对它的发展,是它的新的构成。

理解前结构使读者具备了理解的可能性,当读者的阅读或理解旨在最后进行叙述时,他在阅读或理解文本中获得的意义显然不可能等同于文本本身的意义,也不可能完全使文本的意义屈服于一种完全基于社会意识水平的解释。应该说,理解的整个过程是建构的过程,而历史理解的过程也就是在历史叙述者意识内部建构历史的过程。

2. 理解历史即建构历史

理解历史即建构历史,而非再现历史。它首先是因为读者在阅读中获得的历史理解不可能真正"客观"地再现过去。理解历史是进行历史叙述的必要步骤,也是认识历史的唯一途径。传统历史学认为历史是过去的客观存在,因而力求通过自己的理解与叙述再现历史。只要我们想想现在诸多历史叙述者用来研究的资料及其性质,我们便可以得知,他们从没有与所谓客观的历史打过交道,而是与诸多历史文本进行着交流。当然,大多数的历史叙述者们都认为自己撰写的文本反映了真实的历史,他们自信客观地再现了过去的思想与事迹。然而,让我们想一想,为什么托克维尔笔下的法国大革命与米什莱笔下的法国大革命之间呈现出观念上的冲突呢? 没有人否认这两位学者作为历史叙述者的身份,也没有人认为他们的叙述与所谓的客观历史相悖。我们完全可能将他们叙述的历史全都称为真正的历史,只是这要求我们拒绝传统意义上历史一词涵盖的那种客观性,而将历史视作以被理解的方式存在的存在物。历史叙述者们叙述的各种各样的历史之所以不同,原因在于他们面对的历史文本本身也是过去的历史叙述者进行历史理解的产物,其中包含的历史在性质上就如后人将要作出叙述的历史,它们都是在历史理解之中被建构出来的,如此就决定了通过理解历史文本来理解历史不过是要进行一轮新的建构历史的活动。

　　历史叙述者在阅读过去的文本进行历史理解时,他也不可能完全地领会作者的意图,这将自然地把理解历史引上建构历史的路途。读者在阅读历史文本时,往往设想文本中存在一种内在意义,认为它就是作者试图反映出的真正意图,一旦读者的理解与作者的意图相符合,就实现了真正的阅读或理解。事实情况是如此吗? 华莱士·马丁指出:"读者—反应论者强调了一个重要观点,即叙述并不包含一种固定在文字内而等待人们去发现的确定意义。意义仅仅存在于阅读活动之中。……解释的不同是因为读者相异,而读者之间的差异并不只是他们的不同个性造成的,它还源于读者在阅读中运用的不同成规。"[1]马丁所说的成规(convention)正是一种"使真正交流成为可能"的东西[2],它就如同决定着读者理解前结构的文化传统,使读者在阅读时,将历史文本朝着有利于自己理解的方向展开。如果我们一定要认为历史文本中存在着那种内在的、确定的意义,只不过读者在阅读中使用的成规与个性不同造成了不同的理解,那么又有谁曾经真正领会过作者的良苦用心呢? 要做到这一点的最大可能只能是让读者变成那个文本的作者,但是,现实中往往连作者都可能无法再阐明他在写作那文本时的意图了。文本在它形成之时已经将历史性固化于其中,除非读者能够抛弃他自身的历史性,具有与文本作者创造文本时完全相同的生存情境,否则他完全领会文本之历史性的愿望永远都只能是幻想,也就没有成为该文本的另一个"作者"的可能。因此,任何阅读都不可能符合某种原有的意义,而是生成意义,建构一种新的存在,它恰恰是文本之历史性与读者之历史性相结合的产物。

　　读者在理解历史时建构历史,目的在于建构自身存在。对读者来说,文本的价值在于它被阅读后,是否有利于维系读者在社会之中的存在,增强他的生存能力,因此,阅读或理解历史与其说是读者为了再现历史或叙述历史的前奏,不如说是一种增进自己的社会交往能力的有效方式,它加强了个人对自身生存情境的了解,有了这种了解,读者以一个新的自我呈现在人们面前。阅读

---

〔1〕　华莱士·马丁:《最新叙事理论》(Wellace Martin, *Recent Theories of Narrative*),纽约,1986年,第161页。

〔2〕　同上书,第159页。

改变了自我,"开始阅读一本书的自我可能与读完这本书时的自我不是同一个自我了"[1]。华莱士的这种观点意味着:文本为读者提供了被认为是不同时代、不同个人的体验,当读者对此进行理解时,他在理解前结构的指导下选择,或拒斥,或扬弃,新的自我在具备了新的生存能力后,将有效地改变自己的存在方式,呈现出新的个性。正所谓士别三日,当刮目相看。

阅读历史文本始终是一种偶然事件,但读者从这种偶然中获得的内容往往与决定其理解的理解前结构相结合而成为新的理解前结构中的必然内容。倘若说个人的存在是必然的,那么这种必然无不来自偶然的阅读或理解。只要读者对文本保持一种开放态度,他也就为自己的存在提供了更新的机会,只是,读者自我存在的更新不可能是彻底的或没有限度的,因为那已成为必然的内容形成的历史性力量依然发挥着巨大的作用,因此,读者理解历史时对自我存在进行的建构或更新只能是渐进式的,一点一滴地渗入。再者,建构历史与更新自我同属历史理解的根本目的,这二者之间不仅存在着联系,我们甚至可以说,被建构的历史就是那个新的自我。

读者在阅读或理解历史的过程中,往往带有目的性。就像一个人想成为一名工程师而投身于工程技术方面的学习那样,读者要为自己建构一种怎样的个人存在自然也有自己的预期目标,所不同的是,历史理解的目的虽然从根本上服务于认识、维系个人的存在,它却有着非恒定的表现。读者在阅读或理解中不断为自己的意义体系增添新的要素,它们在融合于意义体系后生长出新的理解前结构,因而使建构历史的预期目标有可能被更改,一个新的目的将使理解朝着新的方向伸展。就个人而言,个人的存在处于动态之中,因为个人的存在必须依靠不间断的实践来保证,对生存的预期促使个人的阅读与理解带上了强烈的目的性,而且这种目的性将根据个人的预期与实践效果之间的变动进行调整,由此也将永远处于运动状态之中。

一般认为,人们的历史理解在形式上结束于阅读,随后,在实践中进行历史叙述,生产行为的文本,通过这些实践在行为的文本中显示出读者的历史理解水平。人们也是根据自己的历史理解来判断他人历史理解水平的高低的,

---

[1] 华莱士·马丁:《最新叙事理论》,第162页。

并据此评价他人对自身实践之历史性与目的性的认识程度。与此相反,我们的问题是,历史叙述者在进行历史叙述中有没有进行新的历史理解? 也就是说,历史叙述与历史理解是可以截然分开的两个阶段吗? 我们的确在形式上将历史理解视为整个历史叙述循环中的第一阶段,即叙述前的准备阶段,那是因为我们以历史叙述为核心,认为一切历史学活动归根到底要依赖于叙述才能实现它的意义。如果我们换一个角度,认为包括历史叙述在内的一切社会实践都能够促进历史理解,增强人们对自身的历史性与目的性的认识,那么历史叙述循环的第二阶段,即叙述与历史解释阶段不也将历史理解包含于其中了吗?! 这样一来,我们就有必要了解历史叙述者进行历史叙述时发生的历史理解,及它与叙述或历史解释之间的关系。

3. 历史理解与历史叙述

每个人的历史理解都带着某种目的性。对于普通人来说,只有在实践中生产出行为的文本,即结束一个历史叙述的循环时,历史理解的意义才展现出来。缺少历史叙述这个环节,历史理解将毫无价值,同样,缺少了历史理解,历史叙述又能有什么可叙之实呢?

有这么一类热心于以笔书写历史作为自己的社会实践方式的读者,他们就是一般意义上那种名副其实的历史叙述者,当其中的一些人达到对历史性的自觉认识时,他们便有资格被称为历史学家。历史学家的特殊性在于,他们的历史叙述既在建构自己的存在,也在建构一种被普通人认同的人类共同体的存在。如果在历史学家的历史叙述中能够将个人与人类共同体的历史理解有效地结合,那么通过这种叙述获得的文本本身也将成为人类历史理解之最高水平的体现者。

对于历史学家来说,他们在已经具有一定程度的历史理解之后进行历史叙述,历史叙述不过是他们将自己的历史理解表述出来的方式。我们既然已经明了历史理解的目的性,也清楚作为历史学家进行社会实践的独特方式,书写历史同样具有明确的目的性,那么,我们不妨考察一下历史学家进行历史叙述过程中的某些意图。

首先,历史学家希望自己叙述出来的文本能够让最广泛的读者接受,为此,他需要了解自己与读者的历史理解之间的差异,以便确定自己的历史理解是否优于其读者的历史理解。要在这两种历史理解之间进行比较,自然需要一个标准,它能够对历史理解水平的高低作出判断。历史学家以历史叙述作为实践方式,因此寻找、认识这种评价的标准是他的任务。这种标准既然能被最广泛的读者所接受,它必然不是某个人的产物,而是他与读者在社会实践中共同交往的结果,它就是主体间性。历史学家在叙述中必须对主体间性有所认识,而这无疑是从社会整体上把握人与人之间的关系,理解个人在整体中的存在。所以说,历史叙述者在叙述时只要设想了读者的存在,他就已经将自己置身于理解主体间性的思考之中,并要求自己在叙述中时时刻刻以主体间性约束自己的叙述。对主体间性的理解显然有助于历史学家理解个体与整体的关系,它与历史学家理解自己的生存情境是同一的,因为历史学家的存在价值首先在于为读者生产有效的文本,那些没有读者的文本,其弊病往往在于叙述中缺少对主体间性的思考,缺少对读者的理解。

其次,历史学家在创造历史文本的过程中同时包含着历史理解。如海登·怀特所说:"历史学家努力赋予那些片断性的、不完全的历史记录以意义时,不得不运用柯林武德称之为的'建构的想象力'。"[1]历史学家不仅在叙述前阅读大量的资料进行历史理解,在叙述历史文本时,他试图将来自各个文本的素材结合到一个文本中去。这种历史叙述并非是剪刀加糨糊式的叙述,而是一种创造性的叙述,其中必须运用历史学家的想象力,将所有的素材排列到一个能够体现历史学家的历史理解水平的整体中。很明显,这种建构的想象力十分重要,没有它就不可能将历史素材组织成历史。然而,在选取何种方式建构历史的问题上,历史学家同样需要对历史叙述形式进行一番历史理解与考察,从中创造出最适合于表述其理解的形式。

另外,凡是在历史叙述中涉及的要素,如叙述的选题与选材、叙述的类型、叙述的结构模式、叙述的语言等,历史学家都需要进行历史地理解,认识它们的历史性,这样才能更有效地将历史学家的历史理解贯穿到历史叙述中。并且,对这些要素的历史理解,毫无疑问将有效地促进人们在整体上对

---

[1] 海登·怀特:《作为文学虚构的历史文本》("The Historical Text as Literary Artifact"),载于《话语的转义:文化批评论集》(*Tropics of Discourse: Essays in Cultural Criticism*),巴尔的摩、伦敦,1978年,第83页。

历史叙述的本质的认识,其价值表现在:一来,它使我们认识到包括历史叙述在内的一切实践行为的历史性;二来,它告诉我们,历史理解存在于人类任何实践活动中,而历史叙述者因其不停息的实践,无时不处于历史理解之中。

历史理解贯穿整个历史叙述的循环,它使历史叙述者获得建构历史与更新自身存在的能力,然而,由于历史理解不可能脱离它的一般前提,即叙述者个人的理解前结构,这就迫使历史叙述者在叙述历史之时树立起主体间性的标准。这样,他便是为了向读者解释自己的存在,解释自己的历史理解合乎主体间性或代表着主体间性而叙述历史,由此,历史叙述者在历史叙述循环中的实践逐步从历史理解向历史解释转变。

二、叙述阶段: 历史叙述与历史解释

1. 历史叙述者的解释动机

历史叙述者在历史理解的基础上叙述历史,这种行为令我们反思:叙述者进行历史叙述的动机是什么? 作为生活于社会之中的普通一员,历史叙述者为什么不依据其历史理解参与其他实践,而热衷于书写文本的历史叙述实践呢? 既然历史叙述者创造出历史文本,他必然需要读者,希望获得读者的认同。叙述者要求自己的读者接受某种他认为理所当然的观点,历史文本正是对这种观点的解释。这样,我们又要追问历史叙述者进行历史解释的可能性、客观性及其他性质。

历史叙述不可避免地兼容历史解释,或者进一步认为历史叙述本身就是历史解释,这种观点是 20 世纪四五十年代以来西方历史学理论研究的一个成果。德雷在阶段性地总结历史叙述研究时指出:"对历史叙事能得到什么这个问题的反复回答是'解释'。这通常比只认为历史叙事可能包含解释更有意义。"[1]鲁森也认为当代新史学的特征表现在:"作为一种历史解释手段的理

---

[1] 德雷:《论叙述在历史学中的性质与地位》(W. H. Dray, "On the Nature and Role of Narrative in Historiography"),载于《历史与理论》第 10 卷,1971 年第 2 期,第 157 页。

论建构的运用。"[1]历史叙述者逐步意识到历史叙述是进行历史解释的一种手段,然而,仅仅揭示历史叙述中包含着解释并没有回答历史叙述、解释的一些根本问题。如果说历史学研究最终以叙述、解释的方式表述其成果,那么,我们完全可以认为历史叙述、解释的目的与历史学研究的目的是同一的,因而讨论历史叙述、解释的目的也就是讨论历史学研究的目的。

历史解释(historical interpretation 或 historical explanation)一词中含有一种强烈的思辨色彩,即它是历史叙述者的解释。西方历史学界已经普遍接受历史叙述与历史解释的对等关系,需要进一步深入的问题首先是:历史叙述、解释的动机源于何处。

任何历史解释都含有历史叙述者主动的辩解意向,或者说任何解释都具有目的性,它的表现是,叙述者试图说明自己编纂的历史文本是真实的、正确的或合理的。叙述者用他的笔书写人类的行为,他不只是为了客观描述它们,而是向未来的读者进行解释、劝导,其涉及的范围可大可小,小至个人传记,大至集体、国家乃至人类文明,而促使历史叙述者解释历史的内在原因却只有一个,即进行历史叙述、解释意味着争取一种解释权,就如法律的解释权属于国家立法者或法律机构,个人或社会行为的解释权属于历史叙述者。真实的、正确的、合理的历史解释乃是权威的、合法的解释。从这种意义上说,力图掌握个人行为与社会事件的合法解释权才是历史叙述者进行历史解释的根本动机。

在任何时候,正常人都不会平白无故地采取行动,相反,人们从来都是依据自己以往行为产生的效果来筹划未来的行为,历史叙述者一旦掌握对往事的解释权,实际上就把握了对未来的决策权,它使个人或社会的行为直接依附于历史叙述者的指导,据此使历史叙述者成为权威。就像伽达默尔所说的:"人的权威终究不是基于屈从、抛弃理性,而是基于认识或承认,即承认他人在判断与洞见上优于自身,因此他人的判断在先,针对自己的判断而言具有优先

---

[1] 鲁森:《后现代主义基础上的史学启蒙:"新费解"时代的历史学》(Jorn Rusen, "Historical Enlightenment in the Light of Postmodernism: History in the Age of the 'New Unintelligibility'"),载于《历史与记忆》1989 年第 1 期(春夏季号),第 116 页。

性."〔1〕且先不论历史叙述者是否能够通过历史叙述、解释成为权威,我们从伽达默尔的言谈中,从我们对现实生活的理解中,可以感知权威在个人与社会行为决策中的重要地位。"首先是人具有权威性"〔2〕,伽达默尔对权威的认识使我们对历史叙述者的解释动机有了更深刻的洞察。

历史叙述者希望通过历史叙述、解释获得权威性。几千年来,无数的历史叙述者创造了无数的历史文本,进行着无数的历史解释,然而,能够成为权威的叙述者与文本却为数甚少。虽然在人类文明的大多数岁月里,历史叙述者没有认识到自己创造的历史文本潜在地追求着解释的权威性与合法性,乃至刻意否认其中包含有任何主观解释,但从他们追求的真实历史与历史之实用性这两个历史学实践的明确意图中,我们能够深切领悟他们那隐藏得更深的解释动机。传统历史学往往将历史的真实性与客观性等同起来。在传统的意识形态内,真实、客观地描述历史的文本往往成为权威的文本,历史叙述者也因他创造的文本被最为广泛的人接受而事实上成为权威;历史的实用性同样是通过历史叙述者为其读者提供的历史解释来充当筹划将来的基础,历史叙述者要求读者按自己的思路理解过去,筹划将来,如果不在历史叙述中树立起权威性,又有谁会相信他的解释具有现实价值呢?

确认历史叙述、解释的动机旨在树立权威,从而将自己的历史解释施之他人,这使我们有机会深入探讨权威生成的根基,进而深入认识历史解释之可能性的境域。

2. 主体间性与历史解释的可能性

根据伽达默尔的观点,我们相信权威的言论是因为"权威依赖于承认,因而依赖理性自身的行动,因为理性认识到自己的有限,于是认同他人具有更好的理解"〔3〕。权威得到了理性的承认,但并不是每一个社会的人、历史的人都理性地思考着权威,在现实中,大多数人往往屈从于权威。且不论人们的现实观念中"权威"本身是否具备的合法性,真正的权威理应具备合法性,而"法"

---

〔1〕 伽达默尔:《真理与方法》,第248页。
〔2〕 同上。
〔3〕 同上。

与权威有着共同的来源,它们统统以主体间性为根基,并最终成为它的具体表现。

主体间性树立了人们对共同的社会实践进行解释时遵循的标准,历史解释的可能性恰恰植根于主体间性的存在。

既然解释的标准依赖于主体间性,就说明被解释的实践至少有两个以上的主体参与,主体可以是个人,也可以是由个人组成的团体,因而主体间性存在于社会的各种主体组合之中,如个人与个人之间、阶层与阶层之间、国家与国家之间,只要涉及对两个或两个以上主体参与的实践行为加以解释,这种解释就不得不遵循主体间形成的标准。

主体间性是一种外在于单个主体的力量。不过,尽管主体间性奠定了共同利益不被单方面侵占这个不可更改的根本原则,但以主体间性为根据的各种具体表现却不是一经存在就固定不变的东西,随着人们之间利益关系的调整,这些表现随之变化。主体之间的共同实践产生了共同利益,如果对这些实践不能提供一个参与实践的主体普遍接受的解释,那么势必引起不满或利益冲突,影响主体之间筹划未来的合作。主体间的力量制约了对实践的解释,使之力求真实、公正,只有当权威代表着不可侵犯的共同利益时,它才可能被各个主体接受、承认、信任,它对实践的解释才因此而有说服力。

主体间性是一种支配着历史解释并使它成为可能的力量。如上所述,不违背主体间的共同利益是对一切主体的共同实践进行解释的根本原则。在历史解释中,被解释的对象正是人们进行过或进行着的实践,并且,由于人的社会性,每个人参与的实践都不可能是超脱社会及其他主体之外的单独行为,而是主体间的行为,因此对任何实践的解释都将受到主体间性的约束。主体间性是历史解释的前提条件,没有它,历史解释就无法进行。首先,历史叙述者的解释动机在于将自己的历史理解施之他人,如果他与读者之间不存在任何直接或间接的共同利益,也就是说他们之间不构成为主体间性,那么读者就没有必要理睬他的解释,这样,历史解释由于失去读者而丧失解释的特性;其次,历史叙述者如果在解释中不遵循主体间的共同利益原则,在解释中大肆宣扬个体利益,那么,这种解释将受到读者的拒斥,最终因其不具任何说服力而成为无效的解释;再次,如果我们否认主体间性的存在,那么,一切的解释都将失去真、善、美的标准,从而永远落入纯粹相对主义的窠臼,致使每一个主体都为自己的利益而解释,结果每一种解释都不可能被其他主体接受,解释于是将成为孤独的幽灵,徘徊在主体间相互驳斥的心灵空间中。

奥拉夫森认为:"如果为了解释一件事提及一个行为而不谈到或至少假定有关该行为发生的境遇,人们就不可能解释它。"[1]在此,历史解释的可能性仍旧被简单地奠基在描述一个被解释事件发生的整体境遇。又如胡尔所说:"在历史叙述中,将一件事纳入一个普遍化的规则不能解释它,相反,只有将它融入一个有组织的整体中它才得到解释。"[2]这说明,奥拉夫森与胡尔对历史解释的理解还没有进入反思阶段,即反思叙述者的历史解释行为,他们也就不可能在叙述者与读者之间的交往中挖掘使历史解释成为可能的最根本的前提。奥拉夫森与胡尔的理解代表了绝大多数历史叙述者对历史解释的认识,这种理解的不足在于:解释者(即叙述者)虽然考虑到要将被解释对象置于存在的整体背景中去理解,却没有想到解释者本身也应该被置于他的生存情境中被理解,历史解释要成为可能,必须既考虑被解释者的历史性,也要考虑解释者的历史性。另外,主体间性制约着历史叙述者的解释行为,它本身亦是历史的产物,深蕴着历史性,我们若对主体间性缺乏应有的认识,就无法从整体上把握历史解释的特征。

通过历史叙述、解释,我们获得历史文本,而读者借此了解历史。假使我们在考察历史解释时,不能全面认识历史解释的两个要素,即历史叙述者与被解释者,或只知后者不知前者,缺乏对历史叙述者本身的反思,那么,我们往往易于在历史或历史叙述、解释之本质认识上产生偏差,其最重要的表现是,不知客观性为何物。

3. 主体间性与历史解释的客观性

人类认识历史叙述之客观性的历史由来已久。我们曾经因为把历史视为存在于过去的实体,因而将历史叙述是否客观的标准依附于历史文本是否真

---

[1] 奥拉夫森:《叙事与行为概念》(Frederick A. Olafson, "Narrative History and the Concept of Action"),载于《历史与理论》第 9 卷,1970 年第 3 期,第 282 页。

[2] 大卫·胡尔:《中心主题与历史叙述》(David L. Hull, "Central Subjects and Historical Narratives"),载于《历史与理论》第 14 卷,1975 年第 3 期,第 274 页。

实再现了历史实体。在这种情况下,历史是外在于主体之理解的存在物,当然不会有人认为历史只存在于历史叙述之中,也不会有人承认客观的历史叙述也包含了解释的特性。真实性与客观性总是被人们当作一对共生共存的概念。在传统历史学中,它们都是历史叙述获得权威性的根本标准,然而,真实性与客观性并不是所谓的历史实体的本来品质,而是主体在认识中获得的评价标准。从另一个角度来说,历史解释中虽饱含叙述主体的主观性,但是,历史叙述的客观性并不一定就与它的解释功能形成根本对立。事实上,主体间性早已像一座桥梁横架在客观性、真实性与历史解释之间的沟壑之上,将传统历史叙述中这些概念的矛盾消解了。

人与人之间需要对历史的真实叙述,这也是对历史的客观解释。这种客观性与真实性依赖的正是参与实践的不同主体之间对某种解释的承认或对某种价值判断的认同,只有当一种与行为有关的解释得到行为参与者的广泛认同时,它才能被称为是客观的、真实的,所以说,历史解释的客观性依赖于这种解释是否符合主体间性的要求,历史解释的客观性是靠主体间性来保证的。

历史解释是一种基于客观的主观行为。对每一件事的解释,我们都力图使它与自己的经验与价值观相协调,并根据奠基在自己的价值观之上的意义体系进行历史解释,判断历史行为的价值与意义。我们的价值观是在历史的、社会的实践中产生,它必将处于主体间性的约束之中,因此,历史解释宣告的事件,其意义同时是主体间性影响的结果。每个主体都有自身的意义体系,国家作为个体,它的意义体系建立在国家中各个集团、各个成员之间的认同之上。国家的形成与个人之成长首先受到传统与历史的制约,它们诞生于传统与历史之中,是文化的个体,受已经存在的历史意义体系的调教。当主体的价值观念合乎时代的历史意义体系的要求,并能与它协调时,历史叙述者据此进行的历史解释才会得到这个时代其他主体的承认。历史及其意义体系随着个体的实践要求不断改变其自身,获取现实性,生成新的意义体系,这是因为主体间性与任何其他事物一样,也是历史中的产物,它的存在具有历史性。主体与历史意义体系在实践中循环往复,不断协调,这即是我们的思想生成、变化过程,也是自觉遵循主体间性、认识主体间性的过程。

主体在维持自身存在的不间断的社会实践中,随着其生存情境的变化,主体间对共同利益的要求也发生改变。我们在不同的时代不断地重写历史,本质上反映了主体间的利益要求已经得到调整,因而作为主体间性表征的历史叙述或历史解释必须重新进行,以展现出新的主体间的利益要求。历史叙述者以这种独特的方式参与社会实践,在不同的时代中去发现主体间的共同利益,并通过历史叙述将它揭示出来。只不过,主体间共同利益的变化归根到底是源于各主体新的共同实践的结果,所有的实践都在个体参与下进行,因而,主体间性的存在并不是像传统历史学中的"历史"那样的客观实体,它依然是主体的创造物,随着主体的创造性实践改变其内容,主体间性将根据实践的要求更新,而积极的历史叙述、解释就是一种在"旧"的主体间性的制约下,建构"新"的主体间性的创造性实践,以此来获取对个人行为与社会事实的解释权。

4. 主体间性与历史解释的两重性

历史叙述者在历史叙述、解释中,以是否合乎主体间的共同利益性作为历史解释的真实性或客观性的标准。然而,传统历史学对历史之真实性与客观性的僵化看法使主体间性被长期掩盖在根本不存在的历史实体的幻象之下。在那些已经开始领悟到主体间性的存在及其重要性的历史叙述者之中,历史解释表现出两重性,即:它既是为己的历史解释,又是为他的历史解释。根据历史叙述者表现出的对主体间性的认识水平,我们又可以将所有历史解释区分为屈从的历史解释与自觉的历史解释。

历史解释可以是为己的解释,历史叙述者进行历史解释的主要目的是为了表述自身的存在性。在屈从的历史解释中,叙述者如果以一种消极的态度对待主体间性,将主体间性当作某种完全超越于主体之外而约束主体的力量,主体与主体间性的关系便是一种屈从关系,即主体的解释必须完全遵循主体间性,以便获得客观的历史叙述。以这样的解释表现叙述者的自身存在无疑是以代表着主体间利益的权威的存在性取代叙述者自身的存在性。虽然屈从的历史解释也是为己的,但由于叙述者屈从于权威的解释,却又不像权威那样能够合理地认识自己的生存情境、存在的历史性及实践的目的性,历史解释最终表现出来的叙述者便成了一个四不像的怪物。倘若叙述者对主体间性有较为全面的理解,认识到了主体间性生成的历史性,那么,叙述者就能采取一种自觉的历史解释,在叙述中阐释自己的存在,而历史解释在表现叙述者之存在的同时也代表了主体间的利益,于是,自觉的历史解释成了权威解释,叙述者成为历史解释的权威。他希望通过读者对他创造的历史文本的阅读获得叙述者的某些存在内容,叙述者在自己成为权威之时,变他人为自己。这种为己且自觉的历史解释之更进一步成果是:叙述者在充当了权威之时,由于他的文本被广泛接受,使得文本之中一些原本充满着个人主观愿望的内容有可能因为得到读者的承认而转变成主体间的观念,如此说来,叙述者从根本上便成为主体间性的发展者。

历史解释也可以是为他的解释。当叙述者试图以历史解释展现社会的存在,它就成了为他的解释。个人在社会实践中处于怎样的地位呢?屈从的解释将叙述者完全融入社会约束力之中,变自己为社会历史或主体间性的隶属物;自觉的历史解释则表现出叙述者积极变自己的历史理解为主体间的理解,从而在原有主体间性的基础上发展出新的主体间性,使自己成为社会历史的创造者。为他的解释虽然涉及的是社会的存在,但社会存在始终是作为历史叙述者的生存情境中的一项要素而存在,理解社会为理解个人提供了更优越的条件。从这种意义上说,为他的解释终究服务于为己的解释,前者不过是后者的一种特殊表现。

对于认识水平不同的历史叙述者而言,只有那些能够较为全面地认识主体间性,并同时自觉进行着为己或为他的历史解释的叙述者才能被称为历史学家。历史学家以一种积极态度面对主体间性,投身于发展主体间性、并因而创造历史的社会实践中,历史解释正是这种实践的真正表征。

史学史的诞生、发展及其在中国的接受[*]

陈　恒[1]

　　一部史学著作诞生之后,读者自然或有自己的评论与感想,这也意味着史学史的诞生,伴随历史著作的不断丰富,研究领域的不断扩展,著述风格与体裁的日益繁多,史学史也就逐渐成为史学本身的一个重要领域,一个重要分支学科。史学史是从历史学演进的视角来分析历史叙述方法、表现手段、理论基础的一门根基性学科,通过追溯各种历史学研究和著述形式的渊源、流派和成果及其在历史学发展中产生的影响,对各个时代的历史学家及其成就做适当评价。因此,通俗来说,史学史内涵了历史学家的故事、历史学家文本的故事,或也可称之为史学学术史。

　　但史学史真正成为今天历史学的一个重要分支学科,与两种学术发展存在着密切的关系:其一是人类悠久漫长的历史撰述传统及其留下的丰富遗产,其二是19世纪以来现代学科体系的逐渐形成和细分。因此,直至19世纪末20世纪初,史学史研究在西方成为一个专门的学科领域,并伴随着近代的"西学东渐",于20世纪20年代左右在中国逐渐形成和发展起来。

西方史学史的诞生与发展

　　关于历史是什么、历史学是什么、历史学家的任务是什么以及为什么要撰写历史等问题,自古以来就不断有人在探讨。早在两千多年前,亚里士多德在

---

　　* 本文原载于《史学史研究》2016年第2期。
〔1〕　陈恒,复旦大学历史学博士(1998年9月入学,2001年7月毕业),现为上海师范大学副校长、上海师范大学人文学院世界史系教授。

《诗学》里就对历史学的方法路径提出了独到的见解,认为历史是描述发生的事情,是编年式的,处理的是偶然发生的特定之事。普鲁塔克在《论希罗多德的恶意》中,对西方"史学之父"希罗多德的史学思想进行了尖锐的批评,他认为希罗多德的历史叙述中充满谎言,包含着反雅典的偏见,该文本可以说是西方世界针对史学家个体及其著作进行评判的最早作品。

从古典时代以降直至近代早期,西方论及历史和历史学的著作续有出现,其中不乏充满真知灼见或对后世影响深远的作品。古罗马作家琉善(Lucian,约120—180)的《论撰史》流传至今,他认为"历史只有一个任务或目的,那就是实用,而实用只有一个根源,那就是真实"。罗马帝国晚期的教父哲学家奥古斯丁的《上帝之城》可说是人类历史上的第一部历史哲学著作,对后世的历史观产生了至深的影响。在他的解释里,世界历史进程是光明与黑暗、善与恶之间不断斗争的历史,是在上帝创造的时间框架里且按照上帝的意志有条不紊地展开的过程。尽管奥古斯丁撰写这部书的根本目的是为了驳斥异教徒,为基督教辩护,但他所阐释的历史观,在历史时间的概念框架、历史学的性质和目的方面,为中世纪史学奠定了基调,并一直主导着近代早期的基督教神学的历史撰述。直至17世纪后半期,路易十四宫廷神学家博叙埃(Jacques Bénigné Bossuet,1627—1704)所撰的《世界历史讲授录》(1681年),仍在申述着奥古斯丁的神学史观。[1]

但无论是对过去史著的评述,还是对史观的阐述,上述的诸多著作都还不属于我们今天意义上的史学史范畴。今天我们谈到"史学史",对应的英文词一般是"historiography",指的是学科意义上的历史学,而非"事实的历史",它包含两层意思,即对事实的历史进行研究和撰述的发展史,以及在研究事实的历史时运用的理论和方法。史学史指的是"对历史写作方式的研究,也即历史撰述的历史……当你研究史学史时,你不必直接去研究过去的事件,而是研究某个史学家著作里对这些事件不断变化的解释"[2]。我们按此定义去追根溯源,今

---

[1] Jacques Bénigné Bossuet, *Discours sur l'histoire universelle, à monseigneur le dauphin pour expliquer la suite de la religion, et les changements des empires*, 3 Vols., Paris: Bibliothèque catholique, 1825-1826.

[2] Michael Salevouris & Conal Furay, *The Methods and Skills of History: A Practical Guide*, 4th edition, Wiley-Blackwell, 2015, p. 223.

天意义上的史学史于 16 世纪才朦胧出现。人文主义时代的法国人让·博丹(Jean Bodin, 1530—1596)撰写了流传广泛的《理解历史的捷径》,该书系统地阐述了进行历史撰写的框架、原则和方法。首先,他反对从《但以理书》中引申而来的基督教精致的四帝国说,代之以从地理环境出发来考察具体历史进程的世界史三阶段说;其次,他认为历史的形式有三种,即人类史、自然史和圣史,且应该首先关心人类史;再次,他倡导历史撰写要尽力秉持客观公正的原则,对史料要进行精心考证。[1] 我们可以把该书视为西方史学方法论的先驱之作。1599年,法国历史学家拉·波普利尼埃尔(La Popelinière, 1541—1608)的历史三部曲(《历史著作史》《完美历史的观念》《新法国史的构想》),可以看作是西方史学史的开山之作。在博丹、拉·波普利尼埃尔等许多先行者之后,法国人兰格勒特·杜·弗莱斯诺伊(Lenglet du Fresnoy, 1674—1755)的《历史研究方法论》(1713 年;1728 年翻译成英文在伦敦出版)提供了许多历史著述的摘要,这份摘要是对博丹《理解历史的捷径》一书所附文献目录的扩充。[2] 1777 年,哥廷根大学授予了第一个历史学博士学位,历史学自此在知识体系中占有一席之地。

但直到 19 世纪初,历史学在德国最早完成职业化进程而成为一门独立的学科,史学史研究才逐渐得到真正的重视。因为职业化的学科研究,需要梳理漫长发展史累积的遗产,以便从中寻获有用的材料和线索,或发现可供研究的主题,或学习借鉴的视角和方法。在历史学职业化大约一个世纪后,欧美各国均出现了一股史学史研究的热潮,对历史学(尤其是近代以后的历史学科)进行某种系统的整理和总结,并产生了一系列流传后世的史学史作品,如傅埃特(Eduard Fueter, 1876—1928)的《新史学史》(1911 年),古奇(G. P. Gooch, 1873—1968)的《十九世纪历史学与历史学家》(1913 年),肖特威尔(J. T. Shotwell, 1874—1965)的《史学史导论》(1922 年),班兹(H. E. Barnes, 1889—1968)的《历史著作史》(1937 年),汤普森(J. W. Thompson, 1869—1941)的《历史著作史》(1943 年),巴特菲尔德(Herbert Butterfield, 1900—1979)的《论人类的过去》(1955 年),以及最近比较流行的布雷萨赫(Ernst

---

〔1〕 张广智:《西方史学史》,上海:复旦大学出版社 2015 年版,第 114—115 页。
〔2〕 凯利:《多面的历史》,陈恒、宋立宏译,北京:生活·读书·新知三联书店 2003 年版,第 476 页。

Breisach)的《历史编撰：古代、中世纪和近代》(2007 年第 3 版)等。其中瑞士历史学家、新闻记者爱德华·傅埃特所写的《新史学史》(*Geschichte der neuerenHistoriographie*，München，1911，Zürich)是一本真正学术意义上的史学史通志，内容涵盖自宗教改革以来的欧洲史学著作。傅埃特注重思想观念对历史进程的巨大影响，但忽略了社会发展中社会经济因素的作用。

递及 20 世纪，伴随着史学研究本身的快速发展，出现了诸如法国的年鉴学派、英国的马克思主义历史学派、美国的社会科学史学派等流派，史学本体论、认识论和方法论均出现了革命性的变化，使得人们更须从不同的角度审视历史记述与研究的演变，分析历史研究背后方法路径和分析技术的应用，史学史研究也因此获得快速发展，成绩斐然。

从时间顺序来看，我们大致可以把 20 世纪以来的史学史研究分为以下三个阶段：1. 学科初始阶段(1903—1945)，这时的史学史大多是记述性的；[1] 2. 学科史学史阶段(1945—1989)，史学史成为史学研究的一个重要领域；3. 全球史学史阶段(1989 年以来)，史家以交流与融合的眼光看待全球史学史的发展。从著述体裁来看，我们大致可以把史学史论著分为以下三种类型：1. 书评和传记式的史学史，如古奇、汤普森等人的著述；2. 通史的、断代的或专题的史学史通论，如普法伊佛(Rudolf Pfeiffer，1889—1979)、布雷萨赫、凯利、伊格尔斯、约翰·布罗(John Burrow，1935—2009)等人的著述；3. 全球史学史，如劳埃德、沃尔夫等人的著述。当然还有诸如布克哈特、屈威廉、伯瑞、卡尔、芬利、莫米利亚诺、布罗代尔、格拉夫顿(Anthony Grafton，1950—)这类历史学家的自我反思，对史学史与史学理论的思考；也有克罗齐、柯林伍德、海登·怀特等人从历史哲学层面对史学史与史学理论的思考。这些著述都从不同的层面对史学史研究作出贡献。

早期史学史著作也包含批评性的注释，但实际上，它们讨论的大多是历史

---

[1] 这一阶段的另一个特点是有关古代时期的专题史学史出现不少，如善迪斯(John Sandys，1844—1922)的《古典学术史》(*A History of Classical Scholarship: From Antiquity to the Modern Era*，1903)、奥姆斯特德(A. T. Olmstead，1880—1945)的《亚述史学史》(*Assyrian Historiography: A Source Study*，1916)、维拉莫维兹(Ulrich von Wilamowitz-Moellendorff，1848—1931)的《语言学史》(*Geschichte der Philologie*，1921，其实是一部古典学术史)等。

学家个人及其著作,在本质上是记述式的。这在很大程度上已不能满足当今史学研究迅速了解自身学科本源与演进历程的需要。

史学思想史的出现弥补了这方面的不足,这是史学史编撰的另一条路径,也就是以一种更富有批判性和更具有分析能力的眼光重新审视历史编撰的史学史,以努力寻求 19 世纪欧洲历史编撰中的"一种深层结构内容"(《元史学》,第 IX 页)的海登·怀特为代表。怀特的《元史学》于 1973 年出版以后,就在学术界引发了广泛的讨论,针对此著有大量研究文章和评论,影响波及至今。怀特认为历史编撰是诗化性质的,以此为出发点,他否认历史学的科学性,认为历史学与自然科学是根本不同的。在他看来,史学自身的性质使得史学处于一种概念混乱状态,因而就其基本特征而言,史学不是科学而是艺术创作,所以叙事对史学来说是必不可少的。《元史学》一书就是用一套从其他学科借用的概念来阐明怀特观点的诗化过程。对于这种极端观点,赞成者有之,反对者有之,采中庸之道调和两派观点的亦有之。[1]

凯利(Donald R. Kelley,1931—)的史学史三部曲(《多面的历史》《历史的时运》《历史前沿》),从希罗多德一直讲述到 20 世纪史学的发展。该书既有记述,又有分析,兼具上述极端观点的长处,这不但避免了平铺直叙所带来的肤浅,而且也避免了过于注重理论演绎所导致的玄奥。诚如前辈何兆武教授所说,"《多面的历史》所论述的,正是从古希腊的希罗多德下迄 18 世纪德国赫尔德的一系列西方历史学家对西方历史进程的理解或解释"[2]。新近由复旦大学张广智教授主编的六卷本《西方史学通史》大体也属于这一类型。

20 世纪中期之后世界格局发生急剧转变,全球一体化急剧加速。与此同时,从相互联系的观点撰写世界史,或从整体上探索人类文明的演进规律和发展动力,不断促进史学实践要体现全球视野。随着全球史的出现,全球史学史也出现了。早在 20 世纪 60 年代,学术界就关注全球史学史了。比如,1961—1962 年间,牛津大学出版社出版了一套《有关亚洲各民族的历史著作》

---

[1] 伊格尔斯与海登·怀特的辩论,见格奥尔格·伊格尔斯:《学术与诗歌之间的历史编撰:对海登·怀特历史编撰方法的反思》,海登·怀特:《旧事重提:历史编撰是艺术还是科学》,陈恒译,见陈启能、倪为国主编,陈恒执行主编:《书写历史》,上海三联书店 2013 年版,第 1—31 页。

[2] 何兆武:《对历史的反思》,见《多面的历史》,第 3 页。

（*Historical Writing on the Peoples of Asia*），分别是南亚卷、东南亚卷、东亚卷和中东卷[1]，它是以 20 世纪 50 年代晚期在伦敦大学亚非学院召开的会议为基础编撰的，获得广泛好评，至今仍有很大参考价值。再比如西尔斯（David L. Sills）主编的《国际社会科学百科全书》（19 vols.，1968）第 6 卷中关于"历史编纂"的综合性文章，涵盖了有关伊斯兰、南亚和东南亚、中国和日本的简明叙述。巴勒克拉夫（G. Barraclough，1908—1984）的《当代史导论》（1964 年）、《当代史学主要趋势》（1978 年）中也涉足了非西方世界的历史写作。

　　全球史学史论述的主要特征是：1. 不仅论述史学本身发展的历史，也研究史学与社会环境之间的互动关系：注重史学形成的社会基础与文化基础，注重史学知识的传播与社会组织、学术体制之间的关系；2. 比较方法与全球视野：重视不同区域不同文化之间的史学互动，着重东西方比较研究，尤其是三大传统——地中海传统、儒家传统、伊斯兰传统——的比较研究，从而说明全球史学一些内在的本质特征；3. 注重传统与接受的关系，研究各种史学传统在内部的传承与外部的接受；非常注重非西方史学传统研究；4. 力图避免"西方中心论"，充分考虑西方以外的史学传统，不过度突出西方的分期概念等。

　　全球史学史代表人物主要有伊格尔斯（G. G. Iggers）、吕森（JörnRüsen）、劳埃德（G. E. R. Lloyd）、富克斯（E. Fuchs）、斯塔西提（B. Stuchtey）、沃尔克（M. Völkel）等人。其中《牛津历史著作史》主编、加拿大女王大学校长沃尔夫（D. R. Woolf）教授是极有影响的一位。

《牛津历史著作史》

　　《牛津历史著作史》[2]主编丹尼尔·沃尔夫 1958 年出生于伦敦，在加拿大的温尼伯（Winnipeg）接受教育，后去英国读书，1983 年在牛津大学获得近

---

[1]　这四卷分别是：C. H. Philips 主编的《印度、巴基斯坦和斯里兰卡的历史学家》（*Historians of India，Pakistan，and Ceylon*）；D. G. E. Hall 主编的《东南亚历史学家》（*Historians of South East Asia*）；W. G. Beasley and E. G. Pulleyblank 主编的《中国、日本的历史学家》（*Historians of China and Japan*）；B. Lewis and P. M. Holt 主编的《中东的历史学家》（*Historians of the Middle East*）。

[2]　*The Oxford History of Historical Writing*，ed. by Daniel Woolf，Oxford University Press，2011-2012.

代史博士学位,导师为牛津大学圣彼得学院著名的历史学家吉拉德·艾尔默(Gerald Edward Aylmer,1926—2000)。[1] 毕业后,他先去加拿大埃德蒙顿(Edmonton)的阿尔伯塔大学(the University of Alberta)任教,任该校历史与古典学系教授,文学院院长,现任加拿大安大略金斯顿女王大学教授。沃尔夫早年主要研究都铎王朝、近代早期英国文化史,后来专注史学史与史学思想研究,著述甚多[2],成为史学史研究的领军人物,他早前出版的有关史学史、史学思想的著作主要有:《早期斯图亚特时代英格兰的历史观念》(*The Idea of History in Early Stuart England*,University of Toronto Press,1990)、《全球历史著作百科全书》(*Global Encyclopedia of Historical Writing*,2 卷,Garland,1998)、《近代早期英格兰的阅读史》(*Reading History in Early Modern England*,Cambridge University Press,2000)、《往昔的社会传播:1500—1739 年间的英格兰历史文化》(*The Social Circulation of the Past: English Historical Culture 1500‑1730*,Oxford University Press,2003)、《全球史学史》(*A Global History of History*,Cambridge University press,2011)。五卷本《牛津历史著作史》内容大致如下:

表 1 《牛津历史著作史》主要内容

卷数	时间范围	主编	篇数	内容
第 1 卷	自开端叙述到公元 600 年	安德鲁·菲尔德、葛朗特·哈代	26 篇	论述了古代世界主要历史传统,包括古代近东、古代希腊、古代罗马、古代东方和南亚的史学起源与发展

[1] 博士论文为"1590—1640 年间英格兰历史思想的变化与延续"(*Change and Continuity in English Historical Thought*,c. 1590‑1640),参加答辩的有牛津大学的凯斯·托马斯(Sir Keith Thomas,1933—)、剑桥大学的昆廷·斯金纳(Quentin Skinner,1940—)等。

[2] 其他方面的著作有 *Public Duty and Private Conscience in Seventeenth-Century England*,Oxford University Press,1993 (co-ed., with John Morrill and Paul Slack);*Rhetorics of Life-Writing in Early Modern Europe*,University of Michigan Press,1995 (co-ed., with T. F. Mayer);*The Spoken Word: Oral Culture in Britain 1500‑1850*,Manchester University Press,2002 (co-ed., with Adam Fox);*Local Identities in Late Medieval and Early Modern England*,Palgrave Macmillan,2007 (co-ed., with Norman L. Jones);*A Global History of History*,2011 等。沃尔夫为六卷本《新观念史辞典》(*New Dictionary of the History of Ideas*,ed. by Maryanne Cline Horowitz,2005)所写的长篇导论"Historiography"是其全球史学史纲领性宣言,随后所出版的《全球史学史》《牛津历史著作史》都是这一思想的不断延展与深化。

卷数	时间范围	主　编	篇数	内　容
第2卷	叙述自公元400到公元1400年间的史学发展	萨拉·福特、切斯·罗宾逊	28篇	第一部分是宏观论述,讲述了从朝鲜半岛到欧洲西北部的这一时期不同社会的历史著述的发展,特别突出宗教特性和文化特性。第二部分是对第一部分的补充,侧重比较与主题,包括对历史题材风格、战争,特别是宗教的论述
第3卷	叙述公元1400—1800年间的史学发展	何塞·拉巴萨、佐藤正幸、埃多尔多·托塔罗洛、丹尼尔·沃尔夫	32篇	论述公元1400—1800年间(即通常所称的"早期近代")全球史学的发展。以叙述亚洲开始,叙述美洲结束,这个时期开始了真正意义的全球史学时代
第4卷	叙述1800—1945年间史学发展情况	斯图亚特·麦金太尔、朱安·迈瓜斯卡、阿提拉·伯克	31篇	第一部分总述欧洲历史思想、史学职业化和史学机构的兴起、强化与危机;第二部分分析了史学史怎样与各种各样的欧洲民族传统发生联系;第三部分考察的是欧洲史学的"后裔":美国、加拿大、南非、澳大利亚、新西兰、墨西哥、巴西和西属美洲的史学发展。第四部分讲述的是西方世界以外的史学传统,包括中国、日本、印度、南亚、阿拉伯世界和撒哈拉以南的非洲史学
第5卷	叙述1945年以来的全球史学发展情况	施耐德、丹尼尔·沃尔夫	33篇	第一部分考察历史理论与跨学科的研究方法;第二部分论述的是世界各地民族史学、区域史学的发展

　　《牛津历史著作史》是一套由众多知名学者合作编撰的、涵盖全球的史学史著作,全书由150篇专论组成,是迄今为止最全面的、涵括整个人类史学文化传统的历史著作史。各卷主编都是各个领域的著名学者:第1卷主编是古典学家安德鲁·菲尔德(Andrew Feldherr)、汉学家葛朗特·哈代(Grant Hardy),第2卷主编是教会史家萨拉·福特(Sarah Foot)、伊斯兰史家切斯·罗宾逊(Chase F. Robinson),第3卷主编是拉美史家何塞·拉巴萨(José Rabasa)、史学理论专家佐藤正幸(Masayuki Sato)、早期近代史家埃多尔多·托塔罗洛(EdoardoTortarolo)、总主编丹尼尔·沃尔夫(Daniel Woolf)等,第4

卷主编是澳大利亚史家斯图亚特・麦金太尔（Stuart Macintyre）、美洲史家朱安・迈瓜斯卡（Juan Maiguashca）、史学史家阿提拉・伯克（Attila Pók），第5卷主编是汉学家施耐德（Axel Schneider）以及总主编丹尼尔・沃尔夫本人。

另外，还有由迈克尔・本特利、约恩・吕森、格奥尔格・伊格尔斯、唐纳德・凯利、彼得・伯克等14位知名学者组成的顾问团队，提出指导性编撰建议，这些顾问还发挥自身的特长为该书贡献专题文章，这在一定程度上保障了丛书的编撰质量。全书各个专题论文的作者在学术界都有一定的影响，比如宾夕法尼亚大学伍安祖教授，德国汉学家闵道安（Achim Mittag），印度裔历史学家迪佩什・查卡拉巴提（Dipesh Chakrabarty），英国古典学家劳埃德，美国汉学家杜润德、史嘉柏、夏含夷等，这些高水准学者的加入为整套丛书的编撰质量提供了可靠的保障，因而该书出版后获得了广泛好评。伊格尔斯认为："此书魅力在于其内在的、深刻的跨文化研究方法"；彼得・伯克认为："沃尔夫的著作为我们提供了天才的史学史全球研究论述，该书结构明晰，内容平衡，作者尽量避免欧洲中心主义和当下意识这对孪生危险，强调使用多元路径研究过往"；唐纳德・凯利认为："这是内容丰富、论述全面的世界史学史著作。沃尔夫是这一领域公认的专家，他将年代与地理结合在一起，范围包括非洲、近东、远东以及欧洲和美国；他的这一研究方法非常有效。"

《牛津历史著作史》是一部按照编年顺序，注重各国史学传统，努力再现人类史学文化传统的史学史著作。全书力图避免西方中心观念，且注意比较研究，以全球眼光、平等价值看待各种史学文化传统，且非常注重非西方史学传统的研究，每一卷的历史分期都考虑到东西方的具体情况，在大时间框架内处理国别史学史、地域史学史、专题史学史。

各卷所包括的时间范围在逐步递减，这不仅反映了后来各卷，尤其是自19世纪以来，史学史考察对象在地理空间上的扩大，而且反映了历史学活动的急剧增加，"研究越来越接近现代时，这些研究时期就越来越缩小了，这不仅是因为存留的材料和著名的作者越来越多，而且是因为真正意义上的世界范围内的重要主题也越来越多"[1]。

---

[1] *The Oxford History of Historical Writing*, vol. 1, p. x.

编者尽量不采取传统的古代、中世纪、近代的历史分期,目的就是为了避免不恰当地突出历史分期的西方观念。"就历史编撰来说,似乎一直完全是西方的发明或西方的实践。自从 20 世纪 90 年代晚期以来,出版了大量的历史著作,开始挑战史学史的欧洲中心论,亦挑战史学史那种固有的目的论。现在我们能以更广阔的视野为背景来研究欧洲史学事业了,这个视野有许多平行的——这一事实时常被忽略——相互影响的书写传统,比方说来自亚洲、美洲、非洲的历史。"〔1〕编者因此尽量回避自 19 世纪以来所形成的民族史传统,注重地方史、区域史、跨国史、洲际史的书写以及彼此之间的联系。特别突出三大传统及一些次要的独立传统。三大传统分别是地中海传统(源于古代希腊、罗马、希伯来等构成的西方传统)、伊斯兰传统和儒家传统。次要的传统包括古代印度、前殖民时代的非洲、拉丁美洲,以及南亚、东南亚的部分地区。

编者注重跨学科研究,改变过去史学画地为牢的局限,吸收艺术、考古、科学、社会科学等领域的研究成果与方法,注意吸收来自不同领域的专家、学者的成果,尽可能全面、系统地反映人类史学成就,注重史学知识产生的社会背景,分析各种制度、机构对史学知识的影响。"历史记录同种族、社会、经济和政治意义上的权力运用之间有着一种密切的联系。这也许是在文章开始时提到的古老格言的另一种表达方式,即历史是被胜利者所书写,尽管事实上很多时候也是被失败者(考虑一下修昔底德,印第安人阿亚拉,或一位失败的革命者、诗人和史学家约翰·弥尔顿)和那些被突然而不被欢迎的变化幻象所困惑的人们所书写。"〔2〕

编者淡化宏大叙述、宏大理论,侧重具体事物论述,尽量反映了史学研究的前沿动态,并且设计了大事年表、原始文献、研究文献,增加了可读性。尽管近年来已经出版了不少有关历史著述的百科全书、辞典、手册、研究指南,从纯

---

〔1〕 *New Dictionary of the History of Ideas*, ed. by Maryanne Cline Horowitz, 2005, p. ix.
〔2〕 Ibid., p. lxxx.

学术的角度以全球视野全面论述史学史的著作也间有问世[1]，但在编排形式多样、吸引读者方面都逊色于本丛书。

西方史学史研究在中国

明清之际，由于西学东传，西方世界的学术话语、概念、方法也逐渐影响到中国传统史学，到了晚清和民国时代更是如此。"过去的乾嘉学派，诚然已具有科学精神，但是终不免为经学观念所范围，同时其方法还嫌传统，不能算是严格的科学方法。要到五四运动以后，西洋的科学的治史方法才真正输入，于是中国才有科学的史学而言"[2]，自此以后，中国史学也开始不断融入世界，中国的史学史研究成为世界史学史的一个组成部分。

20 世纪以来，中国史学家慢慢重视中西史学史研究了，该领域逐渐成为独立的授课内容与研究主题。早在 1909 年，曹佐熙(1867—1921)为湖南中路师范学堂优级选科的学生讲授"史学研究法"，该课程讲义成为《史学通论》一书。

在新文化运动影响下，当时中国的不少大学设立历史系、史学系或史地系。1919 年，北京大学校长蔡元培废文理法三科之分，改门为系，新建包括史学系在内的 14 个系。1920 年，出任史学系主任的朱希祖(1879—1944)提倡设立中国史学原理、史学理论等课程，并躬身为学生讲授"中国史学概论"，撰写成《中国史学通论》一书及其他一些史论文章。他还延请留学美国的何炳松(1890—1946)为学生开设"史学方法论""史学原理"等课程，由此而引起何炳松翻译美国史学家鲁滨逊(James Harvey Robinson，1863—1936)的《新史

---

[1] 近年来出版了一些富有启发性的、以跨文化比较研究为主题的史学史著作，其中特别显著的是 *Turning Points in Historiography: a Cross-Cultural Perspective* (ed. G. Iggers and Q. E. Wang，2002); *A Global History of Modern Historiography*，ed. Georg G. Iggers，Q. Edward Wang，Supriya Mukherjee，2008; *Across Cultural Borders: Historiography in Global Perspective* (ed. E. Fuchs and B. Stuchtey，2002); *Western Historical Thinking: an Intercultural Debate* (ed. J. Rüsen，2002); *Historical Truth*，*Historical Criticism and Ideology: Chinese Historiography and Historical Culture from a New Comparative Perspective* (ed. H. Schmidt-Glintzer，A. Mittag and J. Rüsen，2005)等。

[2] 顾颉刚：《当代中国史学》，沈阳：辽宁教育出版社 1998 年版，"引论"。

学》(商务印书馆 1924 年版)一事,而《新史学》则成为"本世纪初的一部著名史学译著"[1]。这时翻译了不少史学史著作,大多是由商务印书馆出版的,如朗格诺瓦(C. V. Langlois,1863—1929)、瑟诺博思(C. Seignobos,1854—1942)的《史学原论》(李思纯译,商务印书馆 1926 年版)、绍特韦尔(James T. Shotwell,1874—1965)的《西洋史学史》(何炳松、郭斌佳译,商务印书馆 1929 年)、班兹(Harry Elmer Barnes,1889—1968)的《史学》(向达译,商务印书馆 1930 年版)、施亨利(Henri Sée,1864—1936)的《历史之科学与哲学》(黎东方译,商务印书馆 1930 年版)、班兹的《新史学与社会科学》(董之学译,商务印书馆 1933 年版)、弗领(Fred Morrow Fling,1860—1934)的《史学方法概论》(薛澄清译,商务印书馆 1933 年版)等,这些著作为未来的中国西方史学史研究奠定了初步基础。

20 世纪中国史学发展及其所取得的成就,就其整体来看,都是同吸收、借鉴西方史学的积极成果,尤其是马克思主义史学理论和方法方面的积极成果相联系的。从 1924 年李大钊出版《史学要论》到 1930 年郭沫若出版《中国古代社会研究》,标志着中国马克思主义史学的产生。中华人民共和国成立后,1952 年全国高等学校的院系进行了大规模调整,把民国时期的英美高校体系改造为苏联高校体系,史学研究也进入了苏联模式时代,但毕竟还有自身的特色。在这一时期,复旦大学的耿淡如(1898—1975)先生非常重视西方史学史的学科建设,他于 1961 年在《学术月刊》第 10 期上发表《什么是史学史?》一文,就史学史的定义、研究对象与任务进行了系统概述,认为这门年轻的学科没有进行过系统的研究,"需要建设一个新的史学史体系"[2]。该文至今仍有参考价值。

据张广智先生[3]说,耿淡如先生从 1961 年开始就为历史系本科生开设外国(西方)史学史课程,并在《文汇报》上撰写《资产阶级史学流派与批判问

[1] 见谭其骧:《本世纪初的一部著名史学译著——〈新史学〉》,载刘寅生、谢巍、何淑馨编:《何炳松纪念文集》,上海:华东师范大学出版社 1990 年版,第 74—75 页。
[2] 耿淡如:《西方史学史散论》,上海:复旦大学出版社 2015 年版,第 175 页。
[3] 张广智教授为 1964 年耿淡如先生招收的新中国西方史学史第一届唯一的学生,也是"文革"前唯一的一届学生。

题》(1962 年 2 月 11 日)、《西方资产阶级史家的传统作风》(1962 年 6 月 14
日)、《拿破仑对历史研究的见解》(1962 年 10 月 14 日)等文章；在《现代外国
哲学社会科学摘要》上刊登他所翻译的索罗金的《论汤因比的历史哲学》(1961
年 4 月 1 日)等文章,积极进行史学史研究推广工作。同年耿先生开始翻译英
国史学家古奇(G. P. Gooch,1873—1968)〔1〕的名著《十九世纪历史学与历
史学家》,有部分章节油印,1989 年由商务印书馆作为"汉译名著"出版发行,
四川大学谭英华教授(1917—1996)为该书作注,在学术界产生很大影响,至今
仍是史学研究的必读书目。〔2〕

　　1961 年 4 月 12 日,在北京召开由周扬主持的高等学校文科教材编写会
议,制订了历史学专业教学方案与历史教科书编写计划,耿淡如成为外国史学
史教科书编写负责人。〔3〕同年底,在上海召开有复旦大学、北京大学、武汉
大学、中山大学、南京大学等高校老师参加的外国史学史教科书工作会议,决
定由耿淡如负责编写"外国史学史",田汝康负责编译"西方史学流派资料集",
该资料集即田汝康后来与金重远合作选编由上海人民出版社在 1982 年出版
的《现代西方史学流派文选》一书,该书在 20 世纪 80 年代流传极广,为人们认
识现代西方史学理论奠定了基础。两年之后,张文杰先生编选了由上海译文
出版社在 1984 年出版的《西方历史哲学译文集》。〔4〕这两本书构成了 80 年
代早期认识西方史学的两个重要窗口。遗憾的是,由于"文革",《外国史学史》
的编写计划最终流产了。

　　"文革"后,百废待兴,外国史学史学科也得到了快速发展。郭圣铭的《西
方史学史概要》(上海人民出版社 1983 年版)便是这一时期的第一本西方史学

---

〔1〕 古奇为英国著名外交史家、史学史家,有关史学史的著述有《历史》(History,London,1920,属
　　于 Recent developments in European thought 丛书之一种)、《近代史研究》(Studies in Modern
　　History,London,1931)、《欧洲史研究文献,1918—1939 年》(Bibliography of European
　　History,1918-1939,London,1940)、《历史概览与特写》(Historical Surveys and Portraits,
　　Longmans,1966)等。

〔2〕 这一时期也有一些史学史著作翻译出版,如德门齐也夫等:《近现代美国史学概论》,黄巨兴等
　　译,三联书店 1962 年版;《美国历史协会主席演说集:1949—1960》,何新译,商务印书馆 1963
　　年版等。

〔3〕 1961 年 8 月 28 日刊文《耿淡如积极编写外国史学史教材》一文,介绍编写情况。

〔4〕 该书后来又以《历史的话语:现代西方历史哲学译文集》之名在 2002 年、2012 年分别由广西师
　　范大学出版社、中国人民大学出版社再版。

史专著。郭圣铭(1915—2006)先生是中国世界史研究的开拓者之一,长期致力于世界史的教学与科研,"文革"结束后不久就发表《应当重视史学史的研究》(《上海师范大学学报》1978 年第 1 期),表明他对这门专业的重视。他在《西方史学史概要》中认为,把"外国史学史"列为必修课程是一个必要的、正确的措施,对提高我国历史科学的研究水平和教学质量将发生深远的影响。[1]该书共计 7 章,自古代希腊史学一直讲述到 20 世纪初年的欧洲各国和美国史学,20 世纪西方史学史限于当时的历史条件,论述不多,甚为遗憾。郭圣铭先生还培养了不少西方史学史的学生,不少已经成为名家,比如王晴佳教授。王晴佳到美国后跟随著名的史学史专家格奥尔格·伊格尔斯研究西方史学史,近年来著述颇丰,大力推广西方史学史研究。

自郭圣铭先生的《西方史学史概要》出版后,掀起了当代中国世界史学界外国史学史教材与专著出版的热潮,先后大致有:孙秉莹的《欧洲近代史学史》(湖南人民出版社 1984 年版),刘昶的《人心中的历史——当代西方历史理论述评》(四川人民出版社 1987 年版),张广智的《克丽奥之路——历史长河中的西方史学》(复旦大学出版社 1989 年版),宋瑞芝等主编的《西方史学史纲》(河南大学出版社 1989 年版),徐浩、侯建新主编的《当代西方史学流派》(中国人民大学出版社 1996 年版,2009 年第二版),张广智、张广勇的《史学,文化中的文化——文化视野中的西方史学》(浙江人民出版社 1990 年版、上海社会科学院出版社 2013 年再版),徐正等主编的《西方史学的源流与现状》(东方出版社 1991 年版),史学理论丛书编辑部编的《当代西方史学思想的困惑》(中国社会科学出版社 1991 年版),庞卓恒主编的《西方新史学述评》(高等教育出版社 1992 年版),夏祖恩编著的《外国史学史纲要》(鹭江出版社 1993 年版),杨豫的《西方史学史》(江西人民出版社 1993 年版),王建娥的《外国史学史》(兰州大学出版社 1994 年版),张广智的《西方史学散论》(台北淑馨出版社 1995 年版),郭小凌编著的《西方史学史》(北京师范大学出版社 1995 年版),鲍绍林等著的《西方史学的东方回响》(社会科学文献出版社 2001 年版),王晴佳的《西方的历史观念》(华东师范大学出版社 2002 年版),张广智主著的《西方史学

---

[1] 郭圣铭:《西方史学史概要》,上海:上海人民出版社 1983 年版,第 1 页。

史》(复旦大学出版社 2004 年版,已出第三版),何平的《西方历史编纂学史》(商务印书馆 2010 年版),于沛、郭小凌、徐浩的《西方史学史》(高等教育出版社 2011 年版),张广智主编的《西方史学通史》(6 卷,复旦大学出版社 2011 年版,国内迄今为止规模最大、最详细的一套史学通史),杨豫、陈谦平主编的《西方史学史研究导引》(南京大学出版社 2011 年版)等。

这期间还有不少断代、国别、主题史学史研究专著出版,表明这门学科的快速发展与深入研究已今非昔比。比如北京大学张芝联教授最早把法国年鉴学派介绍到中国,其《费尔南·布罗代尔的史学方法》(《历史研究》1986 年第 2 期)一文引起中国学界的广泛注意。南开大学杨生茂教授编选的《美国历史学家特纳及其学派》(商务印书馆 1984 年版)引起了国内学术界对"边疆学派"的讨论,进而引发了人们去思考历史上的史学流派、史学思潮与比较研究。可以说 1902 年梁启超的《新史学》开启了中国的中西史学比较研究,后来者诸如胡适、何炳松、钱穆、柳诒徵、余英时、杜维运、汪荣祖、何兆武、朱本源、刘家和、于沛、陈启能等都比较重视这方面的研究。20 世纪 80 年代华人学者汪荣祖就出版了中西史学比较研究巨著《史传通说》。近年来美国的伊格尔斯、王晴佳,德国的吕森(Jürn Rüsen)诸氏也关注中西史学的比较研究。

改革开放三十多年间,国家培养了大量人才,许多学者已经可以利用第一手原始文献进行系统研究,选题也越来越与国际史学界接轨。比如:姚蒙的《法国当代史学主流——从年鉴派到新史学》(香港三联书店与台北远流出版社 1988 年版),田晓文的《唯物史观与历史研究——西方心智史学》(天津社会科学院出版社 1992 年版),陈启能等著的《苏联史学理论》(经济管理出版社 1996 年版),罗凤礼主编的《现代西方史学思潮评介》(中央编译出版社 1996 年版),罗凤礼的《历史与心灵——西方心理史学的理论与实践》(中央编译出版社 1998 年版),晏绍祥的《古典历史研究发展史》(华中师范大学出版社 1999 年版),蒋大椿、陈启能主编的《史学理论大辞典》(安徽教育出版社 2000 年版),王晴佳、古伟瀛的《后现代与历史学:中西比较》(山东大学出版社 2003 年版),梁洁的《撒路斯特史学思想研究》(中国社会科学出版社 2009 年版),王利红的《诗与真:近代欧洲浪漫主义史学思想研究》(上海三联书店 2009 年版),程群的《论战后美国史学:以〈美国历史评论〉为讨论中心》(光明日报出版社 2009 年版),王晴佳的《新史学讲演录》(中国人民大学出版社 2010 年版),晏绍祥的《西方古典学研究:古典历史研究史》(上下卷,北京大学出版社 2011 年版),张广智的《史学之魂:当代西方马克思主义史学研究》(复旦大学出版社 2011 年版),姜芃的《世纪之交的西方史学》(社会科学文献出版社 2012 年版),贺五一的《新文化视野下的人民历史:拉斐尔·萨缪尔史学思想解读》(社会科学文献出版社 2012 年版),张广智的《克丽奥的东方形象:中国学人的西方史学观》(复旦大学出版社 2013 年版),陈茂华的《霍夫施塔特史学研究》(上海人民出版社 2013 年版),刘家和主编的《中西古代历史、史学与理论比较研究》(北京师范大学出版社 2013 年版),张广智的《瀛寰回眸:在历史与现实中》(北京师范大学出版社 2015 年版),白春晓的《苦难与伟大:修昔底德视野中的人类处境》(北京大学出版社 2015 年版)等。这些研究专著逐渐构筑了浩瀚的史学史学术之林。

　　这期间翻译的域外史学史著作非常多,这些著作的引进大大促进了这一学科的快速发展,诚如周兵教授所言:"在 20 世纪 80 年代再次出现了一股引进、译介西方史学理论的热潮,从而逐渐促成了今天中国西方史学史学科的基本状况。最近这一次的西方史学理论引进热潮,至今依然方兴未艾(或者可以说,如今对西方史学理论的引进已然形成了常态化),学界前辈、同行多为亲历者和参与者。"[1]大致著作有卡尔的《历史是什么》(吴柱存译,商务印书馆 1981 年版),克罗齐的《历史学的理论和实际》(傅任敢译,商务印书馆 1982 年版),田汝康等选编的《现代西方史学流派文选》(上海人民出版社 1982 年版),特纳的《美国历史学家特纳及其学派》(杨生茂编,商务印书馆 1983 年版),张文杰等编译的《现代西方历史哲学译文集》(上海译文出版社 1984 年版),柯林武德的《历史的观念》(何兆武等译,中国社会科学出版社 1986 年版),巴勒克拉夫的《当代史学主要趋势》(杨豫译,上海译文出版社 1987 年版),汤普森的《历史著作史》(谢德风译,商务印书馆 1988 年版),米罗诺夫的《历史学家和社会学》(王清和译,华夏出版社 1988 年版),古奇的《十九世纪历史学与历史学家》(耿淡如译,商务印书馆 1989 年版),伊格尔斯的《欧洲史学新方向》(赵世

---

[1]　周兵:《国外史学前沿与西方史学史的学科建设》,《史学月刊》2012 年第 10 期。

玲、赵世瑜译,华夏出版社1989年版),伊格尔斯的《历史研究国际手册:当代史学研究和理论》(陈海宏、刘文涛等译,华夏出版社1989年版),勒高夫、诺拉的《新史学》(姚蒙编译,上海译文出版社1989年版),巴尔格的《历史学的范畴和方法》(莫润先、陈桂荣译,华夏出版社1989年版),米罗诺夫、斯捷潘诺夫的《历史学家与数学》(黄立茀、夏安平、苏戎安译,华夏出版社1990年版),托波尔斯基的《历史学方法论》(华夏出版社1990年版),王建华选编的《现代史学的挑战:美国历史协会主席演说集,1961—1988》(上海人民出版社1990年版),罗德里克·弗拉德的《计量史学方法导论》(王小宽译,上海译文出版社1991年版),罗德里克·弗拉德的《历史计量法导论》(肖朗、刘立阳等译,商务印书馆1992年版),张京媛主编的《新历史主义与文学批评》(北京大学出版社1993年版),何兆武主编的《历史理论与史学理论——近现代西方史学著作选》(商务印书馆1999年版),巴拉克勒夫的《当代史导论》(张广勇、张宇宏译,上海社会科学院出版社1996年版),埃里克·霍布斯鲍姆的《史学家:历史神话的终结者》(马俊亚、郭英剑译,上海人民出版社2002年版),伯克的《法国史学革命:年鉴学派(1929—1989)》(刘永华译,北京大学出版社2006年版),凯利的《多面的历史》(陈恒、宋立宏译,生活·读书·新知三联书店2007年版),爱德华·卡尔的《历史是什么?》(陈恒译,商务印书馆2007年版),里格比的《马克思主义与历史学:一种批判性的研究》(吴英译,译林出版社2012年版),贝内德托·克罗齐的《作为思想和行动的历史》(田时纲译,商务印书馆2012年版),约翰·布罗的《历史的历史:从远古到20世纪的历史书写》(黄煜文译,广西师范大学出版社2012年版),劳埃德的《形成中的学科——对精英、学问与创新的跨文化研究》(陈恒、洪庆明、屈伯文译,格致出版社2015年版)等。

陈新、彭刚等人主持的"历史的观念译丛"和岳秀坤主持的"历史学的实践丛书"两套丛书系统地引进了西方史学史与史学理论研究名著,为这一学科未来发展奠定了扎实的基础。此外,还必须提到的是《史学史研究》《史学理论研究》两本刊物在促进史学史学科发展方面发挥了巨大作用。《史学史研究》创刊于1961年,是国内唯一的有关史学史研究的学术刊物,第一任主编由已故著名历史学家白寿彝教授担任。《史学理论研究》是中国社科院世界历史研究所于1992年创刊的,是有关史学史与史学理论的专业性刊物。史学杂志是史学发展到一定阶段必然的产物,是史学持续发展的物质载体,也是史学普及的标志。杂志一方面以发表文章、评论、总结等为主,客观反映史学研究成果;另一方面还通过定主题、出专刊、约专稿等方式来左右或指引着史学研究。一些杂志甚至成为史学更新的强有力的武器,如法国的《年鉴》(1929 年创刊)、英国的《往昔与现在》(1952 年创刊)便是典型代表。近年来,国内学术界涌现出许多以书代刊的学术连续出版物,正起着"史学更新"的作用,期待史学史在新时代环境下能取得更大发展。

学习、研究史学史是一种文化传承,也是一种学术记忆。对于人类社会来说,记录历史是一种自然的、必要的行为,研究书写历史的方法,探究历史思想,勘探史学的传播更是必要的。历史之于社会,正如记忆之于个人,因为每个个体、每个社会都有自身的身份认同。以历史为基础的历史记忆建构了一种关于社会共同体的共同过去,它超越了其个体成员的寿命范围。历史记忆超越了个人直接经历的范围,让人想起了一种共同的过去,是公众用来建构集体认同和历史的最基本的参照内容之一。历史记忆是一种集体记忆,它假定过去的集体和现在的集体之间存在着一种连续性。这些假定的集体认同,使历史的连续性和统一性能够得以实现,并作为一种内部纽带将编年史中呈现的各种事件串联起来,但又超越了人物传记和传记中呈现的某个伟人的寿命范围。[1] 这一切都取决于我们对往日信息的保存——信息消失,知识无存,历史遗失,文明不在。史学史是一座有无数房间和窗户的记忆大厦,每一个房间都是我们的记忆之宫,每一扇窗户都为我们提供一个观察往昔与异域的独特视角。

---

〔1〕 杰拉德·德兰迪、恩靳·伊辛主编:《历史社会学手册》,李霞、李恭忠译,北京:中国人民大学出版社 2009 年版,第 592 页。

鲁滨逊新史学派的治学风格和分野 *

李　勇 [1]

鲁滨逊(James Harvey Robinson)与其影响下的同事和学生,诸如比尔德
(Charles A. Beard)、贝克(Carl Becker)、巴恩斯(Harry Elmer Barnes)、肖特
威尔(James T. Shotwell)、海斯(Carlton Hayes)、桑代克(Lynn Thorndike)、
蒙恩(Park Thomas Moon)和沙比罗(J. Salwyn Schapiro)等,一起组成了 20
世纪上半期风云全美的鲁滨逊新史学派。本文拟就其治学风格、治学差异作
一探讨,不妥之处敬请方家教正。

一、共同的治学风格

鲁滨逊新史学派在治学风格上具有一些共同特点,具体说来,首先是积极
入世的态度。从鲁滨逊、比尔德、贝克到肖特威尔、巴恩斯、海斯、桑代克,都抱
着积极入世的人生态度,他们都是积极的社会活动家,力主历史学为现实社会
服务。

例如,鲁滨逊积极参加当时美国的进步运动,利用历史学开启民智。他曾
经担任美国教育部的学术委员,负责审查中学生的历史教育;担任过美国历史
学会主席,主持全国大、中学校历史教科书的编写工作。20 世纪初,鲁滨逊提
出:"历史学可以满足我们的幻想,满足我们急切或闲散的好奇心,也可以验证

---

　* 本文原载于《史学史研究》2003 年第 4 期,此处个别地方作了修订。
〔1〕 李勇,复旦大学历史学博士(1999 年 9 月入学,2002 年 7 月毕业),现为淮北师范大学教授。

我们的记忆力……可帮助我们了解自己及其同伴,以及人类的诸多问题和前景。"[1]到了第一次世界大战后,在与比尔德合著的《西欧史大纲》的序言中,他继续坚持这样的观点,作者所谈该书写作目的很好地说明了这一点,"作者公开的目的,不是为了历史而写历史,而是为了弄清今天的世界。如今世界,只有通过历史才能理解。为了能使我们跟上自己的时代,对过去两个世纪进行精心的研究,是非常重要的"[2]。在其他场合还说:"历史学至少可以烛照我们现实的困境和混乱。"[3]在历史学的现实作用中,他看重的是促进社会和人类的进步事业,在《新史学》中说:"我们并没有利用始终一致的方法去培养青年男女的进步精神,并没有使他们明白他们肩负的责任——那种向前看和进步的精神。他们所受的教育大部分是抽象的和古典的;我们至今还不敢将教育和生活结合起来。他们所读的历史并没有使过去给他们一种教训。他们从小就养成尊重过去而不信将来的心理。这样,我们的教育岂非不但不能作为改进的路标反而成为进步的重大障碍了吗?"[4]

再如比尔德,他是一位积极的社会活动家,获得的头衔和荣誉有:1926年美国政治科学会主席、1933年美国历史学会主席、1948年国家文学艺术署颁发的"突出成就"金奖。他同样主张历史学要"给予学校里的男女学生们关于他们作为公民生活和参与其中的社会的'现实的知识'",而"现实的知识最好是通过'历史研究'而获得"[5]。

扩大研究领域、扩充研究方法,是这一学派的第二个特征。倡导历史学与社会科学结盟、扩大历史研究范围、扩充研究方法是鲁滨逊的一贯做法。正如有论者所云:"早在 1921 年,著名的史学家詹姆斯·哈威·鲁滨逊(James Harvey Robinson)就已呼吁他的同事把研究范围扩大到其他领域,探索新技

[1] James Harvey Robinson, *The New History*, New York: the Macmillan Company, 1922, p. 17.

[2] James Harvey Robinson, Charles A. Beard, "Preface" in *Outlines of European History*, part Ⅱ, Boston: Ginn and Company, 1919.

[3] James Harvey Robinson, *The Mind in the Making*, New York, Harper and Brothers Publisher, 1921, p. 5.

[4] James Harvey Robinson, *The New History*, p. 256.

[5] Charles A. Beard, Mary R. Beard, "To Teachers", in *The Making of American Civilization*, New York: the Macmillan Company, 1938, p. Ⅴ.

术,发展新方法,扩大他们对历史进程的性质所持的看法。"〔1〕巴恩斯更是一个主张历史学从其他社会科学中吸取方法的史学家,其《新史学与社会学》就是对这一主张的全面系统的阐述。关于社会学、心理学、经济学等学科对历史研究的意义,他都作了阐释。其中关于社会学作用的论述最为典型,巴恩斯认为,"历史学必须重重依赖社会学,因为只有后者才能为学者提供重要的视野广度、适当的社会发展规律方面的知识……历史学家只有被训练成社会学家,才能希望成为成功的综合的历史学家,尽管每个人付出的作用和主要研究领域可能是互不相同的"〔2〕。

这一派不仅在理论上如此主张,而且在实际中这样做了。鲁滨逊致力于欧洲思想史的研究,巴恩斯关注欧洲的巫术和科技史的发展,肖特威尔重视劳工史文献的编纂,比尔德抓住政治军事史背后的经济因素,贝克条理《独立宣言》所包含的思想的内在理路,这是人所共知的。

鲁滨逊的其他一些学生也采取这样的做法。例如蒙恩,其《法国劳工问题和社会天主教运动》是关于劳工和宗教的;其《帝国主义和世界政治》看似写政治和战争,实际上它叙述了19、20世纪,主要是第一次世界大战前后帝国主义世界政治的动机、目的、历史和影响,其着眼点是研究外交背后的经济与社会力量,指出产生于1914年战争的观念与利益以及引起了许多战争,而且这些战争还在很大范围内继续着,因而这本书并不围绕战争本身展开,而是以观念和利益问题为中心。再如沙比罗,他的第一部学术著作是其学位论文《社会改革和基督教改革运动》,其他著作有《自由主义与法西斯主义的挑战》《自由主义:它的意义和历史》《危机中的世界:20世纪政治和社会运动》,这些显然不是传统意义上的历史著作。沙比罗所编教材《现代和当代欧洲史》,改变传统的欧洲编年史的突出一些重要事情或进行一些主题叙述的做法,对社会史、经济史、文化史和军事史、政治史进行综合叙述;因而工业和农业革命及其对近代社会生活的多方面影响,被过去史学家忽略的文学史,对各国芸芸众生的观

〔1〕 约翰·霍普·富兰克林:《现代美国史学趋向》,《世界史研究动态》1980年第1期,第5—9页。

〔2〕 Harry Elmer Barnes, *The New History and the Social Studies*, New York: the Century Company, 1925, pp. 385-386.

念和生活发生了深刻影响的社会主义、工团主义和女权主义等，都成为他关注的对象。

这一学派的第三个特征是，既重视史料的搜集，又强调历史的解释；既把历史学建立在坚实的史料基础之上，又提出发挥主体的能动意识。

例如鲁滨逊，很重视史料，他说："我们所有关于过去事情和情况的信息必须来源于某种证据。这种证据称为史料"[1]，"在这一领域专门化的真正可信的历史学者，应该进一步看原始证据，用自己的眼睛去看，从中得出自己的结论。"[2]他批评流行的轻视史料的态度，"然而我们当中流行的历史知识不是来自第二手史料……而是来自教科书的阅读、百科全书、故事、戏剧和杂志上的文章。通行的手册和文章一般由对原始史料无知或知之甚少的人写的。因此，它们甚至即使依据最好的第二手材料的叙述，那至少也是第三手史料"。吉本为了写《罗马帝国衰亡史》，做了大量的材料搜集与整理工作，这在理性主义史学家中是突出的。尽管如此，鲁滨逊还是不满意，批评吉本《罗马帝国衰亡史》"仅仅是对其他人记录的记录。因此它不是第一手而是第二手的史料"[3]。

再如，连有着强烈的相对主义思想的比尔德都承认："'没有文献就没有历史学'还是对的。知识仍然要通过目录学式的详尽研究，来证实和检验这一方法而获得。"[4]他同时强调历史的解释。关于其中的原因，他认为，历史著作反映了时代、国家、种族、阶级或阶层的精神，这样历史研究主体对史料是有选择的。他们的偏见、成见、信仰、感情、通常的教育和经历，特别是社会和经济经历，影响历史写作。他说："所有写出来的历史——村庄、城镇、农村、城市、国家、种族、集团、阶级、思想或者广阔的世界的——都是对事实的、关于过去实际被记录下来的碎片的选择和组织。而且这种事实的选择和组织——一种被结合在一起的和复杂的知识分子的行为——事实上是一种选择、确信、关心

---

[1] James Harvey Robinson, *An Introduction to the History of Western Europe*, Boston: Ginn and Company, 1934, p. 9.

[2] Ibid. , p. 11.

[3] Ibid. , p. 10.

[4] Charles A. Beard, "Currents of Thought in Historiography," *The American Historical Review*, Vol. ⅩⅢ, April, 1937, No. 3, p. 482.

价值的解释,事实上是一种思想。人们知道无数的和超乎推测之外的事实,但是事实没有选择它们自己或者使它们自己自动进入某史学家脑海里的安排好的固定的主题,史学家在思考的时候事实就被他选择和排序了。"〔1〕因此,"许多史学家都津津乐道其著作,说他们的事实仅仅是依据内在的需要选择和组织的;但是持这种立场的人中没有一个愿意对其他人的著作表示同样的赞许和肯定,除非后者的爱好与自己趣味相投"〔2〕。

总之,鲁滨逊新史学作为一个派别存在有其共同旨趣与追求。

二、学派内部的分野

在看到共同的治学旨趣与追求的同时,也不能忽视成员之间的差异和分歧。

首先,他们研究的重点不同。鲁滨逊致力于欧洲思想史研究;比尔德和贝克注重美国史研究,肖特韦尔和海斯的研究重点是国际关系史,巴恩斯和桑代克关注的是西方社会文化史。即使同是研究思想史,也有不同路数。鲁滨逊偏重宏观问题研究,而且处处与开启人们的智能相联系;桑代克注重科学思想的探讨;比尔德留意思想背后的经济因素,换句话说,他考虑的是思想本身与环境之间的关系;贝克探讨的是思想自身的内在理路。罗伯特·艾伦·斯哥塞姆说得好,"鲁滨逊把写思想史的原则普遍化;比尔德出版了与经济环境有特别联系的思想史;贝克更细致地分析了思想,但仅仅对美国的思想做出了简单的研究"〔3〕。

其次,对待历史解释方法的态度不完全相同,这里仅举他们对待马克思的态度以见一斑。

这一派并非像国内学者一般所说的那样敌视马克思主义或者即使称赞马

〔1〕 Charles A. Beard,"Written History as an Act of Faith," *The American Historical Review*, Vol. ⅩⅩⅩⅨ, Jan. 1934, No. 2, p. 220.

〔2〕 Ibid.

〔3〕 Robert Allen Skotheim, *American Intellectual Histories and Historians*, Princeton: Princeton University Press,1970, p. 123.

克思也是虚伪的。他们把马克思的历史观看成是对历史的一种经济解释,而且表现出很大的尊重。鲁滨逊在谈到使用经济学理论来解释历史时,给予马克思以充分的肯定;比尔德敬佩马克思的博学和思想的敏锐;肖特韦尔同样认为马克思的历史理论是有价值的;贝克是这一学派中非议马克思最多的人,尽管这样,他对马克思的历史理论还是推崇的,他承认"作为对最近千年的欧洲历史的解释,马克思主义的理论是最有启发性的",甚至"是唯一鲜明的解释"〔1〕。

这一派别毕竟是在美国资本主义大踏步发展过程中诞生的,那时的美国没有欧洲那种工业化所带来的严重到足以危及资本主义制度的社会问题;而且那时作为本土化的哲学实用主义,已经取代了过去在美国占据主导地位的黑格尔等人的来自欧洲的哲学。在他们看来,马克思的历史法则恰是对黑格尔的继承,因此他们既不信奉马克思的历史法则,又不接受马克思的思想中对资本主义未来的安排。鲁滨逊在这个问题上的看法不是很具体,他只是指出马克思的理论被马克思及其追随者滥用了。比尔德提出,并非任何一种历史的经济解释,都必须用于马克思的革命目的,它也可用于相反的目的。

问题在于,马克思的历史法则的当然推论是资本主义灭亡的命运,这是他们无论如何也不能接受的。贝克在这个问题上非常激烈地反对马克思,他不愿看到革命的发生:马克思主义哲学"告诉我共产主义革命是可以通过人的自觉作用而促进或阻止的,在这方面我从属我的阶级和尽最大努力去阻止它"〔2〕。需要指出的是,贝克的这种观点是由其资产阶级的立场决定的。他本人都承认:"我是一位教授,那就是说是资本主义的工具,正是资本主义支持了我;因此为什么我不应该为我的阶级和我自己的利益战斗呢?"〔3〕可见,鲁滨逊新史学派对待马克思的态度还是有差异的。

最后,在鲁滨逊晚年特别是在他谢世之后,学派内部发生了根本分歧,分

---

〔1〕 Carl Becker,"The Marxian Philosophy of History," Carl Becker, *Everyman His Own Historian: Essays on History and Politics*,Quadrangle Paperbacks,Chicago,1966,p. 114.

〔2〕 Ibid. ,p. 129.

〔3〕 Carl Becker to Louis Gottschalk,December 26,1938,Phil l. Snyder, *Detachment and the Writing of History: Essays and Letters of Carl L. Becker*,Ithaca,Cornell University Press,1958,p. 85.

歧主要是围绕历史学新旧划分的合理性和采用什么样的方法研究历史展开的。

鲁滨逊主张史学有新旧之分,这在《新史学》中多处出现。巴恩斯也主张历史学有新旧之分,在其许多著作中都有反映。兹不赘述。比尔德批评兰克史学时说:"兰克,一个德国的保守主义者,在法国革命的风暴和压力之后写作,那些为了革命而写的历史著作或者充满革命宣传内容的历史书,他是厌烦的。……兰克所属的德国统治阶级,在1815年的安定中获得喘息,希望和平以巩固其地位,写出的历史是冷酷、真实和不被时代激情所扰乱的历史,最能有助于不愿被扰乱的人们的事业。后来这一连串套话被固定在自然科学的伟大概念中——冷酷、中立胜过物理世界的材料和力量。……但是人们的思想和兴趣在不断运动着,保守主义和科学思想的奴役,受到了批评,也被形势的发展打破了。"[1]这里的"保守主义",与"旧"的思想和倾向是同义语,还是以为史学中有革命和保守的区别的。倒是贝克另有说辞,他说:"把历史学家分为旧的和新的既非常不得体又毫无意义。此外还有实际困难。"[2]还说:"我不要求历史学家去写新史学而不是旧史学;去写心理的历史而不是政治的历史。我只要求他写一本关于他感兴趣的好书。"[3]可见,贝克在这个问题上与学派的其他成员相对立。

不过,贝克似乎更是针对巴恩斯的。巴恩斯写过《史学史》和其他一些论述史学的著作,其中充斥着"新史学"和"旧史学"字眼。贝克批评《历史著作史》道:"保守的史学家在这本书中扮演着配角,对此,不敢苟同。我拿不准在人群中是否碰到过这样的人,按照他的界定,旧史学家似乎是胆怯、文雅的教授……对政治、军事和外交史感兴趣,没有意识到经济、社会和文化的影响,大大夸大了个人对历史的推动作用。我有点困惑的是,巴恩斯先生自己在外表上,尽管不大被描写成胆怯的,也不被理解成为害怕失去工作;然而当关键时

---

〔1〕 Charles Beard, "Written Historical As An Act of Faith," *The American Historical Review*, Vol. XXXIX, No. 2, 1934, p. 221.

〔2〕 Carl Becker, "On Writing History," Phil l. Snyder, *Detachment and the Writing of History: Essays and Letters of Carl L. Becker*, p. 38.

〔3〕 Ibid., pp. 39-40.

刻,他在其他方面倒是保守的。我似乎记得,在《世界战争的起源》中,他专门叙述了政治和外交事务,结束的时候提到四个人,以为他们的恶毒的行为应对引起战争负主要责任。更让我迷惑的是,尽管巴恩斯先生关于'新史学'的一般讨论中,我们应该想到实质上在 20 世纪以前的史学家都是保守的。相反,在《社会和文化史》和《德国史》的章节里,我发现了证据,使我认为新史学至少和伏尔泰一样古老,上两个世纪大多数最有名的历史学家完全集中兴趣于政治史或明显夸大个人对历史的推动作用。"[1]他为"旧史学"辩护道:"正是在一个时代里,社会的主要问题就是政治和立宪问题,革命主要是为了建立一种怎样形式的政府,为了建立一种保护个人的政治特权和不可侵犯的天赋人权的宪法。按照詹姆斯·哈维·鲁滨逊的看法,用历史学'对现实发生影响','按照进步的利益而利用过去',这些正是新史学家和所有史学家要做的,如果政治史学家不这样做,那么他们还能做什么呢? 难道弗利曼在他的时代里不是一个新史学家吗?"[2]显然,贝克利用巴恩斯的逻辑矛盾,否定了对史学家进行"新""旧"划分的合理性。

关于采用什么方法研究历史,前期他们都主张对历史进行综合的研究,但事实上每个人的重点不同。对于比尔德的历史的经济解释,海斯颇有微词,"我们大学研讨班的环境和狭隘的特别训练,一定解释了为什么研究美国边疆的如此多的青年学者,忽视了它的更加广阔的联系和淡化比较研究。甚至我们中间数量日益增长的经济决定论者,越来越倾向于在独特的美国事情中寻求证据"[3]。他反对这种单一的方法,主张用文化或社会的观点解释历史,"我希望曾经在过去的半个世纪中,对历史研究和写作产生过刺激性和有价值影响的'经济解释',现在由更广义的'文化解释'加以限定和补充"[4]。

贝克对巴恩斯跨学科研究历史的观点进行了批判。他说:"懂得地理学、

---

[1] Carl Becker,"What is Historiography?" *The American Historical Review*,Vol. XIII, No. 1,1938, pp. 22-23.

[2] Ibid.,p. 23.

[3] Carlton J. H. Hayes,"The American Historical Frontier of What?" *The American Historical Review*,Vol. li, No. 2, 1946, p. 202.

[4] Ibid.,p. 214.

人类学、心理学、社会学、政治学、经济学和伦理学的新科学或者它们中的一部分,可能的确是有用的。但是系统掌握如此之多的原理,并非所有人都能做到。它要求有百科全书或等同于百科全书式的脑子。巴恩斯教授就有这样的脑子,他获得了这种综合的知识,很好地用了这些知识。我希望他现在仍然很好地使用它,写出新历史而不是写更多文章和书去告诉我们如何写新历史。"[1]可见,贝克批评巴恩斯的观点,是指巴恩斯理论建树多而实际研究少有突破。

另外,在一些具体问题上,贝克还批评了巴恩斯的史学史研究。

他指出巴恩斯《史学史》出于某种目的而遗漏了一些史学家。贝克指出:"我要说,一定有大量的史学家他没有提及;甚至我想说有许多他都没听说过。然而相对来说,他毕竟选择了一些;假如按时间来看,为了一个明确的目的,就有不适当的限制。"[2]

把科学知识应用于创造美好的社会,对此,巴恩斯保持着热烈的兴趣,深信使用历史学加以正确理解,就可以更好认识现实困境的原因;因此巴恩斯相信,历史学家只要完全从泥古中解放出来,并用其知识影响现实社会问题,就更能有助于解决这些问题。按照巴恩斯的目的,"史学史就是评价历史学家对现实知识的贡献。"贝克指出,巴恩斯的这一要求过于苛刻了,因为事实上"没有什么人致力于有用的知识,倒是有如此之多的人倾向于《星期六晚报》上的时髦的、关于社会科学的通俗作品"[3]。结果巴恩斯大失所望,对历史上所谓的"保守主义"史学家大肆讨伐而又无可奈何。贝克说:"巴恩斯容易被激怒。这是其品质中的一个缺点。他仅仅是个优秀和有学问的讨伐者。……这种气愤,部分地、不经意地、不时地随着对'保守的史学家'——一种在詹姆斯·哈维·鲁滨逊时代之前被认为处在繁荣状态、泰然自若、还没有完全过时

---

[1] Carl Becker, "On Writing History," Phil l. Snyder, *Detachment and the Writing of History: Essays and Letters of Carl L. Becker*, p. 40.

[2] Carl Becker, "What is Historiography?" *The American Historical Review*, Vol. XLIII, No. 1, 1938, p. 21.

[3] Ibid., pp. 21-22.

的类型——的轻蔑和无礼评论而得到缓解。"〔1〕

贝克认为,史学史的写作应该"完全忘记历史学家对现在知识的贡献,从整体上关注在他们自觉时代文化模式中的作用,这些是值得的。从这个意义上说,史学史家应该主要关注肖特韦尔教授愉快称之为人类渐次的'时代的发现',或更广泛地说,关注涉及在一些风气条件下人类思想的领域和品质在时空上的渐次扩展"〔2〕。显然,贝克对巴恩斯的一些做法非常不满。

同时,贝克还批评巴恩斯将史学与其文化背景相结合进行分析的做法。应该说,巴恩斯的《史学史》是颇有特色的:它注重对史学的整体研究,即使是对史学家个体的研究也是纳入这个整体的,例如在第七章《社会与文化史的兴起:理性主义的发现和成长的年代》中,首先揭示了欧洲扩张对历史著作的一般影响,然后分析了理性主义与历史著作之间的关系,接着论述了伏尔泰及其后继者、孟德斯鸠学派、卢梭的原则,然后又谈到通史、编年史和历史进步理论问题,这样对理性主义史学的研究,成为分析与综合、局部与整体相结合的研究。它的另一特点是略古详今,全书古代和中世纪差不多占五分之一,而近代和当代各占五分之二。总之,这本书所体现出来的慧识在那个时代是绝无仅有的。尽管这样,贝克还是以颇为讥讽的口吻说:"'文化背景'的特征,以及在此基础上的'历史写作主导线索'的说明,尽管大部分满足了作者的目的,还是简要的,应该说有点儿草率;它没有对本书的主旨起作用。书的绝大部分,关注巴恩斯先生非常感兴趣的事情——也就是说,关注'注意史学家的贡献'和'假使历史科学中所具有的一些进步'。毕竟依据现代标准和技术,评价历史学和历史学家的价值,是这本书的原则性目标,并且这毕竟是巴恩斯先生做得最好的。也许由于太多的史学家被提到,因此有的时候著作退步为人名目录。……特别是后面几章里这样的事情太多了。巴恩斯先生知道得太多了,当人名开始在其记忆中弥漫的时候,他自己的判断躲到云后去了。……就像我一样,那些不被巴恩斯先生轻易贬低的有学问的人,将会随处发现错误或是

---

〔1〕 Carl Becker, "What is Historiography?" *The American Historical Review*, Vol. XⅢ, No. 1, 1938, p. 22.
〔2〕 Ibid., p. 25.

有问题的判断。"[1]贝克对巴恩斯的批评几乎到了吹毛求疵的地步。

　　总之,正是一些共同的特点才使之成为一个学派,也正是有一些差异才使每位史学家的个性和学派的演变显露出来。

---

[1] Carl Becker, "What is Historiography?" *The American Historical Review*, Vol. XⅢ, No. 1, 1938, p. 24.

耶日·托波尔斯基史学思想的历史认识论探析*

梁民愫[1]

  耶日·托波尔斯基(Jerzy Topolski,1928—1998)作为在国际学术界享有盛名、在波兰史学界闻名遐迩的著名马克思主义者,是东欧马克思主义史学家群体中,最具典型性的史学理论家和颇具影响力的历史学家,有关托波尔斯基史学思想的历史认识论研究,自然是值得认真关注和应该重点探析的论题。

  托波尔斯基于 1928 年 9 月 20 日出生在波兰的著名历史文化名城波兹南市。从 1946 年到 1950 年,托波尔斯基在波兹南大学历史系学习和研读历史,1951 年获历史学博士学位。自 1954 年到 1961 年间,他来到华沙波兰科学院历史研究所从事学术研究工作,因工作成绩和学术成就出众于 1961 年晋升为历史学教授。正因为取得突出的学术贡献和产生广泛的社会影响,1971 年起他被选任波兰科学院通讯院士,1976 年起成为院士。托波尔斯基既是位史学理论家,也是个史学研究的实践者,在此期间,担任了波兹南密茨凯维奇大学历史系主任,并兼史学方法论研究中心主任,担纲波兰《经济史研究》杂志主编,成为国际经济史研究协会理事,随后,托波尔斯基被推举担任波兰史学会

---

  * 本文原载于陈恒、耿相新主编:《新史学:职业历史学家与大众历史学家》(第 11 辑),大象出版社 2013 年版。
[1] 梁民愫,复旦大学历史学博士(1999 年 9 月入学,2002 年 7 月毕业),现为上海师范大学人文学院世界史系教授。

会长,也就是波兰历史学会主席。[1] 据不完全统计,托波尔斯基先后出版了
学术专著近 30 部,撰写学术论文和史学文章近 300 篇,不少著作已译成多种
外文广泛传播域外思想文化界。托波尔斯基热衷于国际学术交流与合作研
究,先后在德国、意大利、法国、美国、加拿大和苏联等欧美国家与地区进行学
术演讲和学术访问,同时取得了丰硕的研究成果和学术成就,由此获得了显赫
的国际声誉与学术地位,在 1972 年到 1973 年间兼任美国加利福尼亚大学、法
国巴黎社会科学高等研究学院(1977 年)等多所国外高等院校客座教授。

一、托波尔斯基的学术成就与学术思想概论

毫无疑问,托波尔斯基是一位具有极高理论造诣和思想深度的历史学家
与史学理论家。在史学认识论和方法论方面,主要代表性论著成果有 1968 年
首次出版发行的成名作《历史学方法论》,正是由于该著作在历史认识理论和
史学方法论思想方面的重大影响,也为了适应学术思潮和学术思想的理论发
展和实践需要,托波尔斯基在 1984 年对该书进行了修改和增补,学术反响更
是与日俱增。如果一般的史学理论及史学方法论著述,更多的是从某个方面
关注当代史学家所熟知的重大史学方法论问题,那么,在托波尔斯基的《历史
学方法论》等史学认识论著作中,则几乎从宏观和微观、个体和整体上同等关
注其他史学家少于关注的各种方法论视阈,特别是系统分析和深入论述了当
代学者疏于关注或认为难以理解的那些理论难题。

此后的大约二十年间,托波尔斯基每有研究与理论思考,就有佳作问世与
观念更新,先后出版了《没有历史的世界》(1972 年)、《马克思主义与史学》
(1977 年)、《对历史的理解》(1978 年)、《历史中的真实性与模式》(1980 年)、
《当代史学新思潮》(1980 年)和《史学理论》(1983 年)和《扬·鲁特柯夫斯基论

---

[1] 波兰历史学会是一个专门由波兰历史学家组成的科学协会,具有悠久的历史。其前身是 1886
年成立的地方性协会组织,1926 年,该协会成为致力于促进波兰历史研究、波兰人学习历史知
识的全国性组织机构。自 1974 年起,该协会经常组织提高公众历史知识水平的全国性联赛,自
1980 年起,该协会日益走向学术化和专业化,每隔五年就组织一次学术研讨会。目前,该协会
拥有 40 个地方性分会和 3 000 多名会员,特别是自 2005 年起,作为一个全国性学术团体机构,
它日益彰显了在专业史学和公共史学领域里的重要作用。

史学新模式》(1986 年)等。由此可以看出,托波尔斯基非常重视史学研究中的经验实证与理论结构之间的关系,长期以来托波尔斯基十分注重以历史学方法论和历史认识论为核心内容的史学理论反思,以上这些著作的写作宗旨、思考内容和理论目标,正好回应和体现了他在《历史学方法论》著述中试图强调和需要解决的问题:"我们大概已经积累了足够的材料来回答有关历史研究的方法论结构,或者说有关包括历史学在内的科学门类这样的问题了。……历史研究是否是个案研究的,也就是在本质上是描述性的而不具有任何理论的和研究法则的功能(如现象主义的,也即归纳主义的科学要领的代表人物们所宣称的那样)?"[1]这实际上已经触及长期以来中西史学关于历史学学科性质问题的重大争论。对此,托波尔斯基公开表明自己的立场,从辩证唯物主义与历史唯物主义的观点出发并坚持认为,"那么从事实际研究的职业历史学家在这场关于历史学学科的争论中应该扮演什么角色呢? 他既不能不重视这场争论,但也不能把他所有的时间都用在争论上面。不过,他可以表明自己在争论中的立场,然后通过自己的日常工作,举出实例说明之。用这种方式,他既能捍卫自己的立场,同时又能尽自己的职责,增大历史学赖以存在的知识实体。……这也就是说在任何科学中,进行经验主义的研究和理论的研究都是必不可缺的。但对每一门学科分支来说,这两种研究方式之间的比重是不同的。可是在所有的学科中,观察和理论之间都存在着密切的联系,而且观察(经验)是永远不可能与理论完全脱离的"[2]。可见,托波尔斯基非常巧妙地通过分析理论与实证之间的关系,来间接回答了历史学的学科属性问题,他的《历史学方法论》一书则是根据历史学科的确切概念及其任务而进行的一项历史知识学和方法论体系研究,主要围绕以下两个理论预设展开:"(1) 历史学研究的任务是解释——亦即描述系统发展的方式和原因。(2) 在对系统发展进行有效的历史研究时是不可能把实际考察与理论思维分割开来的。历史学家越有研究普遍规律的自觉性,他的研究也将更会有成效。"[3]从而

---

[1] 耶日·托波尔斯基:《历史学方法论》,张家哲、王寅、尤天然译,北京: 华夏出版社 1990 年版,第 650 页。
[2] 同上书,导言第 2—4 页。
[3] 同上书,导言第 5 页。

突出了自己的史学理论意识与历史学方法论倾向，而且托波尔斯基强调，
"这两种设想是对历史编纂学演变的各阶段进行了尽可能透彻的分析后得
出的主要结论。第一个设想涉及作为历史研究的内容的历史学；第二个设
想涉及历史学家们所运用的研究程序及用特定语言所表述的研究
成果"[1]。

　　从史学理论与史学实践的双重视野来看，托波尔斯基也是一位颇有思想
理论创见与专业造诣深厚的社会经济史专家，在实证研究方面，其学术兴趣和
研究重心集中于社会经济史理论方法及其应用研究领域，并取得丰硕的史学
实践成果，借此 1970 年起他曾经担任过国际经济史学协会的理事。同时，在
担纲主编亲自主办波兰史学界非常有影响的专业刊物《经济史研究》过程中，
一方面，托波尔斯基除了推进波兰历史专业组织协调和史学专业化运动外，另
一方面，托波尔斯基身体力行地倡导和兢兢业业地推行波兰史学界关于经济
与社会史的研究，从 20 世纪 60、70 年代起，他就专门撰文论述有关"波兰经济
史研究的发展"路向和"1945—1968 年波兰历史研究的发展问题"，在国内史
学界产生了相当重要的影响。另外，他还非常重视理论关怀与实证研究的有
机结合，在经济史研究领域取得了不可忽视的理论创见与史学实践成效。比
如，从 20 世纪 50 年代开始，他集中关注波兰经济史和欧洲社会经济史领域的
一些重要问题，重点围绕着 16 至 18 世纪格涅兹诺大主教区地产中的乡村经
济与社会变迁问题、14 至 18 世纪欧洲资本主义起源与社会发展问题以及 16
至 18 世纪波兰社会经济问题与欧洲经济社会历史之间的互动关系，进行了理
论审视和系统研究。这方面研究的著作成果主要有 1958 年发表的《16 至 18
世纪格涅兹诺大主教区地产中的乡村经济》，1965 年出版的《14 至 18 世纪欧
洲资本主义的起源》，及 1977 年推出的《16 世纪至 18 世纪波兰与欧洲的经济
史》等论著。这些学术成果既体现了这位波兰经济史研究领域中崭露头角的
历史学家的敬业态度和专业水准，也彰显了一位波兰马克思主义者的理论追
求和实践努力。托波尔斯基试图从经验事实基础和实证研究形式去实践马克
思主义社会历史理论，并系统提出和阐述自己的经济社会历史解释框架与基

---

[1] 耶日·托波尔斯基：《历史学方法论》，导言第 5 页。

本见解,这样刻意尝试弥合理论先导和经验观察之间矛盾问题的研究理路和科学精神,在东欧社会主义国家虽然不能够说难得一见,至少在东欧马克思主义历史学和马克思主义史学思想发展史上,都具有不可忽视的学术分量与思想地位,由此也在国际史坛产生了广泛的学术影响。

托波尔斯还极具通史观念、整体眼光和世界视野,十分重视并持续关注波兰人民的生存状况,系统研究波兰的民族历史,积极关切波兰国家的历史命运,注重考察波兰在世界历史进程中的地位和作用,由此写下了诸如《几个世纪以来的大波兰》(1973 年)、《波兰史纲》(1982 年)等重要通史性著作和整体史作品。实际上,在波兰,关于人民历史和国家民族史的历史书写具有优良的传统,也取得了丰硕的研究成果,对此,国外学者有专文论述。[1]托波尔斯基所具民族史和国家史的历史著作及其思想观念,也自然成为人们理解波兰社会历史演变与民族国家现代化进程不可忽视的重要来源和知识因素,对波兰史学的现代化进步和国际化发展起到了筚路蓝缕以启山林的作用。

在第二次世界大战之后,托波尔斯基在其家乡格涅兹诺接受了系统的中学教育和专业基础训练。格涅兹诺曾经是波兰的首都,历史悠久,文化底蕴深厚,这里一切文化要素和丰富历史蕴含,都为托波尔斯基未来学术思想奠定了浓厚的地方文化素养和专业思想倾向。从中学时光到大学时代,正是凭借着内在的理论逻辑思维和外在的专业技能训练,托波尔斯基在历史专业发展方面培养了越来越浓厚的兴趣,发现了越来越多可以注意的历史研究主题,尤其关注社会生活和历史发展中的普遍性和理论性的重要问题。托波尔斯基虽然进入波兹南大学历史学科就开始了学术生涯,但是他并不囿于专业畛域,注意广泛吸取其他社会学科如法学与经济学的理论知识。在时光短暂的学生时代,托波尔斯基尤其对于著名非马克思主义历史学家扬·鲁特柯夫斯基等教授的经济史研究及其所讲授的经济史课程感兴趣,比如他对于鲁特柯夫斯基关于 16 世纪波兰农场庄园经济的兴起与发展问题研究的历史叙事结构和历

---

[1]　Paul Pobert Magocsi, "On the Writing of the History of Peoples and States," *Canadian Slavonic Papers/Revue canadienne des slavistes*, Vol. XLVI, Nos. 1–2, March-June 2004.

史解释模式已经具有初步的思考。[1] 在托波尔斯基看来,以鲁特柯夫斯基为代表的波兰经济史研究及其范式已不再是传统史学中简单的描述性模式,而是体现了深刻问题意识的研究取向,流露出丰富的理论造诣,具有难能可贵的方法论价值和启迪意义。与此同时,托波尔斯基自身的学术路径也发生了重要变化,他与安德泽吉·马留斯基等新生代史学家具有共同的专业志趣,学术兴趣极度发展,学术视野大为拓展,彼此经常进行深入和广泛的学术思想交流。托波尔斯基的重要史学理论著作《历史学方法论》就是这种思想交流与理论交锋的产物。20 世纪 60、70 年代,由于意识形态政治干扰因素的逐渐减弱,波兰学术界进入多种思想交锋与多元学术对话的时代,东西方史学界和思想界也积极展开有关马克思主义理论与非马克思主义理论之间的意识形态激烈辩论,但是由于种种原因,《历史方法论》初次出版的时候,著作显然缺少关于历史唯物主义相关批判性分析的内容,再版修订时则增加了相关内容的论述。实际上,这是一部综合、反思和创新的史学理论著作,既向波兰史学界传递着西方的分析历史哲学的基本思想和学术成就,又体现了马克思主义史学方法论及史学思想理论的新成果与新高度。这本著作既系统展示了托波尔斯基及其合作者系统总结西方各类学者从事所谓历史学经验性方法论的基本思想观念,强调和重视各类历史学家在其史学研究领域中的实践成果,又重点剖析了历史唯物主义、马克思主义哲学、分析哲学、科学哲学等现当代西方历史方法论的理论体系,提出了有关史学思想方面的真知灼见,引起了国际学术界关于历史学方法论讨论的广泛注意。

通常来说,国外马克思主义思潮的研究,除了其独特的马克思主义发展史的价值,还应该为当代中国借鉴西方史学(也包括东欧史学)理论资源提供支持,从这个角度来说,以托波尔斯基史学方法论为典型性特征的波兰马克思主义史学理论及其方法,同样对中国当代史学方法论建设具有重大的积极影响。

对于托波尔斯基史学思想的分析和史学研究的考察,可以映照与了解整

---

[1] 鲁特柯夫斯基关于 16 世纪波兰庄园经济问题研究的主要观点和分析路径,参见,J. Rutkowski, *Historia gospodarcza Polski* [Economic History of Poland], Poznaii, 1946, pp. 125-127。

个东欧马克思主义史学发展的历史高度和学术水准,说明其基本特征和史学价值。本文接下来主要试图对这位波兰著名马克思主义史学家与东欧马克思主义史学家托波尔斯基进行典型性研究,注重分析托波尔斯基关于经典马克思主义史学方法论的贡献性理解,从个案研究与整体关照的角度,体现东欧马克思主义史学思想的基本特征和方法论倾向。

二、辩证唯物主义与历史唯物主义:托波尔斯基史学思想的理论基础

马克思主义理论是 19 世纪以来人类科学世界观和方法论体系,该理论的主要组成部分是马克思主义哲学,即辩证唯物主义与历史唯物主义,这是旨在揭示自然界、人类社会和人类思维运动普遍规律的基本原理,是马克思、恩格斯经典作家在实践基础上逐步建立起来的集社会性、革命性和科学性为一体的理论学说,它包含了研究人类历史进程的科学的历史认识论和历史方法论。马克思和恩格斯等经典马克思主义者在批判地吸收人类以往优秀思想文化成果和哲学社会科学方法论思想的基础上,运用科学的方法在对人类社会发展的认识、在对 19 世纪 40 年代以来欧洲及人类历史的发展特别是资本主义发展史的研究过程中,形成了以辩证唯物主义和历史唯物主义为思想基石的马克思主义理论体系。马克思主义理论是一个彻底而完整的科学理论体系,其内容极为丰富,几乎涵括了全部人文社会科学的研究范围和思想领域。从这个意义上看,波兰著名马克思主义史学家托波尔斯基就是把马克思主义理论视为历史研究中最科学和最开放的指导思想。在其《历史学方法论》著作中,托波尔斯基系统地分析和研究了经典马克思主义有关历史唯物主义与辩证唯物主义的许多精辟论断,特别涉及和论述了马克思主义的历史研究理论与史学研究方法。譬如,托波尔斯基早在 20 世纪 80 年代接受中国学者的专访时就指出,从对世界历史进程理论分析的角度看,相比较诸如黑格尔和马克斯·韦伯的理论而言,马克思主义关于历史唯物主义的理论方法是历史(进程)过程理论的一个典范。而且马克思主义的历史理论是最富有雄心壮志的理论体系,历史唯物主义从较高概括到较低综合的不同层面,阐述历史发展的

全过程,揭露历史发展的总规律。并且这个理论从较高的思想内涵上,区别了历史过程的两个重要方面:客观方面和主观方面。前者指人类活动的全球性结果,后者包括人类活动本身(它是带头动机结构的人类活动本身)。[1]

从历史唯物主义有关历史进程的认识理论出发,需要理解的是,托波尔斯基正是以马克思主义理论为指导,通过系统地批判和选择性地吸收传统至现当代西方史学特别是历史哲学的理论成果和思想方法的基础上,从本体论、认识论和方法论三维一体的层面,富有创新性地构筑了既具有马克思主义理论特色,又具有非马克思主义理论元素的历史学方法论和认识论思想体系。在托波尔斯基看来,"辩证唯物主义方法运用到社会历史研究中去后,便产生了历史唯物主义的理论和方法。如果说把历史唯物主义看成是一种理论,那我们就是用它来指那一套关于过去事件以及解释社会运动和发展的一般表述;如果说把它看成是一种方法,那我们就是用它来指那一套构成一种解释过去的特定模型的研究准则"[2]。早在 20 世纪 50 年代,波兰马克思主义者沙夫在《历史规律的客观性》中就指出,"波兰史学在方法论的领域中已经向转变的方面前进了一大步。波兰大多数史学家现在已经同意应该在历史唯物主义的方法论的基础上进行研究工作。在大多数场合,我们史学家都是努力走马克思主义所指出的道路"[3]。不过,正如论者所说,"沙夫把马克思主义分成两个不同的层次:一是马克思主义的结论,甚至理论框架。在他看来,在这一层次上的马克思主义在一定程度上已失去时效;二是马克思主义的哲学观、哲学方法。在他看来,在这一层次上的马克思主义,即作为马克思主义灵魂的哲学观、哲学方法,要比马克思主义的结论甚至理论框架,具有更大的价值,至今仍是'不可超越的'。沙夫对马克思主义现实意义的论证,或者说对自己为什么仍然需要马克思主义的回答,重点放在对马克思主义哲学观、哲学方法的现

---

[1] 范达人:"'史学研究正在经历一场伟大的革命'——访波兰著名历史学家托波尔斯基院士",《史学理论》1987 年第 1 期,第 40 页。

[2] 耶日·托波尔斯基:《历史学方法论》,第 208 页。

[3] 亚当·沙夫:《历史规律的客观性:马克思主义史学方法论的若干问题》,郑开琪等译,北京:生活·读书·新知三联书店 1963 年版,第 9 页。

实意义的阐述上"[1]。波兰马克思主义者关于马克思主义哲学理论的这种态度对波兰学术界产生较大影响,在波兰史学界,历史学家对马克思主义史学方法论特别是历史唯物主义,总体上还是保持着一种较为理性批判的立场和继承发展的态度。由此托波尔斯基曾经谈道:"历史唯物主义促使波兰的历史研究发生了重大变化。它鼓励了一些专门史研究的发展,如物质文明史、工农业产力史、工人阶级和农民阶级史。与此同时,由于波兰有历史研究的良好的传统,对于马克思主义解释的传入,并没有使我们只用经济因素和阶级斗争,来片面地看待历史,从而限制对历史阐释的范围;相反地它使我们丰富了历史反映的结构。阶级斗争开始成为我们许多研究项目的对象,但是没有导致只用阶级斗争这一因素来曲解历史。"[2]这样看来,正是在如何正确对待马克思主义的辩证唯物主义与历史唯物主义的理论指导前提下,托波尔斯基等波兰马克思主义史学家和历史理论家才能够系统提出和完整构筑了自己的历史认识论与历史方法论体系。

对于一个开放和发展的马克思主义理论与思想体系来说,马克思主义历史认识论和历史方法论则恰是这个体系中的重要组成部分。马克思主义经典作家恩格斯曾经说过,"如果不把唯物主义方法当作研究历史的指南,而把它当作现成的公式,按照它来剪裁各种历史事实,那么它就会转变为自己的对立物"[3]。当然,在严格意义上,马克思、恩格斯并不能够被称为历史学家和史学理论家,但是,马克思、恩格斯曾经深入和广泛地研究过西方史学发展史上的各种思想流派,批判、吸收和继承了各种先进的史学思想和研究方法,为人类精神发展的宝库奉献了《德国的农民战争》《德意志的意识形态》《法兰西的阶级斗争》和《路易·波拿巴的雾月十八日》等兼具思想性、政治性和历史性的伟大著作,创立和形成了经典马克思主义史学的认识论和方法论体系。在经典马克思主义的学术著作活动和社会历史实践中,马克思和恩格斯始终反对

---

〔1〕 陈学明:"论马克思关于人的全面发展理论的当代功能——兼评亚当·沙夫对马克思主义现实意义的论证",《马克思主义研究》2000年第1期,第72页。

〔2〕 转引自范达人:"'史学研究正在经历一场伟大的革命'——访波兰著名历史学家托波尔斯基院士",《史学理论》1987年第1期,第41页。

〔3〕《马克思恩格斯全集》第37卷,北京:人民出版社1971年版,第410页。

以封闭教条主义态度对待社会历史的发展和社会思想的演变，注重不断充实、丰富和发展自己的理论思想体系。从马克思主义理论与历史研究的关系角度上看，托波尔斯基已经清楚地认识到，"历史唯物主义理论通过揭示发展的内部机制而提供了一种解释历史的特定模型。这种模型是辩证的（发展取向的），从而也是整体—动态的（或结构—发生态的）。……实际上，历史研究仍然要么只是结构取向，要么就是发生态取向的，到目前为止，在把这两种研究方式结合成为一种方式上，工作依然做得很少"[1]。因此，从历史认识论和历史方法论的角度，托波尔斯基立足于辩证唯物主义和历史唯物主义的立场和观点，对于人类历史的发展过程或历史进程、历史本质、历史事实进行整体性、辩证性和能动性的历史研究和史学认识，既是实践马克思主义历史理论及史学理论的途径和过程，又是丰富和发展马克思主义理论的方式和产物，同时形成了自身丰富的历史认识理论和历史方法论思想。

以辩证唯物主义和历史唯物主义为理论基础，托波尔斯基史学思想的核心内容，主要表现于其关于历史方法论的分析理路与基本看法。从本体论、认识论和方法论相互关系的角度，托波尔斯基在对 20 世纪以前的历史学研究成果与历史研究的理论方法进行历史性系统考察基础上，提出了历史学方法论的三种类型结构，以此涵盖"作为历史学方法论问题所涉及的认识活动及其结果和历史研究内容的全部思考"：第一适用于阐释何为历史学的研究功能或学科职能问题的"实用性的历史方法论"，内容涉及研究领域的选择、史料依据的确定、历史事实与历史解释、历史分期理论、资料源知识、非资料源知识等诸多问题的探讨。其主要作用是重构和尽可能地评价用来解决通常科学研究过程中提出问题（解答疑问）的推理模式（图式、原理）及其学理论据。[2] 第二是适用于历史学研究结果的"非实用性历史方法论"，涉及历史学家工作结果即研究结论的认识论分析，它主要包括对于历史记叙、历史概括、严格的一般表述、严格的历史叙述及其价值评估和历史学方法论结构的考察。[3] 第三是适用于历史学研究对象和内容取向的"客观的历史方法论"，这是一种客观

---

[1] 耶日·托波尔斯基：《历史学方法论》，第 211—212 页。
[2] 同上书，第 32—34 页。
[3] 同上书，第 34—35 页。

的本体论方法,包括历史事实、历史进程(包括其中的因果论与决定论)、历史规律性等方面内容的讨论。[1]

托波尔斯基史学思想和史学方法论体系中最具有独创性与新颖性的内容,是关于历史认识过程理论体系——"资料源知识"和"非资料源知识"的理论阐释。所谓"资料源知识",就是指那些来源于史料或建立在史料基础上的历史知识,它们是历史学家最具基础性的历史认识之一,但是托波尔斯基的"资料源知识"已经不是简单等同于史料或资料的东西,它们包含历史认识主体因素的历史认识论结果的反思成分。关于非资料源知识的理论阐释,托波尔斯基从"非资料源知识"的概念入手进行了尝试性解释,对于非资料源知识的来源、结构、类型及功能等系列问题,都进行了详细深入的论述,非常注重非资料源知识在历史研究中的重要性和独特地位。那么何谓"非资料源知识"呢? 简言之,就是历史学家"在研究过去时所认可并使用的表述和准则集合",也就是"历史学家开始工作时所具有的包容广泛的知识体系(包括价值体系)"[2]。按照托波尔斯基的阐释,非资料源知识的内涵和范围都是处于动态发展的变化之中,"关于历史事实的给定信息项一旦借助于非资料源知识而从原始资料中萃取出来,并进入历史学家的意识之后,就立即变成他的非资料源知识的一个组成部分,并被用来继续研究原始资料。除了经常增加之外,非资料源知识可以说是活跃在历史学家的头脑之中,并且经历种种变化,其中首先是我们可以叫作制定理论的变化"[3]。非资料源知识的来源有三个方面:"(1)历史学家的亲身观察(他的一般经验),(2)由其他历史学家及他本人所进行的历史研究的成果,(3)其他学科领域中所获得的成果。"[4]

托波尔斯基把历史研究或历史认识过程分解为 12 个具体步骤,体现了其独特的史学方法论结构:(1)选择研究的领域,(2)形成疑问(问题),(3)给该问题确定原始资料,(4)认读资料源材料,(5)研究原始资料的可信性(外部考证),(6)研究原始资料的可靠性(内部考证),(7)确定原始资料为之提

---

〔1〕 耶日·托波尔斯基:《历史学方法论》,第 35—37 页。
〔2〕 同上书,第 397 页。
〔3〕 同上书,第 400 页。
〔4〕 同上书,第 403 页。

供直接信息的事实,(8) 确定原始资料没有为之提供直接信息的事实(包括实证),(9) 因果解释(包括实证),(10) 确定规律(包括实证),(11) 综合阐释(回答研究问题),(12) 对历史事实的(合适的)评价。从以上 12 个步骤内容和特性中可以看出,在托波尔斯基的资料源结构理论中,资料源知识和非资料源知识在历史学家的研究程序中具有不同的功能,起着各自不一样的主次作用。托波尔斯基认为,在第 5、6、7 道程序或步骤起着主导作用的是资料源知识,尤其在确定历史事实方面,资料源知识起着关键作用。在其余程序和步骤中,居支配地位的就是非资料源知识,同时,在进行因果性解释、逻辑推理、确定规律及进行历史评价时,非资料源知识则起着极其重要的主导作用。[1] 还有值得注意的两个方面是,当历史学家在从事具体的历史研究和史学实践过程中,既不能够忽视资料源知识的应有地位,也不能够过分夸大非资料源知识的实际功能。事实上,对于任何历史学家来说,仅仅依赖资料源知识而缺乏非资料源知识的历史研究很可能只是史料堆砌或拼凑,而且,即使在获得资料源知识的过程中,历史学家也需要借助于非资料源知识的分析与推理,正是资料源知识和非资料源知识的共同作用与相互促进,历史学家才能够运用特定的历史叙事方式和历史解释模式,构建一幅内容复杂、表达清晰的历史图景。

应该指出,对于不同的历史学家和不同的历史研究过程来说,在多大程度或如何发挥资料源知识和非资料源知识的认识论功能,关系到历史研究或历史学的方法论结构是否科学,关系到历史学的社会功能和学科任务是否能够很好实现。能否在史学实践中辩证地处理好资料源知识和非资料源知识之间的互动关系,也是衡量一个历史学家优劣或一项历史研究成败的重要标尺。按照辩证唯物主义与历史唯物主义的观点,从历史学与其他社会科学相互关系的分析中,托波尔斯基指出了历史研究和历史学的学科任务与社会功能所在:一方面,"历史研究的基本功能是对发现社会生活中的规律性作出贡献。只有在历史研究的帮助下,才有可能发现和认识社会发展的规律。这也是一切社会科学的基本任务"[2]。另一方面,"历史学的第二种功能是满足人认

---

[1] 耶日·托波尔斯基:《历史学方法论》,第 414—417 页。
[2] 同上书,第 664—665 页。

识自己的要求。……只有相当发达的历史科学才能发挥这些责任重大的认识功能。……历史学的认识功能是与它的教育功能联系在一起的……历史教育是形成社会的意识形态和政治意识的主要基础之一。……由于有利于社会意识的形成,历史学便加强了联结一个社会与另一些社会的结合力。历史和关于历史的知识是民族意识的主要组成部分之一,也是任何民族之所以为民族的基本条件之一"[1]。

在托波尔斯基看来,"历史科学如果要发挥其不断增长和加强的责任重大的作用,那么它就必然要作出适当的变革。……历史学目前正面临着一场意义深远的重建和研究方法的扩充"[2]。事实上,20世纪中后期特别是80年代以来,历史学不断发生着方向性的变革,史学研究方法也不断获得创新,为适应国际史学生存环境的变化,强化历史学的学科地位,促进历史研究和历史学尽可能地发挥自身的社会功能,托波尔斯基身体力行积极推进历史学的理论研究,推出了许多极具理论创见和实践效应的史学理论研究成果。反之,如何加强历史学的社会功能,怎样实现历史学的学科目标与重大任务,则是托波尔斯基强烈主张的史学方法论变革的出发点和着眼点。从这个意义上说,托波尔斯基回到了马克思主义哲学的基本逻辑前提:"如果我们说一切科学的目的,从而也就是历史研究的目的是认识现实世界,以便满足人对于自己周围世界(人也是它的一个组成部分)古老而又久远的兴趣,并企图改造那个世界的话,那么我们可以用最一般的话来说,这一目的可能达到的程度是取决于历史学家所具备的资料源知识和非资料源知识,以及他利用所有那些知识的能力。"[3]

研究表明,在现当代国际史学发展史上,波兰史学曾被誉为"世界史学三杰"之一(另有法国史学与美国史学),享有很高的国际声誉。伊格尔斯认为,波兰史学之所以能够取得那么杰出的成就,主要是因为"其发展完善的方法论意识"[4],这里特指波兰史学表现出来的较为发达的历史认识论倾向和体系

---

〔1〕 耶日·托波尔斯基:《历史学方法论》,第665—666页。
〔2〕 同上书,第666页。
〔3〕 同上书,第213页。
〔4〕 伊格尔斯:《历史研究国际手册》,陈海宏等译,北京:华夏出版社1989年版,第391页。

完善的史学方法论意识。在波兰史学界,不论是在大学历史系里,还是在专门的史学研究机构中,史学理论和方法论的研究都受到高度的重视,在波兰马克思主义史学的发展历程中,历史方法论扮演了非常重要的角色。而在波兰众多的史学理论研究机构中,最有权威和影响的无疑当推波兹南大学历史系的史学方法论研究中心,其主要负责人便是国际知名的历史学家托波尔斯基。[1] 早在 20 世纪 80 年代,托波尔斯基接受中国学者访谈时就曾经不无自豪地介绍了波兰史学界对于史学理论和方法论的重视程度及发展水平,这主要反映在四个方面:其一,具有数量可观的相关史学研究机构。在波兹南大学、华沙大学、克拉科夫大学和罗兹大学等全国著名高校中,分别设置了史学理论及史学方法论研究中心。托波尔斯基自己直接领导与促进了这些中心的发展,推出了一部分相当有学术水准和学术地位的专门著述。其二,具有期刊制度保障。创办了全国性史学理论及史学方法专业期刊,比如《历史学家方法论研究》(1967 年)等,这些刊物成为发表专业论文的重要阵地,包括亚当·沙夫的专著《历史与真理》(1975 年)的重要内容也是先行在刊物上发表,影响非凡。其三,培养后备专业人才。大学历史专业课程设置体系中也包括史学理论及史学方法论方面的内容。托波尔斯基等著名教授也亲自在本科生中讲授诸如"史学方法论"和"史学理论"等课程。其四,史学理论与史学实践结合。在史学实践中,波兰史学界对史学理论及方法论的兴趣也逐渐提高。特别是波兰资深历史学家扬·鲁特柯夫斯基和亨利克·翁夫缅斯基等更是自觉地在古代史和经济史研究领域中运用理论和反思理论的学术先行者。[2] 波兰史学界拥有的优良史学理论与方法论学术传统,对 20 世纪 80 年代以后波兰历史学特别是马克思主义史学的发展起了不可忽视的推动作用,而且作为波兰马克思主义史学的杰出代表,托波尔斯基在这方面的贡献也是有目共睹。因此,如果可以说,关于东欧马克思主义史学思想的典型分析、观念理解和历史阐释,往往与波兰马克思主义史学的兴潜沉浮关系密切,那么自然地,波兰马克思主义史学运动及其史学思想的盛衰,又直接与波兰马克思主义史

[1] 张家哲:"托波尔斯基的历史方法论",《社会科学》1991 年第 11 期。
[2] 范达人:"'史学研究正在经历一场伟大的革命'——访波兰著名历史学家托波尔斯基院士",《史学理论》1987 年第 1 期,第 37—38 页。

学家托波尔斯基的史学研究及思想主张密切相关。从理论共性和思想个性的角度看,托波尔斯基的历史认识论及方法论和马克思主义历史认识论及方法论,特别是同辩证唯物主义与历史唯物主义之间有着广泛的联系,也有着不一样的独特性。基于学术史研究的理论方法和研究路径,下文从个案研究与整体关照相互结合的角度,在历史认识论与历史方法论两个重要层面,将历史学家的史学思想及其嬗变放置于当时的社会历史和思想背景中进行思考,深入考察托波尔斯基历史认识论的现代主义和后现代主义的分析视角,认识其史学思想的性质和意义,明确其在国际史学思潮演变和国内马克思主义史学发展过程中的地位和作用。

三、现代主义和后现代主义:托波尔斯基
历史认识论的批判视域

通常来说,所谓历史认识论主要讨论历史认识者(历史认识主体)的历史认识(思维)过程、历史认识活动中关涉历史叙事的方式、历史事实的特征与历史解释的性质等诸问题的思考,这些都涉及历史学自身存在的合法性理由问题。历史方法论与历史认识论紧密相关,有什么样的历史认识论,就会具有什么样的历史方法论。在中西史学理论领域与史学研究实践中,对有关历史认识论和历史方法论问题的讨论及其相关论争主题,逐渐成为史学研究者关于历史学家及其史学思想研究的重要问题,标志着历史学由对历史本身的研究转向对历史学本身的研究,即由历史研究客体(史学本体论意义上)的反思重心向历史研究主体(史学认识论意义上)的反思重心的学术转向。这个转变过程的核心内容,就是历史学由思辨历史哲学走向分析、批判的历史哲学,由分析、批判的历史哲学向后现代主义历史哲学的历史认识论的重大转变。[1]其中核心问题是历史认识主体的历史叙事结构、历史叙述方式及历史解释模

---

〔1〕 安克斯密特对于后现代主义理论及其起源进行了深入研究,相关论述可参见 Frank R. Ankersmit, "The Origins of Postmodernist," In Jerzy Topolski ed., *Historiography Between Modernism and Postmodernism: Contributions to the Methodology of the Historical Research*, Rodopi: Amsterdam-Atlanta, GA, 1994, pp. 86-117。

式等方面的变化问题。有关这种认识论的转变趋向,托波尔斯基在自己的著作中也有所解释:"当我们从有关实用性方法论的、集中于研究过程的思考转向对于研究结果的思考(即非实用性思考)时,叙述的问题便产生了。"〔1〕是故行文至此,本文拟从现代主义与后现代主义、现代史学与后现代史学相互关联及交叉批判的学术视野出发,基于作为历史认识主体的历史学家史学思想的历史认识论和历史方法论的两个层面,集中解读与重点辨析托波尔斯基史学思想的历史认识论观点和历史方法论倾向,着重阐释他在史学实践中关于历史叙事结构、历史叙述方式和历史解释模式的独特认知。

托波尔斯基史学思想的核心内容首先主要表现于其关于历史认识论的分析理路与基本看法。而托波尔斯基的历史认识论思想又首先主要表现在他试图借鉴分析历史哲学的思想资源,在历史解释问题上对历史唯物主义理论或马克思主义历史认识论进行必要的思想批判。实际上,托波尔斯基是在肯定历史学家对于历史写作的必要性价值和史学实践的合法性前提下,试图从历史认识主体的主观与客观两个方面对历史叙事和历史解释中所涉及的客观与真实、史料所体现的真理与神话等观念展开讨论,明确提出相关的史学观念和史学认识的基本见解。而这些关涉历史学家史学思想的历史哲学视角和史学理论取向,又都表现在托波尔斯基关于历史解释及其理解模式的深度思考之中。在这样的思维理路及其论证过程中,可以发现托波尔斯基史学思想中带有鲜明的能够体现历史文本和历史解释过程中那种内在连贯性与特质统一性的融贯论色彩。〔2〕历史叙事和历史解释是史学研究中关涉历史认识理论问题的两个重要方面,在托波尔斯基那里,"叙事并不是要特别要去重建事件的过程,而是要展示某种特定社会中的生活方式,也可以叫作结构性叙事,比如说勒华拉杜里的《蒙塔尤》。而那些报告事件过程的叙述比如说在政治史里,我们称之为动态叙事。这些历史叙事以一种间接的方式指向基于历史事件原

---

〔1〕 耶日·托波尔斯基:《历史学方法论》,第 590 页。

〔2〕 有学者认为,托波尔斯基与一般融贯论者具有不同之处,主要在于他是在历史唯物主义与控制论的基础上对历史事实进行解释。由此看来,托波尔斯基的历史认识论带有鲜明的马克思主义思维特征,从而被称为马克思主义史学家。参见陈新:《西方历史叙事学》,北京:社会科学文献出版社 2005 年版,第 181 页。

因与影响的人类行为动机。比如说,价格上涨是导致工人们不满、要求提高工资并爆发罢工的原因。罢工的浪潮又反过来会导致更多的政治变动"[1]。托波尔斯基接着分析道:"结构性叙事和动态性叙事的区别在于二者的程度不同,而非种类不同。两种叙事都以时间先后为线,只是对结构性叙事而言,其强调的重点是可重复事件的时间问题(就如同说在航海技术发展后跨越大西洋节省了多少时间)。"[2]应该说,托波尔斯基有关历史认识与历史方法的全部理论,就是在史学理论知识的反思与历史研究的实践中,试图以马克思主义历史唯物主义的理论眼光去弥合传统历史主义、分析的历史哲学与后现代主义的观念分歧,建立一种清晰可辨的整体的史学认识结构和辩证的历史解释模式。

相关研究认为,以特定历史事件、相关问题和理论范畴为基础的历史叙事方式及其历史意义的形成过程,都是在一定时空范围内的主客体互动的历史认识过程,也是一种过去、现在乃至未来三维连续体中的视界交融过程,而其中,相关历史意义的最终获得都离不开历史认识者或历史学家依据历史经验和历史事实而进行的具有鲜明主体意识的解释链接。而这种解释链接主要就是托波尔斯基在有些文章中所谈到的"历史叙事:构建连贯的结构",在史学实践中,这样的叙事结构需要由历史学家的理论认识与历史学的理论前提来架构,也就是所谓内在结构的连接技艺与铺垫能力,从而完成从传统主义的历史叙事到介于现代主义和后现代主义之间的历史叙事与史学解释的学术规范构成,即结构性历史叙事的形成。[3]仔细分析就会知道,这其中主要关涉历史学家的历史认识能力以及影响这种认识能力的各种因素,托波尔斯基的历史认识论途径就是在对历史经验的基础性认识中获得历史理论的本质性升华,以此来建构自己独特的历史解释模式。从历史认识论、方法论的互动角度看,托波尔斯基的历史认识论和历史方法论又是紧密相关、互为促进与不可分割的。

---

[1] Jerzy Topolski, "Towards an Integrated Model of Historical Explanation," *History and Theory*, Vol. 30, No. 3 (Oct., 1991), p. 326.

[2] Ibid., pp. 326-327.

[3] Jerzy Topolski, "Historical Narrative: towards a Coherent Structure," *History and Theory*, Vol. 26, No. 4, Beiheft 26: The Representation of Historical Events (Dec., 1987), pp. 75-86.

从一般意义科学方法论的分析领域出发,针对历史方法论的独特内容及范围问题,托波尔斯基进行过自己独特的理解和辨析,并认为可以将历史学方法论所关注的三个重要方面列举如下:"(1) 对于历史研究中的认识活动即作为历史学家的技艺的历史科学的思考;(2) 对于研究的结果,即作为关于研究领域的一系列陈述的历史科学的思考;(3) 对于历史研究的内容,即过去事件这一意义上的历史的思考。"〔1〕在详细分析有关历史方法论内涵的这三个方面的不同侧重和表述意义之后,托波尔斯基直截了当地指出,所谓科学的历史方法论就是为了使以历史叙事和历史解释为表达方式与意义载体的历史知识呈现得更为专门化或科学化,于是,"关于作规范性解释的方法论,我们说我们必须力求使我们关于被研究客体的知识——即我们将我们关于被研究的客体的表述与之比较的参照体系,变得尽善尽美"〔2〕。因此,如何获得被研究或被认识客体的正确知识,对于历史解释和表述历史这个史学研究实践的基本叙述方式来说,就具有十分重要的意义指向和价值诉求。

托波尔斯基曾经强调值得注意的史学理论和历史方法论中的两个主要观念,第一个观念首先关系到世界的概念和历史的进程,第二个则涉及理论或哲学与历史学之间的关系。〔3〕应该说,这也是一切在史学理论解释体系和史学研究实践过程中必然会碰到以及应该特别重视的两种理论倾向。然而,从反观分析托波尔斯基历史方法论思想的角度看,实际上,托波尔斯基的解释历史及其重要实践模式,主要就在于强调对于根植于历史本体论意义中的历史知识、历史思想和历史规律进行深刻反思与理论分析,这对于我们理解相关历史问题(或历史事实)的历史意义、解释过去经验的合理性和揭示人类历史存在的客观过程,具有重要的方法论意义和导向性价值。托波尔斯基之所以重视史学理论,强调历史方法论的重要性,应该是受到了马克思主义传统和思想渊源的潜移默化的影响。他曾经从史学思想和理论反思的角度,把处于不同时代条件和学术环境、坚持不同政治立场、思想来源迥异的马克思与韦伯进行了比较研究,对他们关于历史考察的不同途径和理论倾向进行了详细的比较

---

〔1〕 耶日·托波尔斯基:《历史学方法论》,第29页。
〔2〕 同上书,第30页。
〔3〕 同上书,中文版序言第1页。

分析,突出马克思主义史学理论和历史方法论的重要地位,特别强调以唯物史观为基础的马克思主义历史认识论和历史方法论及其历史解释模式才是理解历史和解释历史的重要途径与可能方向。[1]

　　从哲学前提与历史理论的关系上看,以波兰与社会主义人道主义理论为例,按照哲学思潮为史学思潮提供方法论基础和理论前提的逻辑理路,我们可以看到波兰马克思主义史学兴衰的社会背景、理论路向和基本脉络。[2] 在某种程度上,波兰学术界特别是哲学界对于马克思主义的批判态度显示了官方马克思主义在波兰经历了兴衰嬗变和复杂曲折的历程,在历史学领域,特别是波兰马克思主义史学也大致如此。但是,在托波尔斯基看来,即使1945年之后的波兰马克思主义史学仍然存在着理论局限明显和观念相当肤浅的状况。比如,尽管波兰历史学家在受到历史唯物主义启发之后,许多历史学家在有关物质文化史、大众的历史和阶级斗争的历史研究等相关学术领域里均有进展,但是波兰史学界只是从表面上偏向于研究从马克思主义理论看来重要的问题,而缺少对于马克思主义理论更为深入的透视和实证的分析。即使后来情况有所改善,但是大多数历史研究成果充其量"不过是偏向于研究从那一理论的角度看来重要的问题……对于马克思主义理论更为深入的透视,就是从它那里得到启示或者使之更为丰富的情形,却是极少见的"[3]。在波兰思想界和史学界,其实不缺乏反对教条主义式马克思主义史学的传统与案例,比如维托尔德·库拉在《论历史》中就对教条主义马克思主义进行了猛烈批判,在反对庸俗决定论的基础上坚持马克思主义,从而呼吁捍卫马克思主义的启示意义。面对马克思主义在历史学和其他社会科学的貌似统领位置,托波尔斯基则显得同样毫不含糊,试图在肯定马克思主义对19、20世纪人文社会科学研究领域里的重要地位的基础上,强调将马克思主义从意识形态的限制中解放出来。

---

[1] Jerzy Topolski, "Max Weber's and Karl Marx's Approach to Historical Explanation," *Cultural Dynamics*, 1990, 3, 154. Downloaded from http://cdy.sagepub.com.

[2] See, Elizabeth Kridl Valkenier, "The rise and decline of official Marxist historiography in Poland, 1945-1983," *Slavic Review*, Vol. 44, No. 4. (Winter, 1985), pp. 663-680.

[3] 埃娃·多曼斯卡编:《邂逅:后现代主义之后的历史哲学》,彭刚译,北京:北京大学出版社2007年版,第141页。

不管是在波兰史学界还是在国际史坛,托波尔斯基从来都不曾被视为正统意义上的马克思主义史学家,托波尔斯基对马克思主义相关历史解释的程序理论有自己独特的认识,并通过对历史唯物主义理论方法在历史研究和史学实践中的分析运用来展示其马克思主义理论立场和观点方法。托波尔斯基曾经认真地考察了马克思在《路易·波拿巴的雾月十八日》中所论述的"人们自己创造自己的历史,然而并不是凭空地来创造"的理论观点,认为马克思所指称的"这种创造生成的环境"并不是寓指他们自己选定的环境,而是暗指他们所接受的并且已经传承到他们身上的创造环境。比较来说,托波尔斯基认为这并不是什么新观点,而是许多人早已经都认可了的东西,比如约翰·古斯塔夫·德罗伊森和其他许多人都提出过类似的看法。[1] 这也反映了托波尔斯基对于马克思主义史学的基本态度和改造立场,由此他曾经做出这样的解释:"在我看来,不考虑到马克思主义,就无法理解 19 世纪或者 20 世纪的科学哲学,因为科学哲学要么是以对于马克思主义的批判,要么是以引证马克思主义而发展起来的。许多源自马克思主义的观念,甚至于往往没有带上这个标签的,都被人文学科的总体成就囊括在内了。比方说,社会史的研究者,包括历史学家在内,都会考察经济因素所起到的作用,而没有为着究竟是马克思还是别的什么人让人们注意到了它的重要性而烦扰。这里面主要的教训,就是要避免解释中的教条主义。"[2] 只要仔细体会和认真考察,从以上文字表述中可以看出某种端倪,这里似乎已经表明了托波尔斯基有关历史解释模式中最想强调和已经注意到的问题,那就是他的反教条主义态度、反意识形态立场和颇具能动主义倾向,他承认自己已然受到马克思的理论启发,从而试图提出有关历史的整体解释模式,并运用于历史叙事的史学实践。[3]

值得指出,托波尔斯基并非一位天然的马克思主义史学家,蕴藏于其史学思想中的有关历史解释模式与历史认识论倾向,实际上首先来源于现代史学传统的知识基础和理论影响,而并非直接受惠和承继于马克思主义理论。尽

---

[1] 埃娃·多曼斯卡编:《邂逅:后现代主义之后的历史哲学》,第 142 页。

[2] 同上。

[3] Jerzy Topolski, "Towards an Integrated Model of Historical Explanation," *History and Theory*, Vol. 30, No. 3 (Oct., 1991), pp. 324-338.

管托波尔斯基并不反对继承马克思主义理论来进行历史解释与历史认知,但是,他似乎更注意避免在自己的学术思想肇始之初,就受到某种理论框架和历史解释模式的约束,如前所述,他开始接受的专业化训练主要还是来自传统向现代转换的波兰经济史领域。换言之,托波尔斯基非常谨慎于马克思主义理论的意识形态立场,也尽量避免历史学家为任何理论的政治色彩所左右,认定自己从事史学研究和史学思想的未来主要还是应该走向综合性或跨学科的专业化学术道路,同时兼顾与吸纳包含马克思主义史学在内的现代史学思想资源。

还需注意到,托波尔斯基也并非一位单纯的受到西方现代主义新史学思潮影响的波兰史学家,他的史学思想来源始终排除不了各种复杂社会思潮的影响。首先是因为他生活成长的时代正处于传统社会的现代转向时期,其学术思想的形成环境也处于一个由传统历史学向现代新史学转向、现代主义思潮与后现代主义思潮共存杂糅的时期。同许多同时代历史学家一样,复杂的社会时代和多元的学术资源无疑造就了这位历史学家丰富的思想取向。对于托波尔斯基来说,在大多数历史学家的专业态度和思想倾向还带有明显的传统主义烙印的时候,他与同时代其他历史学家一道已经注意到在一个复杂背景中体验着现代史学传统视野下的真理意识,并反思那些后现代主义视野下的反本质主义意图。但是,在托波尔斯基看来,不可否认的事实是,许多历史学家仍然坚信这样一种观念:"研究者独立于他所研究的实在;有关过去的报道中只有一个真理;真理可以借助于语言而达到;史料是通往过去的最可信赖的路径。"[1]甚至意味着他们必然会自然而然地继承了很多过去分析哲学所具有的那样种种假设前提或基本理论预设。而且,在传统史学和现代史学阶段,波兰史学家同许多其他国家的历史学家一样,大多深受这种史学观念和理论预设的影响与支配。按照这样的情形,我们也便可以理解,在这样的环境中成长和发展起来的历史学家,在史学思想的理论倾向和史学家的心理状态上,许多历史学家所表现出相当的复杂性和多元的选择性也就理所当然了。另外,对于繁杂多变的哲学假设前提和基本理论预设,任何史学家和史学认识主

---

[1] 埃娃·多曼斯卡编:《邂逅:后现代主义之后的历史哲学》,第145页。

体必须根据他自己的研究对象与解释框架做出相应的选择和运用,关于这样的史学理论状况和史家心态描述,在布罗代尔《论历史》里的相关论述中也可以清楚地感觉到:"我同样要放弃使用任何文明或文化命运的循环论,实际上也就是放弃'诞生、生存、死亡'的这些习惯的、不变的阶段的任何变体。这就意味同时拒绝维科(Vico)的三个时代(神的时代、英雄时代和人的时代),奥古斯特·孔德的三个时代(神的时代、形而上学时代和实证时代),斯宾塞(Spencer)的两个阶段(压抑,然后自由)……以及卡尔·马克思的序列(原始社会、奴隶社会、封建主义、资本主义和社会主义)等等理论。它们应该统统置于一边,虽然有时不免后悔,而且始终有可能再返回到它们那里。我并不主张统统反对所有这些解释,甚至不主张反对用以解释的原理,即模式或周期。相反,我认为这种原理是十分有用的,但是作为预防性措施,在开始时必须排斥它。"[1]

按照理论的继承与发展的基本逻辑,如前所述,托波尔斯基之所以做出自己独特的有关历史方法论的性质分析和历史认识论结构的内容分类,一方面主要来自经典马克思主义历史方法论即马克思主义理论的影响,另一方面也主要是受到了分析的历史哲学乃至于后现代主义观念的影响。比如,我们在其他地方也可以看到,托波尔斯基之所以更愿意接受诸如波普尔假设理论或证伪预设那样的分析哲学理路,是因为它在解释上可以对马克思主义理论作适当的补充,分析哲学路径也存在着一定的"科学性"[2]。但是,托波尔斯基还清楚地认识到,"就我本人而论,我不认为自己需要否定我在历史学方法论和史学理论方面所写过的任何东西。在方法论上,我受到了分析哲学,尤其是波普尔的假设论的影响,再者,我是在我所解释的历史唯物主义的框架内来提出自己的能动主义观念的"[3]。在托波尔斯基看来,历史唯物主义就是"从一个发展阶段向另一个发展阶段前进的人类社会"和"论述一定结构整体发展的理论",是关于人类社会整体研究的重要理论,对人们寻找历史本质和发现

---

〔1〕 费尔南·布罗代尔:《论历史》,刘北成、周立红等译,北京:北京大学出版社 2008 年版,第225 页。
〔2〕 埃娃·多曼斯卡编:《邂逅:后现代主义之后的历史哲学》,第 149 页。
〔3〕 同上书,第 143 页。

历史规律具有示范意义。[1] 托波尔斯基曾经在其著作中态度鲜明地表示：
"为了避免与把历史发展解释成一种'自动'过程，也就是脱离人的活动而发展
的学说相混淆，我们将用'马克思主义的能动主义'这一术语研究社会。"[2]
显然，从制约与影响历史认识论中的诸多因素，特别是其历史解释模式的理解
层面来说，托波尔斯基也深谙与洞悉有关分析的历史哲学及后现代主义理论
在解释社会历史问题时所存在的重大问题。因此，托波尔斯基主张运用更为
宽泛的标准来理解历史学家的研究理路和研究实践，反对过分狭隘地运用某
种单纯的历史解释模式来衡量历史学的史学研究及其实践效用。唯其如此，
托波尔斯基才会毫不犹豫地指出："分析的历史哲学的弱项在于，相信其中所
发现的模式的解释能力，在我看来，新的叙事主义历史哲学的重要成就在于，
对于那些模式在认知方面的价值提出了疑问，因为它们中的每一个的背后都
有这同一个神话；也即，相信实在可以通过借助于那些模型而得以描述和解
释。……可是，实际上在解释的程序中，由于事情的性质使然，比之在描述事
实的程序中有着更多修辞性的东西，后者与其经验性的基础有着更加密切的
关联。"[3] 按照托波尔斯基的逻辑理路，从传统主义到现代主义转型的历史
学发展历程来看，后现代主义观念在其中的影响或者说历史学研究中所隐含
的新叙事主义历史哲学方法论倾向似乎昭然若揭，但是，从托波尔斯基的历史
方法论角度来理解，它们的问题也是显而易见的。

　　在某种意义上，托波尔斯基所主张的历史方法论及其史学解释模式，并不
只是单纯地赞同或者反对现代主义历史学中的历史叙事理论与历史解释问
题，从历史方法论的角度，其实他更是从重视历史叙事的客观真实性与主观真
理性的价值角度，高度关注或认真分析了后现代主义视野中的历史解构主义
与史学建构方法论对历史学追求客观性和史学价值目标诉求的意义问题。应
该说，托波尔斯基并不完全赞同后现代主义观念，更不承认自己就是位后现代
主义者，但是认为正是在后现代主义思潮的冲击与挑战下，人们才具有重新思

〔1〕 耶日·托波尔斯基：《历史学方法论》，第 225 页。
〔2〕 同上书，第 209 页。
〔3〕 埃娃·多曼斯卡编：《邂逅：后现代主义之后的历史哲学》，第 148—149 页。

考历史学的途径与趋势的历史机遇,因此,针对后现代主义的观念,他的立场和态度是明确的:"在我看来,历史学家们不会接受他们的历史写作的终结、历史学中时间轴的取消、历史叙事与文学叙事之间边界的消除。"〔1〕实际上,就拿历史学中的时间要素来说,大多数"历史学家们承认,历史的意义不得不根据时间的顺序来解释"〔2〕。具体来说,"在大多数人的心中,时间与历史之间的关系是:过去的事件已经成为历史,现在的事件正在成为历史,将来的事件也将成为历史,过去、现在、将来这时间的三维组成便以已经静止的过去为核心构成了历史显现的形式"〔3〕。我们注意到,波兰马克思主义者沙夫也认为,在人类历史的时间长河中,"在过去、现在和未来之间,客观上是没有任何壁垒的。现在是从过去中成长起来的,未来是从现在中成长起来的;而未来又是由过去和现在决定的。因此,我们研究过去,也就是研究未来,揭露它的发展根源和方向;史学家如果能像一个学者所应该做的那样,不仅记载事件,而且揭露它们的根源和原因,判定它们的发展方向,并从发展的具体可能性来估计它们,那么不管怎样他也就是作了历史预见。这条道路不仅引导他从过去走向未来,而且也相反地引导他从现在走向过去。……史学家如果把历史作为一门科学来研究,就不能只限于记载过去事件"〔4〕。这里,沙夫实际上从历史时间观上确定了历史学的理性科学地位,从而重视历史研究的规律性问题,具有特殊的理论价值和方法论意义。

在观念史的演进及其路向上,正是基于历史时空观的不同理解,"现代主义与后现代主义之间那条理性与非理性、宏观与微观、中心与边缘、连续与断裂的边界,随着后现代主义思潮在社会实践中产生的有效影响被不断变更,它意图将更多在现代性概念中属于非理性的、易被人忽视的或尚未被人意识到的各种内容包含进来,使它们变成理性的、可以理解和认识的东西"〔5〕。按照托波尔斯基的认识论逻辑,尽管"源自后现代主义的启示,有助于我们抛弃

〔1〕 埃娃·多曼斯卡编:《邂逅:后现代主义之后的历史哲学》,第146页。
〔2〕 陈新:《西方历史叙事学》,北京:社会科学文献出版社2005年版,第239页。
〔3〕 同上书,第129页。
〔4〕 亚当·沙夫:《历史规律的客观性:马克思主义史学方法论的若干问题》,第319—320页。
〔5〕 陈新:《历史认识:从现代到后现代》,北京:北京大学出版社2010年版,第229页。

掉某些根深蒂固的看法",但是,"激进的后现代主义者们能否成功地从哲学中取消本体论、认识论(还有理性时代留下的遗产)和逻辑学,及其真理范畴、集合论等等,并以对于文本……的解构分析来取代所有这一切,这是大有疑问"〔1〕。唯其如此,托波尔斯基断然宣称:"我的观念并非后现代主义的,尽管我在很大程度上赞同后现代主义取消主导性观念和追求选择自由的努力。但是,我并没有放弃认识论和真理。"毕竟"后现代主义给了我们改变自己心态的机会"〔2〕。从现代主义与后现代主义思潮的相互关系角度上看,应该说,托波尔斯基的许多论说充满了对后现代主义理论目标和实践前途的诸多怀疑与思辨倾向,这也是波兰史学界对于后现代主义史学观念和史学思潮的基本态度。事实上,面对后现代主义的挑战,历史学家可能会采用不同的处理方式和应对方法,正是在现代主义与后现代主义的相互关联的视域中,在坚持后现代主义真理观与现代主义真理观之间具有本质区别的逻辑分析前提下,托波尔斯基运用别样的分析视角和独特的史学实践来回答这个问题,深刻地指明了历史文本的建构过程和历史叙事方式中所体现的美学维度与逻辑学因素,历史学家首先涉及他或她的想象即美学领域里,即使为了保留一种内部主观的关于过去的综合形象,历史学家也必须使用对于观众来说可以理解的逻辑学和语法知识。〔3〕 具体来说,托波尔斯基认为,在历史叙事和史学编纂中,叙述文本的建构和历史认识的途径不仅涉及逻辑学,也涉及美学。逻辑学就像想象一般,产生了或多或少的具体图像,并且构成一系列的背景知识,在这个背景知识下,历史学家通过一种叙述文本的操作方式和基础信息的运用方法,表现一些内容和描述一些事件,这些具体的图像与有序的美感是一致的。至于它们如何被联系和何时被联系起来,共同构成一种历史叙事文本,取决于历史叙事者怎样利用普遍方式将不同元素的基础信息联系在一起;这样,这些普通的概念也就会激发一种美感,而这种美感又将使这些信息概念得以确认。这样,从认识论的逻辑路径上看,历史文本和史学信息里包含着的美学范畴具

〔1〕 埃娃·多曼斯卡编:《邂逅:后现代主义之后的历史哲学》,第 147 页。
〔2〕 同上书,第 162 页。
〔3〕 Jerzy Topolski, "The Role of Logic and Aesthetics in Constructing Narrative Wholes in Historiography," *History and Theory*, Volume 38, Issue 2, May 1999, p. 210.

有至关重要的意义。[1] 值得注意的是,相比于后现代主义的激进立场,托波尔斯基有着更为强烈的现代主义和分明的历史主义色彩。在史学实践中,这种复杂的理论色彩则表现在他那些有关经济社会领域的研究成果之中,作为一名经济史家,托波尔斯基仍然坚持史学实践的实证意义,主要仍是关涉过去、关涉历史性的实证内容,而非某种虚无的理论空想。

托波尔斯基史学认识论思想的核心内容其次表现于其关于整体论的历史解释模式,这是托波尔斯基史学理论与历史认识思维倾向中所突显的重要史学认识论理论。

早在 20 世纪 90 年代,托波尔斯就认识到,在过去的 30 年时间内,西方的历史哲学家们越来越将注意力从实证主义模式的历史解释转移到整体的历史叙事上来,正是许多的历史学家通常所采用的叙事实践和哲学反思能力,为人们进一步考察历史提供了新的研究思路,打开了新的研究天地,而单纯地经由那种传统覆盖律(Covering Laws)解释方式的实践努力和学术讨论已经没有什么出路了。[2] 在托波尔斯基看来,马克思主义在历史叙事和历史解释中所坚持的历史认识论倾向实质上仍然是由一种传统历史解释模式所决定的,这从马克思主义者十分"注重对历史过程进行普遍(理论化)知识的探讨"的基本态度中可以略知大概。[3] 这恰恰就是为西方历史哲学家亨佩尔和科学哲学家波普尔等人所经常诟病之处,因此他们对这种传统历史模式和历史解释模式所体现的普遍性或坚持着的全面性完全持批判的学术态度。诸多持类似批评意见的西方学者大体都认为,马克思主义者虽然承认历史离不开主观因素的判断能力,但是却过分夸大地宣扬了历史实际的认识构建受制于"客观"现实的历史认识论主张。实际上,这种历史认识论倾向是忽视了一种史学认识实际,即关于任何历史认识图式的建构,也涉及人类行为整体解释模式(包括整体历史解释模式),都应该由历史认识实际、认识者知识因素和主体价值

[1] Jerzy Topolski, "The Role of Logic and Aesthetics in Constructing Narrative Wholes in Historiography," *History and Theory*, Volume 38, Issue 2, May 1999, pp. 198-210.
[2] Jerzy Topolski, "Towards an Integrated Model of Historical Explanation," *History and Theory*, Vol. 30, No. 3 (Oct., 1991), pp. 324-338.
[3] Ibid., p. 324.

构成等三方面因素组成的统一体,它们之间构成了一种复杂的逻辑互动关系。

马克思主义史学自产生的时期起,就主张有关历史认识、历史解释与历史进程之间存在着复杂的理论逻辑关系,其中,历史认识者的历史认识能力与历史理性思维起着决定性的作用。托波尔斯基分析认为,"有关历史学家们的解释实践的方法论分析表明这取决于他们对于历史进程的观念。有时这种观念是有意识地选择一种理论或哲学为基础,比如马克思主义,心理分析主义,或者新古典主义的经济理论。在本文当中,相比较而言,我对于那些来自常识或者历史学家的专业生活的观念更感兴趣"〔1〕。当然,托波尔斯基不无自豪地说过:"我也对马克思主义有兴趣,然而我对历史进程有着自己的能动主义的看法。"〔2〕这大概也是托波尔斯基试图以一种更为整体的历史解释模式与历史认识论倾向去反思和解释历史问题及历史进程的理论前提与重要出发点。事实上,在深入接触和具体理解马克思主义者有关历史理性与历史进程之间关系的时候,托波尔斯基对历史理性与历史进程已经有了自己相对独立的看法,并且强调其核心在于"区分历史进程的两个方面:动机的(人类行动)和客观的(那些行动导致的结果)"〔3〕。托波尔斯基继而认为,"历史进程开始于以达到某些目标和满足某些需要为导向的人类行动。这是历史进程的主观的方面。可是这些行动还产生了人类所未曾计划过、并且并非总是被他们察觉到的客观的后果。那一进程受到客观规律性的支配,在其行进之中无视人类的意志。而这就是历史进程客观的方面。因而,对于历史整体的把握,就需要将对于这两方面的解释结合起来"〔4〕。按照这样的分析理路,托波尔斯基进一步阐释:"这意味着在历史叙事中,人类行为与'客观'因素是结合在一起的,而不能单纯地理解人类行为。如把历史学家频繁使用的直觉理论假设考虑在内,我所设想的模式可以这样描述:(1)作为本体物的历史事实是由人类行为在某些特定的条件下创造出来的。(2)人类行为是物质世界和意识世界的

---

〔1〕 Jerzy Topolski, "Towards an Integrated Model of Historical Explanation," *History and Theory*, Vol. 30, No. 3 (Oct., 1991), p. 333.

〔2〕 埃娃·多曼斯卡编:《邂逅:后现代主义之后的历史哲学》,第141页。

〔3〕 同上。

〔4〕 同上。

交汇。(3) 历史事实应该随着人类目标行为、行为者无意识的目标行为和外部事件的影响而得到检验。……(4) 人类自由行动只为实现他们的目标,他们必须把过去的人类行为创造的内容以及他们所生活的自然条件考虑在内。(5) 人类行为的状况是由行为者的知识和价值观体系决定的,这使得人们可以从自然条件中选择行为过程。"〔1〕这是一种相对而言显得非常理性的方式来理解人类历史的进程,关涉到托波尔斯基所提出特定的历史解释模式的选择机理。

应该看到,在托波尔斯基的整体历史解释模式的理论预设和解释实践中,如何理解人类行为与历史进程的相互构成和相互关系,成为针对具体解释对象而言的两个重要方面和关键因素。这种历史解释模式的运用应该遵循以下两个有关历史进程的远景目标要求:"(1) 历史中最深的解释可以在人类动机和行为中寻找,因为只有人类创造历史。……(2) 必须区分地解释对于我们感兴趣的历史进程中的主观(动机,心理)因素和客观(我们不使用动机,决策,情感和行为的语言表述)因素。"〔2〕根据这样的理想目标和程序要求,托波尔斯基指出了构成整体历史解释模式的两种理想的解释性模式,即动机性的和随意性(或称推断法则性)的历史解释模式(The motivational model and the deductive-nomological one),并试图揭示这两种历史解释模式是通过哪种方式以及又是如何整合在一起的。比如,托波尔斯基试图以波兰著名经济史家鲁特柯夫斯基关于 16 世纪波兰农场庄园经济的兴起与发展问题研究中隐含的历史叙事结构和历史解释模式分析,来说明整体历史解释模式的逻辑论证关系:"鲁特柯夫斯基正是运用推断法则模式来表述其观点:(1) 如果或只有存在销售农产品和改善农民境遇的设施,庄园经济才会发展(包含的原则:解释前提之一);(2) 16 世纪波兰具备销售粮食和改善农民境遇的设施(解释前提二);(3) 波兰庄园经济发展(待解释事物)。"〔3〕由此看来,关于蕴含推断法则性的历史解释模式的历史叙事及其实践效应,通过严密的例证分析,托波尔斯基得出了相关推论:"在构建这样的解释性程序的过程中,我们通常会参考

〔1〕 Jerzy Topolski, "Towards an Integrated Model of Historical Explanation," *History and Theory*, Vol. 30, No. 3 (Oct., 1991), pp. 333-334.

〔2〕 Ibid., p. 334.

〔3〕 Ibid., p. 332.

结构性解释，以一个结构来定位某个特定因素，研究它所起的作用，我们也会参考到起源性解释（比如一个某种社会意识发展时期的陈述）。我们可以以两种方式来拓展推断法则性解释。一是在我们所运用的规则基础上，建立更通用的规则。……但对我们而言第二种推断法则性模式更切合实际，它是根据人类社会总的历史进程、人类行为和行为动机的起源试图找出有关原因和规则的实证事例。只有当这种实证事例与起因规则的理论形式结合在一起，一个更好的整合性解释系统方能形成。"[1]在这样的逻辑分析前提下，托波尔斯基总结性地指出，对于一种任何历史叙事方式与历史进程的展示过程来说，包括了以下两种历史解释的具体方式：一种的方式是"动机性模式和推断法则性模式可以通过他们之间内在共有的更多拓展关系整合在一起。另一种方式是我们应该认识到动机和外部事件都能在历史进程中发现。通过推断法则性模式来解释的客观条件也能够在行为者对这些条件认知的动机性模式中找到相对应的内容"[2]。两种具体的历史解释方式互为补充、相互促进，共同建构了历史认识主体关于历史认识对象的丰富内容及其逻辑演化的基本轨迹。

就任何历史叙事者及其历史解释的史学意义而言，在托波尔斯基的理论观念中，历史认识者、历史学家或历史叙述者提供的历史文本所包含的动机模式与随机模式都是相互关联、互为因果的，它们共同构成了整体的历史解释模式，从而完成了一个关于人类行为、行为动机和历史进程等相互交织的社会历史整体解释构图。结合前面所述，我们认为托波尔斯基在历史方法论上主要是受到了分析哲学，尤其是波普尔假设论的影响，但是他也在其所解释的历史唯物主义框架内提出自己的能动主义历史认识观念。从这个角度上看，实际上，在历史方法论倾向和史学实践过程中，托波尔斯基倡导的历史叙事理论与历史解释模式明显地带有马克思主义与非马克思主义双重色彩与复杂性质，但是它并没有完全脱离或主要还是属于马克思主义整体和辩证历史解释的框架与范畴。这样的历史认识论倾向，实际是对马克思主义史学理论的某种发

---

[1] Jerzy Topolski, "Towards an Integrated Model of Historical Explanation," *History and Theory*, Vol. 30, No. 3 (Oct., 1991), p. 336.

[2] Ibid., p. 338.

展和历史实践方式的延伸,由此也可以透视和印证托波尔斯基的马克思主义史学家地位。

四、历史事实与历史解释模式:托波尔斯基历史认识论的建构目标

托波尔斯基关于历史事实与历史解释模式的建构,既体现了对分析哲学历史方法论的理论升华及其综合性特征,也表明托波尔斯基试图通过追求整体和辩证的历史解释模式目标来回应后现代主义思潮对历史学挑战的基本态度。

在从传统主义史学到现代主义史学的历史解释模式和历史叙事方式中,历史被视为基于事实的一门学问,历史学中的历史叙事及历史解释离不开事实依据,历史的评价和史学的评价同样离不开历史事实基础。普遍认为,似乎历史学家及历史认识者只要或只有全面客观地占据历史的事实和历史的证据,就能够或才可以更好地反映历史的本来面目与总结历史的经验教训。在分析主义哲学的理论视野和后现代主义思潮的分析视域中,长期以来诸多学者在关于历史叙事的本质、历史解释的种类、历史意义的途径及其所涉内容等问题上已经展开了诸多讨论。在现代主义与后现代主义的关联语境中,作为试图反映以历史事实为基础的历史真实性的历史叙事方式和历史解释途径,托波尔斯基认识到,"所谓历史叙事,从某种意义上,就是指历史学家用以表达有关过去认识的一种描述和阐释方式,关注历史方法论和一般科学哲学的学者对此备感兴趣"[1]。托波尔斯基进一步认为,"在许多学科中,对于某一特定研究问题的回答采用的是一种清晰和完整的词句结构形式。这种词句结构可被称作记叙……但每一种记叙都是关于研究结果的报告,也就是对于特定事实的一系列明晰的表述"[2]。托波尔斯基曾经撰文分析了从分析哲学到后现代主义哲学有关历史叙事及其解释模式的基本观点,并强调了各种历

---

[1] Jerzy Topolski, "Historical Narrative: towards a Coherent Structure," *History and Theory*, Vol. 26, No. 4, Beiheft 26: The Representation of Historical Events (Dec., 1987), p. 75.

[2] 耶日·托波尔斯基:《历史学方法论》,第 590 页。

史叙事理论的解释动机和历史解释模式的优劣利弊，特别指出了历史叙事在结构方式和基本机制方面所带有的文学性外在倾向和哲学性内在逻辑。[1]在托波尔斯基那里，克罗齐、曼德尔伯姆、沃尔什、明克、怀特、丹托、福科和安克斯密特等具有分析哲学与后现代主义倾向的历史哲学家都被纳入其历史文本的分析视野。他对于诸如历史叙事的一般结构与学理层次关系、历史叙事的心理认知与知识前提、历史叙事的理论内涵与基本特征、历史叙事者及历史学家的主体意识中的本体论空间、历史叙事的真实性含义与获得途径等重要问题，都进行了详细的实证性分析与认识论批判。[2]从比较的视野和分析的眼光来看，海登·怀特关于历史叙事性及其历史认识理论似乎更为托波尔斯基所认同，托波尔斯基赞同怀特关于"叙事与其被当作一种表现的形式，不如被视为一种说明（无论是实在的还是虚构的）事件的方式"的基本认识。[3]当然，托波尔斯基也看到，有的西方学者（如曼德尔伯姆）似乎殊途同归地阐释了历史叙事（历史叙述）的三个功能，认为叙事（叙述）的三个功能就犹如三个相互关联的意义层级一样，表现为承接性、解释性和理解性等相互关联、相互促进的叙事结构，强调了叙事（叙述）不仅仅是文本形式的一种表达，也更是获得建立在时空意义上关于历史事件、历史内容和历史过程的一种理解模式与思考方式。[4]托波尔斯基甚至认为自己关于历史叙事的主要观点更有其合理性和有效性，因为在他看来，仅仅涵盖对过去真实叙述的历史叙事应该更具有叙事结构上的连贯性，这种结构连贯性主要表现于其叙事内容上所具有的内在联系紧密性，而非松散性。[5]

如此而言，在托波尔斯基对于历史叙事的性质和方式手段的阐释与理解

---

[1] Jerzy Topolski, "A Non-postmodernism Analysis of Historical Narratives," in Jerzy Topolski ed., *Historiography Between Modernism and Postmodernism: Contributions to the Methodology of the Historical Research*, Rodopi: Amsterdam-Atlanta, GA, 1994, pp. 33-36.

[2] Ibid., pp. 36-85.

[3] 海登·怀特：《叙述性在实在表现中的用处》，陈启能、倪为国主编：《书写历史（第1辑）》，上海：上海三联书店 2003 年版，第 166 页。

[4] Jerzy Topolski, "A Non-postmodernism Analysis of Historical Narratives," in Jerzy Topolski ed., *Historiography Between Modernism and Postmodernism: Contributions to the Methodology of the Historical Research*, p. 33.

[5] Ibid., p. 76.

中可以发现,他显然更加强调叙事逻辑形式的重要作用,甚至认为基于整体逻辑叙事取向的这种历史叙事结构的连贯性,其实是全面了解历史真相和揭示整体历史真实性的重要条件之一。[1] 托波尔斯基接着分析了获得历史叙事的整体性与连贯性的两个基本条件,认为历史学家如通过历史叙事尽量真实地还原历史真相,还必须具备以下两个前提:第一,特定的时间跨度;第二,历史叙事的概念构成。[2] 如果承认历史学方法论与其他任何学科的科学方法论一样,都存在着叙事(或称叙述)方式及解释问题,那么可以看到,托波尔斯基曾经试图从突出时间因素赋予历史存在以意义和生命力的角度,强调历史记叙与一般记叙的相互区别,从而说明历史叙事的独特性,认为历史记叙具有以下三个基本特征:"(1)必要条件:事实描述,理论参照,时间参照;(2)充分条件:时间参照;(3)必要与充分条件:时间参照。"[3] 在托波尔斯基那里,"对历史叙事时间内容的分析,是试图清楚地阐明历史学家研究的历史事实和他或她赖以构建该叙述事实的句子或句群之间的联系"[4]。托波尔斯基甚至强调,"正是这种标明了日期的时间赋予了历史记叙以独特的风格……虽然理论历史研究所期待的成就主要集中在理论的阐述上,但如果离开了时间概念,历史学本身也就不存在了"[5]。同时,也应该指出,单纯强调时间参照意义,并不足以让人清楚地看到科学的历史叙述的类型,也反映不出历史学结构中的历史叙事的特征。因此,从历史叙事的时空范围、丰富内容和叙述类型的角度分析,托波尔斯基考察与归纳了克罗齐、沃尔什和丹托等西方历史哲学家关于历史叙事的相关认识,总结和指出了所谓科学的历史叙事类型主要包括原始记录式叙事(或年表编辑者叙事)、编年史叙事和严格意义上的历史叙事三种结构形式。而且,在每种历史叙事的时间意义、内容表达和叙事风格等层面上,都可以发现历史叙事者用以衔接所描述的历史事实的不同方式。而决

---

[1] Jerzy Topolski, "A Non-postmodernism Analysis of Historical Narratives," in Jerzy Topolski ed., *Historiography Between Modernism and Postmodernism: Contributions to the Methodology of the Historical Research*, p. 77.

[2] Ibid.

[3] 耶日·托波尔斯基:《历史学方法论》,第592页。

[4] Jerzy Topolski, "Historical Narrative: towards a Coherent Structure," *History and Theory*, Vol. 26, No. 4, Beiheft 26: The Representation of Historical Events (Dec., 1987), p. 77.

[5] 耶日·托波尔斯基:《历史学方法论》,第593页。

定这三种历史叙事结构类型的连贯性、逻辑性和真实性的主要因素,取决于历史认识者或历史叙事者针对不同的叙事对象如何处理历史叙事涉及的时间长短跨度、历史文本概念化方式和叙事理论含量等事关历史叙事真实性和历史解释客观性程度的重要问题。

按照这样的逻辑前提与内在理路,托波尔斯基就认为,"编年史叙事要比年表记录叙事更为连贯,因为前者还要表明事件(根据编年史记录者的阐释)的发展顺序以及对其他事件的影响。显然,这比年表编辑者叙事更有可能全面地展现历史,因为它描述的事实不仅包括独立的事件而且还阐释了事件间的关系"。而且,更为重要的区别还在于两种叙事的时间内容:"编年史叙事的典型特征是它的句子时间跨度比较大。而年表编辑者叙事中的句子……中并没有词语表明超过一年的时间跨度。"[1]同样,在时间跨度上,严格的历史叙事和编年史叙事也具有相当的不同(与年表编辑叙事也不同),只有在特定的时间范围内,严格的历史叙事才成为可能,"当然,一个严格的历史叙事不一定只包括一个严格的历史叙述。实际上,历史叙事常常同时具备年表编辑叙述、编年史叙述和严格的历史叙述,时间安排上既可按照顺序的也可把顺序与逆序结合起来"[2]。托波尔斯基甚至指出,"编年史必然就像是从一只鼹鼠的视角出发写出的;历史则必须像是从一只老鹰的视角出发而写出的"[3]。因此才可以说,"严格的历史叙事表明了专业(学术的)历史学的出现,它和其他两种历史叙事的规则不同,它需要在描述和阐释史实的时候更多地考虑时间顺序问题"[4]。不但如此,"在严格的历史叙事中,其显著特征体现于决定史实选择和等级排序机制之中,该机制还决定于如何把单个陈述(和句子)联系成有意义的整体;总之,它决定历史文本概念化的方式"[5]。从这些历史认识论的分析框架中,可以看出托波尔斯基的基本观点和主要立场,他认为编年史叙事

---

[1] Jerzy Topolski, "Historical Narrative: towards a Coherent Structure," *History and Theory*, Vol. 26, No. 4, Beiheft 26: The Representation of Historical Events (Dec., 1987), p. 79.

[2] Ibid., p. 81.

[3] 耶日·托波尔斯基:《历史学方法论》,第 598 页。

[4] Jerzy Topolski, "Historical Narrative: towards a Coherent Structure," *History and Theory*, Vol. 26, No. 4, Beiheft 26: The Representation of Historical Events (Dec., 1987), p. 82.

[5] Ibid., p. 82.

的产物必然是编年史著作,而严格的历史叙事方式则是通往历史学的桥梁。

以上分析可以看出,如果历史学需要达到关于某种过去的历史叙述的真实目标,历史叙事就必须首先重视在一定时间跨度内关于历史事实的概念分析及其可信度问题。而不论是时间跨度的因素影响,还是历史事实的概念分析或历史解释模式(历史叙事方式)的建构过程,都是涉及历史研究者的主体性的问题,这也是以结构主义分析哲学为基础的历史认识论和后现代主义视野下历史叙事方式和历史解释理论的基本认识。

可以认为,托波尔斯基史学研究中有关历史解释模式和历史叙事方式的建构问题及其方法论贡献之一,也就是在现代主义和后现代主义理论基础的交叉视野中,批判地吸纳历史哲学和现代史学理论的合理资源,并以此为基础展开关于历史叙事和历史解释问题的理论反思与实践研究。由此,根据如何保证历史叙事真实性的两个前提条件及其结构性的整体要求,托波尔斯基作了一种更为具体的逻辑分析:"对于任何一种历史叙事,不管其重要与否,都被认为是一连串的非文学性的陈述,这些陈述贯穿着普通常见的内容,所指的都是过去的历史。当然,从一般的意义上来讲,历史叙事就是某一位历史学家给出的历史叙事的所有内容。如此一来,我们对历史叙事的关注变成了对某一位历史学家学术活动的关注,也是对他的某一本书,某一篇文章,某一段论述的关注。其基本要素是他的陈述。这些陈述可以是言而未明的句子,或者诸如句子这类的表达。众多主题相关、相互联系的陈述便成了一个整体,这便是我们通常所说的'故事'。由此,历史叙事便是具体陈述攒聚而成的故事。这些陈述和故事也不是简单地堆砌在一起,它们都有具体的结构,在这个结构中,小故事都包含到更大更有包容性的故事中去。一个历史叙事内部正式的相互联结并不能简单地认为是具体陈述与故事,小故事与大故事这样的'要素关系',而应该是将它们之间的关系看作是陈述与故事,故事与故事之间多方位的蕴含关系。某一些具体的陈述既可以是蕴含在 A 这个故事中的,还可以是蕴含在 B 这个故事中的,与此同时,故事 A 也是蕴含在故事 B 中的。所以,我们不必去寻找所谓的线性关系,要看到应该是犹如雪崩之时的那种场景。前后相继的故事再建构起另一个故事,这些故事再建构起另一个故事,或者由此建构起更多的故事,构建起一个更大更加具有包容性的故事,并在此基础之上写就一本著作中的某一章节。那种历史叙事(一篇论文,或者一本著作)便是某一具体案例的所有故事中涵盖范围最广、最具包容性的故事。"[1]而且,托波尔斯基继续指出,"一系列已确定的事实和已作出的解释,单独都不足以构成条理清晰的记叙。如果要把这一切构成一个整体,并从时间透视来进行观察,那么历史学家便一定要能够充分利用他所积累的知识;而那些已经积累的知识,也就是指他记忆的一定的储备,它是随着学术经验和学问的增长(包括在理论问题上的学问)在不断增加着。这种能力就是把资料源知识和非资料源知识结合在一起,从而形成一个或多或少清晰和完整的结构眼光"[2]。

有研究表明,在传统史学和现代史学中,所谓历史叙事的客观性和史学研究的真实性主要建立在历史事实的概念解释及其真实性基础之上,这种历史认识及其解释模式主要分为三种,即符合论的解释、融贯论的解释和辩证的解释。符合论中的历史事实是客观主义者、实证主义者及广大基于经验主义理解历史叙事的一般人所有。但随着分析历史哲学认识视野的深入和影响,融贯论者认为,所有那些被符合论者视为客观存在的历史事实,在没有进入历史学家的思维之前,尚不能被称为历史事实,因为人们不可能思考那些自己不知道的东西,而那些被称为历史事实的东西,只能是历史学家在历史叙事和历史叙述中确定的所谓事实。[3] 从史学思潮的方法论倾向来看,如果符合论被认为是客观主义的解释,那么融贯论者的历史解释通常则被其反对者视为具有严重主观主义倾向的解释模式。为了避免被斥为主观主义之嫌,一些根本上属于融贯论者的历史学家就提出了第三种解释方式,即辩证的解释。[4]在托波尔斯基看来,历史叙事和历史解释问题实际成为中西学术界最富有争论的历史方法论领域,对这些问题最感兴趣的仍然是研究科学问题的哲学家们,也不排除分析的历史哲学家。事实上,从国际史坛非常有影响的《历史与理论》杂志(1960年创刊)上的发文情况看,但凡刊发有关历史哲学与史学理

---

[1] Jerzy Topolski, "Conditions of Truth of Historical Narratives," *History and Theory*, Vol. 20, No. 1 (Feb., 1981), pp. 48-49.

[2] 耶日·托波尔斯基:《历史学方法论》,第600页。

[3] 陈新:《西方历史叙事学》,第178—179页。

[4] 同上书,第180—181页。

论文章的意图与动机就充分说明了这个问题。[1]是故,托波尔斯基曾经在分析历史哲学的假设基础上,明确指出了有关历史解释模式存在分歧问题的关键所在,他同时认为所谓辩证的解释就是那种"既承认作为历史研究客体的客观历史实际的存在,又承认历史学家的头脑的创造性认识功能对历史事实概念的解释"[2]。至于关于何谓辩证的解释模式,托波尔斯基曾经撰文从个体与总体、本体论与认识论的关系角度进一步解释说:"历史学家们对历史作何种解释或多或少直接取决于他们对历史的总体形态的理解。我把这种关于历史过程的观念叫作历史学家的本体论空间。同时把历史学家们由对各种连接历史过程的各种关系感知而形成的关于方法论的自觉意识叫作认识论影响空间。"[3]正如前述学者所看到的那样,由此可以认为,托波尔斯基与一般融贯论者之间的不同之处,在于双重立论的出发点和立场差别迥异,托波尔斯基更主要是在客观的历史唯物主义与主观的观念控制论的基础上对历史事实进行解释。对于不同的历史学家来说,基于不同的历史观、知识背景和方法论立场,无论是马克思主义解释者还是非马克思主义解释者,"本体论空间和方法论影响空间在历史学家的意识中是不同的。即便是他们对这个世界的视野或内在认识并不完整,每一个历史学家都会有这样一种空间,并随意地使用这种意识"[4]。这里涉及一个复杂的关于历史事实的基础性功能及其历史认识论过程,因此,论者认为,辩证的历史事实概念同时也是将符合论的解释模式与融贯论的解释模式加以扬弃的产物,它接纳了符合论中历史事实的客观性的内容,肯定有一种作为历史研究内容的过去事件的客观存在,而融贯论的历史事实则被托波尔斯基认为是历史编纂学的事实。辩证解释事实上是融贯论的一种发展了的特殊形式,它将历史事实置于动态的、总体的生成框架里,但辩证解释的价值在于它从没有忘记客观性与真实性应是历史事实的根本特征,这也是托波尔斯基以历史唯物主义方法为基本出发点提出相关历史解释

---

[1] 参见托波尔斯基:"历史方法论和历史唯物主义"(上),董进泉译,《现代外国哲学社会科学文摘》1991年第3期。

[2] 耶日·托波尔斯基:《历史学方法论》,第219页。

[3] Jerzy Topolski, "Towards an Integrated Model of Historical Explanation," *History and Theory*, Vol. 30, No. 3 (Oct., 1991), p. 325.

[4] Ibid.

模式,从而超越一般融贯论的关键地方。[1]

　　在史学实践和历史解释模式的建构分析中,托波尔斯基曾经以马克思《资本论》中所包含的历史叙事和历史解释为例,考察经典马克思主义著作文本中所隐含的语言逻辑结构和历史方法论结构。也就是在这种史学文本的个案分析过程中,托波尔斯基逐渐形成了自己关于历史唯物主义方法的批判性分析立场,并在这个过程中合理性地借鉴马克思主义的思想观念与理论资源。此外,托波尔斯基也非常注重吸收其他方面的思想观念与理论资源,举例来说,正如德雷(William H. Dray)所说,集中表现托波尔斯基史学思想的《历史学方法论》就体现了其历史认识论倾向的一个主要特征,就是它在某种程度上非常严谨地或有时又曾尝试性地吸收目前美国和英国分析历史哲学的理论视界及其思想成果[2],从而,托波尔斯基才能够在历史唯物主义和辩证唯物主义基础上,别有用意地将关于历史事实的分析大致分类为本体论的解释、认识论和方法论的解释及辩证的解释。对此,中国学者已经指出,前两者与沃尔什的论述大致相同,而且"符合论和融贯论都是对于认识论的学说,它们表达了托波尔斯基说明的前两种解释,而托波尔斯基坚持有的辩证的解释更好地发展了沃尔什曾粗略谈到的关于历史事实解释的中间立场"[3]。德雷也曾经分析认为,在托波尔斯基那里,正如历史科学要像自然科学那样,现实那种完全通过询问或观察方式获得的经验知识和通过理解或"综合"获得的基本事实两者之间毫无判别的认识目标,取决于历史事实的确定途径应该如何能够恰如其分地运用因果解释方式来回答"为什么"和"怎么样"的阐释功能,并恰如其分地完成其正确的价值判断,正是出于这样的思考,在面对历史怀疑主义的时候,托波尔斯基才可以断然宣称历史学家能够通过诸如录音或图像那样的经验方式来"观察"过去是显得多么重要。[4] 实际上,但凡历史解释就是围绕着历史事件及人类行为展开的一种历史研究和史学认识活动,它涉及历史解

---

〔1〕　陈新:《西方历史叙事学》,第181—182页。

〔2〕　William H. Dray, "Reviewed work(s): Methodology of History," *The Journal of Modern History*, Vol. 50, No. 3 (Sep., 1978), p. 494.

〔3〕　陈新:《西方历史叙事学》,第178页。

〔4〕　William H. Dray, "Reviewed work(s): Methodology of History," *The Journal of Modern History*, Vol. 50, No. 3 (Sep., 1978), p. 494.

释者对于解释目标的重建理想、当事人的经验知识以及当事人的价值体系诸多因素,其中起关键作用的是历史解释者或历史学家如何使用要素分析法和逻辑分析法,揭示历史事件之间的因果逻辑关系及逻辑关系的历史本质。

进而言之,关于历史解释中的因果逻辑关系及其阐释效力问题,托波尔斯基具有自己独特的论断和观点:"在叙事中对原因和结果的叙述先后有精确程度的区别。在这个过程中各种相关内容得以相互连接。当历史资料不足时,历史学家甚至会用非常松散的假设来进行填补。虽然这种情况并不多见,但是也是会发生的情况。这一因果链条中的任何一种方式,作为必要特征,都可以用来解释动机和原因。二者都可以视作是对方的原因和结果。"[1]在托波尔斯基看来,历史学家或历史解释者采取这种历史叙事和历史解释的现象随处可见,只是有的更加倾向于事件的陈述,有的则更加倾向于事件的解释而已,而这恰恰表明有些历史学家往往是混淆人类内在动机和事件外部因素之间的逻辑关系,而没有充分地把两者的关系区分清楚。[2]这或可表明,在分析的历史哲学影响下,托波尔斯基所主张的历史解释模式是一种具有历史主义倾向的经验论解释模式,其重点在于注重对历史事实概念与历史叙事结构的辨别与再认识,而非一味地避开叙事性在历史叙事中的作用表现,而且强调在正确概念和研究途径的指引下,抓住历史事实的客观性与真实性的根本特征,从而获得相应事件的认识论方面的恰当历史解释。这种历史解释正是托波尔斯基在后现代主义思潮的影响下对整体历史解释模式的一种深化。

众所周知,后现代主义并不是一个简单的历史阶段性观念,而是一股十分复杂的哲学思潮,它的产生、发展及其影响都具有非常复杂的西方学术背景和社会历史条件,它在诸如美国、法国、英国和德国等西方国家的反响并不完全一样。后现代主义思潮起源于20世纪60、70年代的西方社会,其主导观念就是去中心主义、反本质主义、非基础主义,其重要代表人物有雅克·德里达、米歇尔·福柯、海登·怀特、弗兰克·安克斯密特等历史哲学家和史学理论家。在历史认识论和史学观念层面上看,从笼统的角度来说,中西史学界对于后现

---

[1] Jerzy Topolski, "Towards an Integrated Model of Historical Explanation," *History and Theory*, Vol. 30, No. 3 (Oct., 1991), p. 327.
[2] Ibid., pp. 327-328.

代主义思潮的认识态度是大体明确的,也是基本一致的。后现代主义和后现代主义者主要试图抽掉历史认识的客观性和史学的客观性赖以存在的理论基石,也试图彻底颠覆长期以来流行的现代主义史学观念及其史学实践场所的合法性。不可否认,对于毁誉参半的后现代主义思潮,简单排斥的做法或者完全接受的态度都是十分危险,也是非常不可取的。但是,有一点则是在现代史学界形成了共识的,从某种角度上说,正是由于后现代主义思潮的存在和影响,无论是过去还是现在,也无论是西方还是东方,现代主义史学思潮和史学实践正在开掘新的史学领域和推出新的史学认识成果。

如此看来,后现代主义观念作为现代主义史学必须面对的一种哲学观念与理论思潮,托波尔斯基具有自己独特的分析视角与理解路径,在托波尔斯基看来,在当代学术思潮和思想情境中,我们所需要分析与注意的不仅仅是后现代主义的观念与方法是否是众多可能观念与多元方法中的一种普通存在物,而且应该从哲学思潮对史学思潮的影响角度,充分分析后现代主义思潮对现代主义史学所具有的特别重要的理论价值和方法论意义。

从后现代主义的挑战及其回应的层面说,在托波尔斯基看来,历史叙事(书写历史或历史编纂)的真实总是涉及一个已知历史学家的职业信仰和学术语境,历史叙述本身也是一种复杂的话语结构与故事情境,在这结构和情境中,我们可以归纳出三个层面的叙事方式:非正式(随机性)的、劝服性的(修辞学)和意识形态的(控制论)叙事。这暗示在历史叙事或历史编纂中,接受真实的历史存在是必然的职业诉求,它的真实价值和实现目标能否达到或完成,取决于经验实践和其他复杂因素。[1] 按照托波尔斯基的基本认识,在本体论的意义上,即使是在历史叙事或书写历史的实践过程中,真实的存在仍是历史认识者或历史学家所努力追寻的事情,同时,在认识论和方法论上,应该重视经验论对于确定历史真实的重要性及其影响。实际上,托波尔斯基强调,历史叙事的深层次结构是一个包括纵向和横向两种叙事方式的灵活机制与可能结构,而且它可能表达怎样的叙述结构,决定历史学家作为历史认识者在他们

---

[1] Jerzy Topolski, "A Non-postmodernism Analysis of Historical Narratives," in Jerzy Topolski ed., *Historiography Between Modernism and Postmodernism: Contributions to the Methodology of the Historical Research*, Rodopi: Amsterdam-Atlanta, GA, 1994, pp. 36-71.

选择的一系列史学信息中所处的位置。[1] 更进一步,如果人们承认"历史叙事的横向结构具备超个体链接模式,一方面,它由自己的概念规则所决定;另一方面,由叙事的纵向结构带来的启示所决定",那么就可以认为,"在分析中,历史叙事的纵向结构更为重要。在此结构中可以找到诸多层次。……(1)有衔接的表面层次,体现在一系列句子和故事中,关系到历史叙事的纵向结构;(2)无衔接的表面层次,是层次的一种扩充。出现在以下情况,如叙事作者参考其他作者的陈述,或者更普遍的是,他假设读者对叙事内容的确了解,所以他选择走心理上的捷径,即删除某些信息,如此等等……(3)撰写者掌握的历史知识的无衔接深层次……(4)控制史实的选择和等级排序以及把知识连贯成叙事整体的无衔接深层次;也可称之为理论层次"[2];这种把历史叙事和历史解释作为一种方法或技巧的历史认识和史学观念,对于形成历史叙事或书写历史的具体实践方式具有根本性的作用。因此,托波尔斯基指出,在构建叙述文本的过程中,历史学家不仅要尽可能充分、真实或客观地展示(表现、描写、解释和说明等)过去的部分内容,也要形成一个包含于其中的历史叙事态度与历史叙述观点,而且还应该说服读者去接受他的史学信息和职业信仰。[3] 这就需要某种深层次理论来推进历史解释的途径,从而形成串联整个历史叙事的结构方式,最终构建一种更加具有连贯性和整体性的历史叙述文本与历史效果图景。

综上所述,现代主义观念与后现代主义思潮对托波尔斯基史学观念的影响之一,正是表现在其强调历史认识主体基于经验主义、主观主义与客观主义方法论的整体历史解释模式。托波尔斯基既肯定传统历史解释模式的符合论观点与现代历史解释模式的实在论基础,又把所谓后结构主义及后现代主义

---

[1] Jerzy Topolski, "A Non-postmodernism Analysis of Historical Narratives," in Jerzy Topolski ed., *Historiography Between Modernism and Postmodernism: Contributions to the Methodology of the Historical Research*, p. 9.

[2] Jerzy Topolski, "Historical Narrative: towards a Coherent Structure," *History and Theory*, Vol. 26, No. 4, Beiheft 26: The Representation of Historical Events (Dec., 1987), p. 83.

[3] Jerzy Topolski, "A Non-postmodernism Analysis of Historical Narratives," in Jerzy Topolski ed., *Historiography Between Modernism and Postmodernism: Contributions to the Methodology of the Historical Research*, p. 45.

理论的主要信条,譬如非基础主义、反本质主义、去中心主义等理论观念,都借用到对历史叙事和历史解释的马克思主义式建构理论及其目标追求上来,而且以一种历史唯物主义与辩证唯物主义的眼光,从具体的历史实践出发,对教条主义的马克思主义、现代史学科学化和后现代主义观念影响下的历史解释模式或历史叙事方式进行必要的理论改造。这种改造的实践路径就是,托波尔斯基通过建立一种介于现代主义与后现代主义之间的独特历史认识论和历史解释模式,强调在特定时空范围之内,历史叙事的结构方式和历史解释的真实价值应该是需要适当的个体史家的史学理论观念与基础知识信息、史学共同体的学术语境与史学价值取向来保证。

犹太民族精神分析新探[*]

——试以卡伦·霍尔奈理论解读《圣经·旧约》

顾　蓓[1]

心理史学的产生、发展是和精神分析理论的形成、完善与丰富密不可分的。尽管1910年发表的《列奥纳多·达·芬奇：一个童年的回忆》被认为是心理史学的开山之作，但是真正标志心理史学学术地位确立的却是1958年埃里克森出版的《青年路德：对精神分析与历史学的研究》。埃里克森是"新弗洛伊德主义"的代表人物之一。"新弗洛伊德主义"是弗洛伊德的追随者创立的众多派别的统称，虽然这些派别观点各异，但基本上都是对弗洛伊德理论的继承与发展完善。[2]卡伦·霍尔奈的"社会文化学派"就是其中引人注目的一支。

在以男性为主体的精神分析领域中，霍尔奈以其鲜明的女性主义心理学观点和"对防卫策略的复杂分类"的成熟理论极大地丰富了精神分析的理论体系。由于她广泛吸收人类学、社会学、文化学（如玛格丽特·米德、马林诺夫斯基）等其他学科的新成果，并借鉴同行（如沙利文和弗洛姆等）的观点，她的理论因而不仅具有临床治疗的价值，而且可以应用于文学、文化、哲学、宗教、性

---

[*]　本文原载于《求是学刊》2003年第3期，此处有补充和修正。

[1]　顾蓓，复旦大学历史学博士（2000年9月入学，2003年7月毕业），现为湖北大学历史文化学院讲师。

[2]　"新弗洛伊德主义"一方面继承了古典精神分析学的某些基本原理和术语，如移情、潜意识、防御策略等，另一方面又对其进行修正与完善，特别肯定人的后天自我价值，强调社会和文化对人格因素的重要作用，提出对儿童早期经验的观察与研究，并对人性和未来抱乐观态度。参见车文博主编：《弗洛伊德主义原著选集》（下），沈阳：辽宁人民出版社1987年版，第5—6页。

别、人物传记、政治心理学等领域的研究中,特别是针对神经症〔1〕形成发展的分析。由于"心理因素是历史研究的正当内容,是历史学家能够加以探究的人类过去的最重要的一个方面"〔2〕,因而霍尔奈"对人类行为中现存的内心冲突及防卫情意丛"所做的"前所未有的"深刻解释〔3〕,以及这种解释所提供的独特的洞察力应该同样可以成为分析、理解历史上某些矛盾现象的得力工具,成为心理史学又一可资依据的理论基础。近年来,国内对霍尔奈理论原著及相关著作的翻译出版逐渐增多,吸收、应用并深入探讨其理论因而显得很有必要。本文就是霍尔奈理论应用于犹太民族性分析的一次尝试,也是对学术界从政治、经济、文化等角度研究犹太民族方式的一个补充。由于笔者水平有限,如有不当和疏漏之处,希望得到大家的批评和指正。

一

卡伦·霍尔奈(Karen Horney,又译霍妮)是 20 世纪著名的女精神分析学家。1885 年生于德国汉堡,1906—1913 年就读于柏林大学医学院并获医学博士学位,曾系统接受古典精神分析训练。1932 年移居美国。由于在女性心理学、对神经症的形成和治疗等问题上与弗洛伊德理论相悖而与保守的正统派关系十分紧张,并最终导致她事实上被逐出精神分析学界,霍尔奈于是在1941 年主持成立"美国精神分析促进会"和"美国精神分析学院",继续运用并传播自己的理论,并一直担任"美国精神分析学院"主任至 1952 年去世。她的主要著作有《我们时代的神经症人格》(中文版译名《我们时代的病态人格》)(1937 年)、《精神分析新法》(1939 年)、《我们的内心冲突》(1945 年)、《神经症及人的成长》(1950 年)等。霍尔奈生前声名斐然,但在她去世后相当长的一段时间里,由于种种原因,她的著作"日渐退出人们的视野",随着 1967 年她的

---

〔1〕 必须加以澄清的是,神经症完全不同于精神病,它是由于心理冲突导致的一种精神疾病,表现为焦虑,压抑等情绪及身体上的不适感,但不会出现精神病特有的知觉、思考障碍和区别现实与想象之间能力不佳的情况。神经症患者一般都具有大体适应外部环境的能力。

〔2〕 [美]托马斯·科胡特:《心理史学与一般史学》,载《史学理论》1987 年第 2 期,第 141 页。

〔3〕 [美]伯纳德·派里斯:《精神分析新法·中文版前言》,上海:上海文艺出版社 1999 年版,第 2 页。

早期成果《女性心理学》的整理出版,霍尔奈及其理论才逐渐获得应有的关注,而且"越来越多的人同意她是第一位伟大的精神分析女权主义者"〔1〕。

作为"社会文化学派"的创始人,霍尔奈对经典精神分析学理论的最初背离始于对弗洛伊德女性心理学中"阉割情结"的质疑,在以后长期进行精神分析理论研究和治疗实践的过程中,霍尔奈更进一步"否认性因素的突出地位,向恋母情结的真实性挑战,抛弃里比多的概念和弗洛伊德式的人格结构"〔2〕,总之,她脱离了弗洛伊德试图以人的生物本能揭示普遍人性的做法,认为"我们的情感和心态在很大程度上取决于我们的生活环境,取决于不可分割交织在一起的文化环境和个体环境"。其中文化环境是"特定社会中人们所普遍共有的,有时也被称为文化因素,文化条件";而个体环境是指"个体出生后所进入的具体情境,特别是所结成的人际关系,所以也被称为个体经历"〔3〕。两者相互交织,构成了个体的生活环境。个体与其生活环境之间不适、矛盾和冲突是导致神经症的重要原因。霍尔奈由此定义:神经症"是一种由恐惧、由对抗这些恐惧的防御措施、由为了缓和内在冲突而寻求妥协解决的种种努力所导致的心理紊乱"〔4〕。从其心理动力系统来看,"所有神经症共同具有的基本因素有两个方面,一是焦虑,这是始终产生和保持神经症的内在动力;二是为对抗焦虑而建立起来的防御机制,这构成神经症患者复杂的人格结构"〔5〕。人在出生后的相当长的一段时间里无法自理和独立生存,必须依赖于周围环境,而所有的心理学家都承认早期经历对一个人的一生具有决定性影响。霍尔奈指出:当一个儿童意识到自己处于一个冷漠、充满敌意的世界中时,为了保护自己,克服"由孤独、无助、恐惧、敌意引起的根深蒂固的不安全感和模糊的疑惧感",他"自发地想出对自己损害最小的办法去对付或控制"它们,为此他制定了一系列防御策略,并不断地"无意识地调整自己的行为策

〔1〕 [美]伯纳德·派里斯:《一位精神分析家的自我探索》,上海:上海文艺出版社 1997 年版,第4 页。

〔2〕 [美]杜·舒尔茨:《现代心理学史》,北京:人民教育出版社 1981 年版,第 373 页。

〔3〕 葛鲁嘉、陈若莉:《文化困境与内心挣扎——霍妮的文化心理病理学》,武汉:湖北教育出版社 1999 年版,第 40 页。

〔4〕 葛鲁嘉、陈若莉:《文化困境与内心挣扎》,第 64 页。

〔5〕 同上书,第 62 页。

略来适应环境中起作用的一些特殊力量。如此,他不仅形成了一些特别的行为策略,而且形成了持久的性格倾向"[1]。

不同的环境不同的人会形成不同的人际防御策略。霍尔奈概括出三种类型:顺从迁就的谦避型、自负傲慢的进攻型和与世无争的超然型(最初她用趋众、逆众和离众来代表)。应该说上述三种态度是人们应对环境时的正常反应,三者之间不仅不相互排斥,还会随着情境的需要灵活转换,相互补充,形成一个和谐的整体。但在神经症患者那里,三种反应却不是自愿的、正常的,而是强制的、僵化的,每一种态度都是针对基本焦虑的一个因素的过分强调,如顺从中的无助感、攻击中的敌意情绪和超脱中的孤独倾向,其盲目和僵化的程度与患者心中潜伏的基本焦虑的强度成正比。患者不是驱动者而是被驱动者,"必须"成为他心中的暴君。当然,患者也不固守某一单独策略而是采取所有的策略。如果某种倾向较为突出,那也是因为它使患者感到最自在。同时另两种策略隐约存在,尽管会受到忽视和压抑,如一个谦避型的人会为自己突如其来的狂怒及想羞辱他人的愿望感到惊奇并随之进行自我谴责。当主导型策略被证明无效时,患者也会转向其他策略,不过这种转化也是强制和僵化的。一旦神经症患者采取某种防御策略,他同时就在不知不觉间开始了与命运的交易,其原则是:如果他遵循某种(自定的)行为准则,做他理想中的人,命运就会奖赏他,满足他提出的种种要求。由于这是一种主观的一厢情愿,当外部世界并未做出预期的反应时,患者就会产生深深的失落感;而且他设计的理想自我往往不切实际地过于完美,无法做到,患者又会有严重的挫折感,这些将导致他全力构建的行为策略及其依据的价值规范的崩溃,为了减轻或避免随之而来的巨大的内心冲突及强烈的自我憎恨,患者不得不动员更多的精神力量重建整体感和自信心。而他采取的不过是先前方式的强化,结果是陷入新一轮的冲突中。神经症的发展消耗了患者大部分应用于建设性工作的内在力量,它所引发的人格衰竭会败坏他与周围环境的关系,造成人际障碍,患者将终日生活在心灵的地狱中。

以上仅是对霍尔奈理论重要组成部分的极为简略的概述,她对防御策略

---

[1] [美]卡伦·霍尔奈:《我们的内心冲突》,上海:上海文艺出版社1998年版,第17页。

的细致分类和深刻分析反映在她后期的两部著作《我们的内心冲突》和《神经症及人的成长》中,而较早的《我们时代的神经症人格》和《精神分析新法》则体现了她将神经症的起源归于文化和人际关系失调的观点,特别是她指出资本主义社会(或西方文明)所提倡的严酷无情的个人竞争是导致人际关系紧张、引发人的不安全感的根本原因,这使她的理论更具社会和现实意义。尽管霍尔奈以她所处的 20 世纪三四十年代为讨论对象,但由于防卫(包括迎合、对抗、疏离等)行为源于人的本能而非文化的产物,所以尽管国情各异,在这一点上也只是表现为防御策略在不同文化传统社会中的形式、某一种策略受鼓励的程度及它所引发的内心冲突等方面的差别。[1] 因而霍氏理论运用的广度和深度可以超越英美文化与国家的界限,应用于其他文化背景,不仅成为解析、研究其他欧亚各国文学作品和历史人物的有力工具,而且可以不限于个体人物而涉及国家文化和民族性格,在这一方面,美国学者已取得了一定的成就。[2] 由此,笔者相信,用霍氏理论分析犹太民族性也将是可行的和有意义的。

二

古典的精神分析理论十分重视童年经历的影响——弗洛伊德从其机械进化论出发甚至断言 5 岁以前的经历就已奠定了一个人一生的基调,5 岁以后再无新东西——但对于以之为理论主体的心理史学而言,这一观点却导致了难以克服的技术困难,因为大多数研究对象早年的记录不是缺乏就是模糊不清,这极大地限制了研究的深入,并在很大程度上影响到心理史学自身的科学性和客观性。霍尔奈并不否认早年经历对人格形成的重要性,但她认为成人并不是在重复其早年的模式,也无需用早年的类比来解释成年的行为,"一旦

---

〔1〕 [美]卡伦·霍尔奈:《神经症及人的成长》(中译本前言,伯纳德·派里斯著),上海:上海文艺出版社 1996 年版,第 21 页。
〔2〕 运用霍氏理论分析文学作品与人物的主要有 B. 派里斯的《与命运的交易:莎士比亚及其戏剧中的心理危机与冲突》《想象的人》等;对社会文化进行分析的有戴维·波特的《富足的人们:经济富裕与美国性格》,保罗·华塔齐尔的《富足中的贫瘠:美国生活方式的心理学描述》,J. 霍夫曼:《美国文化的心理学批判》,以及对伊丽莎白和维多利亚时代英国的社会分析。

一个孩子开始采用防御策略，他或她的特殊体系就在外部因素和内部需要的影响下发展起来……成人性格结构来自早年，但这也是一个错综复杂的进化史的产物，这可以从防御的现代布局中来加以理解。无论他们的童年有多么粗略，但是就他们现行的防御策略而言，我们拥有足够的信息"[1]。

目前史学界普遍认为，犹太人的祖先是所谓的"哈比鲁人"，他们是"生活在定居社会边缘的一个社会阶层……脱离了自己出生的地方，到处迁移，处于其居留地被保护的雇客地位。他们带上了这一阶级的特殊标记"[2]，要追溯并勾勒如此起源民族的"早年经历"是一件相当困难的事。不过，借助于其真实性日益被肯定的《圣经·旧约》，犹太人的早期状态仍可以得到想象和了解。

与其他许多古代民族不同，在《圣经·旧约》中几乎找不到诸如女娲、该亚、库柏勒等原始母神的形象，就是说，哈比鲁人就像马克思所说的"早熟的儿童"一样，由于过早离家闯荡而缺乏母性宽厚慈爱的记忆，作为正常性格组成部分的温柔、怜悯、仁爱乃至宽容的情感就难以充分培养；另外，没有母亲的怀抱可求慰藉而不得不完全依靠自身，他也就比其他"正常"的儿童更早更深切地体会到生活的艰辛与世态的炎凉，对外部压力的反应会更激烈，一旦形成某种个性倾向后就很难改变，这种顽强刚硬而死板僵化[3]的特点，极大地影响了以后犹太民族性格的发展趋向。另一方面，尽管是拼凑而成的混杂民族，《旧约》却勾勒了一条从亚伯拉罕到摩西的"清晰"的承继关系，读来极乏味的家谱也占据了《旧约》的很大篇幅，将"民族成长中的几个历史阶段的象征"设计为同为一个祖先的家族成员，从另一侧面也反映了犹太人寻找并确定身份依据的迫切心态。

作为边缘客民，哈比鲁人在迦南很不受人欢迎——"那地容不下他们，因为他们财物甚多，使他们不能同居。"（《创世记 13：6》）不仅挖的水井被人填平，连妻子的安全也很难保证，亚伯拉罕和以撒都为防妻子被掳而谎称她们是

---

[1] ［美］伯纳德·派里斯：《想象的人》，上海：上海文艺出版社 2000 年版，第 12 页。
[2] 顾晓鸣：《犹太——充满"悖论"的文化》，杭州：浙江人民出版社 1990 年版，第 60 页。
[3] 霍尔奈指出，"如果早期境遇的影响很大，足以把孩童塑造成一个死板僵硬的类型，那么任何新的人生经历都不能消除这种影响"，原因"部分在于其所受的严厉管束使其不能接纳任何新的人生体验，部分在于他总是以一种固定的模式来对待任何新的人生体验"（卡伦·霍尔奈：《我们的内心冲突》，第 19 页）。

自己的妹妹。(见《创世记》20：2,26：8)即使是上帝也不得不向亚伯兰承认：
"你的后裔必寄居别人的土地,又服侍那地的人,那地的人要苦待他们四百
年。"(《创世记》15：13)面对这种险恶艰辛的环境,哈比鲁人除像其他居于此
地的游牧民族,一有机会就以其人之道还治其人之身外,还形成了近于马基雅
维利主义式的心态：不囿于通常所谓的道德约束,对不择手段达到其目的者
颇为赞赏,从《旧约》中对以撒、雅各一生的种种欺诈偷盗行为的津津乐道就可
看出这一点。类似行迹的记载在《旧约》中还有不少,后人多对犹太人这种不
为尊者讳的做法感到吃惊,但是对于世界上的最早的社会达尔文主义者来说,
"弱肉强食、适者生存"是最切实不过的体会,因而对为达到生存目的而表现出
的人性的种种不光彩之处能予以理解和容忍。此外,在《创世记》中反复出现
的以小胜大的主题(上帝选中了弟弟亚伯的祭品、以撒的出生赶走了以实马
利、雅各夺取了以扫的长子继承权、约瑟比哥哥们更得宠等)也可以被认为是
犹太人自卑心理补偿的一种反映：既然上帝所喜爱和拣选的多是"年轻而富
有争议性"[1]的人,那么同样"年轻而富有争议性"的犹太人为什么就不能超
过其他古老伟大的民族而成为他的特选子民呢?

　　心理学界普遍认为,早期经验对一个人性格的形成具有相当大的决定作
用,霍尔奈更指出不利的外部环境,特别是失调的亲子关系是导致神经症的重
要原因。但在实际生活中,并不是所有经历过不愉快童年的人都会患上神经
症,那么,造成正常人和神经症患者之间差异的原因在哪里呢? 答案是"基本
焦虑"的存在。霍尔奈对此的定义是："一种在内心中不断增长的、到处蔓延渗
透的孤独感,以及置身于一个敌对世界中的无能为力的绝望感。对个人环境
因素所做出的这种尖锐的个人反应,会凝固、具体化为一种性格态度。这种性
格态度本身并不构成神经症,但它却是一块适合的肥沃土壤,从中任何时候都
可能生长出一种特定的神经症来。由于这种态度在神经症中发挥着根本性的
作用,我给了它一个特别的名称：基本焦虑(basic anxiety)。"[2]

　　如前所述,神经症被定义为是恐惧和防御恐惧并试图找到解决冲突的倾

〔1〕 [美]大卫·布雷尔：《犹太历史上的权力与无权》(David Blale, *Power and Powerlessness in Jewish History*,Schoeken Book，New York，1986),第 28 页。

〔2〕 [美]卡伦·霍尔奈：《我们时代的病态人格》,北京：国际文化出版公司 2000 年版,第 57 页。

向时产生的"心理紊乱"。从表面上看,恐惧和焦虑都是对"危险的不当反应",但事实上危险在恐惧那里是"一种透明的、客观的"存在,而焦虑的对象却是"一种深藏不露的、主观的东西","焦虑的程度取决于处境对某人的含义"〔1〕。就犹太人而言,祖先哈比鲁人的客民身份一开始就决定了立足和生存是其面临的最大挑战,"同化"是边缘的、弱势的群体在迦南这一民族大熔炉中必须应对的切实客观的危险,抗拒无可避免地被消融的命运是其正常的恐惧反应,不足以导致神经症的产生。笔者认为,是犹太人历史发展的独特性决定了恐惧向焦虑的转化,也就是即使在最强大的王国时期仍处于大国环伺的阴影中和绝大多数时间的四处流散及在寄居国大散居小聚居的分布。应该说生存困境和同化危险构成了犹太人基本焦虑的两大要素,并成为他们紧随不舍、挥之不去的噩梦,这就是霍尔奈所说的"始终产生和保持神经症的内在动力"。表面上,使不同种族、肤色、语言的人们成为"犹太人"的,是犹太教信仰、律法及相应的一整套生活规范,但从另一角度来看,"犹太人"与其说是一种称谓、一种生活方式,不如说是由一种特殊的生存状态所导致的特殊的精神或心理状态,也就是说哪里有相对于主流社会的、边际的、异质的弱势群体存在,哪里就有犹太人。

霍尔奈指出,无论采取什么样的应对方式,患者所追求的都不是外在的财富、权势或地位,而是希望因此获得一种安全感,以抵消敌意环境造成的无助和孤独感。在对抗生存与同化所引发的基本焦虑的方式,即人际防御策略的采用上,犹太人面临着三种选择:一是无所作为而与其他民族"打成一片",二是离开不受欢迎的土地另觅乐园,三是直面现实,奋力抗争以谋取生存。第一种谦避型的后果是消融和完结,第二种超脱型不切实际,因为无论到哪里犹太人都是外乡人,只有第三种进攻型才是唯一可行的。霍尔奈指出,任何一种防御策略的采用都涉及"一个行为模式和个性特征的情意丛,一个公正的概念,一套关于人的本质、价值和处境的信念"〔2〕。犹太人选择进攻型策略可以说是外部压力也是前文提到的由其早年经历而成的"性格态度"双重作用的结果。

---

〔1〕 〔美〕霍尔奈:《我们时代的病态人格》,第 20 页。
〔2〕 〔美〕伯纳德·派里斯:《与命运的交易》,上海:上海文艺出版社 1997 年版,第 24 页。

三

《圣经·旧约》是犹太人贡献给世界的伟大财富。随着现代历史学和考古学的发展,笼罩其上的神秘逐渐褪去,其中"所载的犹太人事迹,除种种超自然事件尚有存疑外,大都经得起考验……尽可大胆采信"[1];同时,《旧约》也是一部伟大的文学作品,而任何文学作品都或多或少地成为作者当时内心情感和精神状态自觉不自觉的反映。《旧约》能流传千年而不失引人入胜之处,恐怕与它所反映的人类情感和精神状态的丰富复杂不无关系,因而,无论从历史还是文学角度,《旧约》都可以成为分析犹太人精神状态的重要参考。

西谚云:"罗马不是一天建成的",犹太人独特的民族性(即本文中不带贬义的以"进攻型"为主体的防御策略)的形成与固定也非一日之功。在犹太人面临的两大挑战中,生存是贯穿始终的基本旋律,但就对神经症的激发作用来看,同化是更为明显的催化因素。笔者就以此为出发点,以《旧约》中显示的三次同化危险及应对方式为线索,清理出一条犹太人神经症性格形成发展的脉络。

1. 出埃及(约公元前 13 世纪)

霍尔奈指出,处于敌意环境中的人"由于种种原因,不曾有过发展真正的自信心的机会";而要抵消受环境影响所产生的无助和虚弱感,又必须拥有强烈的自信和自尊,两者之间的矛盾导致"产生出把自己抬高到别人之上的迫切需要"[2]。这种为了获得"具有身份的感觉"会激发人的想象力,在无意和逐渐中塑造出一个理想化的形象。[3] 在将理想化形象[4]转变为现实的过程中,对完美的需要和取得报复性胜利是两大心理动力。就犹太人而言,耶和华

---

〔1〕 [美]威尔·杜兰:《世界文明史·埃及与近东》,幼狮翻译中心编译,第 269 页。

〔2〕 [美]卡伦·霍尔奈:《神经症及人的成长》,第 5 页。

〔3〕 这种理想化形象的形成不是空穴来风的,而是受一个人自身经历、早期幻想、自我需要及其特定的才智等因素的影响,突出的"个人特点"使理想化形象相当"真实",它因给予人以统一感而具有很大的迷惑性,易令人沉溺其中。

〔4〕 理想化形象与真实的理想之间是有区别的。后者是动态的目标,它激发人的创造力以不断地接近它,因而有助于人健康成长;但理想化形象趋势却是静态的,它是神经症患者"敬奉的一种固定的想法",事实上阻碍了人的成长,"因为它要么是否认缺点的存在,要么是谴责缺点。真正的理想使人谦恭,而理想化形象让人变得傲慢"(卡伦·霍尔奈:《我们的内心冲突》,第 62 页)。

对亚伯兰的许诺反映了犹太人基于早年经历所形成的理想化形象,"我必叫你成为大国,我必赐福给你,万族都要因你得福","凡你所看见的一切地,我都要赐给你和你的后裔,直到永远"(《创世记》12:2—3,13:15—16)。即使如此,以色列人仍不得不因饥馑而迁往埃及。

确切地说,以色列人在埃及所面临的只是单纯的民族同化而不是后来民族文化的双重同化。这一方面是因为他们同当时的征服者喜克索斯人一样,集中于尼罗河三角洲,与埃及文明的创造者是基本隔离的;另一方面,当时的以色列人也不是具有强烈自我意识的犹太人,还未形成特有的民族文化,当然也就不存在对异族文化的抗拒。即使如此,摩西及其所带领的出埃及活动仍具有伟大的意义,它成为日后摆脱异族压迫走向解放的象征。当然实际上出埃及的过程,充满了反复与波折,较为明显的是法老虐待、迫害以色列人,却又百般阻挠不让他们离去这一令人困惑的自相矛盾——霍尔奈指出,"前后矛盾清楚地表明了冲突的存在,就像体温上升表明身体不适一样"[1]——因此,如果将之视为以色列人因无法达到其理想化形象而产生的自我憎恶的反向心理作用的话,法老不合情理的刚硬顽固就可以解释了。至于上帝给埃及降下的十大灾祸,不管是否确有其事,则无疑形象地反映了犹太人强烈的报复心态——无论埃及人是否苛酷,他们都必须承受因犹太人无法容忍理想与现实强烈反差而产生的、由自我憎恶所外化的极大敌意。

在理想化形象现实化的过程中,"对完美的需要"有助于按特殊的标准塑造(而不仅是修饰)自我。具体的实施方式是用一整套复杂的"必须"和"禁止"来达到目标。这就是为什么在"摩西五经"中会充斥着喋喋不休的、在外人看来完全没有必要的申命内容。这些规定和禁忌的显著特点是详尽烦琐并极具强制性,但其造成的束缚感与受敌意环境影响产生的失落、焦虑和无助感相比,还是可以忍受的,因为它们能带来踏实感和方向感;此外,一整套事关日常生活细节的烦琐规定也具有一定的积极作用:它既可以使自我与他人区分开来,从而将一批来源不明的乌合之众凝聚在一起,也可以获得一种主观上高人一等的感觉、作为外来者自信不足的心理补偿。随着理想化形象的逐步确立,

〔1〕 〔美〕伯纳德·派里斯:《想象的人》,第6页。

与命运的交易（即犹太民族同上帝的契约）也开始了，交易原则是只要他们遵守这些戒律，上帝就会实现他的诺言。

从《旧约》有关章节的文字看，在进入迦南之前，自大型（即前文的"进攻型"）已经成为以色列人的基本防御策略，其次生的三种类型（自恋型、完美型和傲慢—报复型）也不同程度地表现出来。霍尔奈指出：自恋型的人设法通过"自我赞美和施展魅力"主宰人生，他对"他的伟大深信不疑，觉得他是奉神意选定的，是知天命的人"（见《民数记》24：8—9"他蹲如公狮，卧如母狮，谁敢惹他？"）；完美型的人力求行为举止完美无缺，并以这种标准要求自己和别人。由于目标太高难以达到，他往往自欺欺人地将懂得完美标准与实际做到它等同起来，而却鄙视达不到标准的别人，"把自己的标准强加于人的做法使他们对极少数通过选择的人充满敬意，而以苛刻或居高临下的态度对待人类中的大多数"（见《申命记》4：5—8"这就是你们在万民眼前的智慧、聪明，他们听见这一切律例，必说：'这大国的人真有智慧，有聪明'"，以及犹太人"上帝特选子民"的自称）；至于傲慢—报复型的人，由于童年时代的精神创伤而有一种为其所受待遇进行报复的倾向，"他把世界看作一个角斗场，生活就是战斗，万物固有的唯一道德律是强权即公理"〔1〕（见《民数记》22：35，31：10 中对米甸人的烧杀抢掠）。自大型防御策略（包括其次生、在不同的情况下交替或综合展现的三种亚类型）与前述的理想化形象一起，给予了犹太人在恶劣环境中生存奋斗的勇气和力量，但它们所造成的犹太人与其他民族精神和心理上的隔绝状态，以及犹太人为维持这一状态所表现出来的外在的傲慢孤立却为日后此伏彼起的反犹主义提供了借口。

2. 后所罗门时期（约前 931—前 586 年）

从《约书亚记》到《列王记》的各章节在内容与文字上与"摩西五经"最大的区别是，后者中强制性的反复申命内容明显减少，以致这一部分可以当作政治、外交、战争和社会生活的历史来读，上帝与书中的人物在言行的激烈与极端程度上有了很大减弱，几乎与一般人并无二致。连以色列的老百姓也不顾撒母耳的警告执意要一个国王，因为这会"使我们像列国一样"（《撒母耳记上》

〔1〕 本段引文均出自霍尔奈：《神经症及人的成长》，第 27—28 页。

8：20）。这表明为抵御敌意环境所采用的防御策略及为恢复自信而臆造的理想形象，无论看上去多么完善，也仍然是主观的产物，它们所带来的安全感和统一感只能存在于真空中；一旦遭遇到现实，它们造成的心理或精神上的隔绝状态会变得难以忍受。霍尔奈一向反对弗洛伊德的机械进化论，认为"早期经验……影响我们建立处世的方式，反过来它又被后来的经验所影响，最终演化出我们成年后的防卫措施及性格构架。……成年人的性格是所有先前的心理构成和环境因素相互作用而得产物"[1]。换言之，霍尔奈对人性更为乐观，她强调人的主观能动性，相信人具有自我调节和整合的功能；不管早年的影响多么巨大，人仍然有延迟神经症的形成，甚至重塑性格的可能。士师时代和王国时期应该被视为无法拒绝的、有助于减弱犹太人基本焦虑的机会。因为犹太人可以通过有所作为来改变环境，削弱外部环境对内心造成的恶劣影响。这一时期犹太人的神经症状态明显缓解，其创造力和享受生活的能力充分表现；不仅如此，他们还显露出打破自我封闭、向邻国看齐的迫切愿望，在行政机构、经济制度乃至社会风习等方面积极效仿先进国家。这一开放和世俗化倾向在所罗门当政时期达到高潮，如设立行政区划以利统治和税收；实行商业垄断，增加税收来源；改革军事组织，引入马拉战车；以他国为借鉴改进司法程序[2]等，而所罗门宫廷生活的骄奢和当时社会风气的"堕落"则引起了保守派的谴责；甚至所罗门倾尽国力修建豪华圣殿，其目的更多也是出于攀比和炫耀而非荣耀上帝。可以想象，这一趋势如果任其发展下去的话，犹太民族就会像传说中的十个以色列部落一样，最终在西亚这个民族大熔炉中消失得无影无踪。

然而，第一次游牧民族入侵浪潮后区域性军事帝国（亚述、新巴比伦）的扩张，打断了这一自觉融合的过程，其产生的生存和同化压力再度激化了和平环境中已相当缓和的基本焦虑，迫使犹太人重新退回到自我防御的堡垒中去。值得注意的是，《列王记》既缺少"摩西五经"中的反复申命，也缺少巴比伦之囚后的大小先知书对犹太民族性固执的强调。除少数力图恢复旧制的努力外，

---

〔1〕 ［美］卡伦·霍尔奈：《精神分析新法》，第9页。
〔2〕 I. E. S. 爱德华兹、C. J. 卡德等编《剑桥古代史》第2卷第2部分《中东与地中海地区》（*The Cambridge Ancient History*，Vol Ⅱ part 2：The Middle East and The Aegean Region，c. 1380-1000B. C.，Cambridge University Press，1975），第558页。

文中充斥着古代王国习见的阴谋和战乱,但这并不表示后所罗门时期犹太人面临的生存与同化压力较之其他时期小。事实上《列王记》中上帝多次食言,不愿惩罚犹太诸国王崇拜异神的尴尬局面恰恰反映出当时犹太人处于强大外压时左右为难的心态。[1]之所以会出现"反应不足"的情况,是由于此时犹太人防御策略的建立尚未达到完善与定型的程度。霍尔奈指出:儿童尝试缓解"基本焦虑"的最初解决办法,其"结成的整体的效果"不像以后成熟的神经症解决办法的效果那样"牢固而全面",其原因"部分在于成长中的个体尚不成熟,部分在于最初解决办法的目的主要是统一和别人的关系。因此有余地,而且也的确有必要使结合变得更牢固"[2]。

后所罗门时期的犹太人恰好处于这一朦胧阶段。一方面其民族认同感和凝聚力不足,另一方面外部压力是自摩西时代以来最强的一次,正在形成中的防御策略无法立即显示效果。这种双重不完善性(换个角度说是可塑性)使犹太民族下一步的反应或选择变得非常关键。而以色列灭国出现的犹太民族核心化以及王族、祭司、文士被掳往巴比伦的事实,则使犹太人因祸得福地获得了加强原有策略的机会。

3. 第二圣殿期[3](前526—公元70年)

在霍尔奈看来,任何一种防御策略的确立以及相应的理想化形象的定型,都是源于"神经质的自尊"。与"以实际上具有的特性为基础"的健康的自尊相比,神经质的自尊"是没有事实根据的……(它)属于那种经过美化的自我,并给予美化的自我以支持"[4]。同理想化形象一样,神经质自尊也只有在真空中才给人以坚不可摧感,但一接触到现实的空气,它就会像纸房子一样倒塌,因此,神经质的自尊极易受伤害,包括实际的和想象中的。由于自大型防御策略比谦避型和超然型显示出更多的控制环境的力量感,其理想化形象及产生它的神经质自尊的脆弱性在很大程度上被掩盖和忽视了。事实上,自大型更难以忍

---

[1] "(亚哈)行耶和华眼中看为恶的事,耶和华却因他仆人大卫的缘故,仍不肯灭绝犹大。照他所应许大卫的话,永远赐灯光于他的子孙。"(《列王记》下8:18—19)
[2] [美]卡伦·霍尔奈:《神经症及人的成长》,第4页。
[3] 第二圣殿期在时间上是跨《旧约》和《新约》的,为保持连贯性,仍将这一时期归入旧约时代讨论。
[4] [美]卡伦·霍尔奈:《神经症及人的成长》,第82—83页。

受(或无法想象)失败与挫折,这一类型的患者为消除现实与理想之间的鸿沟所动员和付出的精神力量也相当巨大——其结果却是自尊的更加脆弱和新一轮的内心冲突及重新整合过程,患者的神经症程度因此一步步地加深。犹太人的身份和地位使之很容易受到伤害却无力反抗,其内心的极度敏感又加重了屈辱感。由于犹太人无法从根本上改变自身的处境,他们除了紧紧依靠逐渐完善的自大型防御策略和完美"上帝特选子民"的理想化形象外,没有其他选择。

在第二圣殿期前段,回到巴勒斯坦的犹太人的主要任务是重修圣殿,恢复摩西律法和振作民族自信心。为此,言辞激烈、情绪激昂、想象力丰富的先知们诅咒巴比伦,不遗余力地谴责王国时期以色列人的不敬神并继续重申上帝的许诺,他们的工作为犹太人应付即将汹涌而来的希腊化浪潮做好了准备。

前323—前30年的希腊化时代是地中海地区古代文明交汇融合的顶峰。尽管少了亡国之虞,这股不可遏制的潮流对犹太人造成的同化威胁却并不次于后所罗门时期,"当时希腊文明在社会活动的各个方面对犹太人逼得很紧。不管到哪里,变不变成为一个希腊人的问题,没有一个犹太人能够逃避或漠视。"这也是对犹太人进攻型防御策略成熟性的考验。对此,"狂热的"犹太教徒的"情感冲动是要尽力避开敌人,退隐到固有的犹太传统的精神堡垒里去。他们的信仰受到一种信念的鼓舞:只要恪守祖宗的传统,不让一步,他们就可以从自己精神生活上排他性源泉中取得一种神力,把侵略者击退。"[1]最明显的反映就是巴勒斯坦犹太社区出现的自大型策略表现程度不一的法利赛人[2]、

----

〔1〕 [英]汤因比:《历史研究》(下),上海:上海人民出版社1997年版,第280页。

〔2〕 法利赛人的原意是"分离者","他们与普通人和外邦人脱离,以其自认的信仰无误和生活上的高度神圣性来散布影响",由于《新约》的影响,法利赛人在很长时间里被视为体现了犹太教"冷酷的正统性,僵硬的形式主义,法律上的自以为公正和狂热的偏执"(菲利浦·什卡夫:《基督教会史》第一卷,Philp Schaff, *History of the Christian Church*, Vol. Ⅰ, W. M. B. Eerdmans Publishing Company, 1980,第64页)。但如果抛开成见看待法利赛人,就可以发现他们事实上是自大型神经症最典型的代表。无论是"假冒伪善"还是拘泥于细枝末节的一丝不苟却不行"那律法上更重的事",都是神经症基本特征中"僵化反应"的表现,因为烦琐戒律的遵行在他们那里已变成了克服基本焦虑的被动反应而非真正的内心需求。尽管他们同样不可能达到所标榜的高度,却无法容忍任何危及其防御策略的言行,所以很容易被指责为虚伪冷酷。另一方面,由于神经症患者仍具有适应现实世界的能力,而且与自大型策略对应的"具现实主义色彩的时刻保持警惕的观念"(《我们的内心冲突》,第37页),恰恰使"僵化"的法利赛人在大流散初期起到了整合其他犹太教派,加强内部团结的积极作用。

撒都该人和奋锐党。

　　但是如前文提到的,在神经症患者身上除主导型防御策略外,还存在着另外两种被忽略和受压抑的策略类型。当环境发生变化,与之对应的主导策略不再行之有效时,患者会转而尝试其他策略以重建内心平衡。"巴比伦之囚"之后巴勒斯坦犹太人政治独立的丧失及其一再沦为外族臣属的现实,以及其他先进文化的影响都有助于原先隐藏的另外两大防御策略的逐步显现,特别是在文化中心巴比伦的居留及后来的希腊化浪潮,使犹太人接触到许多新的观念,如毁灭与被逐表明神的愤怒,只有消罪和赎罪才能重获恩典[1]以及弥赛亚,宇宙二元论,永生与复活等,其中来自东方的人生虚幻、万事皆空、人应顺从命运安排这类说教正好契合了犹太人的受挫处境与悲观失望的心态,于是就有了基调阴郁灰暗的《传道书》,一改强硬口吻而以劝诫语气申言上帝戒命的《诗篇》和在不公与荒谬的生活中寻求生存智慧的《箴言》。而公元前后巴勒斯坦犹太社会中艾赛尼派和原始基督教的出现,也可被视为处于矛盾状态中且不甚狂热的犹太人对非主导策略的尝试。主动脱离生活,以禁欲苦修为特征的艾赛尼派在当时的影响不大,但由于超脱型策略能创造"一个不对外部世界的骚扰感到羞辱和失望的内心世界"[2],以使人暂时忘却现实痛苦、医治精神创伤,而成为自大型的有效补充,这一作用导致了贯穿于漫长中世纪的、始终连绵不断的犹太神秘主义传统。

　　原始基督教虽然最初不过是一支犹太教改革派别,但它所宣扬的仁慈、谦卑、顺从和人人皆兄弟的观点对传统形成的心理定势是一大挑战,其潜在的颠覆作用激起了以法利赛人为代表的正统犹太人的反对,因为他们意识到耶稣的教义威胁到了一向被证明行之有效的精神壁垒的防卫作用和犹太人竭尽全力维持的脆弱的心理平衡,如果听任其传播,不仅会陷众人于巨大的内心冲突之中,而且曾多次成功化解同化危险的犹太民族将自行消融于"四海一家"中。只要认识到这一点,以祭司该亚法为代表的犹太上层不惜一切代价要置耶稣于死地的暴行就可以理解了。基督教与犹太教的分道扬镳意味着谦避和自大

〔1〕　[美]本・参孙:《犹太人的历史》(Ben Sassoon, *A History of the Jewish People*, Harvard University Press, 1976),第263页。
〔2〕　[美]查姆・伯特曼:《犹太人》,上海:上海三联书店1991年版,第15页。

两种防御策略的不可共存,前者吸取了犹太教的精华和教训,走上了征服世界的道路;后者作为久经考验的传统防御策略的集中体现——"它非常适宜于进行自身防卫,但却从来无意于征服"[1]——而成为永远要面对生存与同化挑战的犹太人唯一不能抛舍的财富,因为"一个德国人即使不再信仰基督教,他仍是一个德国人,而一个背离了犹太教信仰的犹太人就没有依靠了"[2]。而135年犹太人被禁止永远踏上"应许之地"则标志着他们失去了最后选择和改变的机会,以自大型策略为主体的犹太性格终于定型。它是犹太人身上无法抹去的烙印,也是他们应付生存困境和同化危险的有效武器。就这样,作为几乎无法被任何主流社会和文化消化的异物,犹太人开始了千年的流散生活。

如前所述,霍尔奈的"社会文化学派"理论在很大程度上改进和发展了古典精神分析学,使之更适应"二战"后社会的发展变化。此外,霍尔奈在协作时从不堆砌生涩的专业用语,文字简洁,她"大量涉及我们可以通过自我观察得知的东西","属于我们通常不视为神秘的那类现象,它们是普通行为之谜,常见的人类精神症"[3],因而没有弗洛伊德和荣格理论的神秘主义倾向,易为人理解和接受。就心理史学所依据的精神分析理论而言,霍氏理论无疑具有更强的实用性和适用性。当然,任何有创造力的思想都不是完美无缺的,霍尔奈的理论也是如此,与弗洛伊德相比,她的人格理论"在清晰性上,内部的一致性和形式发展的水平上"都"稍逊一筹"[4];她明确指出了文化在神经症形成过程中的重要作用,但对文化作用于人的具体机制及人与文化的相互关系等问题却没有进一步展开论述,而且,她将丰富多样的社会文化影响简单化了,认为仅仅是人际(或亲子)关系就可以代表,这在很大程度上削弱了其理论的社会性和现实性,表明霍尔奈并未完全突破弗洛伊德主义的局限——这既是那些受古典精神分析学影响的精神分析学家在由临床实践转向理论建构时难以避免的结果,也是需要后人对之加以修正与完善之处。

杰弗里·巴勒克拉夫在总结心理学与历史学的关系时指出:"心理学和心

---

〔1〕[英]爱德华·吉本:《罗马帝国衰亡史》(上),北京:商务印书馆1997年版,第237页。
〔2〕[美]沃尔特·拉克:《犹太复国主义史》,上海:上海人民出版社1992年版,第21页。
〔3〕[美]伯纳德·派里斯:《一位精神分析家的自我探索》,第9页。
〔4〕[美]舒尔茨:《现代心理学史》,第376页。

理分析学向历史学家提供的与其说是新的技术手段,倒不如说是促进他们用新的眼光去看待历史环境。"〔1〕就这一点而言,尽管本文存在着不足与缺陷,笔者相信它对犹太民族研究的意义。并且,笔者认为,将犹太人与神经症联系在一起,非但不是对他们的贬低,相反,在以霍尔奈理论分析犹太民族性的过程中逐渐被揭示的犹太人在逆境中奋力抗争的勇气,他们在建立精神上的整体感和平衡性时付出的巨大努力,以及为此忍受的难以想象的痛苦,甚至其悲剧性的失败,都会更加增添人们对这一伟大民族的钦佩之情,正如美国精神分析学会主席鲁宾博士指出的:用霍氏理论"去观照文学作品(会)极大地加深我们对文本以及对我们自己和他人的理解,这种加深的理解力将有助于人类同情心的培养"〔2〕。对民族性格的观照也同样能达到这一点。

---

〔1〕 [英]J.巴勒克拉夫:《当代史学主要趋势》,上海:上海译文出版社1988年版,第112页。

〔2〕 [美]伯纳德·派里斯:《与命运的交易》,第5页。

新文化史的回顾与反思 [*]

周　兵 [1]

进入 21 世纪之后,史学史的研究者们回顾 20 世纪西方史学的时候,莫不惊叹在这个已不是"历史学的世纪"里历史学所取得的不同寻常的发展。19 世纪里引以为傲的史学成就,如历史学的职业化和制度化、德意志的历史主义传统、以兰克为代表的客观主义历史学派、以民族国家为单位的历史编撰等,早已被 20 世纪的历史学和历史学家们远远地超越了,但历史学在这个世纪所呈现出的丰富的多样性令任何研究者都难以对它做一个简单的定论,也许正因为如此,加拿大史学史家丹尼尔·伍尔夫(Daniel Woolf)在其新著《全球史学史》中对 20 世纪史学一章的标题以带着问号的"巴别塔"来比喻历史学的复杂性和多样性,与之相对的 19 世纪则被称为"克丽奥的帝国"[2],颇为形象地反映了这两个世纪的历史学的不同面貌。

重新建造一座能够沟通全人类的"巴别塔",在某种程度上可以看作 20 世纪西方史学演进发展的一条线索。但这条重建之路却异常坎坷曲折,它以世纪之初的新旧史学之争为开端,被两次世界大战残酷地打破了正常的节奏,战后史学在 50 年代中期随着社会史或社会科学史的兴起而峰回路转,终于实现了新史学的变革;但却又在 70 年代受到了后现代主义思潮的挑战,历史学职业化以来所确立起的科学的客观性原则被撼动了,巴别塔的建造似乎也将功亏一篑。不过,虽然"后现代主义的挑战已经对历史学的思想和写作造成了重

　*　本文研究得到 2011 年度教育部人文社会科学研究规划基金项目资助,项目名称:"新文化史与当代国外史学前沿研究"(11YJA770072)。本文原载于《历史教学问题》2013 年第 6 期。
〔1〕　周兵,复旦大学历史学博士(1997 年 9 月硕士入学,2000 年 1 月毕业;2001 年 9 月博士入学,2005 年 12 月毕业),现为复旦大学历史系教授。
〔2〕　参见 Daniel Woolf, *A Global History of History*, Cambridge University Press, 2011。

大的冲击,然而并未摧毁古老的概念与实践的连续性",伊格尔斯(Georg Iggers)在 90 年代末写作《二十世纪的历史学》一书时便注意到了七八十年代发生的又一次转向,"历史学的主题已经从社会结构和历程转移到广义的日常生活的文化上面来"[1]。在经历"语言学转向"或"文化转向"后的历史学中,新文化史成为 20 世纪最后近三十年里最显著的史学潮流,其影响一直持续至新的千禧年以后。

随着当今世界全球化进程的不断加快,历史学的巴别塔似乎建成有望,新文化史在此进程中可以说发挥了非常积极的作用。时至今天,笼罩在新文化史上的光环已经渐渐褪去,新的史学转向似乎并未如同以往史学史上的新陈代谢那样如期而至,21 世纪的历史学逐渐呈现出一丝多元大同的趋向。在这样的背景下,本文试图对仍余温在怀、记忆犹新的新文化史做一番总体的回顾和反思,或可对未来史学前进的方向探得些许痕迹来。

一、新文化史的兴起

在新文化史之前,社会史(经济社会史或社会科学史学)是"二战"之后西方史学的主流趋势。1970 年,英国历史学家霍布斯鲍姆(Eric Hobsbawm)满怀信心地表示:"对社会历史学家而言,现在是一个好时机。"[2]这一时期,不论是在欧洲大陆,还是在大洋彼岸的美国,社会史研究均呈如日中天之势,雄踞于历史学的中心位置。1975 年伊格尔斯写作《欧洲史学新方向》一书时,以当时风行的三股主要史学思潮——法国年鉴学派、德国社会政治史学派和英国马克思主义史学为中心,将流行的史学风气归结为,"历史学家基本上已放弃了历史研究中的历史主义概念,放弃了对叙述和事件的强调,而寻求建立一种有关结构和社会力量的'历史社会科学'"[3]。巴勒克拉夫(Geoffrey

---

[1] 伊格尔斯:《二十世纪的历史学——从科学的客观性到后现代的挑战》,何兆武译,沈阳:辽宁教育出版社 2003 年版,第 16 页。

[2] 埃里克·霍布斯鲍姆:《史学家:历史神话的终结者》,马俊亚、郭英剑译,上海:上海人民出版社 2002 年版,第 105 页。

[3] 伊格尔斯:《欧洲史学新方向》,赵世玲、赵世瑜译,北京:华夏出版社 1989 年版,第 194 页。

Barraclough)在同一时期讨论当代史学趋势与现状的著作中也做了类似的结论,甚至对史学中社会科学性的加强表现出更为乐观的态度,特别是对于计量方法在史学中的运用,如美国的新经济史学派(即克丽奥学派,Cliometrics),认为"对量的探索无疑是历史学中最强大的新趋势,是区别 20 世纪 70 年代和30 年代对待历史研究的不同态度和不同方法的首要因素"[1]。

1985 年,伊格尔斯在《欧洲史学新方向》初版十年后修订的第二版中,隐隐感觉到了十年间历史学正在发生的新动向,称"10 年来,历史研究中出现了意义重大的重新定向",特别是"出现了一种从严格的社会科学方法向更为明显地关心难以捉摸的文化和意识因素的转变"[2]。如果说当时他对此的判断尚不完全肯定,但差不多又一个十年后,伊格尔斯在《二十世纪的历史学》一书中已对历史学的文化转向做出了明确的认定。

由这样的递进关系可以看到,历史学的文化转向或新文化史的兴起,首先是一场对社会史的反动。彼得·伯克便概括称:"像大多数新趋势一样,新文化史学是对旧的'新史学'的反动;更准确地说,它是对两种史学风格的反动,即在六七十年代影响西欧、美国学界的卡尔·马克思式风格和计量史学风格,计量史学的具体表现形式在美国是'克利奥学派',在法国是'系列史学',它们都信仰'科学的'历史学,认为历史的基础是经济和社会,政治和文化是某种超结构。职业历史学家对他们研究历史的方式和范围所产生的结果不是很满意。用计量方法研究的宏观经济史或宏观社会史在某些学者看来太枯燥,甚至是非人格化的。因此,历史的社会学或社会历史学的批评呼吁历史回归。可以说,新文化史正是为解决与日常经验失去联系的社会史这个问题而创造的。"[3]

同样地,当 1989 年林·亨特主编《新文化史》一书并且第一次举起了"新文化史"(New Cultural History)的旗号时,她所针对的也是社会史。亨特所

---

[1] 杰弗里·巴勒克拉夫:《当代史学主要趋势》,杨豫译,上海:上海译文出版社 1987 年版,第139 页。
[2] 伊格尔斯:《欧洲史学新方向》,修订版前言,第 224—225 页。
[3] 杨豫等:《新文化史的兴起:与剑桥大学彼得·伯克教授座谈侧记》,《史学理论研究》2000 年第1 期,第 144 页。

写的导论《历史、文化和文本》，常常被看作新文化史的宣言书。在文中亨特借用爱德华·卡尔 1961 年时对社会史所做的命题阐发道："历史研究越注意文化，文化研究越注意历史，则对两者愈有利。"[1]在此，她意在申明文化史的研究将逐步取代社会史研究而成为历史学的主流，亨特宣称"由于社会学理论在历史学中之角色的激烈论战已衰退，标示着新文化史的崛起"[2]。为了与以雅各布·布克哈特(Jacob Burckhardt)和约翰·赫伊津哈(Johan Huizinga)为代表的古典文化史相区别而称为"新文化史"，由此为 70 年代以后在西方史学中出现的这股新的研究潮流正式定下了名称，将原本各家纷纭自说的诸如社会文化史、历史人类学等名目都统一在新文化史的大旗下。

之所以由"文化"作为转向的突破口，需从西方史学中的文化史写作传统来说。文化史的写作在西方史学中自古以来便有着非常突出的地位和悠久的传统，从希罗多德到伏尔泰、从基佐到巴克尔、从布克哈特到赫伊津哈、从斯宾格勒到汤因比，始终断续相承、薪火赓继。不过，在他们那里，文化始终是阳春白雪的精英文化。1926 年，赫伊津哈以"文化史的任务"为题归纳道，"文化史的研究对象正是文明的多种形式和功能，它们可以从人类和社会群体的历史中被发现，它们已融入了文化的外形、主旨、题材、符号、概念、观念、风格和情感之中"[3]。这种文化史是一种忽视了社会因素的空中楼阁，未能将文化同诸如经济基础、政治和社会结构等因素结合起来进行研究；同时传统文化史假定认为文化是具有一致性的，存在着某种统一的"时代精神""民族精神"，上流社会和精英阶层的风花雪月、诗文书画被错误地代表了整体的文化成就。

如果说旧文化史中的文化只是一个单数的名词的话，新文化史所考察的文化则是一个复数。传统上单一的文化范畴被多样化了，这主要体现在两个方面：一方面，随着后殖民主义时代的到来，而打破了旧的以种族、民族为标

---

[1] Lynn Hunt, "Introduction: History, Culture, and Text," *The New Cultural History*, Lynn Hunt, ed., Berkeley, Calif.: University of California Press, 1989, p. 22。卡尔的原文为："历史学愈注意社会学，社会学愈注意历史学，则对两者愈有利。"(Edward Hallett Carr, *What is History?* New York, 1965, p. 84)

[2] Lynn Hunt, "Introduction: History, Culture, and Text," p. 10.

[3] Johan Huizinga, "The Task of Cultural History," *Men and Ideas: History, the Middle Ages, the Renaissance*, New York: Meridian Books, 1959, p. 65.

准的对文化高低优劣的评价体系;另一方面,在西方文化内部,对文化的理解也日益通俗化,它不仅是流传于民间的各种古老、稀有和新奇的文化活动、习俗、信仰和观念,更是存在于每个人及其周围一种共同的、流行的,甚至可能是商业化和世俗的言谈举止、情感心态和娱乐消遣之中。[1]

新文化史相对于传统文化史和其他历史写作方式的突破和创新,不仅体现在文化视野的开拓上,更体现在方法论层面上,还表现为用文化的观念来思考和认识历史,伯克总结了新文化史五个值得注意的主要特征——"文化建构、语言、历史人类学、微观史学以及历史叙述"[2],它们几乎都是有关历史研究方法的。另一位文化史研究者克里斯托弗·福斯(Christopher Foth)也谈到,新文化史体现在方法论上最具代表性的特征之一,就是"它对历史研究对象的认识,是根据它们在一个不仅构建它们、更在许多方面使其得以以一种特定方式存在着的更加广阔的文化背景中的位置"[3]。由此,文化史在研究领域和视野上的包容一切就显得并不是太重要了,"更多的是关于交流的过程、涉及的所有部分和变化,而不在于内容。它探寻的是'文化'作为历史总体进程中的一个要素发挥其作用的方式"[4]。

二、新文化史的演进

历史学的文化转向,让一度困于书斋、拘于塔顶的历史学得以前所未有地接近于公众,而成为一门喜闻乐见、雅俗共赏的学问,历史学家的视野和领域也大为扩展,一时间文化史成为一种时尚,几乎任何事情都可以用文化史来书写。

与之前的历史研究取向相比,新文化史有两个突出的特点:一方面,它注

---

[1] Geoffrey Eley, "What is Cultural History?" *New German Critique*, No. 65, Cultural History/Cultural Studies (Spring-Summer, 1995), pp. 26-27.

[2] 彼得·伯克:《西方新社会文化史》,刘华译,《历史教学问题》2000年第4期,第27页。

[3] Christopher E. Forth, "Cultural History and New Cultural History," *Encyclopedia of European Social History, From 1350 to 2000*, vol. 1, Peter N. Stearns, ed., New York: Charles Scribner's Sons, 2001, p. 84.

[4] Willem Frijhoff, "Uneasy History: Some Reflections on *Ego*, Culture, and Social Institutions," *NEHA-Jaarboek*, 64 (2001), p. 15.

重从文化的角度、在文化的视野中进行历史的考察,也就是说,历史学的研究对象和研究领域从以往偏重于政治军事或经济社会等方面转移到社会文化的范畴之内;另一方面,它提出用文化的观念来解读历史,新文化史在方法上借助了文化人类学、心理学、文化研究等学科的理论和方法,通过对语言、符号、仪式等文化象征的分析,解释其中的文化内涵与意义。新文化史在研究领域和研究方法上均有所创新,其所谓的"新",既是对传统文化史的发展,又是对70年代后已渐势衰的经济社会史的超越。

从历史学内部来讲,新文化史的兴起并不是少数几个历史学家个体的行为,也不仅限于一两个国家,它是一场国际性的集体运动,其源于法国,盛于欧美,影响遍及世界,近些年来我国史学界也开始日益关注起新文化史的发展,不仅做了大量译介传播的工作,在中国史的研究实践中不乏类似的探索之作。在历史学的主流中,新文化史(或社会文化史)基本取代了社会经济史(或社会科学史学)的位置;在一些相对独立的非文化史的史学分支中,如政治史、经济史、科学史、思想史等,也各自出现了向文化的转向的趋势,文化因素的考量成为这些学科研究中的重要内容之一;文化分析、微观研究、符号、象征和仪式的解读、对交流与传播过程的考察、注重表象与实践、关注日常生活和底层群众、强调叙述性和通俗性,这些都是新文化史的重要特征。由此,新文化史颠覆了之前社会史唯社会经济因素的简单决定论,将文化从一种被决定的"上层建筑"位置解放到了更加基础的层次,作为历史发展不可缺少的决定因素之一;新文化史也打破了传统文化史唯知识精英的狭隘偏见,用一种更广泛的文化概念,还原了普通人的文化和生活。

从历史学外部而言,一方面新文化史的兴起是同以"文化转向"或"语言学转向"为标志的整个当代西方社会思潮和人文社会科学研究风气的转变相一致的,可以被包容在广义的文化研究的范畴之内,它既是一种在历史线索和框架下展开的文化研究,又是一种具有文化视野和取向的独立的历史研究。另一方面,它从外部的其他学科的发展中得到了非常有益的借鉴,整个现当代西方史学发展的一个重要特点就是走向跨学科、多学科的研究,历史学不再是孤立和封闭的,其开放性推动着当代史学的不断进步。新文化史从人类学(尤其是文化人类学)获得了文化的概念、研究的视野和解释的手段,从文学理论、语言学和符号学那里得到了分析的武器,又从结构主义、后结构主义等后现代思潮中学会了批判的态度。

除了以上所提及的一些基本的特征之外,新文化史也存在着复杂多样的一面,有学者甚至担心"这种强烈的多样性会导致某种罗生门效应的危险,因为每个文化史家对本学科的起源和基本方法都有一种不同的说法"〔1〕。"文化"一词本身就是多义和模糊的,而文化史正是要对这个无法给出一致性界定的词所包含的内容展开研究,这似乎使这一学科陷于一种无所适从的境地,假如根本连一个明确的研究对象都无法确定,研究本身似乎都变得毫无意义了。但事实上这或许并不是坏处,由于文化概念的模糊性和巨大的包容性,所谓"一切皆文化",在广义的文化概念下,文化史或许是对职业化进程以来历史学中日益出现的"碎化"现象的一个很好的纠正。因此,在今天的新文化史研究中,出现了形形色色、多种多样的文化史,各自关注不同的研究对象和内容,呈现出精彩纷呈的局面。

基于所分析的文化史的多样性,林·亨特在与另两位女历史学家合著的《历史的真相》一书中,对新文化只做了一个比较宽泛的界定。她认为,新文化史"探讨方向的焦点是人类的心智,把它看作是社会传统的贮藏地,是认同形成的地方,是以语言处理事实的地方。文化就驻在心智之中,而文化被定义为解释机制与价值系统的社会贮藏地。文化史研究者的任务就是往法律、文学、科学、艺术的底下挖掘,以寻找人们借以传达自己的价值和真理的密码、线索、暗示、手势、姿态。最重要的是,研究者开始明白,文化会使意义具体化,因为文化象征始终不断地在日常的社会接触中被重新塑造"〔2〕。2010年,彼得·伯克的弟子们在向老师致敬所编的论文集里也表达了与亨特相近的理解,"我们将新文化史定义为20世纪80年代之后受到历史人类学的影响而发展起来的多样化的历史学编纂,它通过与其他历史学科(例如社会史和政治史)的紧

---

〔1〕 James W. Cook, Lawrence B. Glickman and Michael O'Malley, eds. , *The Cultural Turn in U. S. History: Past, Present and Future*, Chicago: The University of Chicago Press, 2008, p. 4.

〔2〕 乔伊斯·阿普尔比、林恩·亨特、玛格利特·雅各布:《历史的真相》,刘北成等译,北京:中央编译出版社1999年版,第198页。

密互动试图理解文化(表象、仪式、话语、价值)的不同面向,这不仅仅关注于传统的'高级文化'的产品,如艺术、文学和哲学"〔1〕。

文化转向在过去二三十年里大大扩展了历史研究的视野和范围,文化研究和文化史几乎可以无所不包地涵盖人类活动的各个领域,文化因素的重要影响和作用也越来越得到认可和重视,这又更进一步推动了研究的展开,新文化史因而呈现出前所未有的繁荣景象。彼得·伯克骄傲地宣称:"到现在,新文化史已经成为文化史实践的主要形式,甚至把它说成是历史学实践的主要形式也不过分。"〔2〕如巴勒克拉夫将20世纪50年代发生的以社会科学史为代表的西方史学变革称作一场哥白尼式的革命性进步一样,由社会史向文化史的转向亦是具有革命性的,它将前一场革命更进一步地推向了深处。

文化概念的延伸和深化,扩大了文化史的研究范畴,概览层出不穷的新文化史研究论著,内容之丰富令人惊叹,从人们的喜怒哀乐、身体发肤,到衣食住行、生老病死,均可以被作为一种文化的符号和象征展开历史的演绎。伯克对此依据不同的研究课题把新文化史分成了七类:1. 物质文化史,亦即饮食、服装、居所、家具及其他消费品如书的历史;2. 身体史,它与性态史、性别史相联系;3. 表象史,即对自我、民族及他人等的形象、想象及感知的历史或如法国人所称的"表象社会史",它正逐渐取代"集体心态史";4. 记忆社会史或"社会记忆史";5. 政治文化史;6. 语言社会史;7. 旅行史。〔3〕

一切皆文化,在文化转向势不可挡的强大势头下,"许多十多年前自称为文学评论家、艺术史家或科学史家的学者,现在更倾向于把自己界定为文化史家,从事诸如'视觉文化''科学文化'等的研究。政治'科学家'和政治史家在探索'政治文化';经济学家和经济史家将他们的注意力从生产转向了消费,以及受文化决定的欲望和需求"〔4〕。传统的经济史转向为物质文化史、消费文

---

〔1〕 Melissa Calaresu, Filippo De Vivo and Joan-Pau Rubiés, eds., *Exploring Cultural History: Essays in Honour of Peter Burke*, Surrey: Ashgate, 2010, p. 2.

〔2〕 彼得·伯克:《什么是文化史》,蔡玉辉译,北京:北京大学出版社2009年版,第57页。

〔3〕 彼得·伯克:《西方新社会文化史》,第25—26页。

〔4〕 Peter Burke, *Varieties of Cultural History*, p. 183.

化史,社会史与文化史合流而成社会文化史,政治史转而以政治文化作为讨论的中心,思想史和科学史的重心聚焦到了思想及技术的传播和接受。由于文化转向,在 20 世纪七八十年代已被排除出历史学主流之外的一些领域的历史学家,如政治史、人口史、外交史、殖民史的研究者,"如今又回来了,被当作有关政治仪式、冷战文化、文化接触的专家被请了回来。同样的情况还有在医学史、科学史和法律史等在 20 世纪六七十年代在第一股'新'史学浪潮中边缘化了的领域,但随着得以探查其中的'文化'特征而被重新变成了令人激动的新领域。……没有任何经验的领域,个人的和群体的,能够超然于它(文化转向)的效力之外"〔1〕。

以新文化史兴起为标志的历史学的文化转向,并不仅仅是简单地在众多不同的历史研究取向中加上了一个"文化"的标签,其根本乃是一次全方位的史学风气的转变。2001 年,在英国史学界为纪念卡尔的《历史是什么?》一书发表 40 周年出版的文集《现在历史是什么?》(*What is History Now?*)中,主编理查德·埃文斯(Richard Evans)坦言,当年卡尔所歌颂的历史写作形式业已被取而代之了,"在它的位置上,出现了一种新的对文化史的强调,身份、意识和心态等方面替代了社会结构、社会组织和社会权力的经济基础。历史学中的宏大叙事和伟大目的论的崩溃,帮助个体的人恢复了在历史记录中的位置。历史学家重新开始书写人,尤其是关于那些卑微的、普通的人们、历史上的无名者、历史转变进程中的失败者和旁观者"〔2〕。总的来说,新文化史牢牢地占据了 20 世纪后四分之一时代里西方史学的主流位置,呈现出一派繁荣。

三、新文化史的反思

同詹姆斯·鲁宾逊(James Harvey Robinson)在 20 世纪初首先提出的

〔1〕 Miri Rubin, "What is Cultural History Now?" *What is Cultural History Now?* David Cannadine, ed, New York: Palgrave Macmillan, 2002, pp. 80, 91.

〔2〕 Richard J. Evans, "Prologue: *What is History?* — Now," *What is History Now?* David Cannadine, ed. , New York: Palgrave Macmillan, 2002, pp. 8-9.

"新史学"一样,"新文化史"很好地概括了 20 世纪后二三十年里西方史学所发生的变化;但作为一个标签它所能包含的意义仍是有所局限的。如前文所及,新文化史并不是一次统一的史学运动,其内部更非全然一致,"没有一个单一的文化取向,各种可能的衍生和变异似乎也没有极限"〔1〕。聚集在新文化史旗下的众多历史学家在个体上有着明显的差别,每个人对新文化史的理解也存在分歧,有时差异甚至要超过了共性,多样性本身就是新文化史和新文化史家们的特点之一。使他们站到一起的共同点,更主要的是相对于他们共同反对和试图超越的之前时代的历史研究取向而言的,新文化史自身也不可避免地将被未来所超越,正是出于这个原因,林·亨特等人才会提出"超越文化转向"的感叹和呼吁,不息的生命力和不断的超越传统也是历史学这门古老的学科能够始终保持活力、继续发展的动力所在。

时至今天,新文化史的发展已有四十多年的历史,林·亨特在 1999 年即已看到了新文化史作为一个时代的渐渐落幕,彼得·伯克在 2004 年的论著中更是不无感叹地写道:"也许,新文化史正在走向其生命周期的终结,也许,有关文化史的一个更加宏大的故事正在展开。"〔2〕

几十年里,新文化史所取得的成就毋庸置疑。具体来说,新文化史的"新",体现在它对传统的精英文化史的超越,也体现在它对过去那种注重伟大人物及其伟大思想的思想史的进步,从"精英"到"大众",历史学家的眼界大大地扩大并深入到了更深的层面,而得以更具体、更多元地反映人类历史的精神与文化进程。新文化史对下层的关注,也是对"自下而上的"社会史的一种发展,新文化史中的"文化"在观念上还原了在社会史中被数字化和计量化了的普通人的生活和情感世界,文化的视野大大拓展了对历史本质和根本决定因素的认识,文化不再是被排斥在经济、社会基础之上的"上层建筑",而是有着同样作用和影响的因素之一。此外,对"文化"的理解和解释,形成了一种新的历史认识论和方法论,文化的意义被赋予到各种事物和形式之中。"受到人类学家影响的文化史家把文化也视为一种'文本'、一种意义的网络。历史学家

---

〔1〕 Victoria E. Bonnell and Lynn Hunt, eds. , *Beyond the Cultural Turn*, p. 12.

〔2〕 彼得·伯克:《什么是文化史》,第 128 页。

的任务是破解这些文化'密码'。"[1]受后现代主义语言学理论影响的文化史家又把种种历史现象等同为语言的结构,历史因而被认为是可以被解读和解构的;此外,受到文化理论的影响,新文化史家又将文化的流变、传播和接受放在它特定的历史"语境"或"公共空间"中加以考察,既还原和解读其本来的意义,又强调了文化与社会因素之间的互动和联系。这些研究特点,表现在大量的当代西方历史研究论著之中,各个领域的历史学家都不能避免地受到了这一研究风气的影响,而主动或被动地加入到了新文化史的潮流之中,也使得作为整体的当代史学呈现出更加丰富的内涵。

如今已成为众矢之的的新文化史也暴露出不少的缺陷,主要体现在两个方面:一是"文化"因素被过分夸大,一是"文化"概念被滥用。第一,如新文化史过去所反对的那样,经济社会史中唯经济、社会因素决定论的观点将文化束之高阁,忽视了同样具有根本性作用的文化因素在人类历史进程当中的作用。但一些新文化史研究在对社会史的反动中矫枉过正,由此走上了另一个极端,许多研究给人以唯文化论的印象,社会的、政治的和经济的因素被一概忽略了。而事实上,在大多数新文化史家那里,文化与社会一直是并重的,社会史甚至是他们很多人学术生涯的起点和基础,亨特的新文化史号角是同社会学家、社会史家一起吹响的,伯克在谈到新文化史时至今仍常常在用"社会文化史"一词,在罗杰·夏蒂埃(Roger Chartier)看来,"文化本身是社会经济的一部分,无法与后者相分离,因此,根本没有这样一种从物质到文化的演绎关系"[2]。因此,新文化史对经济社会史的反动更可以理解为一种纠偏和矫正,它要求的是恢复文化在历史写作中应有的位置,并不是以消灭社会的考量为前提和目标的,"文化史不是要排斥或取代社会史和政治史,而是去挑战它们,通过引进不同的历史研究方法和不同的认识论——来刺激历史学科"[3]。

---

[1] 王晴佳:《西方的历史观念:从古希腊到现代》,上海:华东师范大学出版社 2002 年版,第 245 页。

[2] 王晴佳、古伟瀛:《后现代与历史学:中西比较》,济南:山东大学出版社 2003 年版,第 131 页。

[3] Mark Poster, *Cultural History and Postmodernity: Disciplinary Readings and Challenges*, New York: Columbia University Press, 1997, p. 11.

第二，新文化史采用了文化宽泛而广义的内涵，使它可以涵盖人类生活的方方面面，对各种文化符号象征的解读和解释，使新文化史的视野触及了各个领域，文化史的多样性使得一切皆成为文化，让人不得不感叹还有什么不是文化，还有什么领域是文化史所不能涉足的。这种多样性本身是对社会史时代历史碎化和静止化的一种有益的纠正，但在另一个方面，却又使得文化史缺乏了整体性和统一度，并造成了历史的另一种碎化及庸俗化，这就是我们在前文中论及的那些形形色色的关注不同对象和内容，甚至是细枝末节的文化史。

不同于之前的史学潮流，新文化史在一代人手中开始，也在同一代人手中结束。林·亨特、彼得·伯克等史家并不待新文化史的批评者们来宣告新文化史的终结，而是主动地对它进行了检讨和反思。亨特认为，文化的取向大大开阔了历史学家原本狭隘的眼界，提供了另一个分析问题的角度，认识到了文化在历史认识中的作用和价值，但同时文化史家也在和其他领域的历史学家一起努力地寻找一个文化和社会之间的平衡点或连接两者的一座桥梁，新文化史家对"不论是整体文化的、社会群体或个体自我的实践、叙述和体现的关注，便意在绕开这种困境（指令批评者不满的将文化完全定义为系统的、符号的或语言的做法）而恢复一种社会内嵌的认知，又不至于使一切都堕入到社会的决定因素之中"[1]。伯克也清楚地认识到新文化史必将为未来的史学发展所超越，今天的史家所要做的是尽可能地使新文化史所取得的成果不致丧失，因为文化史同其他相邻学科，如经济史、政治史、思想史、社会史等一样，共同构成了人类对历史的总体的探知和认识的一部分，所有的这些研究取向都是平等的，并不存在孰优孰劣、孰先孰后和谁决定谁的关系。他预测了历史学未来可能发展的三种趋势，"一种可能可以称作'布克哈特的回归'，在这里，布克哈特的名字是当作一种符号来使用的，为的是用一个比较简明的方法来表明传统文化史的复兴。第二种可能是新文化史继续向更多的领域扩大。第三种可能是反对用建构主义方法对社会和文化所做的那种归纳，这种可能也可以称作'社会史的报复'"[2]。

---

[1] Victoria E. Bonnell and Lynn Hunt, eds., *Beyond the Cultural Turn*, p. 26.
[2] 彼得·伯克：《什么是文化史》，第119页。

对于西方史学在新文化史之后的走向和前景,许多历史学家都进行过思考和展望。与亨特和伯克同属一代人,在 60 年代受社会史训练成长起来的历史学家乔弗·艾雷(Geoff Eley),结合自己的学术人生反思四十年来欧美史学而发表的《曲折之路:从文化史到社会的历史》一书,在学界引起过广泛的关注。书中借用霍布斯鲍姆 1971 年发表的长文《从社会史到社会的历史》[1],对历史学的未来提出了憧憬:"现在,围绕在新文化史之上的喧嚣狂热已经开始渐渐退去,是时候在总体上重申霍布斯鲍姆在其 1971 年的文章中所提出的社会史的重要意义了,也就是说,我们总是需要将具体的问题同更广泛的社会的图景联系在一起,不论是社会史家、政治史家、文化史家或其他学者。"[2]在他看来,社会史或新文化史只是历史学必要的理论和方法之一,"在它们各自的时期,社会史和新文化史都是反叛的知识形式,而关乎于未来的历史研究当然需要继续一种反叛的精神"[3]。

新文化史家们在热潮之后静心反思的同时,也在探索新的文化史之路,其中不得不提到老当益壮的新文化史领军人物娜塔莉·戴维斯。晚年的戴维斯继续笔耕不辍,并尝试将文化史研究的微观视野同近些年来声名鹊起的全球史的宏大叙事相结合,身体力行地为新文化史开拓出新的路径,展开了一幅如伯克所说的"更加宏大"的文化史图景,即全球视野下的文化史书写。她在2006 年发表的新作《骗子游历记》(*Trickster Travels*),倡导以相对微观的文化史的写作来展现世界历史中跨文化交流和全球化进程,既为陷于"大历史"而难以切实反映具体"生活经验"的新全球史或新世界史提供了一条很好的出路,也大大提升了新文化史研究的现实意义。[4] 通过回应当前史学发展的挑战,戴维斯整合了新文化史和新全球史两股潮流,进一步推动了历史学的向前进步。

---

〔1〕 E. J. Hobsbawm, "From Social History to the History of Society," *Daedalus*, Vol. 100, No. 1 (Winter, 1971), pp. 20-45.

〔2〕 Geoff Eley, *A Crooked Line: From Cultural History to the History of Society*, Ann Arbor: The University of Michigan Press, 2005, p. 11.

〔3〕 Geoff Eley, *A Crooked Line*, p. 203.

〔4〕 参见周兵:《全球视野下的文化史书写:解读娜塔莉·泽蒙·戴维斯的"去中心的历史"》,《历史教学问题》2013 年第 2 期,第 38—44 页。

　　历史学家们对新文化史所做的深刻反思令人感叹不已，新文化史将何去何从，也发人深思。新文化史是西方史学史长河中的重要篇章，抑或只是昙花一现，现在就要做一个明确的结论也许还为时尚早。不论如何，新文化史的四十年已经大大开阔和丰富了我们对历史的认知和认知方式，不论未来的前景如何，不论新文化史的命运如何，今天的历史学已经较四十年前有了更大的进步，我们也相信，历史学前进的脚步不会就此停止。

伍德罗·威尔逊：一位几乎被人遗忘的历史学家*

张　澜[1]

　　伍德罗·威尔逊对美国外交领域的深远影响使人们几乎忘记了他曾是一位著名的历史学家和教育家。对威尔逊的史学思想，无论是美国学者还是中国学者都没有做过专门的梳理。威尔逊在美国史学中的地位被彻底忽视了。布罗塞赫的《历史》(Ernst Breisach, *Historiography*：*Acient*，*Medieval* & *Modern*，Chicago & Lundon，1985)没有提及威尔逊，20 世纪 80 年代以来我国西方史学史著作中论及威尔逊的只有一本书(徐正、侯振彤：《西方史学史的源流与现状》，东方出版社 1991 年版)；相关文章虽有 3 篇(杨彪：《威尔逊的史观及其对政策的影响》，《世界历史》1994 年第 6 期；杨彪：《作为历史学家的威尔逊》，《历史教学》1996 年第 6 期；韩莉：《威尔逊的社会政治观、历史观及其外交政策》，《首都师范大学学报(哲社版)》1997 年第 1 期)，但是未能准确反映威尔逊的史观，更未论及他的史学思想。本文致力于威尔逊的历史观念及其史学思想的梳理，并对其在美国史学史上的地位作一尝试性评价。

一、鲜明的历史观和独到的历史解释

　　威尔逊的史学研究大致分为三个阶段：1885—1893 年为第一阶段，开始

　　* 本文原载于《史学理论研究》2004 年第 1 期。
〔1〕张澜，复旦大学历史学博士(2001 年 9 月入学，2004 年 6 月毕业)，现为江西科技师范大学历史文化学院副院长、教授。

显露史才,标志性著作为 1893 年出版的《分裂与重新统一》;1894—1899 年为第二阶段,确立一流历史学家地位,标志性著作为 1896 年出版的《乔治·华盛顿》和 1899 年为阿克顿勋爵主编的剑桥史美国近代史撰写专章《州的权力:1850—1860 年》;1900—1907 年为威尔逊史学著述成熟阶段,标志性作品是《美国人民史》。威尔逊所有史学活动均围绕现代民主的历史展开并形成民主进步史观、人民史观和边疆史观。

威尔逊认为,18 世纪中叶以来的世界历史是现代民主形成、发展和壮大的历史;这一历史进程"控制着今天其他政治发展趋势"[1]。他断言,"将来的政治制度必然是民主制度"[2]。威尔逊正是在对世界发展趋势的整体把握这一前提下确立民主史观,并决心"选择解释现代民主国家的历史作为学术方向,来探讨政治进步、政治道德……解释时代,解释自己"[3]。他既从历史进化的角度观察民主,又以民主观念阐释历史进程。他坚信,"目前世界各地朝向民主政治发展的趋势不只是历史长河中的插曲,它是长期以来积蓄的永恒力量的自然产物"[4]。因此,我们发现威尔逊的政治学和历史学研究是二位一体的民主史研究,民主进步史观贯穿威尔逊的整个学术生涯。

威尔逊认为,现代民主形成的历史时期正是系统的民众教育开始普及之时。现代民主制的产生是全体民智成长的结果。现代民主制与古代民主制的区别不仅在于它不是少数人的统治,而且"也不是多数人的统治,而是全体人民的统治"。因为,"多数人的统治意味着而且的确是依赖于少数人的合作,不论他们的合作是积极的还是消极的"[5],因此,民主的历史是人民的历史。人民是历史的主体。在威尔逊思想中,人民主要指中产阶级,但也不排除其他阶层。这与当时多数美国史学家将人民视为与资本家相对抗的各个阶层有明显区别。因为威尔逊认为,民主的历史是各个阶层相互合作、妥协的历史。威尔逊正是以这样的人民史观来考察美国的民主进程,写成《美国人民史》的。

---

〔1〕 Arthur S. Link, *The Papers of Woodrow Wilson*, Vol. 5, Princeton University Press, 1973, p. 72。阿瑟·S. 林克主编的《伍德罗·威尔逊文件集》是目前最权威的威尔逊文件集。

〔2〕 Arthur S. Link, *The Papers of Woodrow Wilson*, Vol. 5, p. 62.

〔3〕 Ibid., p. 463.

〔4〕 Ibid., p. 70.

〔5〕 Ibid., p. 76.

　　美国的民主与欧洲有很大不同。威尔逊从 1884 年前后开始研究这一问题。1889 年,威尔逊已经确认中西部边疆是促成美国独特性的主要原因。同年 8 月 23 日威尔逊在致特纳的信中,表示要将西部在美国民族观念和民族性的成长中所起的巨大主导作用以清晰的文字表达出来。[1] 在 1893 年 9 月 5 日成稿并于同年在《论坛》上发表的评论戈德文·史密斯的《美国政治史纲》一文中,威尔逊用中西部边疆重新解释了美国历史,标志着边疆史观形成。这一史观是在与特纳相互交流促进下形成的,两人对于中西部边疆在美国历史上的作用的认识几乎完全一样。双方都认为,一条不断向西扩张的边疆是美国历史发展的关键。威尔逊较多注意对当时美国政治的研究,在西部研究上未能进行特纳式的理论化研究。

　　民主进步史观、人民史观和边疆史观三者是密不可分的,往往表现在同一著述中。威尔逊从这三种史观出发,借助进化论和经济利益冲突论,重新解释美国历史。

　　在殖民地史研究上,威尔逊反对"种族主义学派"和"帝国学派"的观点。前者强调和英国历史的承续性,强调盎格鲁-萨克逊种族的优越性及其对世界历史发展的影响;后者视美国殖民地时期的历史为大英帝国的一个组成部分。威尔逊则认为应该从美国独特的民主进程角度来研究这一时期的历史,因为"美国的历史远非起源的历史,恰恰相反,它是一部发展的历史"。"这个当时荒野沉寂的大陆接受了欧洲的移民、生活范式、信仰、目标,找到他们的家园并在他们身上打下了烙印。但是,他们获得了新个性,依循一种新的成长方式。我们大陆的生活已与旧殖民时代的生活大不一样了,所有渗入大陆的旧生活因素已被吸收成为新生活的元素,正是这一转变构成了我们的历史。"[2]他以英军的专制统治与争取民主自由之间的冲突重新诠释了美国独立战争,与其师赫伯特·亚当斯的种族主义观点大异其趣。

　　美国的民主何以与欧洲如此不同?威尔逊认为:"如果一定要有所侧重,选出一组形成美国历史后来复杂性的影响因素的话,那么中西部州更有资格

---

〔1〕　Arthur S. Link, *The Papers of Woodrow Wilson*, Vol. 5, p. 463.
〔2〕　Ibid. , Vol. 8, p. 355.

承担此任。整个 18 世纪，它们在政体和个性上都比东北部或南部等地方更具有明显的美国味；它们人口混杂、结构多样、物质主义和进步主义看待事物的方法，这些是真正的美国发展出来的特别标记。"正是从这个角度，威尔逊得出结论："我们国家最具有民族性质的那部分历史是中西部的历史。"[1]从边疆史观出发，威尔逊对美国历史人物重新进行评价。他认为："除了华盛顿之外，典型的美国人都是西部人。"林肯是"美国精神"的化身，"杰弗逊不是彻底的美国人，因为他满脑子都是法国哲学，削弱了他的思想"，而"本杰明·富兰克林才是以其伟大和杰出反映美国精神的最早的美国人之一"[2]。1896 年出版的《乔治·华盛顿》是一篇评传，虽仅一册，但是气势恢宏，目光独到，揭示了华盛顿伟人性格和宏富的精神内涵。这本书在当时流传很广，为威尔逊带来了广泛的史学声誉。威尔逊站在美国的立场，认为华盛顿更多是个英国化的伟人。

关于南北战争起因的《分裂与重新统一》一书是美国国内第一部研究这场战争的著作。威尔逊从社会进化和经济关系解放角度提出了自己鲜明的观点："南方在法律和宪法上讲是正确的，但是从历史发展上讲是错的；北方在法律和宪法上是错的，但是从历史发展上是对的"[3]，因为，"宪法必须反映民意，它的内容必须随着国家的目标变化而变化"。奴隶制显然有违当时社会发展趋向民主的潮流，因此，"南方为落后于国家发展而无可避免地付出了代价"[4]。战争的根本原因是南北的经济差异，而不是什么宪法之争。他说："不论我们谈论的其他动机是什么，我们必须记住，总体上讲，人们的行为是由经济动机决定的。"[5]从社会进化和发展的角度，威尔逊对南方的失败一点都不感到遗憾。回击批评者时他说，"我对南方的爱不逊色于任何人。但是正因为我爱南方，我为它的失败感到高兴"[6]，因为，南方的失败使美利坚民族真正诞生了。[7] 由于史学成就突出，英国阿克顿勋爵于 1899 年请威尔逊为

[1] Arthur S. Link, *The Papers of Woodrow Wilson*, Vol. 8, pp. 354-355.
[2] Ibid., p. 355.
[3] Ibid., Vol. 1, p. 618.
[4] Ray Baker, *Woodrow Wilson, Life and Letters*, New York, 1927, p. 124.
[5] Arthur S. Link, *The Papers of Woodrow Wilson*, Vol. 8, p. 376.
[6] Ibid., Vol. 11, pp. 303-348.
[7] Ray Baker, *Woodrow Wilson, Life and Letters*, p. 105.

美国现代史部分撰写专章《州的权利：1850—1860年》。[1] 威尔逊的史学成就得到国际承认。

1902年，威尔逊的《美国人民史》出版，这是他的学术代表作之一。此书取法英国人格林的《英国人民史》，场面宏大，以整个美国社会的精神和文化的演进为对象，反映了美国独立后社会的整体发展状况。这本书也可以说是威尔逊此前史学研究的一个总结，充分体现他的历史观。

二、卓尔不凡的史学思想

威尔逊是他那个时代的一流历史学家。这不仅表现在高水平的著述上，还反映在他丰富的史学思想上。威尔逊深入探讨了何谓历史真相及如何认识它、史学家与史料的关系、史学家对现在和过去的关系的认识、地方史与国家史的关系、历史的多样性与统一性的关系等一系列问题，这在当时兰克史学派仍然大行其道、史学专业化才刚刚完成的美国史学而言，完全算得上是观念上的革命。

何谓历史真相？是兰克说的历史的本真状态吗？兰克对历史的定义表明他是历史实在论者，因为，兰克并没有追问历史学家对历史认识的性质问题。威尔逊承认有本真的历史，但否定人能达到历史本真，认为历史真实只是历史学家对"真实历史的印象"[2]，从而对历史认识的性质作了反思，与兰克学派区别开来。这一"印象"并非无中生有的，而是来自历史学家的研究和判断。历史判断是历史学家对历史现象的真实与否的主观印象。由此，威尔逊进一步认为，"真正的历史学家总是致力于反映其对历史真实的整体印象……不夸张也不扭曲"[3]。如何有效地反映真实历史的印象呢？威尔逊认为，只有将各部分整合到一个完整的不可分离的构架，历史的真相才能得到揭示。因此，他强烈反对那种无所不包的"大杂烩"，主张围绕主题来反映对历史真实的整

〔1〕 Arthur S. Link, *The Papers of Woodrow Wilson*, Vol. 8, p. 375.
〔2〕 Ibid. , Vol. 9, p. 298.
〔3〕 Ibid. , p. 299.

体印象。是否历史学家写出他对历史真实的印象，他就反映了他心目中的真相了呢？威尔逊认为，史家治史是为了向大众反映真相。因此，"即使他看清了真相，也只是完成工作的一半，而且是较容易的一半；他还得使人们与自己一起认清真相。只有这样，他才算告诉了人们真相。因此，史学家必须克服读者的愚钝、无知和先念意识，使其达于真相。这极为困难。这种技能、技巧是天生的。所以，史学家采用另一种比较简单的方法：他们讲述部分史实——它们最适合史学家自己的口味和能力，并争取与史家自己的口味和能力相近的读者"[1]。历史的真相与读者的口味直接相关，这是极为功利主义的史学观念。问题是，人们并不总是能够找到适合自己口味的真相，因此，威尔逊认为历史学家在讲述历史前必须捕捉住读者注意力所在的方向。也就是说，对历史真相的反映必须以历史学家所处的时代为转移，为时代问题提供历史背景知识和解释，意在解决现实问题。亦即，并不是什么历史的真相都有资格在特定的时代得到反映。显然，在威尔逊看来，历史学家必须首先是敏锐的社会观察家，然后才是历史学家；他必须洞察社会现实的需要，然后决定其研究的方向。历史学家可以有自己研究的偏好，但这种偏好不能脱离反映社会现实的需要。这种观念，反映在威尔逊的每一本著作中，不论是史学的还是政治学的。这表明，他对兰克的"客观""科学"的历史是不以为然的。简言之，威尔逊说的历史真相是对历史研究得出的印象；这个印象是整体性的；值得予以反映的真相应该与社会现实需要关联；读者群体接受的历史真相的印象方为有效的有意义的历史研究。

威尔逊对历史真相的认识决定了他对史家与史料关系的认识。兰克学派认为，历史学家不仅可以而且必须独立于史料之外，不带感情地用权威的史料描述历史的进程。只要史料充分，就能完整地反映本真的历史。兰克在这里讲的史料只是指官方档案。威尔逊不认为史料无需历史学家的主观介入就能自动反映历史的原貌。他说，"史料不会说明它们自己所构成的真相。因为真相是抽象的而不是具体的。真相是对事情本意的揭示。它只有通过显示其意

---

[1] Arthur S. Link, *The Papers of Woodrow Wilson*, Vol. 9, p. 294.

义的史料安排和组织才能得到揭示"〔1〕。亦即,威尔逊认为,兰克学派的所谓独立于史料的史学家根本就不存在。因为,对史料简单的组织本身就是史学家对历史的一种解释。此外,威尔逊认为,要反映历史的全部根本就不可能。如果真要这样,我们只能把书写历史的工作推迟到下辈子。

兰克学派反对史学家分析历史,认为史料自己就会说话。威尔逊则断言离开分析就没有历史可言。威尔逊认为,史学家必须在揭示历史的真相中发挥主体作用。因为,"读者是才智贫弱的陪审团,他们需要信息,也需要启迪。……史学家怯于判断就会与其作出错误判断的时候一样欺骗读者,因为我们必须获得启迪——这是他的职责。我们不仅要求他讲故事,而且要求他揭示事件的性质、伦理和动机。……'史实'比表面上显示的要藏得深,它们与历史剧中的思想动机相关联,这些不该公之于众吗?"〔2〕这些都离不开判断。而且,"在不断变化的书写真实历史的过程中,每一个句子都必然是判断"〔3〕。因此,判断是解释历史的先决条件,历史的叙述本身就是判断。相比当时普遍存在的描述史学,这是史学思想的一个重大进步。为了反映历史真相,史家对史料该如何取舍?威尔逊一贯主张以主题统驭和决定材料取舍,主题的确定以社会现实为转移;因此,并非什么史料都对特定的历史社会主题有用。

威尔逊认为,"为了叙述主题,必须将一些史料挑选出来,绝大多数放弃。目的是什么?反映心目中的真相……因此,只需留下关键史料,抛弃次要的"。因为,"史家的目的是让他的主题具有一个真实的印象,把它放在一个紧凑的综合的而非开放的松散的分析框架中展示出来,将每一个句子、每一个笔触、每一个部分团聚在一起,略去对形成一个统一的真相的印象并非绝对必需的成分"〔4〕。史料的来源在哪儿?完全依赖官方档案显然不够。威尔逊非常重视地方史料。1889 年,他多次写信给特纳,请他帮忙寻找有关西部的史

---

〔1〕 Arthur S. Link, *The Papers of Woodrow Wilson*, Vol. 9, p. 295.

〔2〕 Ibid. , p. 297.

〔3〕 Ibid. , pp. 297-298.

〔4〕 Ibid.

料。[1] 他也重视私人的历史研究活动，尤其是私人留下来的文件和记录，认为"没有这些材料，官方档案就不全，无法鉴别真伪；这两种材料分开了，它们都会令人无法理解"[2]。亦即，历史学家应该拓宽史料视域，官方史料与地方史料、民间史料并重，只有这样，才能更真切地反映历史的真实。这种史料观是当时美国史学界的普遍共识，但威尔逊的史料观比一般史家走得更远。他甚至从文学、诗歌作品中寻找有用的史料，这是与当时史家的史料观大不一样的地方。

确立了主题，对历史真相有了确定的印象，史料业已完备，并不意味着历史真相就很容易表述出来。能否让读者一起认清历史真相，史家的著述过程十分重要。他必须带领读者同他一起去感受对历史真相的印象。这要求历史学家具备很高的素质。威尔逊认为，"历史学家既要有学术修养，又要有想象力；既要有完美的文学艺术，又要正直和诚实"。威尔逊相信，真正的历史学家具有彻底分清现在与过去的能力。"要做到这一点，他自己的印象必须与无知的读者一样清新，他的好奇心在每一个阶段都强烈而显得幼稚。随着书越写越厚，历史氛围就会悄悄地渗入他的思想中。只要他小心翼翼推进对叙述中的事实的描述，与他的书同步前进，写作就会按印象的指示继续下去。"[3]威尔逊在运用想象一词时区分了两种想象：体验性想象和创造性想象。他说"是通过体验性想象……而非创造性想象"[4]去体验过去。所谓体验性想象，就是作者必须与所写的时代在思想上同一，具有"同感"；这感觉"必须是身处历史当中的观察者的感觉……像个当地人，而不是个外地人"[5]。他认为：体验性想象力是理解力、"同感"判断力和神奇的洞察力相结合的产物；想象力工作不可能由编辑完成，甚至不能在某一个天才指导下通过将不同思想或产品融合在一起来完成……它在本质上是个人的、不可沟通的。[6]

威尔逊史学著述均围绕全国性主题。要有效阐述这么大的主题就必须处

---

[1]　Arthur S. Link, *The Papers of Woodrow Wilson*, Vol. 6, p. 368.

[2]　Ibid., Vol. 9, p. 301.

[3]　Ibid., p. 304.

[4]　Ibid., Vol. 15, p. 487.

[5]　Ibid., p. 488.

[6]　Ibid., pp. 488-489.

理好地方与国家史、历史的多样性与统一性的关系。他指出："地方史是国家史的终极本质……一个国家的历史不过是其乡村史的放大"；但不是什么地方史都构成为国家史的一部分，"正确的有生命力的地方史应是目光高远且视域广阔的"[1]。地方史的意义在于它是更大的整体历史的一部分，它次于国家史。"地方史之次于国家史有如部分之小于整体；没有部分，整体就不会存在；除非部分得到理解，否则我们无法理解整体。地方史之次于国家史就好比书的每一页次于整册书；你在每一页中不会发现中心主题，但每一页又含有主题的一部分。"[2]威尔逊认为，不同的地方史对国家史所作贡献是不一样的。美国中西部诸州的历史就比其他地方史更重要。因为，"在将近300年中，我们的一个不变的事实是，我们一直是一个在篷车上的民族；到目前为止，这是我们国家历史的核心和占主导地位的事实"[3]。一句话，中西部塑造出了真正的美国。因此，中西部的历史应该在美国历史中占据独特地位。

在历史的多样性和统一性问题上，威尔逊认为两者互为经纬。"它们是两种友好而非敌对的历史方法，相互合作以达到各自均无法单独达到的目的"；"两种历史的兴趣都是一样的，每一种都是对人类精神的记录……在一种历史中，我们寻求彰显于行动中的人类精神；在另一种历史中，我们寻求表现于观念中的人类精神"[4]。威尔逊认为，"所有不同类别的历史……都是为了阐明在社会协作中的人们的行为、思想和人类的精神生活"[5]。的确，当时美国史学研究是专有余而综合不足。究其因，威尔逊认为，主要是大学史学教育的通专失调和科学主义所致。许多史家是在没有通史功底的基础上开展专史研究的，导致见木不见林；更多的史学家不敢大胆向科学的权威挑战而埋头于细部研究。但是，只要专史研究者着眼于整体去构建他们那部分的历史，综合就会自然产生。亦即综合可以在各个层面上进行。威尔逊预言："综合的时代已经来临"[6]，因为，"我们的思想需要综合，没有大胆的综合方法，所有知识

[1] Arthur S. Link, *The Papers of Woodrow Wilson*, Vol. 9, p. 258.
[2] Ibid. , p. 259.
[3] Ibid. , p. 266.
[4] Ibid. , Vol. 15, pp. 473-474.
[5] Ibid. , p. 480.
[6] Ibid. , p. 483.

和思想都将变得软弱无力"[1]。威尔逊的史学研究预示了后来美国史学的走向。

三、一点尝试性评价

威尔逊对美国史学的最大贡献是促成美国史学精神的独立。1884年,美国历史学会的建立标志着美国史学的专业化,但是美国史学的精神并未同时独立。"种族主义学派"和"帝国学派"占据史坛,均从英国的角度来观察美国的历史进程,美国缺乏解释自己历史的理论。1883—1885年在霍普金斯大学攻读博士学位时,威尔逊与特纳经常谈论美国历史的独特性及其形成的原因;两个人一致认为美国的民族性形成的关键因素在中西部地区。运用"边疆"扩张的朴素思想解释美国的整个历史发展进程是威尔逊对美国史学作出的一项重要贡献。他的这一解释美国历史的实践对后来特纳"边疆理论"的形成产生了重要影响。当然,威尔逊的边疆思想也受到了特纳很大的启发。但是在1893年12月特纳向美国历史协会年会提交《边疆在美国历史上的重要性》一文之前,威尔逊已经运用中西部的发展和边疆概念来解释美国的历史进程,并在美国史学界引起很大的反响。特纳从威尔逊的史学实践中深受启发,于1896年完善了边疆理论。由于威尔逊前期广泛运用边疆概念解释美国历史所作的铺垫和当时已经声誉隆盛的威尔逊极力推荐,特纳的边疆理论迅速确立了它在美国史学中的主流理论地位。一般认为,直到特纳边疆理论的提出,美国史学才真正走上了独立发展道路。在这一过程中,威尔逊功不可没。

威尔逊是最早具有长时段观念和运用经济因素解释历史现象的美国进步主义历史学家之一。1886年10月18日完稿的《内战的原因》一文是美国最早运用经济因素解释南北战争的史学作品并反映出威尔逊具有长时段理念。他认为:"南北之间的差异是深刻的社会和经济差异,它们远在殖民时代就已经存在。南方几乎完全是单一的农业经济,而且由奴隶进行劳作。……北方有多种收入途径,南方一直只有一种途径,两个部分的差距日益扩大而且越来

---

[1] Arthur S. Link, *The Papers of Woodrow Wilson*, Vol. 5, p. 454.

越明显。"〔1〕他认为差距的产生和扩大与南方的地理条件有着密切的关系。他指出,"国家主权原则实际上不是战争的根本原因。真正的是南北社会经济利益不可调和的差异——差异在很大程度上是由奴隶制造成的"〔2〕,因为,"战争的目的极少是为了抽象的理论"〔3〕。南方奴隶制与北方资本主义工业制度是不可调和的论断与马克思很相似。

威尔逊是当时美国史学界极少数具有整体史观并能将其反映在史学作品中的历史学家。如前所述,威尔逊强调历史研究必须围绕与现实社会生活相关的主题展开,而主题的展示必须置于有机联系的整个社会画面之中。于是,史学研究的对象和领域比以前扩大了许多,从政治和宪法扩及社会经济、环境、思想、文化等方方面面。在威尔逊之前,麦克马斯特就写过一部《美国人民史》,涉及面也很广,并明确提出人民"应是主题"的口号。〔4〕但是,这部史书并没有一个真正的中心,因此有如无所不包的松散的社会史。威尔逊的《美国人民史》由于围绕着美国的民主精神这一主题展开,不仅涉及社会的方方面面,场面宏大,而且结构很紧凑,浑然一体。这种从整体上把握历史的研究方法后来被广为接受。此外,威尔逊始终坚持运用比较方法,重分析轻描述,这是其史学生涯的一大特色。可以说,他是美国最早的比较史学家和以分析见长的史学家。

威尔逊的史学研究也有明显的缺陷,主要表现在以下几个方面。一是史料功夫不够扎实,有时扭曲史料。1896 年 12 月 6 日美国《国家报》上对《乔治·华盛顿》的评论文章就指出:"所用材料常常令人怀疑。比如,谁知道乔治·华盛顿是伦德·华盛顿的叔叔?"〔5〕他的《美国人民史》在很大程度上是根据二手材料写出来的,而且许多权威研究成果未能在其书中得到反映,降低

---

〔1〕 Arthur S. Link, *The Papers of Woodrow Wilson*, Vol. 5, p. 352.

〔2〕 Ibid., p. 355.

〔3〕 Ibid., p. 356.

〔4〕 满云龙:《美国社会史学的兴起与美国的社会和文化》,载中国留美历史学会编:《当代美国史学评析》,北京:人民出版社 1990 年版,第 87 页。

〔5〕 Arthur S. Link, *The Papers of Woodrow Wilson*, Vol. 10, p. 123.

了学术质量。总共九篇书评，只有一篇是赞誉有加，其余则毁誉参半。[1] 二是史学研究的政治化倾向严重。威尔逊虽是历史学家，但更是政治学家；论史为治国而非为史论史。由于过分强调实用，导致在历史研究中牵强附会，以文害史。同行对其作品的评价是，"产品要比工具或材料重要得多，结果比过程的价值重要得多"[2]。三是不重视社会科学，尤其轻视社会学。他曾经嘲笑社会学是说不清楚自己研究对象的学科，并嘲笑凡是说不清楚研究什么的学科都可以称为社会学。由于缺乏强有力的研究手段，威尔逊的史学成就未能达到他自己所期望的高度。

尽管缺点不少，但是从美国史学发展进程来看，威尔逊仍然是一位重要的历史学家。他与特纳共同创立了边疆理论，堪称美国史学精神独立的奠基人之一。他最早向兰克学派的史学理论提出质疑和挑战，确立了历史学家在历史研究中的主体地位，从而解放了历史学家的思想，为美国史学研究由描述性阶段向分析性阶段的转变开辟了道路。

---

[1] Arthur S. Link, *The Papers of Woodrow Wilson*, Vol. 15, pp. 248, 280, 286, 309, 338, 350, 441, 516.
[2] Ibid., Vol. 10, p. 65.

年鉴学派与西方史学的转型

——以勒华拉杜里的《蒙塔尤》为例 *

陆启宏[1]

　　"二战"以后,年鉴学派在西方史学界占据主导地位。费尔南·布罗代尔的总体史强调长时段的结构在历史中的决定性作用,而忽视个人和事件,注重分析而非叙述,注重环境而非个人,注重宏观结构而非微观研究。20世纪70年代以来,这种"没有人和事件的历史学"日益受到质疑和批评,1979年劳伦斯·斯通(Lawrence Stone)在《叙事史的复兴：对一种新的旧史学的反思》一文中宣告"叙事史的复兴",并认为这"标志了一个时代的终结：对昔日的变化作出一种有条理的科学解释的努力的终结"[2]。

　　叙事史的复兴导致了西方历史学研究的转型,斯通概括为："在研究的问题方面,从经济和人口转向文化和情感；在影响的主要来源方面,从社会学、经济学和人口统计学转向人类学和心理学；在研究的主题方面,从群体转向个人；在历史变迁的解释模式方面,从分层的和单一原因的解释模式转向相互关联的和多原因的解释模式；在方法论方面,从群体定量转向个体案例；在组织结构方面,从分析转向叙述；在历史学家功能的概念化方面,从科学的转向文学的。"[3]

---

　　* 本文原载于《复旦学报》(社会科学版)2011年第3期。
[1] 陆启宏,复旦大学历史学博士(1998年9月硕士入学,2001年7月毕业；2002年9月博士入学,2006年7月毕业),现为复旦大学历史系副教授。
[2] Lawrence Stone, "The Revival of Narrative: Reflections on a New Old History," *Past & Present*, No. 85 (Nov., 1979), p. 19.
[3] Lawrence Stone, "The Revival of Narrative: Reflections on a New Old History," pp. 23-24.

年鉴学派第三代历史学家也跻身于这场史学转型之中。1988 年第 2 期《年鉴》杂志上发表了一篇题为"史学和社会科学：转折阶段？"的编辑部文章，肯定了社会科学正经历着"普遍危机"，尽管这一危机已波及历史学，但不能说是年鉴学派发生了危机，只能说是一个"转折阶段"[1]。可见，年鉴学派的转型并不是对过去的彻底否定，而是在传统的基础上建立"新史学"。这主要体现在如下三个相互关联的方面：

（一）研究方法的转变——人类学的方法。年鉴学派一直注重跨学科的研究，布罗代尔就重视历史学和社会科学的结合，其中主要是经济学、社会学和地理学等，这种取向和总体史的目标是相一致的。年鉴学派第三代历史学家则将目光转向了人类学，这导致了历史人类学的出现，并使得年鉴学派在研究方法上出现了重要的转变。正如雅克·勒高夫（Jacques Le Goff）所指出的："按早期年鉴学派的方式研究的经济、社会史在今天已不再是新史学的先锋领域了，而在《年鉴》杂志创办初期尚无足轻重的人类学都超越了经济学、社会学和地理学，成为新史学的优先的对话者。"[2]

（二）研究问题的转变——心态史的研究。心态史学的传统在年鉴学派第一代历史学家吕西安·费弗尔（Lucien Febvre）和马克·布洛赫（Marc Bloch）的著作中就有体现。到了年鉴学派第三代历史学家那儿，心态史成为一种研究风潮，并取代了结构和分析的研究路径。雅克·勒高夫、乔治·杜比（Georges Duby）和埃马纽埃尔·勒华拉杜里（Emmanuel Le Roy Ladurie）都是年鉴学派第三代历史学家中心态史研究的代表。

（三）研究视角的转变——微观史的视角。微观史学的研究形成于 20 世纪 70 年代的意大利，以卡洛·金兹伯格（Carlo Ginzburg）和乔万尼·列维（Giovanni Levi）等人为代表，他们最早使用"微观史学"（Microhistoria）一词，来界定这种"在本质上以缩小观察规模、进行微观分析和细致研究文献资料为基础"的研究方法。[3] 年鉴学派的微观史学放弃了布罗代尔式的宏观叙述，

---

〔1〕 引自陈启能：《西方史学的发展趋势》，《历史研究》1993 年第 3 期，第 154 页。

〔2〕 雅克·勒高夫：《新史学》，载勒高夫等主编：《新史学》，姚蒙译，上海：上海译文出版社 1989 年版，第 36 页。

〔3〕 周兵：《当代意大利微观史学派》，《学术研究》2005 年第 3 期，第 93 页。

转向微观的研究,他们"不再把历史看作是吞没了许许多多个人的一个统一过程、一篇宏伟的叙述,而看作是有着许多个别中心的一股多面体的洪流"[1]。

历史学的这场转型在法国历史学家、年鉴学派第三代历史学家勒华拉杜里身上得到了显著的体现。勒华拉杜里早期的研究比较接近其导师布罗代尔,关注"静止的历史"。他认为历史分为三个层次:首先(也是最重要的)是经济、人口事实,其次是社会结构,最后(也是最不重要的)是思想、宗教、文化和政治的发展。勒华拉杜里的博士论文《朗格多克的农民》(*Les paysans du Languedoc*, 1966)遵循了这一研究思路。而勒华拉杜里于 1975 年出版的《蒙塔尤——1294—1324 年奥克西坦尼的一个山村》(*Montaillou*, *village occitan de 1294 à 1324*)[2]却标志着其研究的转型,也是整个年鉴学派转型的反映。本文以《蒙塔尤》为例,从历史人类学、心态史以及微观史学三个方面具体探讨年鉴学派与西方史学转型的关系。

一、《蒙塔尤》与历史人类学

历史人类学的出现与年鉴学派的兴起有着很大的关系。年鉴学派提倡总体史,历史学家不仅要研究政治军事史,还应该研究经济、思想、文化、宗教和人类生活等各个方面的内容。年鉴学派第一代史学家马克·布洛赫和吕西安·费弗尔都为历史人类学的发展作出过贡献。例如,布洛赫的《封建社会》不是将焦点聚在封建主义的政治、教会和司法体制方面,而是"从人类学切入封建主义,把它当作是一个各种人际关系的复合体"[3]。

年鉴学派第二代史学家费尔南·布罗代尔的《15 至 18 世纪的物质文明、经济和资本主义》,在第一卷《日常生活的结构》中就关注前现代社会的日常生活,包括人口、食品、衣着、住房、交通、技术、货币、城市等。布罗代尔发现,旧

---

[1] 格奥尔格·伊格尔斯:《二十世纪的历史学——从科学的客观性到后现代的挑战》,何兆武译,沈阳:辽宁教育出版社 2003 年版,第 118 页。

[2] 中译本为:埃马纽埃尔·勒华拉杜里:《蒙塔尤——1294—1324 年奥克西坦尼的一个山村》,许明龙、马胜利译,北京:商务印书馆 1997 年版;文中的引文均依照此版本,引文后的页码即此版本的页码,不再一一注明。

[3] 格奥尔格·伊格尔斯:《二十世纪的历史学》,第 63 页。

制度下的人在观念方面"同我们当代人不相上下",他们的思想和爱好"同我们十分接近";可是一旦注意到"日常生活的各种细节",我们就会发现两者之间的"可怕的距离"。布罗代尔告诫我们:"必须完全抛开我们周围的现实,才能妥善从事这次回到几世纪前去的旅行,才能重新找到长期使世界在某种稳定状态的那些规则。"〔1〕在这里,布罗代尔的方法已经倾向于人类学的方法,不再将旧制度下的社会视为与当代社会同质的文化,而是将之视为一种异文化。

年鉴学派第三代的史学家在 20 世纪 60 年代末倡导与人类学紧密结合,这主要有两个方面的背景:一方面,当时由于现代文化(如超级市场、麦当劳和可口可乐文化)的冲击,人们力图挽救"正在迅速毁灭的法国传统社会形态的记忆",因此当时的社会人类学家"不再向当代的异国社会发展,而是朝着我们自己社会的过去发展"〔2〕。另一方面,年鉴学派第三代史学家为了应对结构人类学的挑战,放弃了布罗代尔的宏大经济空间,而关注"社会文化史",弗朗索瓦·多斯指出,"社会文化史只是披着人种学外衣的历史学",同时人种学的研究方法"排除了突发事件,只留下常态事务和人类反复出现的日常行为"〔3〕。

正是在这样的背景下年鉴学派转向了历史人类学。雅克·勒高夫在《新史学》中论述史学的前途时提出了三个假设,其中之一是:"或许是史学、人类学和社会学这三门最接近的社会科学合并成一个新学科。关于这一学科保罗·韦纳称其为'社会学史学',而我则更倾向于用'历史人类学'这一名称。"〔4〕同时,历史人类学的出现也导致了研究重点的转移,其结果扩大了研究主题的范围,使历史学家摆脱了传统政治史研究的桎梏。历史学家开始关心"最容易影响到家庭生活、物质生活条件以及基本信念这样一些制约人类的因素所发生的物质变化和心理变化"〔5〕。历史学家不仅关注人的日常生活,

---

〔1〕 费尔南·布罗代尔:《15 至 18 世纪的物质文明、经济和资本主义》(第一卷),顾良、施康强译,北京:生活·读书·新知三联书店 1992 年版,第 25 页。

〔2〕 乔治·杜比:《法国历史研究的最新发展》,载《史学理论研究》1994 年第 1 期,第 102 页。

〔3〕 弗朗索瓦·多斯:《碎片化的历史学——从〈年鉴〉到"新史学"》,马胜利译,北京:北京大学出版社 2008 年版,第 155 页。

〔4〕 雅克·勒高夫:《新史学》,第 40 页。

〔5〕 杰弗里·巴勒克拉夫:《当代史学主要趋势》,杨豫译,上海:上海译文出版社 1987 年版,第 85—87 页。

研究人的饮食起居、姿态服饰、风俗习惯、技艺和文化,同时还强调关注边缘性的、地方性的、弱势群体的声音,即自下而上的历史(history from below)。这种强调关注普通人的、日常生活的历史观带有强烈的人类学的旨趣和研究方法,是历史人类学的主要特征。

勒华拉杜里也极力倡导历史人类学的方法,他在 1973 年法兰西学院的就职演讲中提道:"历史学家靠手中的检索卡片去阅览无数的档案和有关社会事实的原始资料,就像人类学家不厌其烦地对他所研究的那个社会中的成员提出问题并把一切都记录在笔记本中一样。"〔1〕《蒙塔尤》正是一部历史人类学的典范之作。

从《蒙塔尤》的结构中,我们就可以发现很强的人类学痕迹。勒华拉杜里曾在美国短期逗留过,在那儿他接触了研究村庄的人类学。《蒙塔尤》正是"依照人类学家常常撰写的社区研究的方式,将嫌疑人向审问人提供的信息进行重新编排"〔2〕。我们可以将《蒙塔尤》与中国社会学家杨懋春的文化人类社区研究著作《山东台头——一个中国村庄》进行比较。杨懋春没有描述"社区日常生活中最重要的方面——经济、社会、政治、宗教、教育",而是"以初级群体中个体之间的相互关系为起点,然后扩展到次级群体中初级群体之间的相互关系,最后扩展到一个大地区中次级群体之间的相互关系"。在台头村,家庭是初级群体,村庄是次级群体,大地区是乡镇。根据这一研究路径,作者"首先描述自然环境、社会类型、社区中的人、人们的谋生手段以及生活水平,这样读者首先看到的是作为静态社区的村庄"〔3〕。

同样,勒华拉杜里在《蒙塔尤》的第一部分中着力描写了村庄的生态,即"考察了村子、土地和社会的全貌"。在这里,勒华拉杜里继承了年鉴学派的传统,首先叙述蒙塔尤的自然环境、经济形态以及政治结构。

在描写了村庄的自然环境之后,两位作者都将目光聚焦于家庭。尽管 13

---

〔1〕 伊曼纽埃尔·勒鲁瓦·拉迪里:《历史学家的思想和方法》,杨豫等译,上海:上海人民出版社 2002 年版,第 5 页。

〔2〕 彼得·伯克:《法国史学革命:年鉴学派,1929—1989》,刘永华译,北京:北京大学出版社 2006 年版,第 76 页。

〔3〕 杨懋春:《山东台头——一个中国村庄》,张雄等译,南京:江苏人民出版社 2001 年版,作者前言,第 7 页。

世纪末 14 世纪初的蒙塔尤和 20 世纪上半叶的台头是两个在时空上完全不同的村庄,但是它们的社会基础都是"家庭"。杨懋春指出,台头村社会生活的基础是"家庭中个体之间的相互关系",而与家庭生活相比,村庄生活的重要性要小得多。[1] 勒华拉杜里也提到,在一般居民心目中,"'家'在情感、经济和门第方面是至关重要的"(第 42 页),正是"家"的观念"把乡村的社会、家庭和文化生活统一起来"(第 43 页)。家庭的重要性也体现在了异端"在上阿列日和蒙塔尤形成和重建的过程中"(第 43 页),异端传播是以家为单位,"像跳蚤一样从一户蹦到另一户,从一家跳到另一家;异端学说扎下根后,信徒的家便成为它的基地"(第 44—45 页)。因此,家庭构成了宗教信仰的基本单位,一个农民提到"异端一旦传入一个家,它就会像麻风一样扎根四代之久,或者永远存在下去"(第 44 页)。同样,天主教的发展也依靠家庭。

我们可以看到,《蒙塔尤》(尤其是第一部分)和《山东台头》在内容安排上是很相近的,而两者的差别仅仅是资料来源的不同。《蒙塔尤》的资料是宗教法庭的档案,而《山东台头》则是"从一个在此社区长大并经历了所描述的大部分社区生活的参与者的视角进行描述"[2]。勒华拉杜里通过这些历史文字资料,"深入观察了'我们失去的世界',以及在这个'旧日美好年代'中生活的庄稼汉们"(第 1 页)。

下面我们就以蒙塔尤的小集团冲突为例来说明《蒙塔尤》的历史人类学方法。

无论是杨懋春还是勒华拉杜里,他们在描写了初级群体(家庭)之后,都扩展到次级群体(村庄)中初级群体之间的相互关系,而这最典型的就体现在小集团的冲突之中。

在蒙塔尤,存在着两个相互对立的集团,其中占主导地位的是克莱格的小集团及其同盟者,这个小集团势力很大,"几乎足以单独充当全村本地人社会的化身"(第 410 页)。克莱格小集团在蒙塔尤的霸权是来源于卡尔卡松宗教裁判所的支持,但是随着帕米埃主教雅克·富尼埃的介入,克莱格家人"在当

---

[1] 杨懋春:《山东台头——一个中国村庄》,作者前言,第 8 页。
[2] 同上。

地组织的控制和保护体系开始出现裂缝"(第 414 页)。双方的焦点是关于什一税的征收问题：克莱格家族长期以来一直凭借着收税人的身份,减轻什一税对村民的冲击,但是富尼埃上任后就要求严格征收什一税。因此,富尼埃的行为在客观上就破坏了克莱格家族的权力。

蒙塔尤的另一个小集团是阿泽马小集团,相对于克莱格集团,他们的势力较小。这个小集团的成员受到富尼埃主教的支持,他们"成功地在村子里组成了一个朋友和同谋的网络,在一段时间里与克莱格小集团唱对台戏"(第 418 页)。两个集团为了巩固优势,采取了相同的策略,包括"交换小礼物、相互帮忙……乃至交换老婆"(第 418 页)。

可见,蒙塔尤的冲突牵涉四方的利益：克莱格小集团、阿泽马小集团,以及支持它们的卡尔卡松宗教裁判所和帕米埃主教。一方面,两个小集团有了教会势力的支持才能在村中占有优势地位;而另一方面,卡尔卡松宗教裁判所和帕米埃主教"通过夹在中间的小头头达到他们的目的"(第 421 页)。

在勒华拉杜里之前,已经有其他学者关注到了这份档案,勒华拉杜里的原创性在于他采用了人类学的方法,"他试图撰写人类学意义上的历史社区研究——不是某一特定村落的历史,而是借助居民自身的话,对这一村落进行描绘及对村落代表的大社会进行描绘"[1]。正是由于勒华拉杜里采用了人类学的方法,拓宽了研究的视角,使得他关注的并不是档案中传统史学的内容,他将蒙塔尤的档案视为"有关村落、农民和民众的文化与社交的丰富资料",而这里的"文化"是指"人类学家所说的总体含义的文化"(第 194 页)。

二、《蒙塔尤》与心态史

就广义的心态史而言,即注重人类心灵、思想与情感层面的研究取向,可以说一直存在于西方的史学传统之中。伏尔泰的《路易十四时代》、布克哈特的《意大利文艺复兴时期的文化》、赫伊津哈的《中世纪的衰落》以及诺贝尔·阿里亚斯的《文明的进程》都算是心态史领域早期的杰出代表。

---

[1] 彼得·伯克:《法国史学革命：年鉴学派,1929—1989》,第 76 页。

心态史学的传统也体现在年鉴学派第一代的历史学家身上,如吕西安·费弗尔的《十六世纪不信神的问题——拉伯雷的宗教》(*The Problem of Unbelief in the Sixteenth Century: The Religion of Rabelais*)和马克·布洛赫的《国王的奇迹》(*The Royal Touch*)。但是,正如菲利普·阿里埃斯(Philippe Ariès)所指出的,在这一时期"心态这一领域还未与经济领域或社会经济领域很好地区分开来"[1]。到了第二代史学家布罗代尔那儿,心态史虽并未被完全忽视,但是"被降格至年鉴派事业的边缘"[2]。费弗尔的另一位弟子罗伯特·芒德鲁(Robert Mandrou)则继承了集体历史心理学的传统。芒德鲁认为,心态史是人对世界的各种看法的历史,包括心智的领域和情感的领域。[3]同时,也有其他一些法国历史学家将注意力集中于心态史上,例如菲利普·阿里埃斯将研究兴趣转向特定文化看待和区分儿童、死亡等问题的方式。

到了年鉴学派第三代历史学家时,心态史成为一种研究风潮,它旨在"研究社会实践的非意识层面,以及某一时期或社会群体无意识的集体思想"[4]。雅克·勒高夫、乔治·杜比和勒华拉杜里等年鉴学派第三代历史学家主张新的史学研究趋向,他们探索的"是在一个社会经济的语境中民众的态度"[5],注重于"对态度、行为举止以及人们称之为'群体无意识'层次的研究"[6]。尽管这些历史学家研究的主题很多仍是传统的人口史和经济史的主题:家庭、教育、性、死亡等,但他们是"以一种新的眼光、以一种不同于以前的标准来重新阅读"[7]。

勒华拉杜里早年追随布罗代尔的研究路径,将研究兴趣集中在人口史,但他很快就转向了心态史。如菲利普·阿里埃斯正确指出的:"心态史就由于历

---

〔1〕 菲利普·阿里埃斯:《心态史学》,载勒高夫等主编:《新史学》,姚蒙译,上海:上海译文出版社1989年版,第173页。

〔2〕 彼得·伯克:《法国史学革命:年鉴学派,1929—1989》,第62页。

〔3〕 吕一民:《法国心态史学述评》,《史学理论研究》1992年第3期,第138页。

〔4〕 弗朗索瓦·多斯:《碎片化的历史学》,第158页。

〔5〕 格奥尔格·伊格尔斯:《二十世纪的历史学》,第69页。

〔6〕 米歇尔·伏维尔:《历史学和长时段》,载勒高夫等主编:《新史学》,第144页。

〔7〕 菲利普·阿里埃斯:《心态史学》,第188页。

史人口学而获得了复兴",因为历史学家试图研究人口数字背后所体现的人们"对生命、年龄、疾病、死亡等现实的态度"[1]。勒华拉杜里在《朗格多克的农民》中,不仅描绘了他们的物质生活状况,还分析了他们对生活和死亡的看法,他们在瘟疫面前的忧虑和恐惧。如果说《朗格多克的农民》只是勒华拉杜里对心态史的初次尝试,那在《蒙塔尤》中勒华拉杜里则将心态史研究表现得淋漓尽致。

《蒙塔尤》的第一部分是关于蒙塔尤的生态(其基础是家庭),而第二部分就是关于蒙塔尤的心态。在这一部分中,作者"不再从住家和窝棚等领域做面上的考察",而是深入研究蒙塔尤的社会文化,"努力探讨一个充斥日常生活的颇有讲究的各种举止",以及研究当地人的爱情生活、性生活、夫妻生活、家庭生活和人口问题。(第 194 页)

勒华拉杜里首先研究了蒙塔尤人的举止、激情和爱情,然后研究了死亡、文化和小集团冲突,之后研究了时空观念和对自然的态度,最后作者研究了蒙塔尤人的信仰。蒙塔尤人的信仰是受制于彼岸世界的,因而拯救灵魂是很多人最关心的事,正如萨巴泰的一位村民所说:"我对于上帝的全部了解,就是他是为了拯救我们才存在的。"(第 641 页)因此,人间的家和彼岸世界的天堂成了蒙塔尤社会的两极,但是对于大多数信奉异端的蒙塔尤人来说这两极是无法调和的,存在着明显的张力,"一个人不可能既要家又要拯救灵魂,两者只能舍一保一"(第 642 页)。

下面我们以时间观念为例来展现勒华拉杜里的心态史研究。吕西安·费弗尔在《十六世纪不信神的问题》一书中最先使用了"心态工具"一词,这后来为年鉴学派第三代历史学家所继承。雅克·勒高夫在《中古时代教会的时间和商人的时间》一文中就指出:中世纪时的人"已经具有一种文化与一种完整的心态工具来思考各种有关职业的问题以及这些问题在社会上、道德上、宗教上的影响"[2]。勒高夫试图分析,在 12 世纪西欧激烈的社会变迁中,"心态结构的震荡如何在思想的传统形式里造成裂痕,以及相连于新的经济社会条

---

[1] 菲利普·阿里埃斯:《心态史学》,第 176 页。
[2] 雅克·勒高夫:《中古时代教会的时间及商人的时间》,载康乐主编:《年鉴史学论文集》,梁其姿等译,台北:远流出版社 1989 年版,第 216 页。

件的精神性需求,如何填入了这些裂缝及引起回响"〔1〕。其中,最主要的是时间观念的变化。中世纪的时间是教会的时间,"按着宗教崇拜仪式而进行,由敲钟来宣布时段,而时段得靠不准确及因季节而变的太阳钟来指示,有时又靠粗糙的漏壶时计来度量"。商人的活动在开始时也是顺应这种教会的时间,但是随着商业的发展,教会的时间被"商人及工匠因世俗的需要而更准确地度量出来的时钟时间"所取代。〔2〕

勒华拉杜里在《蒙塔尤》中也研究了这一心态工具——时间观念。蒙塔尤人并不依靠教堂的钟声来准确区分时间,他们通常用与进餐有关(如中饭、晚饭、点心、正餐等)来描述时间;表示白天的词语部分地带有天主教色彩(如日课经第三时、午前祷告、晚祷等);而表示夜间时间的则几乎完全是世俗的词语,只能视觉、物候和听觉(如太阳落山以后、头一觉睡醒的时候、鸡叫三遍的时候等)。(第 430 页)表示一年中的不同时期,会利用物候或农业活动,但主要是依据教会的活动,尤其是教会的纪念日,"在蒙塔尤和上阿列日地区,万圣节、圣诞节、狂欢节、封斋节、圣枝主日、复活节、圣灵降临节、耶稣升天节、圣母升天节、圣母诞生日、圣十字架瞻礼日等,组成了一个完整的周期"(第 433 页)。因此,在上阿列日地区,一年分为两个时期:第一个时期从圣诞节到圣灵降临节,第二个时期从圣灵降临节到万圣节。可见,蒙塔尤人的时间概念是模糊的,"人们的时间心态还停留在墨洛温王朝时代,与图尔的格里哥利或传说中的作家弗雷代盖尔所使用的记时方法十分相近"(第 436 页)。在这样的时间观念中,蒙塔尤是个没有历史的村庄,当地的居民"生活在既与过去割裂又与将来没有联系的一个'时间的孤岛'上"(第 441 页),"这个村子走过了漫长的岁月,却没有历史,只有许许多多的故事,从建立村子直到当代的故事"(第 643 页)。

不仅年鉴学派的史学家关注时间观念,人类学同样也关注这个问题,例如,英国人类学家埃文思-普里查德在《努尔人》中就研究了非洲努尔人的时间观念。埃文思-普里查德将努尔人的时间概念分成两类:生态时间和结构时

---

〔1〕 雅克·勒高夫:《中古时代教会的时间及商人的时间》,第 225—226 页。
〔2〕 同上书,第 229 页。

间。每天的计时钟表则是"牛钟表"(cattle clock),即"放牧任务的轮回次数","把牛从牛棚牵到畜栏、挤奶、把成年牛群赶往牧场、挤绵羊和山羊奶、赶着羊和小牛去牧场、清扫牛棚与畜栏、把羊群和小牛赶回家、成年牛群返回、挤夜奶、把牲畜关进牛棚"。可见,努尔人通常用这些活动来与事件协调起来,而不是参照太阳运行的轨迹,因此人们会说:"我将在挤奶的时候回来","当小牛回到家时我就出发"等。[1] 生态时间的最大单位是年,而较长的时间段则是结构性的,因为它是"群体之间相互关系的反映",因此是"由结构关系所决定"[2]。

尽管蒙塔尤的居民和努尔人生活在不同的时空之中,但我们可以发现他们在时间观念上的相似,都是含糊的、不明确的,通常是由自然变化和农业活动来估算的。另一方面,从这个例子中,我们也可以看出心态史与人类学的密切关系。虽然人类学家并没有使用心态一词,但是却与历史学家不谋而合,显见人类学对历史学的影响。

勒华拉杜里的《蒙塔尤》表明了年鉴学派从经济研究到心态研究的转向,这一过程被称为"从地窖到顶楼",伏维尔高度评价道:"今天他(勒华拉杜里)对蒙塔尤地区的研究已生动地表明他把握了整幢建筑:从地窖到顶楼,即从土地结构到乡村集体心态中最为复杂的种种形式。"[3]

三、《蒙塔尤》和微观史学

微观史学家抛弃了布罗代尔式的宏观叙述,转而处理一些"真实的题材"。他们批评传统的社会科学研究路线,因为他们认为,社会科学家"大规模进行概括就从根本上歪曲了真正的现实",且将这些概括"用于检验他们号称要加以解说的那种小规模的生活的具体现实时,却是无效的"。因此,微观史学要研究那些被传统研究方法所忽略的人群,并且要"在绝大部分的生活所发生于

〔1〕 埃文思-普里查德:《努尔人——对尼罗河畔一个人群的生活方式和政治制度的描述》,褚建芳等译,北京:华夏出版社 2002 年版,第 121 页。
〔2〕 同上书,第 121—121 页。
〔3〕 米歇尔·伏维尔:《历史学和长时段》,第 136 页。

其中的那些小圈子的层次上阐明历史的因果关系"[1]。勒华拉杜里在书中写道:"蒙塔尤是一摊臭气扑鼻的污水中的一滴水珠。借助日益增多的资料,对于历史来说,这滴水珠渐渐变成了一个小小的世界;在显微镜下,我们可以看到许多微生物在这滴水珠中游动。"(第 428 页)

尽管蒙塔尤只是一个地方性的案例,但是它在同时期的上阿列日地区具有普遍性。另一方面,蒙塔尤的微观研究有助于我们重新审视一些宏观的理论。勒华拉杜里在描述了蒙塔尤以及上阿列日地区的小集团冲突之后,对马克思主义的论断进行了重新的思考,他写道:

> 马克思主义的论断有时倒很适用于对我们的问题进行分析。在某些时候,因教会、宗教、什一税等等引发的问题,确实使掌握领主权力的人(领主贵族或代表他们利益的平民领地法官)与一部分被统治者产生对立。可是,在蒙塔尤,这种冲突却是通过村子里的帮派或小集团之间的争斗得到表现的,而这些帮派或小集团并非势均力敌,况且其成员数量多寡也经常发生变化。从另一方面来说,这种类型的冲突就其确是一类冲突而言,也并非自始至终一直存在。某些时候,领主法官及其同像在什一税和宽容异端问题上一旦取得了有效的妥协,村里的大多数人就都团结在他们周围了。何况,这种斗争并不引发革命,这一点是无需赘言。与其说它们是根本利益的冲突,毋宁说是帮派性质的冲突。对于力图争得权力的那个小集团来说,他们的目的不是打碎另一个小集团牢牢掌握的领主、地方法官和本堂神甫的权力,而是把这些权力夺过来,据为己有。他们并不想改变世界。(第 426—427 页)

从这段论述中,我们就可以发现微观案例与宏观理论之间的差距。勒华拉杜里并不否认马克思主义论断在宏观分析中的有效性,但将它运用于微观研究时往往需要作重新的调整。在蒙塔尤,人们的不满主要是针对第一等级的教士而非第二等级的领主,他们反对教会的主要原因是繁重的什一税,正因如此,很多人才转向了异端信仰。

---

[1] 格奥尔格·伊格尔斯:《二十世纪的历史学》,第 125—126 页。

另一个例子是关于对儿童的情感的。勒华拉杜里根据档案资料,认为蒙塔尤的父母对自己的孩子具有很深的感情,在失去他们的孩子时会深感悲伤。这与菲利普·阿里埃斯的著名论断不符合,阿里埃斯认为对儿童的抚爱是现代或中世纪末的新发明。勒华拉杜里写道:"这一事实让我们谨慎地对待那些学者(无论他们多么杰出)的话。他们告诉我们说,对儿童的情感意识是从现代的精英社会中发现的。他们还说,在古老制度的年代,人民阶层中的农民,甚至市民对儿童都是麻木不仁的。"(第 312 页)

当然,蒙塔尤作为一个偏远的法国小村庄,是否能代表整个法国的情况,这需要更深入和广泛的研究,因此蒙塔尤的个案也不足以完全否定马克思和菲利普·阿里埃斯的论断。但是,通过这两个例子,我们可以看到,微观研究可以使我们得以重新检视一些普遍的理论和观点。如果微观研究不能说是宏观理论的替代物的话,那至少是很好的补充。

四、余　论

《蒙塔尤》不仅是一部研究法国南部地区史的著作,更重要的是它体现了勒华拉杜里在史学方法上的贡献。历史人类学和心态史是年鉴学派第三代历史学家的两个主要特征,勒华拉杜里在《蒙塔尤》中将这两个特征完美地结合起来。同时,《蒙塔尤》的微观研究也是对当时以卡洛·金兹伯格和乔万尼·列维为代表的意大利微观史学的呼应。

《蒙塔尤》出版后获得了极大的好评。查理·伍德(Charles T. Wood)评论道:"这是一部引人入胜的著作,阅读它所产生的情感,如同济慈第一次读到查普曼翻译的《荷马史诗》。虽然从学术上讲《蒙塔尤》是一部地区史,但它大大丰富了我们对中世纪生活的理解,远甚于马克·布洛赫的《封建社会》以来的任何书籍。"[1]当然,《蒙塔尤》问世后也招致了一些质疑和批评,这主要集中在如下两个方面:

---

[1] Charles T. Wood, "Review," *The American Historical Review*, Vol. 81, No. 5 (Dec., 1976), p. 1090.

　　主要的批评意见集中在勒华拉杜里对史料的使用上，他们指责勒华拉杜里在史料的使用上不够严谨。这又包含了两个方面。首先是"转译"的问题。村民在宗教裁判所说的是奥克语，而书记员记录时使用的则是拉丁语，因此勒华拉杜里没有考虑到"书记员误解或误译蒙塔尤人陈述的可能性"[1]。还有学者在阅读原始资料后指出了一些细节方面的不准确。[2]

　　对《蒙塔尤》的第二个批评有关于微观史学的问题，涉及典型性问题。一方面，作为法国南部的一个小山村，蒙塔尤是否具有典型性，或者说在多大范围内具有典型性，正如彼得·伯克所说的："问题在于，村落代表的大单位究竟是什么？它是哪个大洋之中的一滴水？它假设中的典型，是阿列日、法国南部、地中海世界还是中世纪？尽管作者显然有处理统计与样本的经验，但他并没有讨论这一关键的方法论问题。"[3]另一方面，书中很多的材料来自牧民皮埃尔·莫里的话，但问题是皮埃尔·莫里的言行是否能代表蒙塔尤。这个问题事实上也是人类学的一个基本问题，田野考察的人类学家通常会依赖一两位信息提供者，但问题是信息提供者在多大程度上能代表整个社区。[4]

　　可见，《蒙塔尤》存在着一些不足之处，而这些不足之处恰恰是历史学所借鉴的其他学科（如人类学）或方法（如微观史学）本身固有的问题。尽管如此，这并不能否认这些转型在历史学研究中的贡献。如前文所述，它有助于我们深入把握宏观的理论或基本的建构。有研究表明，在中世纪存在着三种社会经济组织体系，而蒙塔尤属于第三种体系的边缘。第三种体系在 14 世纪时处于衰落之中，因此有论者指出："勒华拉杜里著作的价值在于，它提供了迄今为止对于这一曾经出现过而当时正处于衰落中的体系的社会生活的最为详细的描述。"[5]又如罗杰·马斯特斯（Roger D. Masters）对《蒙塔尤》作出的如下

〔1〕 Edward Benson, "Review," *American Association of Teachers of French*, Vol. 51, No. 6 (May, 1978), p. 931.

〔2〕 David Herlihy, "Review," *Social History*, Vol. 4, No. 3 (Oct., 1979), pp. 517-520.

〔3〕 彼得·伯克：《法国史学革命：年鉴学派，1929—1989》，第 77 页。

〔4〕 Janet L. Nelson, "Review," *The Economic History Review*, New Series, Vol. 32, No. 1 (Feb., 1979), p. 154.

〔5〕 Michael Hechter, "Review: The Limits of Ethnographic History," *Contemporary Sociology*, Vol. 9, No. 1 (Jan., 1980), p. 45.

评价："这是一本非常重要的著作。吊诡的是，它对于我们准确理解西方的传统有价值，因为它聚焦于一个小村庄。尽管只集中于 30 年(1294—1324 年)，但这一研究从根本上改变了人们对整个中世纪的看法。"[1]《蒙塔尤》的确是一本重要的著作。就我看来，它的重要性不仅在于改变了人们对整个中世纪的看法，更在于它标志了年鉴学派第三代历史学家和西方史学的史学转型。

---

[1] Roger D. Masters, "Review," *The American Political Science Review*, Vol. 71, No. 4 (Dec., 1977), p. 1707.

从对布尔斯廷"和谐"观的一些误解谈起*

李晶洁[1]

　　现当代美国史学界学派林立,各种思潮此消彼长,任何一种思潮背后总是跟随着同行学者或褒或贬发自不同角度的批判或评论。而随着时代的变迁或意识形态的转变,后来的研究人员又往往总能对某些学派代表人物的文本和其中的思想进行重新解读。本文就将通过总结美国战后"和谐"思潮的代表人物布尔斯廷的主要著作思想,从全新的角度考量以前学者对布尔斯廷的批评,希望能够澄清学者们对他一些不准确的认识。

　　丹尼尔·布尔斯廷于1914年在佐治亚州的亚特兰大出生,但从小在俄克拉荷马州的塔尔萨长大。布尔斯廷在他80岁时出版的《克里奥派特拉的鼻子:出人意料的土地》中解释自己对美国的过去、现在和未来的基本态度时说,"塔尔萨当时自称为'世界的石油之都',或者说'世界的乐观主义之都'更为确切……整个城市生机勃勃,人们都为生活在这个城市深感骄傲,我还没从中心高中毕业时,它已经有了两家日报、三幢摩天大楼,很多房子的设计都出自弗兰克·罗伊德·赖特之手,教育系统还是由前美国国家教育委员亲自担任督察的。在高中英语课上,我们要高声朗诵帕提克·亨利的'不自由,勿宁死'和林肯的盖茨堡演说;我们就联邦宪法的优点展开写作竞赛,决赛就在华盛顿特区的最高法院前举行。当然,阳光下面也有阴影,比如无情的种族隔离、20年代残酷的种族暴乱和三K党。但这些对于当时的我来说好像是隐形的或至少很不突出。我父亲当时也对自己所生活的环境充满了热情,日新月

　　* 本文原载于《社会科学家》(增刊)2007年6月。
〔1〕 李晶洁,复旦大学历史学博士(2002年9月入学,2008年6月毕业),现就职于禄怡文化传播有限公司。

异的城市似乎是他大肆张扬的乐观精神的最好证明。美国俄克拉荷马式的乐观精神在我身上一直'迁延未愈',我天生继承了乐观的血液,而塔尔萨的现实世界又再次巩固了它"。

80 岁高龄的布尔斯廷在一篇作品的结尾写下这样一段话实在具有特殊的意义,这可以说是对布尔斯廷一生的写作生涯和精神思想的一个看似简单实则精辟的总结,它的重要性尤其在于,布尔斯廷终于就史学家们对自己史学思想的批评作出了回应。

20 世纪 50 年代以来,史学专家对布尔斯廷史学思想的批判主要集中在他的"和谐"史观,认为它抹杀了美国社会发展进程中的冲突,颂扬白人文化而忽视现代少数种族对美国主流文化所作贡献,并有美国例外论嫌疑。早在1959 年,约翰·海厄姆就曾指出"当前学术界正在展开一场大范围的平整运动,以掩饰美国的动荡";艾伦·布林克利的观点是:"和谐派学者倾向于对冲突的价值提出质疑";利奥·利巴福 2000 年撰文指出:"和谐派的最大弱点在于,它不愿探讨 19 世纪末、20 世纪初'新移民'浪潮所引发的基层族裔冲突。"而国外学者主要是苏联学者对布尔斯廷的攻击具有浓厚的"冷战"色彩,"('和谐'论者的目的)是加强反对美国人民的民主传统的斗争……他们从反动观点出发……特别顽强地反对独立战争的规律性和必然性的思想"。

布尔斯廷自从 1941 年发表了他的第一部著作《神秘的法学》后,一生笔耕不辍,共完成了 20 余部作品,其中包括《美国人》三部曲、《探索者》、《发现者》、《创造者》等鸿篇巨制,以及《托马斯·杰斐逊:失落的世界》《美国政治的特性》《激进主义的没落》《形象:美国的假事件》《民主以及异议者》《科技共和国》《隐藏的历史》《克里奥派特拉的鼻子:出人意料的土地》等重要作品。笔者在通读了布尔斯廷的全部作品之后,不禁掩卷感叹史学同仁对布尔斯廷思想的误解。

首先,布尔斯廷从未曾想故意"掩饰"美国社会的冲突而制造一片祥和的气氛,"冲突"之所以在布尔斯廷的作品中没有凸显出来,没有成为其中的关键词,主要是因为布尔斯廷不想把美国社会演变的驱动力简单地归结为地域、经济利益或特权和自由之间的二元"冲突"。布尔斯廷的作品其实并没有无视冲突,相反,他在《美国人——建国的历程》一书中,以整编的篇幅描述了南北战争前后南方黑人社区的方方面面,比如纳特·特纳的起义、无形的社群中的黑人教会等。

至于"不愿探讨基层族裔冲突"的指责,笔者认为这和布尔斯廷理解"什么是美国人"的角度有关。布尔斯廷将他著名的三部曲定名为《美国人》,这并非无意之笔。在他看来,什么是美国人? 所有来到美国这片土地上的人都是美国人,布尔斯廷所撰写的美国历史是关于所有普通美国人的历史,"普通的美国人"包括 1620 年乘"五月花"号在北美海岸登陆的第一拨清教徒,也包括在后来的几百年间陆陆续续来到美国的其他族裔。布尔斯廷在书中强调(《民主和其异议者》,第 56—58 页),"如果说美国革命让我们有了政治上的联邦,19世纪和 20 世纪的移民浪潮又给我们带来了文化上的联邦。美国人尽管种族、宗教、性别、经济实力甚至语言上有差异,但他们都拥有作为美国人的基本权利。尽管事实证明打破种族的障碍更艰难些,但我们国家建设的过程就是逐步打破这些障碍的过程"。20 世纪六七十年代,美国社会民权运动、反种族歧视运动、学生运动风起云涌,针对当时的形势,布尔斯廷写道,"我们历史的方向从来都不是给少数种族以权力,相反,它的目的是打破障碍,让黑人、妇女、年轻人、年纪大的人或任何其他人群在'美国人'这个群体中找到自己合适的位置……我们的敌人并不是'没有权力'而是歧视。我们的历史使命不是创造一个'少数种族'的国家,而是一个'美国人'的国家。……一些运动初始的目的是要求得到应得的权利,但结果却是在空洞而盲目地要求'权力'。难道我们忘了,我们民主社会的基础不就是建立在'一个人对另一个人拥有权力就是邪恶'这个理念上的吗?"

20 世纪 60 年代以后,美国社会矛盾加剧,美国的和谐价值体系处于崩溃的边缘。新社会史应运而生。新社会史家强调多元文化的美国中各社会集团的特殊性,特别是族群特性。他们反对精英垄断的政治历史,努力建立以普通人的日常生活构成的自下而上的历史。新社会史学在史学目的、理论、方法等方面作出了重要贡献,但也出现很多偏差,特别是对多元文化、多族群特性的过分强调,使历史学传承美国民族文化精华、强化民族共同价值观、加强民族凝聚力的重要功能受到巨大损害。从这个意义上说,布尔斯廷的"都是美国人"的理念在美国历史的发展过程中具有深远的意义,只是这个理念能否得到少数种族的认可和接受是个问题。

美国例外论是一个比较敏感的概念,因为人们总是把它和美国备受争议的外交政策中的对外干涉和霸权联系在一起。张涛在他的《美国战后"和谐"思潮的研究》中论述了"和谐"论和美国例外论的本质区别,"例外论有着改造世界的宏伟目标,它信奉美国独特的价值观是其他国家和民族效仿的最好模式,同时,例外论还以帝国主义扩张为最终目的。但是'和谐'论并不完全具备这三大特征,在'和谐'史学家的论述中,美国历史发展的动力在于捍卫和实现《独立宣言》和美国宪法所体现的美国核心价值观,而美国不宜向外输出价值观,美国的文化模式不宜为世界其他地区所效仿"。

尽管张涛在书中竭力想把"和谐"论和例外论撇开干系,然而,笔者经仔细研读布尔斯廷的原著,发现布尔斯廷其实是非常愿意用"例外"(exceptionalism)这个词来总结美国特色的。他说,"'例外'这个词很长,但它解释了一个简单的想法——美国是一个非常特殊的地方,在关键之处非常独特。……美国例外论也是一种世界性的、乐观的、人道主义的历史观——受欧洲传统文化影响的现代世界不必拘泥于旧世界的模式,也不必受传统的社区构成的限制。……但是,例外论并不等同于意味着美国恐怖的外交政策的孤立主义。我们可以高尚地拯救或卑鄙地放弃地球上最后、最美好的希望——美国对这个世界具有独特的使命"。这个对全世界的使命感恰恰是许多学者对例外论抨击得最猛烈之处,也被认为是美国外交政策上的干预主义的根源。布尔斯廷毫不掩饰对美国例外论的推崇,从这个角度来看,布尔斯廷的确是美国战后史学新保守派的中坚力量。

长期以来,保守主义在美国只是一股意识形态潜流,直到 20 世纪 70 年代后期,其信奉者才发展成为美国社会中"沉默的多数"。80 年代的"里根革命",则使它进入了美国意识形态的主流。因此,布尔斯廷的作品也是我们了解美国保守主义历史观的一个窗口。布尔斯廷没有写过直接涉及美国外交政策的作品,我们无法直接推断他是否也会赞同美国外交政策中的干涉主义。但布尔斯廷和美国例外论的紧密联系实在太容易让其他学者产生许多联想。

尽管布尔斯廷保守派的史学立场让他在国内史学界不太受重视或欢迎,这里有意识形态的分歧等多方面的因素,但公平地说,布尔斯廷是一个非常有写作才华和洞察力的学者。同样分析美国政治,霍夫施塔特的《美国政治传统及其缔造者》只是就政治问题而分析政治,霍关注的是宪法、私有财产和政府政治元素等,而布尔斯廷能从更深的文化层面和美国社会的实际经验考察美国政治的特点。他在《美国人》三部曲中对三四个世纪以来美国社会进程中的各种因子、要素进行显微镜式的扫描,这种难能可贵的"广角"视野只有在 20世纪末出现史学碎化的趋势之后,史学家们在重新认识重建美国史学的"宏大叙事"的必要性时才展现出其独特的魅力。而在重建"宏大叙事"的过程中,由于"史学的发展不断处在重建的状态之中,以致让许多史学家怀疑是否真的拥有一个完整的历史叙事,特别是对于未来没有把握。也许这就是宏大叙事的症结所在"。在这一点上,或许是布尔斯廷一如既往的乐观和对美国的信心使他敢于接住"宏大叙事"中关于未来的不确定性这个烫手的山芋,在《克里奥派特拉的鼻子:出人意料的土地》结尾,他非常自信地宣称:"我们必须记住,美国的独特性,是为了造福全人类的。我们必须看到美国独特的力量,不是一个霸权国家的力量,而是榜样的力量。我们从没像今天这样对不可预测的将来如此充满信心。"当然,这句话又是典型的美国例外论的外延,布尔斯廷表现出对自己国家强烈的自豪感也让许多更愿意把研究聚焦在"阳光下的阴影"上的学者感到不舒服,但这毕竟是一位历史学家对重建连贯、一致、确定的历史宏大叙事的一次令人钦佩的努力和尝试。

参考文献:

［1］程群:《宏大叙事的缺失与复归——当代美国史学的曲折反映》,《史学理论研究》2005 年第 1 期。

［2］谢沃斯·季扬诺夫:《美国现代史纲》,北京:生活·读书·新知三联书店 1978 年版。

［3］张涛:《战后美国"和谐"思潮研究》,北京:人民出版社 2002 年版。

［4］Boorstin, Daniel J., *The Americans: The Colonial Experience*, New York: Random House,1958.

［5］Boorstin, Daniel J., *The Americans: The National Experience*, New York: Random House,1965.

［6］Boorstin, Daniel J., *The Americans: The Democratic Experience*, New York:

Random House，1973.

［7］Boorstin，Daniel J.，*Democracy and its Discontents: Reflections on Everyday America*，New York：Random House，1974.

［8］Boorstin，Daniel J.，*Cleopatra's Nose: Essays on the Unexpected*，New York：Random House，1994.

［9］Brinkley，Alan，*Liberalism and its Discontents*，Cambridge，Massachusetts and London，England：Harvard University Press，1998.

［10］Higham，John，"Changing Paradigms：The collapse of Consensus History"，*The Journal of American History*，1989(76)：2.

科学化和职业化：美国历史学学科的建立[*]

徐　良[1]

　　20世纪美国史学的快速发展是以19世纪末美国史学的科学化与职业化转变为起点的。如果说18世纪末的美国独立革命刺激了美国浪漫主义史学的兴起与发展的话，那么，在欧洲史学和社会文化思潮的影响下，19世纪美国的社会变迁和史学流变则极大地促进了美国史学向科学化和职业化阶段的转变。内战的结束和《独立宣言》发表一百周年的到来，进一步激发了人们对美国历史的兴趣，特别是对美国国家整体历史发展的兴趣。与此同时，以开创研究生新型培养模式著称的约翰·霍普金斯大学(Johns Hopkins University)于1876年建校，推动了美国高校中历史学专业人才的培养。所有这些，都让19世纪70年代成为美国史学科学化与职业化发展进程中的一个重要转折期。正是从这一时期开始，美国史学发生了一些显著的变化，快速向科学化和职业化迈进。首先，伴随着高等教育的发展，那些在美国和欧洲大学里接受过专门训练的专业历史学家如雨后春笋般出现于美国各地，他们开始逐步取代那些把历史写作看作自己的业余爱好的业余贵族史学家(amateur patricians)[2]，成为美国历史书写的主力军。与贵族史学家相比，这些专业史学家不再只是来自东北部(尤其是新英格兰)地区，而是来自更为广泛的美

---

　　*　本文原载于《史林》2015年第5期。

[1] 徐良，复旦大学历史学博士(2002年9月入学，2005年6月毕业)，现为江西师范大学历史文化与旅游学院教授。

[2] 在J. W. 汤普森《历史著作史》中译本第三分册第459页注释①中，译者指出："本章使用的'业余'(amateur)这个词是按它的原义使用的，即，一个人由于自然的爱好而钻研一种东西，并不是为了获利。要和这个词的第二种用法仔细区别开来。这第二种用法有贬义，即某人对某一学科的知识有不足之处，'只不过是业余爱好而已'。"我们以为，此论可以用来看待19世纪末之前的美国业余史学家，当时的美国贵族史学家多是因个人爱好而研究并写作历史，而非其职业。

国各地的不同阶层。他们通常都是大学里的历史教师，并一生以大学教师为自己的职业。其次，受达尔文"生物进化论"及自然科学方面的新发现的影响，历史学家开始把历史学看作一种科学，而非文学的分支。这种新的学术氛围的出现，标志着一种新的科学观点和概念正日益影响着美国历史学家对历史学的看法。在他们看来，历史学家是完全可以像科学家那样去进行科学的历史研究的。[1] 这种观念极大地促进了美国史学的科学化和职业化的发展。19 世纪末，伴随着亨利·亚当斯（Henry Adams，1838—1918）、赫伯特·巴克斯特·亚当斯（Herbert Baxter Adams，1850—1901）、弗雷德里克·杰克逊·特纳（Frederick Jackson Turner，1861—1932）等人的出现，美国史学家在实现从贵族史学家到专业史学家的身份转变的同时，也把美国史学由浪漫主义史学推进到科学史学的专业化发展新阶段。

一、历史文献的收集、整理和出版

资料的收集与整理是史学研究的基础，也是美国史学走向科学化和职业化的必备条件。受欧洲"博学派"史学的影响[2]，从科顿·马瑟到托马斯·普林斯，再到托马斯·哈钦森[3]，18 世纪的美国史学家就已经非常重视史料的收集与整理工作。伴随着独立革命的进行及独立国家的建立，美国学者在

---

[1] Gerald N. Grob and George Athan Billias ed. , *Interpretations of American History: Patterns and Perspectives* , Vol. I : To 1877, 6ᵗʰ edition, "Introduction," New York : The Free Press, 1992, pp. 6-7.

[2] 在西方史学发展史上，16 世纪后期至 18 世纪早期属于"博学时代"。在这个时代里，西方的博学派史学家们致力于历史资料的收集、整理与考证，对后来西方的近代史学产生了深刻的影响。

[3] 科顿·马瑟、托马斯·普林斯和托马斯·哈钦森被认为是 18 世纪早、中、晚期美国三位具有代表性的著名史学家。其中，马瑟被人们称为新英格兰殖民地时期的"文学巨匠"（Literary behemoth），他一生作品近 500 卷，除写出大量历史作品外，还受到当时欧洲博学派史学的影响，收集、整理、保存了对后世而言非常宝贵的文献资料，为后来的历史写作奠定了极其重要的基础，可以说是最早在美洲出现的博学派史学家，开美国早期博学派史学的先河。普林斯比他的前辈们在学术上更加严肃认真，非常重视原始资料的收集与整理，毕生尽其所能地收集了大批已经出版的各种资料和没有出版的手稿，被人们称为"狂热的图书收藏者"（inveterate collector），并最终缔造了价值连城的"新英格兰图书馆"。哈钦森的史学作品代表着 18 世纪后期美国史学的最高成就，除写作了其著名的三卷本的《马萨诸塞湾殖民地史》外，还专门出版了《马萨诸塞湾殖民地史相关原始资料集》等相关史料文献作品。

资料的收集与整理方面表现出极大的热情。早在美国革命时期尚未结束之时，后来担任过麦迪逊政府副总统的埃尔布里奇·格里（Elbridge Gerry）就在"大陆会议"开会时提议，每个州都应该任命一位专门负责收集美国革命时期相关史料的官员。[1] 伴随着 1791 年"马萨诸塞州历史学会"（Massachusetts Historical Society）的成立，对相关美国早期史料的收集、整理和出版工作进入了一个有组织、系统化的新阶段，美国史学的"博学时代"正式到来。后来的美国史学家们把这些从事文献史料收集、整理与出版事务的学者们称为"美国档案学派"（School of American Archivists）[2]，他们为未来的历史学家们写作更加科学的历史作品准备了必要的材料。可以说，没有他们的长期努力，19世纪末美国史学的科学化和职业化转变是无法完成的。

杰里米·贝尔纳普（Jeremy Belknap，1744—1798）是美国革命后在史料的收集与整理方面作出重大贡献的第一人。这位出生于波士顿，毕业于哈佛学院，后在新罕布什尔传教并最早以其三卷本的《新罕布什尔史》（*History of New Hampshire*，3 Vols.，1785，1791，1792）而闻名的史学家，从年轻时就喜爱历史，后来受到他的老师托马斯·普林斯的深刻影响，成为美国革命时期杰出的史学家。他非常注重原始资料的收集、整理与考证，在 1784 年 1 月 13日写给朋友的一封信中，就提及自己曾经"为了搜寻一份私人文件而翻遍了阁楼，甚至连老鼠洞也不放过，哪怕一无所获也在所不惜"[3]。为了写作《新罕布什尔史》，他广泛收集了各种书面和口头的记录，对于一些传闻则非常谨慎。正是因为他对史料的收集与考证非常认真，因此《新罕布什尔史》迄今仍被认为具有重要的学术价值。在进行历史写作的同时，他还与朋友埃比尼泽·哈泽德（Ebenezer Hazard）一起，广泛收集了许多美国名人的资料，先后于 1794年和 1798 年分别编纂出版了两卷《美国名人传》（*American Biography*）。在当时的时代和资料条件下，该传记的出版实属不易，这充分反映了贝尔纳普对

---

[1] Michael Kraus and Davis D. Joyce, *The Writing of American History*, Revised Edition, Norman: University of Oklahoma Press, 1985, p. 76.

[2] Francis Bowman, *A Handbook of Historians and History Writing*, Dubuque, Iowa: W. C. Brown Company, 1951, p. 53.

[3] Jeremy Belknap, "Belknap Papers," in *Collections of the Massachusetts Historical Society*, Vol. II, 5th series, Boston: The Massachusetts Historical Society, 1891, pp. 293-298.

史料的重视及其卓越的史料收集与编纂才能。

在史料的收集整理方面,贝尔纳普最引人注目的成就当属他1791年领导建立了全美第一个地方性历史学会——"马萨诸塞州历史学会",从而使自己成为美国历史学会运动的先驱者。该学会建立之后,从第二年开始连续出版了大量有价值的相关《资料集》(Collections)、《会议纪要》(Proceedings)、《西布利的哈佛毕业生》(Sibley's Harvard Graduates)(三卷)和《温斯罗普文集》(Winthrop Papers)(三卷)等。[1]"马萨诸塞州历史学会"虽然是一个地方性历史学会,但它的目标却是全国史,在史料的收集整理与史学撰写方面带动了其他地区史学的发展。在它的带动下,其他州的地方性历史学会纷纷如雨后春笋般建立起来。正是从这种意义上说,美国史学发展进入了一个新的时期。正如约翰·富兰克林·詹姆逊所指出的,"1791年马萨诸塞州历史学会的建立,标志着美国史学界有组织地收集、整理和出版史料文献的开端"[2]。在此过程中,贝尔纳普居功至伟,他在史料的收集、整理与出版等方面,为美国史学的发展作出了巨大的贡献。

曾经担任过哈佛大学校长的贾里德·斯巴克士(Jared Sparks,1789—1866)是19世纪上半期美国历史文献研究的先驱者[3],开创了美国历史原始文献的研究道路。斯巴克士出身于康涅狄格州一个贫穷的小农场主家庭,1815年从哈佛大学毕业后[4],通过自己的努力,成为新英格兰地区著名的历史学家和杂志编辑[5],并于1839年受母校之聘,担任古代与现代史教授,成为美国高校中第一位专业史学教师。他一生对历史充满了兴趣,对当时美国

[1] Christopher Crittenden and Doris Godard ed. , *Historical Societies in the U. S. and Canada: A Handbook*, Raleigh: The Graphic Press, Inc. , 1944, pp. 74-75.

[2] John Franklin Jameson, *The History of American Historical Writing*, Boston and New York: Houghton, Mifflin and Company, 1891, p. 87. 以"马萨诸塞州历史学会"的建立为开端,进入19世纪后,美国各地纷纷建立起自己的地方历史学会,在全美掀起了一股声势浩大的"历史学会运动"。这些地方历史学会的建立,极大地促进了美国各地史料文献的收集、整理与出版工作。

[3] Michael Kraus and Davis D. Joyce, *The Writing of American History*, Revised Edition, Norman: University of Oklahoma Press, 1985, p. 79.

[4] 1780年,"哈佛学院"正式改称"哈佛大学"。

[5] 斯巴克士先是成为创刊于1815年的美国第一份文学杂志《北美评论》(*North American Review*)的编辑,后于1823年通过购买的方式,成为《北美评论》杂志的所有人。参见:Michael Kraus and Davis D. Joyce, *The Writing of American History*, p. 92.

史研究方面史料的缺乏进行了严厉的批评。他曾经不无鄙夷地指出，当时新英格兰地区"七个图书馆中与美国史相关的著作摆在一起也摆不满书架的一个角落"[1]。为了改变当时美国史学研究中史料极度匮乏的状况，斯巴克士通过多种方式收集了大量美洲和欧洲的资料，在近 20 年里相继编辑出版了十二卷本的《乔治·华盛顿文集》(1834—1837)、《美国传记丛书》(*Library of American Biography*)共两个系列(第一个系列共 10 卷，出版于 1834—1838 年；第二个系列共 15 卷，出版于 1844—1847 年)、十卷本的《本杰明·富兰克林文集》(1836—1840) 和四卷本 的《美国革命外交通讯》(*Diplomatic Correspondence of the Revolution*)(1853 年)等，为美国史学的发展作出了极其重要的贡献，成为美国早期最伟大的编辑("The greatest of the early editors was Jared Sparks")。[2] 约翰·富兰克林·詹姆逊曾经指出，"尽管斯巴克士在编辑、出版相关的历史文献时，的确没有遵循最好的编辑规则，但是人们不应该用今天更加严格的标准去评判斯巴克士。他在历史文献编纂方面所做出的宝贵的、开拓性的工作应该得到人们的认可"[3]。正如有学者所指出的那样，尽管历史文献编辑的方法今天已经发生了很大的改变，但作为美国历史文献收集和出版方面的先驱，斯巴克士在美国史学史上依然具有重要的地位[4]，其个人在美国史学史上具有标志性意义。[5]

彼德·福斯(Peter Force，1790—1868)是 19 世纪为美国的历史文献工作作出重要贡献的另一位著名史学家。作为 19 世纪美国著名的报纸编辑、档案管理员和历史学家，他先后编纂出版了两部重要的历史文献资料集——《关于大发现至 1776 年北美殖民地起源、殖民和发展的文献资料汇编》(*Tracts and Other Papers，Relating Principally to the Origin，Settlement，and Progress of the Colonies in North America，From the Discovery of the*

---

[1] *North American Review*，23 (October 1826)，pp. 276-292.

[2] Francis Bowman，*A Handbook of Historians and History Writing*，Dubuque，Iowa：W. C. Brown Company，1951，pp. 30、53.

[3] John Franklin Jameson，*The History of American Historical Writing*，Boston and New York：Houghton，Mifflin and Company，1891，p. 111.

[4] Michael E. Stevens，"Jared Sparks，" in Clyde N. Wilson，ed.，*American Historians，1607-1865*，Detroit：Gale Research Company，1984，p. 299.

[5] 郭小凌：《西方史学史》，北京：北京师范大学出版社 2009 年版，第 348 页。

Country to the Year 1776，4 Vols.，1836—1846)和《美国档案》(*American Archives*，9 Vols.，1837—1853)，极大地促进了当时美国史学的发展。1867年，美国国会收购了他的包括这两部资料集在内的大量藏书，作为美国国会图书馆的藏品，供美国历史的研究者使用。

在上述三人史料文献精神和史料编纂实践的影响和引领下，19世纪的美国史坛还出现了一大批其他的史料档案集和文献目录学方面的作品。如：巴塞洛缪·卡罗尔(Bartholomew R. Carroll，1789—1840)于1836年出版了两卷本的《南卡罗来那历史文献》，塞缪尔·哈泽德(Samuel Hazard，1784—1870)于1852—1856年编辑出版了十二卷本的《宾西法尼亚档案》，埃德蒙·卡拉汉(Edmund Callaghan，1797—1880)出版了十一卷本的《纽约殖民地史文件集》，威廉·斯普拉格(William Sprague)于1856—1868年间编纂出版了十卷本的《美国神职人员年鉴》(*Annals of the American Pulpit*)，弗朗西斯·霍克斯(Francis L. Hawks)和威廉·佩里(William S. Perry)于1870—1878年间编辑出版了五卷本的《美国殖民地教会相关历史文献集》(*Historical Collections Relating to the American Colonial Church*)，保罗·莱斯特·福特(Paul Leicester Ford，1865—1902)分别于1886年和1889年编辑出版了《汉密尔顿著作目录》和《18世纪出版的美国杂志清单》(*Checklist of American Magazines，Printed in the 18th Century*)等。值得注意的是，经过长达两年的准备，约瑟夫·萨宾(Joseph Sabin)于1868年出版了其《美国作品词典》(*Dictionary of Books Relating to America*)第一卷，显示了当时美国历史学家日益开阔的学术视野和不断提升的文献编纂能力。这项开拓性的史学工作直接推动了查尔斯·埃文斯(Charles Evans)于1901年开始的《美国书目》丛书(*American Bibliography*)的出版。此外，内战的发生，还催生了另一项伟大的文献出版工程，即多达131卷的《美国联邦和南部邦联海陆军官方记录》(*Official Records of the Union and Confederate Armies and Navies*)。尽管它在编辑方法等方面还存在着一些缺点，但仍然具有极高的价值。[1] 从总体上看，

---

[1] Francis Bowman，*A Handbook of Historians and History Writing*，p. 53；Michael Kraus and Davis D. Joyce，*The Writing of American History*，pp. 140-141.

自 18 世纪以来的史料收集、整理与出版工作，在 19 世纪迎来了一个新的发展高潮，推动了美国历史文献学、档案学和文献目录学的发展，这些都为美国史学的科学化和职业化转变奠定了坚实的基础。

二、全国性专业历史协会的建立与发展

在美国史学从业余走向科学化与职业化的过程中，各地历史学会组织的建立与发展起着非常重要的作用。正如约翰·富兰克林·詹姆逊所指出的，各地方历史学会在它们刚刚成立的年代非常重要，一方面，它们在收集和出版历史文献史料方面做了大量宝贵的工作，另一方面，它们通过各种组织活动和出版物的出版，培养并促进了人们对美国历史的兴趣。在很多人看来，地方历史学会组织像学校里的老师一样，引导着人们对美国历史进行总体的研究。而长期以来，那些思想狭隘的地方主义史学家对这些是没有什么兴趣的。[1]

美国地方历史学会组织的建立始于 18 世纪 90 年代。受威廉·道格拉斯（William Douglass，1691—1752）[2]等的影响，美国早期的绝大多数历史学家都相信，刚刚独立建国的美国国家史（national history）将由各州的历史共同构成。按照《邦联条例》，各州是最重要的政治单元，它们的作用在《一七八七年宪法》之下也并没有太大的削弱。于是，为了在未来美国国家的历史发展中占据有利地位，当时最强大的一些州开始试图控制国家的历史书写，正如它们试图控制国家的政治和经济一样。"在这种情况下，地方性历史学会组织作为当时各州争夺整个美国国家历史写作的主导权的武器而产生了（originated as a weapon in the battle to dominate the writing of national

---

[1] John Franklin Jameson, *The History of American Historical Writing*, pp. 87-88.

[2] 威廉·道格拉斯是美国殖民地时期最早具有整体史观念的历史学家，在当时各殖民地的历史学家大多数仍主要关注于自己所生活的殖民地史的写作的那个年代里，他于 1752 年出版了《英属北美殖民地早期垦殖、发展和现状的历史和政治概要》（*A Summary, Historical and Political, of the First Planting, Progressive Improvements, and Present State of the British Settlements in North America*）一书，第一次把北美各殖民地当作一个整体来看待，从总体上对英属美洲殖民地的早期历史和现实发展进行了全面综合的叙述。

history)。"〔1〕

如前所述,作为美国"历史学会运动"的先驱者(a pioneer in the historical society movement),杰里米·贝尔纳普在当时新英格兰地区最强大的马萨诸塞州开始了地方历史学会的创建工作。作为美国革命期间成长起来的一位民族主义者,贝尔纳普在他的《新罕布什尔史》第一卷出版后来到波士顿,努力推动"文化民族主义"(cultural nationalism)的发展,积极支持"美国哲学学会"(American Philosophical Society)〔2〕建立一个全国性教育体制和保护与传播国家遗产的工作。众所周知,新英格兰地区从殖民地时期开始就是美国政治和文化的中心,而拥有哈佛学院的波士顿更是聚集了众多知识精英。当贝尔纳普来到这里的时候,包括约翰·艾略特(John Eliot)、托马斯·沃尔克特(Thomas Wallcott)、理查德·米诺特(Richard Minot)、詹姆斯·温斯罗普(James Winthrop)和詹姆斯·沙利文(James Sullivan)等人在内的一批历史学家、古物学家和出版商们已经构成了一个意气相投的历史学家小圈子。在与这些人的交往中,贝尔纳普发现对史料的收集、编纂与出版几乎成了当时大家共同的爱好和心愿,而分散的个人力量显然是无法完成大量史料的系统收集、整理和出版工作的。于是,贝尔纳普与他的朋友们进行了相关讨论,决定效仿英国于 1572 年成立的"伦敦古物学家学会"(London Society of Antiquaies)和1780 年成立的"苏格兰古物学家学会"(Society of Antiquaries of Scotland),成立一个马萨诸塞州的历史学会,主要目的就是收集和保存那些与杰出人物、风俗习惯及美国社会发展相关的一切史料。〔3〕 1791 年 1 月,在"苏格兰古物学家学会"组织的帮助下,"马萨诸塞州历史学会"(Massachusetts Historical Society)在波士顿正式成立,成为全美第一个地方

〔1〕 David D. Van Tassel, *Recording America's Past: A Interpretation of the Development of Historical Studies in America*, *1607-1884*, Chicago: The University of Chicago Press, 1960, pp. 59-60.

〔2〕 美国哲学学会,是美国第一所学术研究机构,由本杰明·富兰克林于1743 年模仿英国伦敦皇家学会在费城建立,其地位相当于英国皇家学会(Royal Society)在英国的地位,曾多年充当事实上的美国全国科学院的角色。270 多年来,该组织一直在美国文化和思想生活中扮演着重要角色。

〔3〕 Jeremy Belknap, "Belknap Papers," in *Collections of the Massachusetts Historical Society*, Vol. II, 5th series, Boston: The Massachusetts Historical Society, 1891, pp. 165, 231.

历史学会组织。

作为"马萨诸塞州历史学会"的秘书长，贝尔纳普在史料的收集方面采取了一种非常积极的态度，主张要"像狼捕食一样去搜寻史料"[1]。在广泛收集史料的基础上，"马萨诸塞州历史学会"从 1792 年开始出版了一系列高质量的历史原始文献集，在有组织的资料收集、出版和保存方面成为全国其他地方历史学会学习的榜样，为美国史学研究作出了重要贡献。[2] 尽管"马萨诸塞州历史学会"名义上只是一个地方性的专业学会组织，但却有着宽广的视野和远大的抱负。贝尔纳普梦想着为该学会建立一个全国性的分支网络机构，从而使它成为全国的信息交换中心（a clearing house for communications from all over the country）。贝尔纳普很早就意识到国会辩论副本和联邦政府文件对写作完整的美国史所具有的重要价值。他代表学会向国会发起请愿活动，要求"把所有法案的复本、日志、条约和其他公共文件按顺序出版"[3]。他还领导创办了学会的官方杂志——《美国的阿波罗》（The American Apollo）[4]，其主要宗旨就是传播该学会收集到的资料。

"马萨诸塞州历史学会"的成立，带动了其他州地方历史学会组织的建立，从而在美国掀起了一股"历史学会运动"（the historical society movement）。1804 年，对历史有着浓厚兴趣的纽约商人兼慈善家约翰·品塔德（John Pintard）向纽约州议会提出建立一个"纽约州历史学会"的计划，得到大多数议员的大力支持。"纽约历史学会"的建立者们承认"马萨诸塞州历史学会"在这一领域的领先地位，在制订相关章程时，他们参考了"马萨诸塞州历史学会"的做法。与"马萨诸塞州历史学会"一样，"纽约州历史学会"在进行资料的收集与保存方面也坚持自己的目标是全国性的。由于在资金方面得到纽约州议

〔1〕 Jeremy Belknap, "Belknap Papers," in *Collections of the Massachusetts Historical Society*, Vol. II, 5th series, Boston: The Massachusetts Historical Society, 1891, pp. 356-357.

〔2〕 Evarts B. Greene, *Our Pioneer Historical Societies*, Indianapolis: The Indiana Historical Society, 1931, pp. 88-89.

〔3〕 Jeremy Belknap, "Belknap Papers," in *Collections of the Massachusetts Historical Society*, p. 346.

〔4〕 阿波罗（Apollo）是希腊神话中主管艺术、预言、医药和光明之神，在阿波罗身上找不到黑暗，他从不说谎，光明磊落，所以他也被人们称"真理之神"。该刊以"Apollo"为名，意在追求历史之真实，史学之真理。

　　会的大力支持,"纽约州历史学会"成立后,在史料的收集与保存方面取得了很大的成就。他们不仅在美国国内收集相关资料,还曾经于 1828 年派代表到英格兰和荷兰等欧洲国家去收集与纽约和美国相关的资料。

　　受"纽约州历史学会"的影响,宾夕法尼亚州也于 1815 年在费城建立了一个历史学会,作为 1743 年创立的全美第一个全国性学术机构——"美国哲学学会"(American Philosophical Society)的一个分支机构,成为"美国哲学学会"第七个专业委员会(The Historical Committee)。在该学会各分支委员会中,历史委员会是一个享有充分自主权的委员会。它主要致力于编纂宾夕法尼亚州的历史资料。1824 年,一些历史委员会的成员和一些富有的费城人认为该委员会没有起到为宾夕法尼亚州历史和美国史书写服务的作用,决定重新建立一个新的宾夕法尼亚州历史学会。与此前成立的"马萨诸塞州历史学会"和"纽约州历史学会"一样,新成立的"宾夕法尼亚州历史学会"一改此前"美国哲学学会"历史委员会只专注于宾西法尼亚史的做法,开始有组织地致力于全国性史料的收集与出版工作。

　　在马萨诸塞、纽约、宾西法尼亚等地方历史学会组织的带动下,由于不希望看到自己本地的历史由其他地区的人来书写,或者不希望自己本地的历史被忽视和遗忘,第二次英美战争之后,包括西部各州在内的美国各地的历史学会组织也纷纷建立起来。[1] 值得注意的是,在各州历史学会建立的同时,一些市、县、镇和大学的历史学会也纷纷建立。如:1825 年,马萨诸塞的伍斯特县建立了"伍斯特县历史学会"(*Worcester County Historical Society*);1844 年,北卡罗来纳大学建立了自己的大学历史学会(*Historical Society of the University of North Carolina*)等。此外,一些与历史相关的专门性历史学会也开始出现,如:1817 年在费城建立的"宗教史学会"(*Religious Historical*

---

　　〔1〕 如:1822 年,"俄亥俄州历史和哲学学会""缅因州历史学会"和"罗德岛州历史学会"建立;1823 年,"新罕布什尔州历史学会"建立;1825 年,"康涅狄格州历史学会"建立;1827 年,"伊利诺斯州历史学会"建立;1828 年,"密歇根州历史学会"建立;1830 年,"印第安纳州历史学会"建立;1831 年,"弗吉尼亚州历史和哲学学会"建立;1833 年,"北卡罗来纳州历史学会"建立;1835 年,"路易斯安那州历史学会"建立;1838 年,"肯塔基州历史学会"建立;1839 年,"佐治亚州历史学会"建立;1844 年,"马里兰州历史学会"建立;1845 年,"新泽西州历史学会"建立;1846 年,"威斯康星州历史学会"建立;1849 年,"田纳西州历史学会"和"明尼苏达州历史学会"建立;1850 年,"亚拉巴马州历史学会"建立;1852 年,"加利福尼亚州历史学会"建立等。

Society），1837年在小石城建立的阿肯色州"古物与自然史学会"（*Antiquaian and Natural Historical Society of the State of Arkansas*），1840年在波士顿建立的"美国统计协会"（*American Statistical Association*）等。[1]

这些形形色色、遍布各地的历史学会组织的大量涌现，促进了各地相关历史文献资料的收集与保存，以一种特殊的方式推动了美国史学在一个更加坚实的史料基础上由地方史向美国国家史的发展，为19世纪70年代后美国史学的科学化和专业化发展奠定了一定的基础。正如约翰·富兰克林·詹姆逊所指出的，这些历史学会"不仅保存了大量珍贵的史料，而且还在历史学家心中树立了这样一种观念，即原始文献资料的出版，不但与那些引人入胜的历史作品的出版一样具有价值，甚至有时价值更大。今天这种观念已经深入人心，主要就是得益于那些八十或一百年前建立第一批地方历史学会的人的聪明才智和努力"[2]。

19世纪70年代以后，伴随着约翰·霍普金斯大学等历史专业研究生培养体制的建立与发展，越来越多具有现代精神的专业历史学者涌现出来。在新的社会和学术背景下，他们越来越无法忍受地方历史学会组织各自为战的资料收集和史学研究模式，成立一个具有现代学术意识的真正全国性的专业历史学组织，成为当务之急。在约翰·霍普金斯大学第一任校长丹尼尔·吉尔曼（Daniel C. Gilman）的建议下，约翰·霍普金斯大学的赫伯特·巴克斯特·亚当斯（Herbert B. Adams）在康奈尔大学的摩西·科伊特·泰勒（Moses C. Tyler）和密歇根大学的查尔斯·肯德尔·亚当斯（Charles K. Adams）[3]等人的帮助下，做了大量的前期准备工作，并最终于1884年9月10日，趁"美国社会科学协会"（*American Social Science Association*）[4]在纽约州的萨拉托加召开年会之机，正式宣布成立以"促进美国历史研究、史料

---

[1] David D. Van Tassel, *Recording America's Past: A Interpretation of the Development of Historical Studies in America，1607-1884*，Chicago：The University of Chicago Press，1960，"Appendix," pp. 181-190.

[2] John Franklin Jameson, *The History of American Historical Writing*，pp. 88-89.

[3] 此后曾先后担任康奈尔大学和威斯康星大学的校长。

[4] "美国社会科学协会"成立于1865年。主要分为五个部门：教育与艺术、卫生、贸易与金融、社会经济和法学。其中，并没有专门的历史委员会。

收藏和普及历史研究成果"为宗旨的"美国历史协会"(American Historical Association,简称 AHA)。[1] 当时签署"美国历史协会"成立文件的共有 41 人,除担任协会首任主席的康奈尔大学的安德鲁·迪克森·怀特(Andrew Dickson White)和担任协会秘书长的赫伯特·巴克斯特·亚当斯等 9 位专业历史学教授及一些地方历史学会的负责人外,还有当时担任美国教育部部长并兼任"美国社会科学协会"主席的约翰·伊顿(John Eaton)和美国前总统拉瑟福德·海斯(Rutherford Hayes)等人。伊顿和海斯参与签署"美国历史协会"的成立文件,充分显示了历史学在美国学术界地位的不断上升。

"美国历史协会"成立后,很快就有大批的成员加入。在不到一年的时间里,协会会员已达近 400 人,几乎当时所有美国大学的历史教师都陆续加入了这一全国性专业历史学组织。[2] 作为协会首任主席,安德鲁·迪克森·怀特在主席演讲中,以"通史和文明史研究"为题,呼吁人们在长期的地方史和专门史研究之后,转向整体史的研究,为当时美国的史学研究指明了方向。作为美国历史最为悠久、影响最大的全国性历史学家组织,"美国历史协会"的建立,对美国史学的发展具有划时代的意义。首先,协会成立以后,每年轮流在全国不同城市举行学术年会,从而使那些从事同一领域研究但却长期互不认识的学者们彼此熟悉起来,加强了他们之间的学术交流。同时,也使不同地区的历史专业的学生能够通过参加会议,了解到那些来自不同地区、不同研究领域的专家学者们的不同观点,可以帮助他们摆脱偏狭的地方性学术观点,开拓他们的学术视野。其次,协会成立后,根据国会的相关法案,很快成为一个独立的学术法人组织,并通过加入由美国政府管理的"史密森学会"(Smithsonia Institution)[3],获得了其在政治上的地位(governmental status),极大地提升了历史学在全国学术界的地位和影响力。再次,1895 年,协会成立了自己的常设委员会(standing committee)——"美国历史手稿委员会"(The

[1] Luther V. Hendricks, *James Harvey Robinson: Teacher of History*, New York: King's Crown Press, 1946, p. 6.

[2] John Franklin Jameson, "Early Days of the American Historical Association, 1884-1895," *The American Historical Review*, Vol. 40, No. 1(October, 1934), pp. 2-4.

[3] "史密森学会"由美国政府于 1846 年成立,是一个由美国政府管理、由许多博物馆和研究中心组成的以"增进和传播知识"为宗旨的学术团体。

Historical Manuscripts Commission)，出版了大量此前未出版的原始资料。此外，它的"公共档案委员会"(Public Archives Commission)也出版了几乎所有美国诸州的档案目录，对档案资料的处理与保存产生了重要的影响。它的"文献委员会"(Bibliographical Commission)也为历史研究提供了很大的帮助，尤其是后来它出版的《历史知识指南》(*Guide to Historical Literature*)对美国的历史教学产生了深刻的影响。[1]

如果说 19 世纪上半叶各地方历史学会的建立还只是在史料的收集与编纂等方面为美国史学的科学化和职业化奠定了一定基础的话，那么，"美国历史协会"的建立则通过全国性学术会议的召开和全国性学术工程的开展，不仅加强了学者们之间的观点交流，而且还使史学研究中的地方主义观念逐步消退，民族主义和国家主义不断成长，从而在整体上极大地促进了美国史学的科学化与职业化发展。正如约翰·富兰克林·詹姆逊所指出的，从某种意义上看，正是"美国历史协会"的建立，把刚刚经历了内战的美国南部和北部，甚至是全国各地的历史学家和历史专业的学生们聚集在了一起[2]，从而改变了长期以来美国史学研究因依靠分散的个人力量所导致的耗时又耗力、整体发展缓慢的困难局面。通过各种活动的开展，"美国历史协会"不仅推动了大量优秀历史学作品的出现，促进了美国史学的科学化，而且还加快了美国史学职业化的发展。据约翰·富兰克林·詹姆逊估计，1884 年"美国历史协会"成立之前，在美国大学教书的历史学教授仅 12 或 15 名，他们之间几乎是互不认识、互不交流的。他们在自我身份认同上只忠诚于自己工作的大学，与外界几乎没有什么联系。自从有了"美国历史协会"这一全国性学术组织，伴随着各类活动的开展，几乎所有的历史学教授们在职业上都有了双重的归属感(have a twofold loyalty)，一个是他工作的大学，另一个是他所从事的历史学职业。[3]

---

[1] *Historical Scholarship in America: Needs and Opportunities* (A Report by The Committee of The American Historical Association On the Planning of Research), New York: Ray Long & Richard R. Smith, Inc, 1932, pp. 6-7.

[2] John Franklin Jameson, "Early Days of the American Historical Association, 1884-1895," *The American Historical Review*, Vol. 40, No. 1(October, 1934), p. 5.

[3] *Historical Scholarship in America: Needs and Opportunities* (A Report by The Committee of The American Historical Association On the Planning of Research), pp. 4, 7-8.

19世纪的最后40年是美国各学科纷纷成立自己的全国性协会组织,走向职业化的时代,如1863年,美国国家科学院成立;1865年,美国社会科学学会成立;1876年,美国化学协会成立;1883年,美国现代语言协会成立。其他的一些专业机构也在这一时期纷纷出现,它们都反映了美国社会生活中日益增长的组织化和合理化的要求,也反映了一种努力创造出各专业可以遵循的标准和规则的强烈愿望。在此过程中,"美国历史协会"的建立无疑极大地推动了美国史学的科学化与职业化发展。

三、全国性专业历史期刊的创办

在美国史学由业余走向科学化与职业化的过程中,全国性专业历史期刊的创办同样具有重要的意义。回顾历史,可以发现美国历史期刊的发展同样走过了一条由业余到专业、由地方性期刊到全国性期刊的发展道路。第二次英美战争后,出生于马萨诸塞的新闻记者内森·黑尔(Nathan Hale)于1815年领导创办了美国第一份文学杂志《北美评论》(*North American Review*),致力于推动真正的美国文化的发展。早期该杂志以双月刊的方式主要发表一些与文学相关的诗歌、小说和各种各样的短文作品。1820年改为季刊后,其关注的内容逐步扩展到教育、法律及政府管理等诸多方面。作为当时美国浪漫主义史学的代表,班克罗夫特、斯巴克士、普雷斯科特和乔治·塔克尔等人经常在《北美评论》上发表一些与历史相关的评论性文章。可以说,在很长的一段历史时期中,《北美评论》成为19世纪上半期业余的美国史学家交流史学信息、传播历史知识、培养普通大众历史兴趣的主要阵地。

此后,伴随着人们对历史研究兴趣的增加,以历史和传记为名的杂志开始零星地出现。1857年,《历史杂志》(*Historical Magazine*)创刊。在《独立宣言》发表一百周年纪念活动的推动下,1877年又出现了两份与历史相关的杂志——《美国历史杂志》(*The Magazine of American History*)和《宾西法尼亚历史和传记杂志》(*Pennsylvania Magazine of History and Biography*)等。内战后,《西部史杂志》也于1884年创刊,反映了西部自我意识的增强。这些杂志的出版在某种程度上满足了当时人们对历史的兴趣,但与同时期出现的大量的文学、教育及其他类杂志相比，不仅显得势孤力单[1]，而且远远不够专业。它们刊载的多是美国革命军事史、建国先父们的传记、大航海和大发现时期的轶闻趣事及殖民地时期的地方史和古物研究等，视野非常狭窄。

在美国史学科学化进程的推动下，伴随着美国历史专业人才的不断增加，到 1895 年时，美国的历史研究已经进入一个更高的发展阶段。此时的美国史学研究已经逐步摆脱了地方化倾向，视野更加开阔。年轻的教师们（young teachers）已经取代那些年迈的古物学家（elderly antiquarians），成为当时美国历史发展的主要推动力量。资料显示，1857 年时，全国只有十二个高校历史教师（college teachers），而到 1895 年时，大学的历史教师已经达到 100 位之多，而且他们中有几乎一半的人都在德国的大学中留过学，经受过专业的历史训练。当时，德国成了那些有抱负的美国历史专业的学生仰慕的学术圣地（Germany was the Mecca of the ambitious American historical student），他们在那里广泛了解到世界史学的发展。[2] 回国以后，这些在美国高校中从事历史教学工作的年轻史学家，受刚刚创刊不久的《英国历史评论》的影响[3]，热切地渴望建立一个属于美国历史学界自己的全国性专业学术期刊。当时，与历史相关的每个学科都至少有一份自己的专业期刊，但是这些期刊几乎都隶属于各个不同的大学。这种分散、不统一的状况严重地阻碍了美国史学的进步，人们认识到，全美第一份科学的历史杂志无论如何不应该依附于某一个单个的组织，而应该尽量建立在一个更加广泛的基础之上，这样才能为美国历史学的整体发展作出贡献。[4]

1894 年，在华盛顿召开的"美国历史协会"年会上，代表们首次私下讨论

[1] 据一份关于 19 世纪的美国期刊统计数据，在 1815 年至《美国历史评论》创刊的 1895 年，在新英格兰地区的纽约、费城、波士顿等地成立的 30 份重要期刊中，几乎难觅专业历史杂志的踪迹。
参见：William Isaac Fletcher and Mary Poole, *Poole's Index to Periodical Literature* (abridged edition), Boston: Houghton, Mifflin and Company, 1901, "preface," p. v.

[2] John Franklin Jameson, "The American Historical Review, 1895-1920," *The American Historical Review*, Vol. 26, No. 1 (October, 1920), pp. 1-2.

[3] 《英国历史评论》(*The English Historical Review*, EHR) 创办于 1886 年，是英语世界中创办最早的历史专业期刊。它不仅致力于英国史，而且还关注包括美国史在内的世界历史的发展。
参见：http://ehr.oxfordjournals.org/。

[4] John Franklin Jameson, "The American Historical Review, 1895-1920," *The American Historical Review*, Vol. 26, No. 1 (October, 1920), pp. 2-3.

了创办《美国历史评论》的问题。据约翰·富兰克林·詹姆逊的回忆,当时哈佛大学和康奈尔大学分别提出了自己的办刊计划,并做了大量的前期准备工作,希望能够主导即将创刊的《美国历史评论》的筹办工作。1895 年 4 月 6 日,包括哈佛大学的阿尔伯特·布什内尔·哈尔特(Albert B. Hart)、康奈尔大学的亨利·莫尔斯·斯蒂芬斯(Henry M. Stephens)、布朗大学的约翰·富兰克林·詹姆逊和宾西法尼亚大学的詹姆斯·哈维·鲁滨逊(James H. Robinson)在内的 26 名知名史学家专门在纽约开会,讨论《美国历史评论》的创刊问题。最后选举耶鲁大学的乔治·亚当斯(George B. Adams)、哈佛大学的哈尔特、宾州大学的约翰·麦克马斯特(John B. McMaster)、普林斯顿大学的威廉·斯隆(William M. Sloane)和康奈尔大学的斯蒂芬斯五人组成编委会。由乔治·亚当斯担任主席,哈尔特担任秘书长,詹姆逊担任执行主编。后来考虑到编委会不能缺少西部地区的代表,于是,把芝加哥大学的哈里·贾德森(Harry P. Judson)教授纳入编委会,组成 6 人编委会。[1]

　　作为美国第一份科学的专业历史期刊,《美国历史评论》从不特意去为某一学派的观点服务,编辑们希望他们的杂志能够成为一个全美范围的历史学专业机构。他们欢迎各种历史思想,希望在观点上包容一切。在最早的"投稿须知"中,《美国历史评论》明确写明采纳稿件的三个标准:1. 必须是新鲜、原创的作品;2. 必须是精确的学术研究的成果;3. 必须具有明显的学术价值。符合这些条件的稿件都将受到欢迎。《美国历史评论》在内容上与其他历史杂志一样,主要分为四个部分:主题论文、没有出版过的文献、书评和欧美史学新闻。在这几部分内容中,除主题论文外,人们最喜欢的还是那些从私人手中和公共档案室收集到的系列的文献资料。早期的《美国历史评论》在刊载一些文献资料时,还分类列出了相关参考文献目录和原始资料目录,极大地方便了史学家们的史学研究。可以说,与"美国历史协会"一样,《美国历史评论》在文献史料的收集、整理和出版等方面同样作出了重要贡献。

---

[1] John Franklin Jameson, "The American Historical Review, 1895-1920," *The American Historical Review*, Vol. 26, No. 1 (October, 1920), p. 6.

值得我们关注的是，除文献部分外，在每一期的《美国历史评论》中，大量高水平的书评可谓是最有启发性的内容，及时、全面地反映了最新的学术成果和史学发展趋势。据不完全统计，在其成立的前 25 年中，有超过 4 000 本来自历史学不同领域的书在《美国历史评论》上被评论过，不仅有政治史，还有宗教史、法律史、军事史、海军史、经济史、社会史、文化史，以及科学通史和文学通史等。编辑们的目的就是要把在美国出版的所有重要的历史著作及欧洲国家出版的最重要的历史作品介绍给美国史学界。尽管他们所获得的来自欧洲国家的历史作品并不完全，但大量的书评还是扩大了美国史学家们的视野，随时反映了美国史学和欧洲史学发展的最新动态。[1] 在选择书评的作者时，《美国历史评论》制定了一套严格的规范，既不考虑作者的利益，也不考虑出版商的利益，而是只考虑读者的利益。编辑们会找一些在学术素养、洞察力和公平性方面最有资格的人来写每一篇书评。作为一个史学研究方面的专业期刊，《美国历史评论》在书评方面还非常重视对各类教材的点评。尽管有些人轻视教材，认为对教材的点评会影响杂志的声誉，但是《美国历史评论》的编辑们却认为教材比其他专门性著作对美国历史学的发展更有用。为此，《美国历史评论》编辑部专门设立了一个由优秀教师、学者组成的 5 人特别专家小组，其中包括一位是古代史方面的，一位是中世纪史方面的，一位是现代史方面的，一位是英国史方面的，一位是美国史方面的，尽量做到对相关的教材类作品给予最客观公正的判断和评价。[2]

创办之初及早期发展时期的《美国历史评论》与"美国历史协会"是两个互相独立的学术机构。尽管二者之间没有任何组织机构上的依附关系，但它们都以自己的方式为美国史学的科学化和职业化发展作出了贡献。由于自身办刊经费的问题一直无法很好地得到解决，从 1897 年起，《美国历史评论》编委会开始与"美国历史协会"协商，寻求经济上的帮助。"美国历史协会"也通过鼓励会员向《美国历史评论》捐款，而《美国历史评论》向"美国历史协会"会员赠送杂志的方式，大力支持了《美国历史评论》的发展。后来，很多"美国历史

---

〔1〕 John Franklin Jameson，"The American Historical Review，1895-1920，" *The American Historical Review*，Vol. 26，No. 1 (October，1920)，p. 11.

〔2〕 Ibid.，pp. 12-13.

协会"的会员认为协会承担了《美国历史评论》的大部分开支,理应拥有它。在这种情况下,《美国历史评论》编委会于 1916 年同意把杂志的一切所有权转让给"美国历史协会",美国第一份科学的专业历史期刊最终与美国第一个科学的专业历史协会合并,此后成为其最重要的官方学术刊物。

由上文可以看出,作为全美第一份科学的历史专业期刊,《美国历史评论》无论在办刊思想、稿件采纳标准,还是在学术批评的严谨性等方面,都远远地超越了此前的其他地方性文学和史学期刊。它的创刊和"美国历史协会"的建立,不仅加强了 19 世纪末美国史学家们之间的联系与协作,为他们提供了宝贵的学术交流平台,而且还在当时的美国史学界倡导了一种科学严谨的学术规范和标准,从而为 19 世纪后期美国史学的科学化与职业化发展作出了重要的贡献。

四、历史学专业人才的培养

尽管上述几个方面的发展为美国史学的科学化与职业化发展奠定了一定基础,但是,在促进美国史学走向科学化与职业化方面,19 世纪 70 年代后,美国高等学校的历史教育在历史学专业人才培养方面的贡献才是真正最重要的推动力量。正如克劳斯和乔伊斯所指出的,"在促进新的历史书写方面,更重要的因素是美国高等院校中的历史教学方面的改变"[1]。对于美国高等教育中历史学地位的低下和历史学教育的落后状况,威廉·埃勒里·钱宁(William Ellery Channing,1780—1842)早在 1830 年就曾抱怨道,"尽管美国人在发展基础教育方面是不遗余力的,但是,我们在高等教育方面却落后很多,因此无法培育出那些能够创作出伟大作品的伟大学者。我们必须承认这个现实。我们有太多肤浅的知识,但是缺乏严肃的、持之以恒的研究"[2]。"美国历史协会"首任主席安德鲁·D. 怀特在 1857 年接受密歇根大学历史学教授的职位前也曾经指出,"那时,任何一所美国大学里都没有一位纯粹的历

---

〔1〕 Michael Kraus and Davis D. Joyce, *The Writing of American History*, p. 141.
〔2〕 Ibid., p. 142.

史学教授"〔1〕。大多数美国大学里的历史教学任务都是由那些学术兴趣主要在其他学科的人来兼任的,正如查尔斯·亚当斯所指出的,历史"仅仅只是那些其他学科的教授们在工作之余所从事的仁慈的工作而已"〔2〕。曾经参与了"美国历史协会"建立和《美国历史评论》创刊的约翰·富兰克林·詹姆逊也指出,1884 年时,美国只有少数真正的历史学家,如班克罗夫特和帕克曼等人。在大学和中小学的课程表上,历史的地位极其轻微。老师们只有可怜的教科书可以使用,他们没有专业的历史教学方法,只是在课堂上讲授一些简单的历史,然后让学生们拿着可怜的教科书去背诵而已。〔3〕即便如此,据他的回忆,到 1882 年春季,东部的五所大学中,只有一所大学有一位这样的历史老师,三所大学正打算拥有这样一位历史老师,而另一所大学甚至根本就没有这样的打算。〔4〕显然,在当时的美国社会和教育体制中,历史学是没有任何社会地位和学科地位的。

美国历史学地位的真正改变是从历史学专业人才队伍的培养开始的。作为全美第一所现代研究型大学,在美国建国 100 周年之际创办的约翰·霍普金斯大学可以说开启了美国史学专业化人才培养的序幕,其独树一帜的研究生培养模式和方法对美国历史学的发展产生了深远的影响。作为霍普金斯大学的第一任校长,丹尼尔·吉尔曼(Daniel Coit Gilman, 1831—1908)〔5〕深

---

〔1〕 Andrew D. White, *Autobiography of Andrew Dickson White*, New York: The Century Co., 1905, pp. I, 255.

〔2〕 Charles Kendall Adams, *A Manual of Historical Literature*, New York & London: Harper & Brothers Publishers, 1888, p. 1.

〔3〕 据相关材料记载,在当时的美国大学校园里,对历史学而言,"研究"(research)这个词都几乎很少被人们提及。仅有的少数号称"教授"的大学历史教师们当时只是在课堂上教授简单的历史,他们顶多只是"历史工作者"(historical workers)而已。参见 *Historical Scholarship in America: Needs and Opportunities* (A Report by The Committee of The American Historical Association On the Planning of Research), New York: Ray Long & Richard R. Smith, Inc, 1932, pp. 4-5。

〔4〕 John Franklin Jameson, "Early Days of the American Historical Association, 1884-1895," *The American Historical Review*, Vol. 40, No. 1 (Oct., 1934), pp. 1-2.

〔5〕 丹尼尔·吉尔曼,美国著名的教育家和学者。1853 年,毕业于耶鲁大学,获学士和硕士学位,随后到欧洲考察教育,并在德国柏林大学学习。1856 年回国后任教于耶鲁大学。1872—1875 年,担任加利福尼亚大学(即加州大学伯克利分校)第二任校长。1876 年任约翰·霍普金斯大学首任校长。

受德国柏林大学的影响,认为科学研究不仅是大学的一项基本任务,而且是大学的灵魂。因此,从建校之初起,吉尔曼就希望抛弃传统美式学院的陈规旧制,打造一所专注于培养研究性人才和鼓励研究风气的新式研究型大学。其目标是:"鼓励研究以促进学者的进步,使得他们可以通过自己精湛的学识推动他们所追求的科学以及所生活的社会向前发展。"正是认识到当时美国研究生教育制度的落后,吉尔曼决定率先在美国各大学中,把学校发展的重点放在研究生教育上。可以说,霍普金斯大学是美国大学中第一次尝试按照德国博士学位培养方式建立一个全面的研究生教育体制的大学,开启了美国高等教育的一个新时期。此前,其他的美国大学也曾尝试进行类似的研究生教育,但都不怎么成功。而通过各种有力的措施,霍普金斯大学的研究生培养体系很快建立起来,"在十四年的时间里,霍普金斯大学很快就被人们公认为美国研究生教育的领导者和标准的制订者"[1]。

从霍普金斯大学富有创新精神的研究性学术氛围中,既走出了美国实用主义哲学大师约翰·杜威,也诞生了美国著名的学者型总统伍德罗·威尔逊,同时也产生了包括赫伯特·巴克斯特·亚当斯、约翰·富兰克林·詹姆逊、弗里德里克·杰克逊·特纳等对美国史学科学化与职业化发展产生至关重要影响的史学家群体,他们的出现可以说是对吉尔曼办学思想和培养目标的最好诠释。

作为19世纪美国伟大的历史学家和教育家,赫伯特·巴克斯特·亚当斯1850年4月出生于美国马萨诸塞州阿默赫斯特市。1872年从阿默赫斯特学院(Amherst College)毕业后,于1874年1月,赴德国海德堡大学(University of Heidelberg)深造。其间,亦曾赴柏林大学求学。在海德堡大学和柏林大学期间,亚当斯接受了德国先进的历史教育思想和史学方法的培训,逐步形成了自己的科学主义的历史观念。1876年,亚当斯在海德堡大学顺利取得博士学位的时候,恰逢刚刚成立的霍普金斯大学招募教师,于是,在导师布隆齐利

〔1〕 Arthur Serfass Eichlin, *An Historical Analysis of The Fellowships Program at The Johns Hopkins University, 1876-1889: Daniel Gilman's Unique Contribution*, A Dissertation Submitted to the Faculty of the Graduate School of Loyola University of Chicago for the Degree of Doctor of Philosophy, June 1976, "preface," pp. III-IV, 93.

(Johann K. Bluntschli)和阿默赫斯特学院的西利(J. H. Seelye)等人的大力
举荐下，正式进入霍普金斯大学任教。[1] 在霍普金斯大学执教期间，亚当斯
致力于对美国政治制度与美利坚民族历史的探索，形成了 19 世纪下半叶至
20 世纪初在美国的史学界盛极一时的"生源论"。尽管该理论因存在着一些
致命的缺陷，后来受到包括其学生弗雷德里克·杰克逊·特纳和伍德罗·威
尔逊等人的批评，但在研究方法和史学观念上，已经大大超越了此前的美国浪
漫主义史学，为后来美国史学研究由纯粹的政治史转向政治经济史和社会史
奠定了基础，推动了以兰克客观主义史学研究方法为指导的美国科学史学的
兴起。然而，在推动美国史学的科学化与职业化转变方面，赫伯特·亚当斯作
出的更大贡献是在历史教育方面。从德国回到美国后，他吸收和借鉴德国科
学史学的研究方法及历史教育方法，以霍普金斯大学为依托，高举客观主义史
学的大旗，广泛传播科学的治史方法，通过大力推进德国式历史研讨班——
"习明纳尔"(seminar)的教学模式，培养了大批具有科学治史精神和方法的历
史学专业人才，大力促进了美国史学的科学化与职业化发展。

　　从 19 世纪上半叶起，鉴于美国高等教育尤其是研究生教育相对落后的状
况，大批从欧洲留学归来的美国留学生回国以后就开始不断尝试在美国的一
些大学进行教学方法等方面的改革，以期缩小与欧洲大学之间的差距。如
1822 年从德国哥廷根大学留学回国，进入哈佛大学工作的乔治·班克罗夫特
就曾试图在哈佛大学进行历史教学方面的改革，但遇到了极大的阻力，无果而
终，最终离开哈佛大学。[2] 内战以后，一批从德国留学回国的年轻史学家
们，开始尝试按德国大学上课时所采用"习明纳尔"研讨班的方式，来改造美国
大学的历史教育模式。如 1869 年，查尔斯·肯德尔·亚当斯就首次将德国研
究生上课的"习明纳尔"研讨班教学方法引入密歇根大学；两年后，亨利·亚当
斯在哈佛大学也开设了类似的研讨班。但是，在当时的美国高等教育环境下，
这种方式并未能够真正普及开来。真正推动这种德国式"习明纳尔"研讨班教

---

〔1〕　W. Stull Holt ed. , *Historical Scholarship in The U. S. , 1876-1901: As Revealed in the Correspondence of Herbert B. Adams*, Baltimore: The Johns Hopkins University Press, 1938, pp. 29-31.
〔2〕　Michael Kraus and Davis D. Joyce, *The Writing of American History*, p. 98.

学方式在全美各大学中成功普及开来的是赫伯特·亚当斯在霍普金斯大学的教育实践。

　　亚当斯非常重视研讨班的讨论方式,在具体的教育方法的运用上,经常会灵活地据实变通,而不会固执己见。他反复强调"授人以鱼,不如授人以渔"的教育理念,认为传授如何学习历史的方法,比学习历史知识本身更重要。在这种观念的指导下,他在传授学生知识及提高其历史理解能力的同时,鼓励他们独立地判断,批判地思考,进一步激发他们的求知欲,并训练其文字的流利运用及书面表达能力。此外,亚当斯在研讨班上还非常注意激发每一位学生的自信心和使命感。尽管他有时也会因学生讲稿准备不足或者表述不当而批评他们,但更多的时候他会通过对学生的褒扬来提高他们的学习兴趣和自信心。正如詹姆逊所回忆的那样,"看到亚当斯教授对我那平淡无奇的论文加以赞赏,我有些惊讶。他很喜欢我文章的结构组织以及措辞的风格等。他的赞赏非常贴切……回到家,我倍受鼓舞,觉得我的努力还是有些价值和意义的"[1]。在一篇对其导师亚当斯的回忆性悼文中,特纳也深情地说,"我一直把在霍普金斯大学读书的岁月看作是我一生中对我最有帮助的时期,他让我们对历史产生了深厚的兴趣,鼓励我们把历史与现实联系起来。他最伟大之处并不在于学术的敏锐性和历史研究中的批判性特征,而在于他激发了学生们进行严肃的历史研究的热情,让他们做最好的自己。他编辑的《霍普金斯大学历史和政治学研究》系列丛书对激励美国的历史研究作出了巨大贡献"[2]。值得注意的是,为了能够保证研讨班的教学效果,亚当斯还积极地进行了研讨班图书室的建设工作。在德国留学期间,海德堡大学留给亚当斯的一个深刻的印象就是每个研讨班都有自己专门的图书室。与一般的图书馆不同,研讨班图书室为教师和学生提供研究所需书籍的复制本,最大程度地保证了研讨班的资料需要。受此影响,亚当斯回国后倾注了大量心血多方收集

〔1〕 "Jameson Diary," March 18, 1881, in Hugh Hawkins, *Pioneer: A History of the Johns Hopkins University, 1874-1899*, Baltimore and London: The Johns Hopkins University Press, 1960, p. 175.

〔2〕 Herbert Baxter Adams, *Herbert Baxter Adams: Tributes of Friends*, Baltimore: The Johns Hopkins University Press, 1902, p. 45.

书籍、文献、画册、报刊及杂志等资料，以建立研讨班的图书室。研讨班图书室的建立为霍普金斯历史研讨班提供了强有力的资料支撑，保证了研讨班的教学效果。

通过亚当斯卓有成效的工作，霍普金斯大学历史研讨班取得了丰硕的成果。在他主编出版的《霍普金斯大学历史和政治科学研究》系列丛书（*Johns Hopkins University Studies in Historical and Political Science*）中，人们看到了大量出自其研讨班上所培养的研究生的优秀作品。从他所主导的霍普金斯大学历史研讨班上陆续走出了一大批杰出的历史学专业人才，如分别于1882年、1889年和1890年获得博士学位的约翰·富兰克林·詹姆逊（John Franklin Jameson，1859—1937）、查尔斯·麦克米兰·安德鲁斯（Charles McLean Andrews，1863—1943）和弗雷德里克·杰克逊·特纳（Frederick Jackson Turner，1861—1932）等。这些后来在美国史坛上叱咤风云，为美国史学的科学化与职业化发展作出重要贡献的史学家们均是在亚当斯的指导下、经过历史研讨班的长期培训完成自己博士期间的学习的。毕业以后，他们分别先后进入布朗大学、芝加哥大学、威斯康星大学、哈佛大学和耶鲁大学等著名学府，不仅在自己的史学研究上作出了突出的成就（如詹姆逊在美国史学史、特纳在"边疆史学"理论、安德鲁斯在美国革命史等方面都取得了引人注目的学术成果），而且还把亚当斯在霍普金斯大学组织的历史研讨班的教育方法带到这些大学，培养了大量的专业史学人才。[1] 此外，他们还与导师赫伯特·亚当斯一道，共同推动了"美国历史协会"的建立和《美国历史评论》的创刊，为美国史学的发展作出了重要贡献。正因为此，他们先后于1907年、1909年、1925年被选为"美国历史协会"的主席。

经过亚当斯改造的历史研讨班在培养专业人才方面的初步成功，并没有

---

[1] 赫伯特·B.亚当斯对当时他所主导的新型历史学培养方式在全国的普及非常满意，他在自己办公室的墙壁上挂着一张美国地图，上面标注了那些教师队伍中有来自霍普金斯大学所培养的研究生的各地大学，那些从霍普金斯大学毕业的历史专业的研究生们进入这些大学工作的同时，也把霍普金斯大学的人才培养方式和历史学专业理念带到了这些地方。亚当斯形象地戏称这构成了历史学人才培养方面的"霍普金斯大学的殖民体系"（colonial system of the Johns Hopkins University），这一体系显然在推动这一时期美国历史学专业人才培养方面具有重要作用，从而在一定意义上促进了美国史学的职业化和科学化发展。参见 Thomas J. Pressly，*Americans Interpret Their Civil War*，New York：Collier Books，1962，p.183。

让亚当斯自满。在强烈的社会责任感的推动下,他积极地将这种有效的培养模式对外加以推广。1883 年 9 月,在萨拉托加举行的美国社会科学学会年会上,亚当斯宣读了主题为"历史研究的新方法"的论文,详细介绍了约翰·霍普金斯大学采用的这种先进方法,指出这种方法理所当然地可以用于美国的大学。1884 年,亚当斯根据德国博士生培养方案编写了约翰·霍普金斯大学政治历史系的博士生培养章程,包括选课、研究讨论、考试等具体要求,内容十分详尽,几乎成了其他大学博士培养章程的模板。于是,历史研讨班在亚当斯的改造与组织下,最终以制度化的形式在美国高校中确立,成为各个高校培养历史学专业人才的主要方式。除霍普金斯大学通过首创的"历史与政治科学研讨班"成立全美第一个授予博士学位的历史研究所外,美国其他各主要大学也先后建立起自己培养历史学专门人才的研究生院,如康奈尔大学建立了"历史和政治科学学院",哥伦比亚大学建立了"政治科学研究生部",密歇根大学建立了"政治科学学院"等。[1] 它们与霍普金斯大学一起,培养出越来越多的历史学专业人才,致力于历史研究、教学和写作的历史学学科的职业地位逐步得到确立,从而使 19 世纪 80、90 年代成为美国历史学界的"大觉醒时代"。[2] 约翰·文森特(John Martin Vincent)在 1926 年曾说道,"研究班的培养模式如今在美国大学中如此普遍,我们很难想象这在五十年前仅是零星地尝试阶段,而正是赫伯特·亚当斯开辟了系统使用这一方法的新阶段"[3]。克劳斯和乔伊斯也指出,"赫伯特·亚当斯可能是在使美国史学德国化(Germanize)方面作出贡献最大的人"[4]。

伴随着 1884 年"美国历史协会"的建立和 1895 年《美国历史评论》的创刊,美国历史学家已经有了自己的专业组织和学术期刊。经过专业训练的"科学史家"(Scientific Historians)逐步取代了那些把历史看作自己的业余爱好

---

[1] Luther V. Hendricks, *James Harvey Robinson: Teacher of History*, New York: King's Crown Press, 1946, p. 6.

[2] Thomas J. Pressly, *Americans Interpret Their Civil War*, New York: Collier Books, 1962, p. 182.

[3] John Martin Vincent, "Masters of Social Science: Herbert Baxter Adams," *Social Forces*, Vol. 4, No. 3 (Mar., 1926), p. 469.

[4] Michael Kraus and Davis D. Joyce, *The Writing of American History*, p. 145.

的业余贵族史学家（amateur patricians），成为美国史学研究的主力军。历史学也至此在美国成为一门独立的学科（discipline）和职业（profession）。如果说19世纪初建校的柏林大学因为有利奥波德·冯·兰克的史学贡献而成就了西方史学的科学规范和学科地位的话，那么，19世纪下半叶建立的全美第一所现代研究型大学——约翰·霍普金斯大学则因为有了赫伯特·亚当斯所倡导的科学的治史方法和人才培养模式，从而推动了美国史学的科学化与职业化发展。从这种意义上说，对19世纪的美国史学而言，约翰·霍普金斯大学可谓"美国的柏林大学"。

安克施密特历史理论中的遗忘概念[*]

陈茂华[1]

20 世纪 80 年代以来,当代历史哲学展开的对纳粹大屠杀与历史表现的关系的研究,以及 90 年代在此基础上开始的对历史创伤的分析,引起了学界对历史记忆的高度关注。从对记忆的传承方式到以何种历史表现形式来担保由此类历史危机所导致的历史创伤不被消解,中外历史哲学家在这些方面都做出了不少有益的尝试。[2] 然而,当他们以某种强烈的现实关怀切入关于大屠杀的历史研究中,并将历史记忆(记住过去的能力)与历史创伤及历史认同置于一定的时空序列之上时,他们的历史文本常常表现出保持历史的连续性之强烈诉求。因而,在此语境中历史的断裂性及与之相对的历史遗忘,即使引起了一定程度的关注,但始终难以逃脱边缘化的命运。然而,在学术史的演变过程中,越是边缘化的东西,往往越具有研究的价值。当代荷兰历史哲学家安克施密特(F. R. Ankersmit)对历史遗忘的研究,或许证明了这一论点的合理性。

一、(历史)记忆与传统的实在论史学观

记忆与历史学有着天然的亲密关系。一直以来,我们习惯将记忆系统中

---

* 本文原载于《学海》2009 年第 3 期。

[1] 陈茂华,复旦大学历史学博士(2002 年 9 月入学,2005 年 7 月毕业),现为东华大学马克思主义学院副教授。

[2] 国外主要代表人物有:德国历史哲学家吕森,主要代表作为《历史思考的新途径》(上海人民出版社 2005 年版);美国历史理论家汉斯·凯尔纳,主要代表作为《此刻"不再"》,载于《当代西方历史哲学读本》(复旦大学出版社 2004 年版);我国主要代表人物有陈新,主要代表作为《"大屠杀"与历史表现》,载于《国外社会科学》2001 年第 5 期。

的记住过去的能力称为记忆,反之,则为遗忘。在传统的实在论史学观中,历史记忆由于确保了历史的连续性而为历史学家所赞赏。因此,人们普遍相信这一论点,即记忆是保存历史的媒介,历史编纂的重要功能之一在于保存并延续记忆。

在 19 世纪历史主义者的阐发下,在历史主义者的心目中,人只有历史而没有本性,因而人认知自我的途径及方式唯有历史(被记住的过去)及历史编纂。正如伊格尔斯在德国的历史主义观念中所洞察到的那样,"历史主义观念的核心是假设在自然现象和历史现象之间存在根本差异,由此在社会和文化科学中需要有一种与自然科学方法完全不同的研究方法……因此历史成为理解人类事务的唯一指南。不存在固定不变的人类特性;每个人的特点只是通过自身的发展才显现出来的"[1]。历史主义意欲将世界的一切都历史化之抱负,让我们相信,记忆为我们叙述历史提供了证据和素材,使我们拥有了自己的过去,并在时空序列中窥见了自我,了解了我们到底是谁,并由此体现出历史编纂的必要性及意义。于是,在历史主义者以民族-国家为历史写作主题的史学类型当中,历史及历史编纂不仅是塑造我们的身份与认同的重要媒介,而且也为现实生活中政治家们的言行提供了合法依据,使其坚信自己当下的言行乃是"历史在逻辑上的一种延续"。于是,记住过去的能力在历史叙述当中获得了一种逻辑上的优先性。记忆在一条直线上将过去、现在、未来连续在一起,使历史认同得以维系,也是历史编纂学具有了可能性。

然而,发生于 20 世纪 60 年代的"语言学的转向"不仅在很大程度上拓宽了学者们的视域,刺激他们进一步开展跨学科研究,而且还促使他们认真反思历史学科的性质,尤其是从语言学和建构主义的角度反思历史真实性是如何得以保证的。如此,在"语言学的转向"发生后,以往的历史记忆观遭到了某种程度上的颠覆,随之,记忆与历史及历史编纂的关系也被重新审视。记忆社会学家莫里斯·哈布瓦赫特别强调集体记忆的当下性,指出历史记忆是一个社会性的建构过程,而非语言对记忆的直接性、简单化复制。"尽管我们确信自己的记忆是精确无误的,但是社会却不时地要求人们不能只是在思想中再现

---

〔1〕 [美]伊格尔斯:《德国的历史观》,彭刚、顾杭译,南京:译林出版社 2006 年版,第 3 页。

他们生活中以前的事情,而是要润饰它们,削减它们,或者完善它们,乃至于赋予他们一直现实都不曾拥有的魅力。"〔1〕哈布瓦赫解构了惯常意识中的语言表述可以复制记忆本身这一认识。而保罗·利科对记忆现象所做的研究,则更进一步解构了历史记忆作为历史真实性的担保之观念。美国历史理论家汉斯·凯尔纳提醒我们一定要注意到利科对"现在"的强调:"我们只是经历着一个现在。利科提醒我们说,现在是唯一存在着的东西,有三种现在:记忆中过去的现在;经验中现在的现在;期待或希望中的将来的现在。甚至过去也不过是现在的一种形式。"〔2〕的确,作为被记住的过去是不在场的,在场的仅仅是作为历史文本而存在的记忆,历史学家所做的工作只能是在各个历史文本之上的重构。总之,受社会现实需要或理解前结构存在的干预,人们的记忆或者回忆根本不可能完全担保过去的真实性,将记忆或对记忆的语言表述等同于历史似乎显得有些天真。如此,建基于记忆之上的传统历史编纂学遭到了严重质疑。

80 年代以来,当德国历史哲学家吕森等人以大屠杀为中心讨论历史创伤是否能够治愈,以及如何治愈时,他们虽然注意到了历史表现的文化潜能问题,但在历史表现形式上仍然相信历史记忆与语言结构是具有同一性的,这表明他们在历史认识论上仍然坚持着传统的实在论史观。"无论如何,大屠杀被看作是一个历史事件,在现代史的历史编纂学的诠释模式中占据一席之地。利用这些诠释模式,我们理解自我、表达自我的希望和恐惧、形成和他者交流的策略。"因此,需要"发明"一种新的诠释模式来表现"关键性"危机:"这一'发明'不是创造出不存在的东西,而是将历史叙述的元素改建为一个新的时间秩序观念,或是给这一观念中添入新的元素。新的诠释模式克服了对摧毁性事件的恐惧,弥合了时间的裂缝。"〔3〕在此情况下,不仅历史创伤被治愈,而且历史的连续性有了保障。然而,这样的思考路径似乎并未充分认识到心理学

---

〔1〕 [法]莫里斯·哈布瓦赫:《论集体记忆》,毕然、郭金华译,上海:上海人民出版社 2002 年版,第91 页。

〔2〕 [波兰]埃娃·多曼斯卡:《邂逅:后现代主义之后的历史哲学》,彭刚译,北京:北京大学出版社 2007 年版,第 75 页。

〔3〕 [德]约恩·吕森:《历史思考的新途径》,綦甲福、来炯译,上海:上海人民出版社 2005 年版,第150—156 页。

意义上的有意识和无意识对历史创伤发生的原始经验之取舍及其多样性，以及新模式诠释主体在先的理解结构之存在。对此，我们也许可以从当代心理学家那里得到诸多启示。一些专门从事纳粹大屠杀心理分析的心理学家对大屠杀幸存者及其第一二代子女进行的心理治疗结果显示，个体记忆进入集体记忆的方式具有多样性和复杂性。在心理治疗案例中，这些创伤者在心理学家们的有意识引导下，根据创伤体验的痛苦程度及创伤者个体对事物的敏感程度在或短或长的一段时间内反复进行回忆性叙述。心理学家在这个过程中，常常需要多次唤醒创伤者的潜意识，帮助他们能够将回忆进行下去。对于这个过程，耶鲁大学医学院的精神分析师劳布（Dori Laub）认为他与受治疗者双方"基于历史过去"的"感染与反感染的邂逅"，两者都拥有了共同的历史体验。于是，创伤者产生了"被认识感和被理解感的新体验"，才"开始领略到从毕生囚禁中获得解放的那种感觉了"[1]。显然，记忆的有意识或无意识功能之发挥必然会受到精神分析师与创伤者双方理解前结构的影响。

二、历史遗忘是如何发生的

记忆系统拥有两大功能：记住和遗忘。记忆系统在存储大量信息的过程中必然会同时对原有的信息进行处理，并过滤掉一些信息，以达到维持系统内部的和谐状态。社会记忆或历史记忆的情况也如此。前拉丁美洲社会科学学院院长德利奇（Francisco Delich）在讨论记忆与遗忘的社会建构问题时坚持记忆与遗忘的辩证关系："社会是否拥有记忆？假如有，它是如何设法忘却了它所忘却的，并保留下来它所记住的……社会当然有记忆，但没有了对它的确认与补充——遗忘，它本身是无意义的。"[2]

在历史编纂学的演变过程中，历史遗忘由于处于历史记忆的对立面，暗含着历史的断裂性则成为历史学家写作中设法逃避的对象。正是在这个意义

---

〔1〕［美］多力·劳布：《多产的过去：历史精神创伤的延续》，［德］哈拉尔德·韦尔策编：《社会记忆：历史、回忆、传承》，季斌、王立君、白锡堃译，北京：北京大学出版社 2007 年版，第 268 页。

〔2〕［阿根廷］弗朗西斯科·德利奇：《记忆与遗忘的社会建构》，陈源译，《国外社会科学》2007 年第 4 期，第 74—87 页。

上,安克施密特称赞尼采不仅是西方历史上第一个批判历史过量问题的学者,而且是唯一真正将注意力集中于历史遗忘的理论家。他指出,在历史主义大行其道的 19 世纪,"历史过量几乎是难以想象的"。而尼采却抨击历史主义者的历史用途观,并坚持"在某种程度上,遗忘至少是成功行为的一个条件,甚至是我们全部行为有意义的一个条件"[1]。同时尼采对遗忘的分析是以非历史的个体为理论预设的,撇开了人的历史性。因此,他试图通过区分四种不同类型的遗忘来修正或完善尼采的分析。

第一类遗忘所指向的乃是那些无论是记住或者忘记都不会对人们现在及将来的身份确认产生影响的任何事件或行为,它们被搁置起来了;然而,这类被遗忘的事件或行为可能会在后来的生活中重新被记起。比如,20 世纪后半叶兴起的日常生活史提醒我们,过去被我们视作是琐碎的那些往事很可能会在日后的生活中获得一种预想不到的地位,与我们的身份确认具有某种重要关联。第二类遗忘是指确实会被人们所忘记,但人们却浑然没有意识到忘却这一事实的存在,此乃无意识所为。但心理分析却显示,它们对人格而言具有重要意义。因此,这不是人们的有意作为,而是"无意"遗忘。也就是说,第一、二种类型的遗忘表明,被忘却之事物作为人类感性经验的一部分,被摄入记忆主体后与经验数据在意识与无意识的加工下,最终被归入记忆系统的无意识领域,从而被暂时遗忘了。而且,这种记忆系统之无意识选择,并不会给人们造成任何精神上的创伤,更不会对人们的身份确认产生任何影响。

第三种类型的遗忘与创伤相关。有着创伤经历的主体在回忆起过去实在太痛苦的情况下,比如说大屠杀导致的精神创伤,迫使创伤者不得不选择"长期以来抑制有意识的记忆",然而,这么做的结果却是悖论的:"创伤经历既被忘记又被记住:被忘记是指从有意识的记忆中成功地排除;被记住是指主体会遭到有意识记忆的严重阻碍。"安克施密特还采用了心理学术语对其进行表达:"自我被分裂成一种有意识的自我和另一种无意识的自我,以确保不要忘

---

[1] F. A. Ankersmit, "The Sublime Dissociation of the Past: Or How to be (come) What One is No Longer," *History and Theory*, 2001, p. 297. 可参考拙译:《历史的崇高分裂:或者我们是怎样不再是我们自己的》,载于陈恒、耿相新主编:《新史学》之第七辑《东西方之间——对历史思想的探求》,郑州:大象出版社 2007 年版,第 167—194 页。

了要忘记的可能性。"然而,正是"通过将创伤经历转移到无意识领域,我们就真的忘记了它。但也正是通过将它储存在那里的形式,我们也就将它作为一种无意识的记忆保留下来了"〔1〕。这就意味着无意识的记忆有转变为有意识记忆的可能性。显然,"不要忘却了要忘记"这一戒条的必然结果恰恰走向了记忆主体意愿的反面:记住。相应地,主体遭受的精神创伤也就依然存在。这种创伤虽然是历史性的,但它是可能治愈的。

在论述创伤治愈之可能性这里,安克施密特和吕森的思考路径发生了根本性的变化。吕森在论述"二次创伤化的策略"时指出:"当人们开始讲述历史,讲述发生了什么事情的这一刻,就跨出了将破坏性事件融入对世界的理解和对自我的理解的第一步。在这一道路的末尾,历史叙述在事件的时间链条中给了创伤一席之地。正是在这一链条中,创伤才有了意义,才会失去它摧毁意义的力量。在一个事件获得'历史'意义的时刻,它的创伤性特征也就随之消失了。"〔2〕在吕森看来,历史记忆的合理性在于主体能够从某种"给定的或外部强加的限制之下解放出来,增强自主性与参与性",并能够促进行动与认同的形成。〔3〕但吕森似乎并不是很关心来自心理学无意识及社会学建构主义的影响。相反,安克施密特在回答大屠杀之类的历史创伤何以可能治愈的问题时,较充分地注意到了理解前结构的存在及有意识与无意识对记忆与遗忘的选择性机制。从心理学来分析,有意识与无意识两种力量在记忆系统内部就应该记住什么、忘记什么的问题会在当下的时刻产生"拉锯战",创伤主体当下的体验决定着意识的选择;记忆的可选择性使得创伤经历与身份确认可以获得某种程度的"和解",以确保遭受创伤的主体不会丧失之前的身份与认同。最终,"一旦创伤经历能够被叙述(就像心理分析治疗案例那般),一旦创伤经历能够被成功地统摄进人们的生命史中,它就失去了自身的危险和特殊

〔1〕 F. A. Ankersmit, "The Sublime Dissociation of the Past: Or How to be (come) What One is No Longer," *History and Theory*, 2001, p. 300.

〔2〕 [德]约恩·吕森:《历史思考的新途径》,第 163 页。

〔3〕 [德]约恩·吕森:《后现代主义观点下的历史启蒙:"新费解"时代的历史学》,赵协真译,陈新校,《东南学术》2005 年第 3 期,第 44—53 页。

的创伤特征。创伤经历因而也就适宜于人们的身份,反之亦然"〔1〕。显然,在安克施密特看来,只有在弄清楚了遗忘的发生机制,并意识到创伤阐释者双方理解前结构的存在后,吕森所提出的"二次创伤化的策略"才有意义。换言之,创伤主体才可能由此重新找回自我的身份及认同,同时也为生命中的创伤时刻找到恰当的伦理位置。在这里,他似乎强调历史审美在逻辑上优于历史认识论。

在他的分析模式中,只有第四种类型的遗忘才是真正意义上的历史遗忘。他指出,通常情况下,这类历史遗忘是由"最具决定性、最深刻的剧变"引起的。在此情形下,历史的断裂性不可避免。比如,对欧洲文明产生深刻影响的法国大革命。它使"人们突然意识到他们过去一直生活在之前从未意识到的传统世界里:因为这个传统世界只不过是他们的生活方式,以及他们看待自己世界的方式而已。但伟大的法国大革命使他们突然间摆脱了这个未经反省的传统世界,并使他们第一次意识到这些作为传统的传统"。换句话说,大革命前属于主观世界的传统在大革命后已经成为某种客观存在。这是人们在革命剧变后的现实处境下的痛苦选择——将原来的传统生活方式从集体有意识的记忆中成功排除——的结果。"在这些情形下,他们进入了一个崭新的世界,他们唯一能做的就是忘掉以前的那个世界,并放弃以前的身份……此外,后者(遗忘)总是前者(获得一种崭新的身份)的一个条件。"此时,失去自我时的悲伤、对确立新的自我的恐惧等情感,都一同迸发出来。遗忘是处在大革命后社会情境中不得已的理性选择,"必须具备一定的人格"。而且,由历史的断裂而产生的历史遗忘是人们精神上永远的伤痛。"促成其的历史性变化总是伴随着深切的、不能挽回的损失感,伴随着文化绝望感及无望的方向迷失感。"因为"此时人们真的失去了自己,从前的身份不可挽回地永远失去了,而被一种新的历史身份或文化身份所取代……因而,这是那种历史迫使我们面对它之后我们身上还永远带有的创伤;是那种找不到治疗方法的创伤。因为新的身份

---

〔1〕 F. A. Ankersmit, "The Sublime Dissociation of the Past: Or How to be (come) What One is No Longer," *History and Theory*, 2001, p. 301.

主要由失去从前的身份的这种创伤构成——这正好是它的主要内容"[1]。可见,此在性是这类历史创伤的根本性特征。

实质上,在安克施密特所作的最后一种遗忘类型分析中,历史身份的根本性变化表征着人类文明的变迁,以及变迁过程中前一种文明的"自杀身亡"。当人类从那种原始的、被束缚状态过渡到黑格尔所说的"合理的自由"状态时,人类集体性的历史身份被分解为客观的与主观的两部分,人类的文明进程由此开启。此后,每一次文明的变迁无不以能够忘掉之前的历史文化身份这种人格力量为前提,并以饱尝抛弃前一种生活方式而带来的历史创伤为代价。但恰如凤凰能够从灰烬中重生那般,"但是在这种毁灭当中,它便把以前的生存做成一种新的形式,而每一个相续的阶段轮流地变做一种材料,它加工在这种材料上面而使自己提高到一个新的阶段上"[2]。在历史哲学层面上,安克施密特将其称之为历史的崇高解体。此时的历史遗忘实质上指的是一个将本存在于人们主体世界的主观性原则分离出去,使之客体化,然后再进入到主观世界当中经过加工后成为新的主体意识的过程。通过这个主客观分离的过程,主体"全面充分地"认识了被迫放弃的前一个自我,并体验了由恐怖到敬畏再到快感的情感变化。只有如此,主观世界与客观世界才可能达到和谐统一,文明的变迁或进步才成为可能。

为了进一步理解历史的崇高解体理论,安克施密特提醒我们可以参考黑格尔对苏格拉底与雅典人之间的冲突所做出的历史哲学分析。

众所周知,黑格尔在解读苏格拉底被判处死刑这一著名历史事件时,将苏格拉底视作历史上的第一位道德家。苏格拉底将主体性反思的主观性原则引入雅典人传统的伦理实体世界,使雅典人意识到了人之所以成为人的本质在于人是具有主体性的个体,能够"意识到自己的所作所为"。正是在主体性世界与伦理实体世界分裂的这个地方,黑格尔指出,雅典人判决苏格拉底死刑的这一行为,兼具"公正性"与"高度的悲剧性"。公正性在于他们处死了"他们绝

---

[1] F. A. Ankersmit, "The Sublime Dissociation of the Past: Or How to be (come) What One is No Longer," *History and Theory*, 2001, p. 302.

[2] [德]黑格尔:《历史哲学》,王造时译,上海:上海书店出版社 1999 年版,绪论,第 76—77 页。

对的敌人"，因为苏格拉底破坏了雅典统一性的伦理实体，促使许多雅典人具有了自我意识的反思。"他把识见和确信作为人类行事的决定者——他认为个人能够做最后的决定，同'国家'和'风俗'处在相对的地位……由于'主观性'的内在世界的升起，同'现实'的分离也就发生。"于是，"许多市民脱离了实际的生活以及政治的事务，为的要在理想的世界中生活，苏格拉底的原则对于雅典国家显出一种革命的姿态；因为这个国家的特色便是，它的生存方式就是道德，换句话说，'思想'和现实生活有一种不可分离的联系"。另一方面，对苏格拉底的判决实质上也是对雅典人自己的判决，是他们共同的历史悲剧。雅典人在苏格拉底被判处死刑之后，意识到他们同苏格拉底一样，都是传统伦理生活原则的叛离者，已经具有了自我反省的意识，而苏格拉底只不过是说出了潜藏在他们内心而他们尚未意识到的伦理实体性而已。"他们所深恶痛绝于苏格拉底方面的东西，早已根深蒂固地存在于他们自身之内，结果他们必须和苏格拉底一同被宣判为有罪或无罪……那个促成雅典国家灭亡的高等原则，在雅典越来越发展，'精神'已经获得了自己满足自己和反省的嗜好。"[1]总之，苏格拉底这位具有崇高人格的悲剧英雄是雅典人的替罪羊，以牺牲自己的性命为代价，将雅典人从"风俗习惯"的客观意志中解救出来，并进入到具有反思性的主观意志阶段。因此，他与雅典人之间的历史性冲突，实质上是实体的普遍性与主体的普遍性之间的冲突。

安克施密特赞同黑格尔的分析，但他从人类文明的变迁及历史认同的视角指出，"最重要的是以前的(客观主义)身份与新的(主观主义)身份之间的关系本质"。也就是说，雅典人的集体身份发生了根本性的变化，他们从此不再是从前的雅典人了，他们拥有了新的历史文化身份。文明的变迁(进步)已成事实。"他们由于放弃以前的世界而遭受了创伤损失……最终，苏格拉底的命运就是他们的命运。"[2]这就是遗忘的能力与文明进步的必然关系，以及创伤与崇高的本质关系。

〔1〕 ［德］黑格尔:《历史哲学》，绪论，第278—279页。

〔2〕 F. A. Ankersmit, "The Sublime Dissociation of the Past: Or How to be (come) What One is No Longer," *History and Theory*, 2001, p. 307.

三、科学历史学的神话本质

历史遗忘不仅是人类文明变迁必不可少的一个条件，而且也是历史学何以可能的前提条件之一。并且，在将被放弃（或被遗忘）的过去客观化，使之成为历史认识论的客观对象这个意义上，同样体现出一种历史的崇高。人类文明的变迁往往会导致人们十分怀念过去那个世界，但同时人们也非常清醒地认识到自己已经与过去分离了，因而人们自觉地将这种情感投射到关于过去的知识上，即"渴望存在变成了渴望知识"。于此，每个时代的历史学家们都需要不断地"重构历史"，都相信自己的历史写作再现了过去之存在而具有客观性。然而，在安克施密特看来，诸多历史学家们毕生追求的历史客观性很可能仅仅是个"高贵的梦"，是一种"神话"。

安克施密特以特纳（Victor Turner）的神话研究为例，论证历史客观性是历史学的一个神话特征。特纳的研究显示，作为史实记录下来的并不是神话本身，而是那些研究神话的方式。在特纳的启示下，安克施密特指出，神话的过去是一个"半自然的、天堂般的过去……是一个我们完全'遗忘了'的过去，是一个与我们目前的历史的世界'分离的'过去"。在新的历史文化身份取代了之前的身份之后，即过去之主观存在变成了客观存在之后，"强烈的史实记录或历史叙述产生了"。换言之，文明变迁之际，丧失前一历史文化身份的人们往往化悲痛与怀旧之情为力量，在新的历史认识论的指导下，将对过去之存在的渴望变成对关于过去之知识的渴望。然而，这么做并不会减轻人们遭受历史创伤的感觉，反而加剧了这种创伤感。"有关过去的一切都会被讲述，而所有的历史和故事都是一种想将自己的过去和所经历的事情讲述为其内部的创伤文化，这些历史和故事总是从一种现代的后革命身份角度来讲述的。从这个意义上说，这是加剧而非减轻了创伤损失感。"[1]因为当历史学家们对过去的那个自我进行历史建构时，每次所获得的相关知识实际上在无意中反

---

[1] F. A. Ankersmit, "The Sublime Dissociation of the Past: Or How to be (come) What One is No Longer," *History and Theory*, 2001, p. 307.

而成为强调过去的客观实在与现在的主观世界之间的差别。但越是这样,历史学家们的"弥合存在与知识之间的隔阂"写作欲望就会变得愈加强烈。最终,当他们透过后来的任何一种历史表现去审视过去之存在时,似乎走近了它,但绝不会与之重合。正如丹图(Arthur Danto)所强调的"我表现这个世界,而不是我表述这个世界"[1]。

由此观之,安克施密特认为,历史学家们在历史写作中对历史客观性的诉求是不可能完全获得的,我们能够获得的仅仅是历史学家们的历史作品中所展示的各种历史表现。因此,西方历史编纂学中打算剔除历史主观性的种种做法,结果反而使得西方历史学拥有了更多的神话。"神话是历史学的第二自我,无论走到哪里,它都像影子一样伴随着历史学:悖论地,神话是衡量历史学自身成功与否的最好尺度。"然而,"史学编纂作为历史本身的一种替代物而起作用(我毫不犹豫地说,这是所有历史著述的本质)……(但)知识绝对不可能取代存在……神话的过去不可能当作史实记录下来,因为它们是被分裂的过去……处于一种文明的历史时间之外。总之,它们是这种文明的历史崇高"[2]。

---

[1] Arthur C. Danto, *The Transfiguration of the commonplace*, Harvard University Press, 1983, p. 206.

[2] F. A. Ankersmit, "The Sublime Dissociation of the Past: Or How to be (come) What One is No Longer," *History and Theory*, 2001, pp. 321, 323.

兰克史学在中国的早期传播与影响[*]

易 兰[1]

在西方史学史上,兰克史学始终是谈及 19 世纪西方史学绕不开的话题,兰克[2]则是最令人难忘的人物。这位史学大师及其创立的兰克学派曾在 19 世纪独占鳌头,至今余韵犹存。德国历史学家弗里德里希·迈纳克曾满怀深情地称颂兰克是"一门特殊知识领域中的伟大导师。今天我们可以把他看作是一位屹立于人类伟大成就的行列之中的、登峰造极的人物"[3]。一个世纪以来,兰克史学不仅在西方还在世界其他地区都产生了巨大的影响,这种影响迄今未灭。兰克史学之于中国史学,亦是如此。[4]

关于兰克史学在中国的早期传播问题,学界有诸多学人关注,亦有不少论

---

  [*] 本文原载于《学术月刊》2005 年第 2 期。

[1] 易兰,复旦大学历史学博士(2002 年 9 月入学,2005 年 6 月毕业),现为湖南师范大学历史文化学院副教授。

[2] Ranke,旧译伦科、兰楷、兰凯、兰喀、伦恺、栾克、鸾克、软克、朗克等,现一般译为兰克。

[3] Friedrich Meinecke, *Historicism: the Rise of a New Historical Outlook*, London: Routledge and Kegan Paul, 1972, p. 496.

[4] 研究兰克史学东来中国及其影响比较全面的成果,就个人所见,在内地是张广智教授的《傅斯年、陈寅恪与兰克史学》(载《安徽史学》2004 年第 2 期);在国外是,荷兰莱登大学汉学专家 A. 施奈德教授的《历史·国族·普遍性——陈寅恪、傅斯年与兰克史学》(此文是施奈德 2003 年 12 月 5 日在台北历史语言研究所文化思想史研究室座谈会上的演说,此前曾以"调和历史与民族?——历史性、民族性以及普遍性的问题"为题在 2003 年 3 月《东西方史学》上发表,即 Reconciling history with the nation? Historicity, National Particularity, and the Question of Universals, *Historiography East & West*, 1 March 2003, Vol. 1)。此外,还可参看《兰克史学在中国的早期传播》(李孝迁:《兰克史学在中国的早期传播》,华东师范大学历史系、华东师范大学海外中国学研究中心主编:《"国际视野下的中国史学"国际学术研讨会学术交流论文集》,2005 年,第 132—142 页)一文。

著谈及[1],然而兰克史学的本真面目是什么,其史学真谛到底有多少转到了中国,传播途径怎样,以及兰克史学传播到中国后是如何影响当时之史学界的？对于这些问题,目前学界暂无完整的解答。故试作此文,以期探讨兰克史学在中国的早期传播与影响。

一、兰克史学的真谛

兰克史学思想丰澹宏富[2],主要体现在以下三个方面:

其一,"如实直书"。1824 年,兰克在《拉丁与条顿民族史·前言》中这样写道:"历史学向来被认为有评判过去、教导现在,以利于将来的职能。对于这样的重任,本书不敢企望。它只不过是说明事情的本来面目而已(Es will bloss zeigen, wie es eigentlich gewesen)。"[3]这便是后人津津乐道的"如实直书"。

在兰克看来,历史著作的基础是史料;史料的准确无误得到了保证,也就保障了历史著作的真实性。他把历史事实看作是独立于史家的主观意识之外,只是简单地"出自那里",等待人们来收集、分类、描述和解释的[4];史家运用"外证""内证"相结合的方法考证史料,通过语法、体例等史料表现形式判别史料,就能形成对史料的正确认知,就能获取历史事实。[5] 兰克对史料充满信心,甚至主张史料等同于历史真实。获得了准确无误的材料,撰写历史著作只不过是在文字上还原史实而已了。按照兰克的理解,运用史料批判方法获得了准确无误的材料之后,只要史学家如实直书,以公正客观的态度,站在

---

[1] 如李长林:《兰克史学在中国的早期流传》,《史学理论研究》2006 年第 1 期;李孝迁:《中文世界的兰克形象》,《东南学术》2006 年第 3 期。

[2] 兰克史学思想繁富,详尽内容可参见拙作《兰克史学研究》,上海:复旦大学出版社 2006 年版。

[3] Leopold von Ranke, Vorrede der ersten Ausgabe, *Fürsten und Völker: Geschichten der romanischen und germanischen Völker von 1494 - 1514, die Osmanen und die spanische Monarchie im 16. und 17. Jahrhundert*, Herausgegeben von Willy Andreas, Wiesbaden: Emil Vollmer Verlag, 1957, p. 4. "说明事情的本来面目"也即通常所说的"如实直书"之由来。

[4] [美]哈多克:《历史思想导论》,王加丰译,北京:华夏出版社 1989 年版,第 188 页。

[5] Leopold von Ranke, *Fürsten und Völker: Geschichten der romanischen und germanischen Völker von 1494 - 1514*, Wiesbaden: Emil Vollmer Verlag, 1957, p. 7.

中间立场上叙述史实,那么其所写的历史著作就能反映真实的情况〔1〕,历史学定能像自然科学一样成为一门精确可靠的科学。

兰克不仅在方法上使人相信历史学的科学性,还从信仰上强化对历史学科学性的绝对信念。兰克对历史学的信心,实际上是源自他对上帝的信仰。兰克把历史看作是没有被完全理解的神意的显现。他认为,"历史实际上是一种上帝显现的历史"〔2〕,"所有的历史中都有上帝在居住、生活。每一项行动都在证明上帝他的存在;每一个重大的时刻也在宣扬着上帝名字"〔3〕。人类历史存在的意义与价值就是体现上帝的意图,故以人类历史为研究对象的历史学家之行为实际上是上帝意志的体现、上帝的安排。〔4〕而上帝是无所不能的,他所安排的一切是完美无缺的。因此,史家研究历史只不过是把早已存在的历史事实考订出来,辅以无色彩的叙述,就能使过去的历史在文字上还原,这是上帝的安排,也是上帝意志的体现。

归根结底,兰克认为,历史学是一门科学,是由上帝意志所决定的。

在史学实践上,兰克恪守"如实直书"的原则,严格按照考订史料的方法、客观的叙述方式来从事史学研究。他的《教皇史》《宗教改革时期的德国史》等历史著作均以翔实细致的史料考证研究而著称。他在史料考证方面的杰出贡献,促使"历史研究从建立在个人回忆录基础之上,转变成为建立在档案研究基础之上"〔5〕,而兰克本人也成为"研究档案这一崇高事业的真正首创者",他在《对近代历史学家的批判》中提出来的史料考证方法,是历史研究者"学习技术处理的最好导论"〔6〕。

---

〔1〕 Leopold von Ranke, *Fürsten und Völker: Geschichten der romanischen und germanischen Völker von 1494-1514*, p. 7.

〔2〕 Leopold von Ranke, *The Pitfalls of a Philosophy of History*, *The Theory and Practice of History*, edited by Georg G. Iggers and Konrad von Moltke, Indianapolis & New York: The Bobbs-Merrill Company, INC., 1973, p. 50.

〔3〕 Leopold von Ranke, *Das Briefwerk von Leopold von Ranke*. Hrsg. von W. P. Fuchs, Hamburg: Hoffmann and Campe Verlag, 1949, p. 18.

〔4〕 Leopold von Ranke, The Epochs of Modern History, *The Secret of World History*, edited by Roger Wines, New York: Fordham University Press, 1981, pp. 89, 159.

〔5〕 Roger Wines, *Leopold von Ranke: the Secret of World History*, New York: Fordham University Press, 1981, p. 60.

〔6〕 Lord Acton, *A Lecture on the Study of History*, London: Macmillan & Co. Ltd., 1911, p. 99.

其二，政治军事史学传统。兰克认为，上帝的意志无处不在，每一事物都能体现上帝的伟大，但上帝似乎更关注某些特定的国家与人物，而这些特定的国家与人物也更能体现上帝的意志，因此史学家通过关注这些特定事物就能更好地体悟上帝。兰克曾毫不掩饰地说，"我更喜欢翔实地探讨每一处在十分活跃或者霸主地位的国家、政权以及个人。如果这些国家、政权以及个人的存在是不可忽视的，那么我将不辞辛劳地先提到一下这些不可忽视的国家、政权以及个人。这样，我们就能够更好地把握这些事物发展的主要脉络、它们的发展方向以及决定它们行为动机的思想观念"〔1〕。这样选择的必然结果是历史叙述以国家与政治人物为主题。

不仅如此，兰克借用历史著作表达他对君主制的特殊好感。在兰克看来，"历史就是君主的科学"〔2〕，而史学家只不过是"服务于上帝而教育人民的人"〔3〕。此外，从兰克的著作来看，《十六、十七世纪的奥斯曼与西班牙王国》《十六、十七世纪法国史》等，都是围绕 16、17 世纪欧洲历史展开的。这一时期正是欧洲各国君主集权由成长阶段发展到全盛的阶段，更是民族国家发展、成长的重要时期。兰克研究这一时段的历史，其原本目的是为了用历史事实阐明君主制的长处，而这些史学著作实际上也是宣扬民族主义的。〔4〕兰克的《普鲁士史》《英国史》《法国史》等在追述这些民族国家发展历史的过程中，也为这些民族国家的合理性以及民族国家的统一做了有力的辩护。

至此，修昔底德所创立的政治军事史学传统在兰克这里得到了极大发展，兰克借用历史著作为君主制以及民族国家的统一摇旗呐喊。

其三，"习明纳尔"。兰克确立"习明纳尔"教学研究方式，目的是培养从事

---

〔1〕 Leopold von Ranke, *Fürsten und Völker: Geschichten der romanischen und germanischen Völker von 1494-1514*, Wiesbaden: Emil Vollmer Verlag, 1957, p. 7.

〔2〕 Leopold von Ranke, *Das Briefwerk von Leopold von Ranke. Hrsg. von W. P. Fuchs*, Hamburg: Hoffmann and Campe Verlag, 1949, p. 53.

〔3〕 Ibid., p. 285.

〔4〕 比如，兰克对英国历史的研究。他声称，之所以研究英国历史，是"被那些时代所吸引……他们挑起一场突然的战争以彼此对抗，并在波涛汹涌的麻烦海洋中带给国家一种新的构成——而这一新的构成奠定了后继时代的独特特征"（Leopold von Ranke, *Einleitung*, *Englische Geschichte*, *Herausgegeben von Willy Andreas*, Wiesbaden-Berlin: Emil Vollmer Verlag, 1957, p. 7.）。

史学研究的高级人才。兰克认为,向学生传授知识的最好方式是,"仔细介绍一位学者的实际工作和个人活动才是可取的"[1]。于是,自 1833 年起,兰克将最亲近的几个弟子召集在书斋中,让其自由选择研究课题、集体讨论,其间时而穿插着兰克的评判。这便是对后世历史教学研究工作影响至深的"习明纳尔"专题研讨班。

在专题研讨班上,兰克注重让学生自己动手从事历史研究。他选取当时历史研究最为薄弱、最重要的中世纪史作为研讨班的主题,允许学生根据自己的专长与需要,选择不同的研究方向,然后所有参与者聚在一起,共同讨论各个研究成果的得与失。兰克则在整个过程中一再强调一些基本的研究方法与理念。他教导学生,历史研究的主要目的是弄清楚事实,而弄清楚事实的主要途径就是考证史料之后依据客观公正的原则来撰写历史。

兰克这种寓教学、研究于一体的"习明纳尔"成果斐然。在兰克长达近半个世纪的教学研究里,这种专题研讨班培养了众多的史学人才。其中在史学界获得了较高学术地位的就有三十多位。这些兰克门徒几乎把持了德国各大高校的历史学,甚至美国、英国历史学界亦是如此。此外,这些曾经受惠于兰克专题研讨班的成员们,将兰克的专题研讨班进一步发扬光大。他们也采用这种教学研究模式,恪守兰克所倡导的史学研究基本原则,培养了无数兰克的徒子徒孙。这些人数众多的兰克门徒将兰克史学的影响推向了极致。一时之间,宣扬兰克的史学思想蔚然成风,兰克学派成为 19 世纪最显赫的史学流派。

时至今日,谈起西方史学,无人能避开兰克。有论者认为,兰克"他的 70 部著作中没有一部是能够被人所超越或者说是部分过时的。这主要是因为他日益加强的影响,我们现今的历史研究才能取得如此进展,以至于最好的老师迅速地被更好的学生甩在了后面"[2],兰克对历史学的影响是巨大而深远的。无论是称霸 20 世纪史坛的新史学[3],还是现今叙事史学的复兴[4],都

[1] 转引自[美]J. W. 汤普森:《历史著作史》(下卷,第三分册),孙秉莹、谢德风译,北京:商务印书馆 1996 年版,第 241、242 页。

[2] Lord Acton, *A Lecture on the Study of History*, London: Macmillan and Co. Ltd., 1911, p. 35.

[3] 关于兰克史学与新史学之关系,可参阅李勇:《鲁滨逊新史学派研究》,合肥:安徽人民出版社 2004 年版。

[4] 参见陈新:《论西方近代历史叙述与理性意义体系》,《东南学术》2000 年第 2 期。

离不开兰克的影响,都在不同程度上继承了兰克的史学思想。

二、兰克史学之东传

兰克史学不仅影响了整个西方近现代史学,中国近现代史学也颇受其惠泽,特别是 20 世纪初期的中国史学。值得注意的是中国史学界接触、接纳兰克史学是通过多种管道、历经数十年、花费几代人的心血才实现的。

1. 取自日本

中国接受域外的史学思想最初是通过日本转译而实现的。这些从日本传入的西方史学思想对而后中国史学的近代化产生了深远的影响,有学者指出,"现代中国历史学的发源地其实是东京"〔1〕。兰克史学思想最初也是经由日本传入中国的。

1886 年,明治政府聘请德国史学大师兰克的再传弟子利斯〔2〕到日本执教,深受中国乾嘉考据学风影响的日本传统史学以此为契机,注入了新的生机。在利斯的主持下,以东京帝国大学国史科和史料编纂所为中心,形成了日本实证主义史学的基本阵容。〔3〕由于明治政府的大力扶植,实证主义史学很快压倒其他史学流派,成为近代日本史学的主流和正统。〔4〕东京帝国大学国史科成为日本实证主义史学的摇篮,涌现出重野安绎〔5〕、白鸟库吉等一

---

〔1〕 杜维明:《历史女神的新文化动向与亚洲传统的再发现》,《九州岛月刊》1992 年第 5 卷第 2 期,第 16 页。

〔2〕 利斯,就是兰克的再传弟子 Ludwig Riess(1861—1928)。

〔3〕 兰克史学与实证主义史学是有区别的(参见徐善伟:《略论实证主义史学与兰克客观主义史学的异同》,《齐鲁学刊》1991 年第 6 期;拙作《论客观主义史学与实证主义史学的异同——兼论兰克史学的定性问题》,《湘潭大学学报》2002 年第 5 期),此处所说的日本"实证主义史学"是沿用学界传统表称,实则日本的"实证主义史学"深受兰克史学的影响,可视为兰克史学的东方传人之一。

〔4〕 John S. Brownlee, "Why Prewar Japanese Historians did not tell the Truth," *Historian*, Vol. 62, Issue. 2 (2000), p. 349. 值得注意的是,20 世纪 60 年代之后,兰克的科学历史信仰以及客观历史方法,在西方早已失去往日的光辉,但在日本,特别是在东京帝国大学,兰克史学的地位依旧是相当高的。

〔5〕 重野安绎,日本近代史学开山鼻祖之一,自 1877 年编撰《日本史略》起开始系统地接受西洋史学思想,1878 年还特地托人了解英国的史学方法。此后非常注重吸收西方的史学方法,特别是兰克的史学方法。

大批优秀的实证主义史学家,形成了"以编辑史料的事业为中心,以考证的精密和精凿为生命"的传统。[1]

在日本大举引入兰克史学改造本国史学的同时,这种外域的史学也经由日本、通过留日的中国学人而传入中国。当时兰克史学是日本史坛的正统史学,此一时期活跃在日本史学界的史家都在不同程度上倡导着兰克史学、秉承着兰克史学思想。如箕作元八、坪井九马三等当时日本史学界权威都坚持兰克史学中的客观主义传统。[2] 留日中国学者在吸纳日本史家的思想时,间接将兰克史学思想也一并接纳了。早在1900年王国维为箕作元八、峰山米造合著的《欧罗巴通史》作序时,就明确指出兰克"以炯炯史眼,与深刻研究、利用书籍,达观世界历史之趋势"[3]。因其师滕田丰八曾为箕作元八所著的《西洋史纲》作序,王国维应是由此而间接了解兰克史学的。此后传入中国的一些影响比较重大的日本史家著作,都或多或少提到了兰克史学,或者说是受兰克史学影响的结果[4]。

论及兰克史学经由日本传入中国,不能不提到坪井九马三的《史学研究法》。在兰克学派史学观念影响下,当时在东京大学史学科与利斯一同执教的坪井九马三完成了《史学研究法》。从内容和结构上来看,坪井九马三的《史学研究法》大体上是以兰克传人伯伦汉的《史学方法论》为底本摹写的。这部蕴含着兰克史学思想的著作也吸引了留日中国学者的注意。如,1902年汪荣宝根据《史学研究法》等编写《史学概论》[5]发表在《译书汇编》上。[6] 又如,

---

[1] [日]远山茂树、佐藤进一:《日本史研究入门》,吕永清译,北京:生活·读书·新知三联书店1959年版,第37页。

[2] 参见[日]阪本太郎:《日本的修史和史学》,沈仁安译,北京:北京大学出版社1991年版,第176页。

[3] 王国维:《欧罗巴通史·序》,东亚译书会,1901年印本。转引自李孝迁:《兰克史学在中国的早期传播》,华东师范大学历史系、华东师范大学海外中国学研究中心主编:《"国际视野下的中国史学"国际学术研讨会学术交流论文集》,2005年,第133页。

[4] 1903年京师大学堂刊印的《暂定各学堂应用书目》之"中外史学门"将桑原骘藏《东洋史要》、那珂通世《支那通史》、小川银次郎著的《西洋史要》、箕作元八的《欧罗巴通史》等定为教科书,由此可见这些日本史家的著作在中国的影响度。而这些著作基本上都是兰克史学风行日本史坛时完成的,很多著作很明确地提到了兰克史学(如《西洋史要》),大体上可以说这些著作都或多或少受了兰克史学的影响。

[5] 参见俞旦初:《廿世纪初年中国的新史学思潮初考》,《史学史研究》1982年第3期,第56—57页。

[6] 汪荣宝以"衮父"为名在1902年12月10日、12月27日第9、10期的《译书汇编》上发表《史学概论》。

1907 年张玉涛将《史学研究法》的《序论》《历史之种类》翻译成中文,发表在《学报》上。[1] 由此,中国学人多半从中窥见了兰克史学之一斑。

除了坪井九马三之外,以浮田和民对中国史学的影响最大,其《史学原论》一书在中国流传甚广。[2] 对浮田和民史学思想的引入可以追溯到梁启超。1901 年和 1902 年,他先后发表了《中国史叙论》和《新史学》两篇论文,从内容结构上来看,他的《新史学》与日本浮田和民的《史学原论》在结构和内容上均有相似之处[3],这说明梁启超深受其影响。另者,李大钊留日时曾听过浮田和民的《近代政治史(史学)》课程。[4] 这些学人归国之后,或著书立说,或在高等院校宣讲史学,如此一来,浮田和民著作中所包含的兰克史学思想也很有可能由此而为中国学者所接受。此外,值得一提的是 1908 年《学报》刊载了名为《百年来西洋学术之回顾》的文章。这篇文章实际上是仲遥译自濑川秀雄《西洋通史》第四编的相关内容。其中提到了兰克,"以其明确的头脑,遍览奇书珍籍。……指实证谬,功最高焉。……史学其特长有四:搜集之勤一也,宅心之公二也,学识之高三也,断案之确四也"[5]。这可视为中国史学界经由日本而接触兰克史学的有力证明之一。

如果说上述日本史家对中国史学界接受兰克史学思想的影响还是曲折不明晰的话,那么兰克在日本的传人白鸟库吉等人的影响相对而言就比较明晰了。[6] 1887 年白鸟库吉进入东京帝国大学新设的史学科,成为利斯的第一届学生。在利斯的指导下,白鸟库吉比较系统地接受了兰克式的史学教育。[7]

---

〔1〕 [日]坪井师说:《史学研究法》,张玉涛译述,《学报》1907 年 7 月 10 日(第 6 号)、8 月 9 日(第 7 号)。

〔2〕 参见俞旦初:《廿世纪初年中国的新史学思潮初考》,《史学史研究》1982 年第 3 期。

〔3〕 尚小明:《论浮田和民〈史学通论〉与梁启超新史学思想的关系》,载《史学月刊》2003 年第 5 期,第 5—12 页。另还可参见蒋俊:《梁启超早期史学思想与浮田和民的〈史学通论〉》,载《文史哲》1993 年第 5 期。

〔4〕 杨树升:《李大钊留学日本和留日对他的影响》,《李大钊研究论文集》,北京:北京大学出版社 1989 年版,第 129 页。

〔5〕 [日]濑川秀雄:《百年来西洋学术之回顾》,仲遥译《学报》9 号(1908 年 2 月 26 日)、第 10 号(1908 年 5 月 26 日)、第 11 号(1908 年 6 月 26 日)、第 12 号(1908 年 7 月 26 日)。

〔6〕 参见李长林:《陈寅恪与兰克史学》,张广智主编:《20 世纪中外史学交流》,北京:北京师范大学出版社 2007 年版,第 304—317 页。

〔7〕 利斯教授的第一届毕业生中有白鸟库吉博士,后来成为东京学派的领袖(刘岳兵:《日本近代儒学研究》,北京:商务印书馆 2003 年版,第 196 页)。

据他的孙子白鸟芳郎回忆,"祖父晚年在病床上经常把里(利)斯的讲座笔记置于枕边,十分的贵重。这对祖父来说大概是回忆起了许多深沉的东西"[1]。利斯传入日本的兰克史学偏重考证这一特点为白鸟库吉所吸纳。与白鸟库吉有着相似学术理路的陈寅恪年少时就曾数次东渡日本求学,对日本史学状况颇为熟悉。在谈及日本的中国史研究时,他曾说,"东京帝大一派,西学略佳,中文太差;西京一派,看中国史料能力较佳"[2],而白鸟库吉就是东京帝国大派的代表人物之一。陈氏对整个日本史学作出如此切实的评价,对白鸟库吉应该是比较熟悉的,对其所继承的兰克史学思想与方法也应该不陌生。[3]

2. 转道美国

美国历史学界自班克罗夫特以来就相当注重引进德国史学,尤其是兰克史学。1884 年亚当斯(Adams)更是创建美国史学会,引进德国史学思想,按照德国方式来规范美国史学界。但是应该看到,兰克在美国只是部分地被人理解了,兰克在本质上被当作是一种实证主义路线的思想鼻祖。[4] 于是,美

---

[1] 严绍璗:《日本中国学史》,南昌:江西人民出版社 1991 年版,第 325—326 页。

[2] 杨联陞:《陈寅恪先生隋唐史第一讲笔记》,《谈陈寅恪》,台北:传记文学出版社 1970 年版,第 29—34 页。

[3] 大体上,学人经由日本而学来的兰克史学思想主要集中在兰克的史料批判方法上。20 世纪 20 年代以后留学日本的学人对当时盛行的史学思想的吸收,不仅仅关注某一学派,而且多方面汲取知识;也不仅仅是专注于某学派的某一方面,而是深入学派内在理路,探求其理论构成。如,朱谦之对兰克史学的分析,他在《历史哲学大纲》中指出兰克深受康德、黑格尔等人影响,是一观念论者。在史学实践上,"Ranke 用两种方法,来把握这个历史的运动,一个就是当时硕学 Niebuhr 所用考古学的方法,审查史料;在批评的研究以后,再从潜于史料里面,体认精神。Ranke 最初虽用这种方法来把握史实的正确,但因这种方法不能理解史实的全体,也不能把握其间的某种关系,所以不很满意,而更用第二种方法,即从史实里面把捉它的关系的要求。……只要推究在这时间空间里面的两因果关系,使之成为完全的联络,那末历史发展的根本原理,已经很明白了。而且照 Ranke 意思,将这把捉关系的推理展开来,那因果关系当然要推广到全世界事实里面,于是便达到世界史(Weltgeschichte)的观念。Ranke 因为要促成这史实之全部的普遍的把捉,遂贡献一生于大著世界史的编纂。因他始终以史家自任,他的方法和工作,可算是最科学的,一面又很明了受了 Schelling,Hegel 等影响,而承认自由与精神力"(朱谦之编著:《历史哲学大纲》,上海:民智书局 1933 年版,第 109—112 页)。这种分析评价已深入到兰克史学的内在实质,亦表明学人对兰克史学的全面把握,对其认知也已脱离初浅层次。

关于朱谦之的学术理路,可参见张国义:《朱谦之学术研究》,中国博士学位论文全文数据库,华东师范大学 2004 年。

[4] Georg G. Iggers, "The Image of Ranke in American and German Historical Thought," *History & Theory*, Vol. 2, No. 1 (1962), p. 18.

国新史学被看作是对兰克"如实直书"的一种反叛[1],而新史学重史料考证的倾向早在19世纪德国史学笼罩美国史学之前就已经存在、新史学是美国史学本土化的产物。[2] 事实上,"兰克的名字在世纪之交被美国历史学家们看作是其精神的偶像"[3],处于这种历史条件下的新史学根本无法洗脱兰克史学的痕迹。故可以这样说,新史学基本上遵循了19世纪科学史学家们所坚持的那些客观理念[4],在史学研究方法方面新史学无疑是兰克史学的继承者。[5]

何炳松等人留学美国之时,正值美国鲁滨逊的新史学大行其道,因而他们受《新史学》的影响很深。[6] 1916年回国之后,何炳松开始翻译鲁滨逊的《新史学》,并于1924年由商务印书馆出版。他概括此书的要点时说,"历史要变为科学的,必先便为历史的才可"[7]。和兰克一样,何炳松把历史学的科学性、独立性视为第一要务。他认为,"我们的态度是要能够绝对的客观",要以科学的态度来研究历史。这样一来,就"要绝对排除自己的成见,无论是非黑白,都还它一个本来的面目"。他进一步指出,"凡属不用客观态度所求得的真相,都不是历史学上合乎科学的真相",因为史学研究的目的就在于求真,"凡

---

[1] Georg G. Iggers, "The Image of Ranke in American and German Historical Thought," *History & Theory*, Vol. 2, No. 1 (1962), p. 18.

[2] 李勇:《鲁滨逊新史学派研究》,第23页。

[3] Peter Novick, *That Noble Dream*, New York: Cambridge University Press, 1988, p. 26.

[4] John Higham, Leonard Krieger, Felix Gilbert, *History*, Cliffs, N. J.: Prentice-Hall, 1965, p. 351.

[5] 美国新史学代表史家弗领(F. M. Fling)曾在其《历史方法概论》中写道:"Leopold von Ranke 是十九世纪德国最有名的史学家,他一生的著述很多,二十九岁就刊行研究的成绩,一直到六十多岁为止,他的第一本书是批评史料的,这种工作继续不断,最后六年才写成 *Weltgeschichte*《世界史》。在这书上,读者可以得到有价值的讨论,是研究历史的人应该知道的,研究历史的青年该多多研读他著的书,史法的理论学识定会进步不少呢!"(弗领著,薛澄清译,《历史方法概论》,上海:商务印书馆1933年版,第77页)中国学人陈训慈也曾提到:"自德人兰克开史学之新径,各国学者踵起;西洋史学大见兴盛,重以科学进步,进化说昌,史家之于史学,各骋新说。同时历史著作之范围,亦大为扩张。盖十九世纪之史学,其内容最为复杂。而汇观其通,莫不为近今新史学树之基础。西洋近世史学进步一大关键,厥在于此。"(陈训慈:《史学蠡测》,《史地学报》第3卷第5期,第204页)

[6] 深受美国新史学影响的留美学人众多,如徐则陵。1917年徐氏在伊利诺斯大学获史学硕士,之后又在芝加哥大学、哥伦比亚大学研修教育学、历史学。归国之后,徐氏在《史地学报》《学衡》上发表不少带有浓厚新史学色彩的论著。又如,胡适与新史学及其对傅斯年的影响(参见李勇:《鲁滨逊新史学派研究》)。

[7] 何炳松:《新史学·译者导言》(一),上海:商务印书馆1923年版,第6页。

是故意作伪,或是只见到一部分的结论,都是不合科学精神的结论,我们都应该排斥"〔1〕。从这些来看,何炳松对历史研究的理解,与兰克所倡导的"如实直书"并无二致。

在此基础上,何炳松在《历史研究法》中进一步提出"历史以史料为根基"〔2〕。他认为,"历史研究以史料为权舆,以事实为终点"。何炳松对史料考证尤为注重,但他也认识到史料并不等同于历史事实本身。在他看来,史家必须对所收罗的史料进行细致而精确的考证,这是起码的史学要求。严格的考证也是历史学的基础,"历史著作之得以不朽,端赖详尽之汇罗,与考证之估价"。不仅如此,"故研究历史,必加考证工夫,而后著作方有价值之可言,史学方有进步之希望"〔3〕,没有严格的史料考证就没有历史著作可言,也就没有历史学了。

何炳松的这些史学思想大体上是从美国新史学中而来的。但深究其来源,他这种对史料考证的强调虽然是源自鲁滨逊的新史学,实际上,是兰克的客观主义原则在美国换了一个时髦的装束转道到了中国。

无论是经由日本还是经由美国所传入中国的兰克史学,都是百转千回,在辗转之间,兰克史学思想被打上了特定的烙印,其本来面目逐渐变得模糊不清。在这种情况下,中国通过间接的途径而承受的兰克史学实际上变成了一种空泛的理念;而兰克光彩夺目的史学思想也成为迷雾重重中的一点萤灯。中国史学界真切感触兰克史学的魅力待到大批留学生远赴欧洲求学才开始。〔4〕

---

〔1〕 何炳松:《怎样研究史地》,《何炳松文集》(第 2 卷),北京:商务印书馆 1997 年版,第 316、317 页。

〔2〕 何炳松:《历史研究法》,《何炳松文集》(第 4 卷),北京:商务印书馆 1997 年版,第 22 页。

〔3〕 同上书,第 22、23 页。

〔4〕 对于从日本、美国辗转得来的学识,时人曾异常辛辣地批评曰:"吾国最初以西洋学术思想号于众者,大抵速成之留学生与夫亡命之徒。前者急不能待,后者奔走于立宪或革命运动,无暇入彼邦高等以上学校,执弟子礼于名师之门。故于学术中,各家之原原本本,长短得失,皆凭其未受训练之眼光以为观察,而又以唤醒国人刻不容缓。加之,国人程度低下,无需高深,故彼等一知半解之学,亦聊胜于无。犹饥者易为食,渴者易为饮也。近年以来,留学欧美者渐多归国。其中,虽皆曾受大学教育而为时大促,尚未能于学术界上有重大之贡献。而少数捷足之徒急于用世,不惜忘其学者本来面目,以迎合程度幼稚之社会。而'老不长进'、十余年前之旧式改革家亦多从而和之。故今日所谓学术,不操于欧美归国之士,而操于学无师承之群少年。若有言真正西洋学术者,起其困难又当倍之。盖须先打破彼等之'野狐禅'及其'谬种流传'而后真正西洋学术乃可言也。"(梅光迪:《论今日吾国学术界之需要》,《学衡》第 4 期,1922 年 4 月)虽其言论失之于偏颇,然亦说明当时部分学人对速成学习得来之学问持否定态度,渴望学得正宗嫡传西洋学问之心态。

3. 径自欧洲

欧洲是兰克史学的摇篮,也是兰克史学发扬光大的沃土。20 世纪之初,欧洲盛行两本史学方法的巨著:一为德国史家伯伦汉在 1889 发表的《史学方法论》;二为法国史家朗格诺瓦与瑟诺博司 1897 年合著的《史学原论》。[1]此二书对兰克史学的理论与方法做了系统的介绍与总结,可视为兰克史学思想的集大成者。[2]

1919—1920 年间,梁启超到欧洲游历。在巴黎时,梁启超就曾请李宗侗为他讲《史学原论》。归国后,梁启超在南开大学开讲史学,其讲稿汇编成《中国历史学研究法》。从观点内容以及结构体例来看,《中国历史研究法》和《史学原论》有着密切的联系。有论者指出,"梁氏突破性的见解,其原大半出于朗、瑟二氏"[3]。进一步来看,也可以这样认为,梁启超在接受《史学原论》的史学思想时,实际上是吸纳了朗格诺瓦、瑟诺博司所继承的兰克史学思想。从《中国历史研究法》来看,梁启超强调史料的重要性,认为"史学所以至今未能完成一科学者,盖其得数据之道视他学为独难"[4];他注重对史料的考证研究,提出"宜刻刻用怀疑精神唤起注意而努力以施忠实之研究,则真相庶几可次第呈露"[5]。这些思想与兰克的"如实直书"理论不无联系。但梁启超待在欧洲时间较短,在这么仓促的时间内很难对《史学原论》中所蕴含的兰克史学思想有深入的了解,他只可能接触到一些兰克史学的皮毛。

梁启超对兰克史学的理解还只是停留在较浅的层面上。此后,傅斯年、陈寅恪、姚从吾等人对兰克史学思想的吸收上则显得更为全面和准确。

---

[1] 杜维运:《西方史学输入中国考》,《与西方史学家论中国史学》,台北:东大图书公司1981年版,第 299 页。

[2] 伯伦汉在书中提到,"探讨解释,结合,综观及叙述等方面之反求作用,兰克氏亦曾致力于其形成,其工作殊不易以数语了之,著者惟有承认本书中有关此之诸篇,其中大部分之知识及规例,均系得之兰克氏之实例及启发者"(伯伦汉:《史学方法论》,陈韬译,上海:商务印书馆 1937 年版,第 182 页)。

[3] 关于这一点,民国学人陈训慈曾指出,"西史家于内校雠中此点考审甚精,如朗格罗之书详列十条二十事。梁任公《中国历史研究法》中所举之若干条多有取于西说而加以融通者"(陈训慈:《史学蠡测》,《史地学报》第 3 卷第 1 期,第 33 页)。亦可参见杜维运:《梁著〈中国历史研究法〉探原》,《与西方史学家论中国史学》,第 339 页。

[4] 梁启超:《中国历史研究法》,上海:上海古籍出版社 1998 年版,第 40 页。

[5] 同上书,第 89 页。

　　傅斯年到德国学习时,柏林大学盛行的依然是语言文字比较考据学。傅斯年在那里"一方面受柏林大学里当时两种学术空气的影响(一种是近代物理学,如爱因斯坦的相对论,勃朗克的量子论,都是震动一时的学说;一种是德国历来以此著名的语言文字比较考据学);一方面受在柏林的朋友们如陈寅恪、俞大维各位的影响"[1]。傅斯年对德国语言文字比较考据学尤其着意,曾经反复阅读集兰克史学方法之大成的伯伦汉的《史学方法论》,以至于将书翻烂而不得不重新装订。[2]

　　如果说此时的傅斯年倾向于兰克史学方法隐含的还是他对客观历史知识的期待以及西方19世纪以来科学治史方法的信仰的话[3],陈寅恪和姚从吾的史学实践进一步使这种史学信仰逐渐成为现实。陈寅恪曾声称自己的史学方法结合了19世纪德国历史学派等西方的语言文字考据方法。他的学生回忆说,陈寅恪"还在黑板上书写了好些西方历史学家的外文名字,记得其中有被誉为欧洲近代史学之父的德国考据学派史家兰克(Ranke)以及英国剑桥学派史家阿克顿(Acton)"[4]。陈寅恪不仅教导学生要遵循客观公正的治史态度、秉承史料批判方法,在史学实践中更是将历史语言考据学发挥得淋漓尽致。《唐代政治史叙论稿》《隋唐制度渊源略论稿》《元白诗笺证稿》等无不是广取材料反复论证的结果。

　　姚从吾1922年赴德国留学,在柏林大学师从汉学家弗朗克(Otto Franke)、海尼士(Erich Haenisch),专攻蒙古史兼及史学方法。在论及求学

〔1〕 罗家伦:《元气淋漓的傅孟真》,《傅斯年印象》,上海:学林出版社1997年版,第7页。
〔2〕 "傅斯年的藏书中没有一本兰克的书,傅先生当时留学德国时,兰克史学是被批判的,流行的是兰普勒希特的东西,但藏书中也无一本兰普勒希特的书。在他的选课单中,也没有选修史学理论一类的课,他选的是西方科学方面的课程,对史学的书不太注意。傅先生的史学是多源的,如他很看重伯伦汉的《史学方法论》一书,以至于读到书皮也破了,重新换了书皮。事实上,兰克史学已经沉淀在当时德国的史学实践中,而不只是挂在嘴上。傅先生对兰克是了解的,但可能大部分来自伯伦汉。又如傅先生重视统计学以及它与历史研究的关系,其实这是受到了英国实证主义史学家巴克尔的影响。总之,傅斯年史学是多源的,而不仅仅是兰克。"(《张广智与王汎森关于兰克史学的对话》,海峡两岸傅斯年学术讨论会,山东聊城,1996年5月20日。转引自张广智:《傅斯年、陈寅恪与兰克史学》,《安徽史学》2004年第2期,第17页)
〔3〕 刘心龙:《学术与制度:学科体制与现代中国史学的建立》,台北:远流出版事业股份有限公司2002年版,第267页。
〔4〕 李坚:《陈寅恪二三事》,《民国春秋》1990年第5期,第35页。

感悟时,他曾说,"所谓乾嘉朴学,是朝夕挂在嘴上的。到德国后,情形大变了,始而惊异,继而佩服。三年之后渐有创获,觉得 Ranke(兰克)及 Bernhim(斑汉穆)的治史,实高出乾嘉一等。他们有比较客观的标准,不为传统所囿,有各种社会科学自然科学的启示、指导,可以推陈出新,他们很有系统的、切实的、客观的治学方法,他们有意想不到的设备,意想不到的环境,合理的人生观,与合理的社会生活"〔1〕。姚氏是在对兰克、斑汉穆所宣扬的史学方法有透彻了解之基础上而得出的上述结论。〔2〕归国之后,姚从吾除了运用语言学方法研究蒙元历史之外,还在北京大学讲授"历史研究法"、宣传伯伦汉所继承的兰克史学。根据姚从吾的弟子杜维运的回忆,姚从吾在讲授史学方法论时,在课堂上多以一半以上时间来介绍德国从兰克到伯伦汉的史学方法,姚从吾的《历史方法论》也是脱胎于伯伦汉的《史学方法论》。〔3〕姚从吾所开设的课程主要是"历史学的性质与任务""史源学(或者史料的研究,为本课主要部分)""历史学的辅助科学和历史学与其他社会科学的关系""欧洲近代通行的几种历史观"。其中"史源学"这一部分是课程的主题,这部分内容主要包括讲解直接史料与间接史料、有意的史料与无意的史料、什么是史料的外部批评与内部批评以及史料的解释、综合与史料的叙述等四大主题。从讲述近代欧洲历史方法

---

〔1〕 转引自李长林:《辛勤耕耘在史学教学与研究园地的姚从吾先生》,《中国史研究动态》1999 年第 6 期,第 20 页。

〔2〕 姚氏曾提到,"讨论历史学理论的专传,欧洲大陆,尤其是德国,自十九世纪末叶以来,出版的很多。但是方法与理论僚显,而且方法以外兼说到历史学的演进,当推德国班海穆教授的'历史研究法与历史哲学'(原书八百四十余面)……班海穆是现代历史学界专讲方法与理论的开山大师。许多关于历史学的至理名言,和近代历史学演进的大势,都可以从他的这部著作中,得识概要。他的这部书,流行既广,国际的地位也很高"。而对兰克史学,姚氏更是推崇备至,"栾克在近代史学界中,也属于语言文字学的批评派。因为他的天才超越,见解锐利,对于现代欧洲史学界的贡献较上述尼博儿尤觉伟大。一九二五年,我曾在柏林大学听近代史教授史太因斐尔德(一八五八——一九二六)讲演栾克,盛称栾克的方法。史太因斐尔德曾于一九二四年选印栾克著述中关于大人物的描写,自为一书,从希腊的太米斯陶客来斯起,到俾士麦止,名《历史人物集》,他曾在这书序文中,说到栾克对于近代史学的贡献:'今年(一九二四)实为吾德国新史学诞生的百年周年。一八二四年栾克的《罗马民族与日耳曼民族的历史》出版,原书后面附录长文一篇,(原文一八二面)名为《近代历史作者的批评》,自此文出世,现代历史学研究的新基础,方正式奠立。……此书在学术上的贡献,约分为两点:第一,用锐利的眼光批评史料的来源;第二,对史事立明确的解说,并由此认识史事对于时代与环境的关系。'"(姚从吾:《欧洲近百年来的历史学》,《中央日报》副刊《文史》第 5 期,1936 年 12 月 6 日)

〔3〕 杜维运:《西方史学输入中国考》,《与西方史学家论中国史学》,第 326 页。

论的起源,以及尼布尔、兰克等人由语言文字入手,追寻史料来源、批评史料可信度的方法;强调对史料要经常保持寻源、怀疑与批判的态度,以真正还原史料的性质。[1] 从姚从吾的这些课程内容来看,他对兰克的史学研究方法是相当了解的。在史学实践中,他亦是充分运用这些史学研究方法的。姚氏之史学著作无不是细心考订之作。

三、兰克史学的中国回响

兰克史学对中国史学的影响是深远的。历史学家朱谦之曾经感慨,"中国七七抗战以前的史学界,无疑乎均受兰克和色诺博司等考据学派的影响,以致竟有人主张'近代的历史学只是史料学',竟有人主张'历史本是一个破罐子,缺边、掉底、折把、残嘴'……"[2] 兰克史学自 20 世纪初传入中国以来[3],对中国现代史学产生了重要而深远的影响,其在中国史学科学化历程中的地位与作用无可取代。从 20 世纪前期的中国史学发展状况来看[4],兰克史学对中国现代史学的影响是多方面的,中国史学界对兰克史学的响应也是多层次的。具体来说,主要表现在以下几个方面。

第一,兰克史学对中国现代史学的影响首先表现在史学方法上,兰克所倡导的史料批判原则也成为中国现代史学的重要原则。

兰克史学进入中国早期的史学界,并被学界迅速认可,主要是其所倡导的史料批评方法与乾嘉学派大同小异,让学人自然而生亲切感,将其视为一种洋考据学而引入。国人对兰克史学的了解,最初只停留在兰克史料批判原则之

〔1〕 刘心龙:《学术与制度:学科体制与现代中国史学的建立》,第 266、267 页。
〔2〕 朱谦之:《考今》,《现代史学》1942 年第 5 卷第 1 期。
〔3〕 兰克史学从一种甫入中国的异域史学文化,到激起中国史学界的回响、成为深刻影响着中国近现代史坛的史学潮流,并不是一蹴而就的,而是有一发展历程的。兰克史学思想传入中国的历程,是一个颇为曲折的过程,也是中国学人尝试着融合中西方史学思想的阵痛经历。在其中,有中国学人的挣扎、彷徨、苦闷,更有他们的奋进、超越、升华。(参见拙作:《兰克史学和它的中国回响》,张广智主编:《20 世纪中外史学交流》,第 289—298 页)
〔4〕 兰克史学在 20 世纪五六十年代的中国是备受批判的,新时期以来兰克史学勃兴,关于 20 世纪后期包括兰克史学在内的西方史学的传入问题,参见张广智教授《近 20 年来中国大陆学者的西方史学史研究(1978—1998)》,《西方史学史》附录,上海:复旦大学出版社 2000 年版,第 357—378 页。

上。傅斯年在提到科学治史方法时指出,"此在中国,固为司马光至钱大昕之治史方法,在西洋,亦为软克(现译为兰克)、莫母森(蒙森)之著史立点"[1]。"致力于近四世纪之史家,无不争相引用奉为圭臬……"[2]陈训慈着重突出兰克的史料批判原则。提倡兰克这一重要史学思想最为知名的当属傅斯年。傅氏被誉为中国的兰克,主要是指他完整地继承了兰克史学思想当中最重要的史料观。受兰克的影响,傅斯年相当重视历史研究当中的史料问题。他认为,史学的对象是史料,所以史学研究的首要工作就是确定史料的真实性,即考订整理史料。不仅如此,"史料的发现,足以促成史学之进步,而史学之进步,最赖史料之增加";运用前人所得不到的史料从事历史研究,就很容易可以超过前人的研究;而新史料的获得,除了"上穷碧落下黄泉,动手动脚找东西"之外,主要还是依赖对旧有史料的考订与再发现。所以历史研究要取得进展,很大程度上取决于对史料的整理。至此,在傅斯年的观念中,史料的整理成了史学研究最根本的任务,是一切史学研究的前提与基础,也是历史研究取得进步的关键。

史料整理对历史研究来说至关重要,但史料的整理工作并不是一件很容易的事情。如何整理史料呢?傅斯年认为,"第一是比较不同的史料,第二是比较不同的史料,第三还是比较不同的史料"[3]。虽然各个史料是不同的,有来源、先后、价值等区别,但无论是何种史料,只要结合内证、外证对其进行比较,就能确定其真伪。对史料考订方法的确信,使傅氏沉浸在洞悉了历史学科学化之关键的胜利当中。1928 年筹备中央研究院历史语言研究所时,他满怀信心认为借助兰克"如实直书",中国的历史学也完全可以成为一门科学。

与傅斯年齐名的另一位"史料派"的代表人物陈寅恪也指出,研究历史首先要全面掌握历史资料,证明历史事实。他强调历史是一门科学,认为科学的研究方法和确实可信的历史事实完全可以印证历史学的科学性。在史料的考订方法问题上,陈氏极为推崇比较校勘学,主张运用多种文字反复比

---

[1] 傅斯年:《〈史料与史学〉发刊词》,《傅斯年全集》(四),台北:联经出版事业公司 1980 年版,第 356 页。

[2] G. P. Gooch:《近五十年来历史讨源述略》,张廷休译,《史地学报》第 2 卷第 8 号,第 198 页。

[3] 傅斯年:《史学方法导论·史料论略》,《傅斯年全集》(二),台北:联经出版事业公司 1980 年版,第 4、9、39 页。

较研究〔1〕,其《唐代政治史述论稿》《隋唐制度渊源略论稿》《元白诗笺证稿》等著作无不是广取材料、反复考订史实的成果。

在德国接受过系统史学方法训练的姚从吾对兰克的史料考据方法十分赞赏。他在北京大学讲授"历史研究法"时多以一半以上时间来介绍德国从兰克到伯伦汉的史学方法。姚从吾认为,"在德国自尼博尔(B. C. Nibuhr)、栾克(L. Ranke)以后,史学家对史料的来源、记载、口传与古物的分别,清清楚楚,一毫不苟。对于记载是原型抑或副本(外部的批评),著作人是否愿意报告实事(内部的批评),都是慎加选择,宁缺疑,不愿轻信"〔2〕,这些科学的思想与方法也正是中国史学研究所需要的。他曾告诫学生要像兰克那样,研究历史要追寻史料来源、批评史料可信度,对史料要经常保持寻源、怀疑与批判的态度,以真正还原史料的性质;他要求学生"对历史研究,每一年代,每一史实,甚至史料中的每一个字,要慎重周到,不能掉以轻心"〔3〕。

值得一提的是,兰克对史料的重视及其史料考订方法也促使中国史学家分外注意收集、整理档案文献材料。傅斯年、陈寅恪等曾致力于明清史料的收集与整理工作,为编刊明清内阁大库残余档案作出了巨大贡献;而姚从吾在抗战时期仍不忘收集汇总当时的文献材料,以便于将来的史学研究。〔4〕无论是收集时下文献材料还是考订整理以往的档案材料,兰克的史料考订原则始终是重要的指导原则。

第二,兰克史学对中国现代史学的影响还表现在历史撰述上,兰克所主张的客观、超然的叙述原则在中国现代史学界得到了比较广泛的响应。

姚从吾在提到兰克的撰史方法时,指出,"栾克主张收辑案牍,公文,和同时人的报告等,尽量采用原史料。所以他在一八二四年他著的《罗马民族与日耳曼民族历史》的序文中说:'世人以历史的职务,在鉴既往,诏方来。本书并无此等奢望。著者所要说明的:只是往事曾如何经过而已,Man hat der Historiker

〔1〕 陈寅恪:《致孟真》,《陈寅恪集·书信集》,北京:生活·读书·新知三联书店 2001 年版,第23 页。
〔2〕 姚从吾:《欧洲学者对于匈奴的研究》,《国学季刊》第 2 卷第 3 号,1930 年 9 月。
〔3〕 王履常:《"从吾所好""死而后已"——追念姚从吾老师》,《传记文学》第 16 卷第 5 期,第 48 页。
〔4〕 姚从吾:《卢沟桥事变以来中日战事史料汇辑计划书(草稿)》,第 1 页(无版权页,卷尾注明 1938年 8 月写于蒙自西南联大分校,1939 年 3 月增订于昆明)。

das Amt，die Vergangenheit zu richten，die Mitwelt zum Nuren zu kuuftiger Jahre zu belehren，beigemessen，so hoher Acmter untewindet gengenwartger Versuch nicht，er willglaszedgen，wie es esgentlich ie we Sen（原书序文第二页）'，栾克的主张，简单说即是赤裸裸的记述事实，不加任何修饰，仔细研究各个史事，不知道的存疑。切戒，以意编造与杂以浮辞……再由各个史事的联贯中，了解它们间的相互关系……"〔1〕这种超然的叙述原则被民国年间的学人视为兰克的重大史学贡献，徐则陵则感慨，"朗开而后，德之史学界，力矫轻信苟且之弊，一以批评态度为规，嗜冷事实而恶热感情。史学何幸而得此!"〔2〕

傅斯年对兰克客观、无色彩的叙述原则亦极为推崇。筹备中央研究院历史语言研究所时，傅氏表示，设置史语所的目的就是要以自然科学来看待历史学。按照这一标准，历史研究也要像自然科学一样用客观、冰冷的事实说话，要排除研究者的主观性。从这个意义上来看，傅斯年所提出的"史学即是史料学"，除了有强调史料之于史学研究的重要性外，还隐含历史研究要消除研究者的主观色彩的意思。1927年在北京大学讲学时，傅氏就已明确指出，"使用史料时……断断不可把我们的主观价值论放进去"〔3〕，他认为研究者的主观倾向会危及历史研究的科学性。

中国现代史学要实现其科学化，研究者的主观因素是拦路虎。在傅斯年看来，要解决这一问题，首先就是研究者只能就史料而探究史实、做到不臆测史料所不能说明的事情，这样就能消除自身的主观性给历史研究所带来的不良影响。他认为，"史料中可得之客观知识多矣"〔4〕，依托史料当中的客观知识，就已经足够反映真实、客观的历史了。由此，傅氏指出，历史研究实际上只要把材料整理好了，事实就自然显明了；而史学工作者应该于史料赋给者之外，一点不多说，史料赋给者以内，一点不少说，以史料来约束自己，做到在研

〔1〕 姚从吾：《欧洲近百年来的历史学》，1936年12月6日第三张第四版《中央日报》副刊《文史》第5期，姚氏所引用德文原文似因印刷缘故而有诸多拼写错误。
〔2〕 徐则陵：《近今西洋史学之发展》，《学衡》第1期，第6页。
〔3〕 傅斯年：《中国古代文学史讲义·史料论略》，《傅斯年全集》（一），台北：联经出版事业公司1980年版，第58页。
〔4〕 傅斯年：《〈史料与史学〉发刊词》，《傅斯年全集》（四），第356页。

究当中"只求证,不言疏"〔1〕。

　　史学家在研究当中依据史料的多少来说话,以存而不补、证而不疏的态度来治史,这是消除其主观性的办法之一。另一个解决问题的办法则是集体研究。傅斯年认为,"一个人的自记是断不能客观的"〔2〕,集体研究不仅可以为个人研究提供相关的材料,而且在"一个研究的环境中,才能大家互相补其所不能,互相引会,互相订正"〔3〕,结合集体的力量来抵消个人研究中的主观倾向,维护史学研究的客观性。

　　强调精神独立、思想自由的陈寅恪也主张在历史撰述上秉承兰克式客观公正的精神。陈寅恪认为,一个历史工作者所写出来的历史,应当是使人人都感到无懈可击。而要做到这一点,首先就要详尽地占有史料,运用全面掌握的历史资料来证明历史事实,以求用事实说话、形成正确的历史判断。陈寅恪的历史著作向来是以旁征博引、论证翔实而著称,他之所以如此,主要还是想让所写的历史著作具有说服力。其次,史学工作者以"超然物外,不存偏私"的原则来研究历史也是撰写历史著作所应该做到的。在他看来,从事历史研究需要抛开个人的恩怨与爱憎,用全部精力去掌握历史材料,再现历史真实,只有这样成就的著作才能使人作出正确的是非与道德判断。〔4〕在具体的史学实践当中,陈寅恪确实做到了不计个人感情。日本之于他有国仇家恨,然而他在其著述当中多次言及日人论著,不以种族而有所鄙弃,不以人仇而有所歧视,恪守了客观公正的治史精神。

　　第三,兰克的研讨班教学研究形式对中国现代史学研究与教学工作影响至深,迄今依然如此。

　　把兰克研讨班式的教学研究方式引入中国的第一人,一般认为,是留学德国的姚从吾。姚氏在为学生讲授"东北史专题研究"时,就是采取德国的"研讨班"授课方式。在这个研讨班上,姚从吾要求学生按照各自的专题进行讨论,

---

〔1〕　傅斯年:《中国古代文学史讲义·史料论略》,《傅斯年全集》(一),第 69 页。
〔2〕　傅斯年:《史学方法导论·史料论略》,《傅斯年全集》(二),第 46 页。
〔3〕　傅斯年:《历史语言研究所工作之旨趣》,《国立中央研究院历史语言研究所集刊》第一本,1928年 10 月。
〔4〕　李坚:《陈寅恪二三事》,《民国春秋》1990 年第 5 期,第 35 页。

集思广益以求增进知识。这种寓研究方法于工作之中的教学研究方式,促使学生脚踏实地地从事专门的研究,有利于史学人才的培养。[1]

除姚从吾之外,实际上还有不少的学者采用研讨班的方式来培养史学专门人才。清华大学国学研究院以及而后的中央研究院培养学生,实际上就是按照这种研讨班的方式进行的。1935 年陈寅恪在清华大学国学研究院讲授隋唐史时,就采用了兰克的"习明纳尔"教学方式——先由教师讲解课程学习应当读之书籍,并指导学生运用正确的方法批判史料,培养学生独立研究之能力。[2] 据陈寅恪的学生罗香林回忆说,当年他曾就"客家源流"这一主题与老师探讨过,并获益匪浅。[3] 在西南联大时,陈寅恪在讲授魏晋南北朝史时,常要求学生就专题问题展开阅读。[4] 据其弟子吴小如回忆,当年选修陈寅恪所开设的《唐诗研究》一课,陈师并不讲授,而是让选课者自行拟定一论文题目、经其同意后,自行阅读、查找相关材料,并定时向其汇报学习进展,陈师亦当面解答相关问题。[5] 陈寅恪通过这一教学方式,培养了一批独当一面的文史人才。

很清楚的一点是,兰克式的研讨班在中国从此生根发芽,不仅在 20 世纪前期的历史教学与研究当中发挥了重要的作用,培养了大量的史学专门人才;而且在现今的中国历史教学科研当中依旧有着重要的地位与作用。目前各大高校、科研院所培养史学专门人才基本上都是采取这种培养方式,甚至可以这样说,几乎所有学科之专门人才的培养都或多或少采用兰克的"习明纳尔"(seminar)方式。

第四,兰克重民族国家的政治史观成为中国史学界的重要旗帜。

虽然有学者将兰克史学视为与政治史学的对立物[6],然更多的学者认

---

〔1〕 陶晋生:《姚师从吾的教学和研究生活二三事》,《传记文学》第 16 卷第 6 期,第 49 页。

〔2〕 石泉、李涵:《听寅恪唐史课笔记一则》,《追忆陈寅恪》,北京:社会科学文献出版社 1999 年版,第 266 页。

〔3〕 罗香林:《回忆陈寅恪》,《传记文学》第 17 卷第 4 期,第 13 页。

〔4〕 翁同文:《追念陈寅恪师》,《追忆陈寅恪》,第 199 页。

〔5〕 吴小如:《学林漫忆》,《追忆陈寅恪》,第 288 页。

〔6〕 徐则陵曾指出,"孰知近四十年来,普鲁士因人民爱国思想而统一日耳曼,史学蒙其影响,顿失朗开派精神,而变为鼓吹国家主义之文字,自成为普鲁士史学派,国家超乎万物,为国而乱真不顾也,视国家为神圣,以爱国为宗教,灭个己之位置,增团体之骄气,其源盖出于海格(Hegel)世界精神(World Spirit)争觉悟求自由之史学哲学,及尼采之强权学说"(徐则陵:《近今西洋史学之发展》,《学衡》第 1 期,第 6 页)。

同兰克史学的政治史观。陈训慈曾主张将兰克划归为政治史家,"法有Mignet一派,德有Ranke一派,皆政治史家中之有组织的著述者也"。他认为"国家主义的史观,实政治史观之支派,而以国家主义为准者。自拿破仑征伐,各国咸受蹂躏,而以德意志为甚。其时联邦犹未统一,于是惩创前事,群倡国家主义。学者如Fichte,Arndt,Ranke诸人,皆欲因此以唤醒国民……诸人倡导之结果,遂使日耳曼联邦成立,而日耳曼史亦自此发生。于是十八世纪之政治活动,遂为十九世纪之民族活动;而政治史观,又因之中兴。英法因踪起效法,即美亦以留学而食德之余绪。此次世界大战,殆由国家主义的史观普及德人,故德皇能用民如一,历久四年;亦可以占此派之势力焉"[1]。

在民国学人看来,"政治史派之有功于史学,固亦世人所公认者"[2],这种政治史观在唤醒国民、维护民族国家的利益等方面有诸多用处。并且作为一史学家,持有这种政治史观也是很正常的,"夫史家亦为血肉之躯,求不爱其国,诚属欺人之,惟若人而欲为史家之高尚事业,则感情与成见务求其少,而谨慎与公平务求其多,夫如是而后可入真理之神庙"[3]。爱国与求真两个方面并不是决然对立的,甚至爱国还能促进求真的发展。陈训慈提到,"及至德之Ranke,英之Freeman,法之Mignet,Thiers三派,史学著作,始确切而有组织,是史书改良之转机,不可谓非由于政治史之导引也。抑爱国精神之戟刺,亦自由其效果;盖由其鼓励,国家史材料搜集日多,而巨著因以蔚起。如德之Pertz,Waitz等合著之日耳曼建筑史Monumenia Germanial Historia;法之Guizot等之法国类书French Documents Inédits;英国公文丛书Rolls Series;意之Carducci所发行之意国史书(Muratori搜集之史料)皆其著者。其在美国,如Pater Force之政府公文集……总之,与近代史学以探索之真确方法,而使其基本史料有巨大之集成者,固政治史学之功也"[4]。只要不局限于一家一姓之兴亡,不囿于狭隘视野[5],那么政治史观与史料批判原则完全能

〔1〕 陈训慈:《史学观念之变迁及其趋势》,《史地学报》第1卷第1号,第29页。

〔2〕 Harry E. Barnes:《史之过去与将来》,陈训慈译,《史地学报》第1卷第2号,第351页。

〔3〕 G. P. Gooch:《近五十年来历史讨源述略》,张廷休译,《史地学报》第2卷第8号,第201页。

〔4〕 Harry E. Barnes:《史之过去与将来》,陈训慈译,《史地学报》第1卷第2号,第351页。

〔5〕 陈训慈:《史学观念之变迁及其趋势》,《史地学报》第1卷第1号,第30页。

并存。

于是,德国学界自赫德、兰克以来,从"种族和文化"这一视角思索问题的方式[1],也为中国学人所接受,兰克的政治史观亦成为早期汉语世界史学的一面旗帜。陈寅恪的《隋唐制度渊源略论稿》《唐代政治史述论稿》以及《柳如是别传》等文史互证的论著,大多体现了一种"民族—文化"观念。[2] 可以说,陈寅恪在继承兰克史学史料考订方法的同时,亦将兰克的政治史观念继承并结合中国实际予以发挥。

兰克史学在中国另一重要传人——傅斯年更是旗帜鲜明地强调史学的政治功用。在史学研究上,傅氏原本是倡导学术的目的在于"以博物广闻,利用成器,启迪智慧,熔托德性",而不在于"求其用于政治之中",从而"流入浮泛"[3];具体到史学研究上,即"史学的工作是整理史料"[4]。然"九一八事变"之后,傅氏似一改"初衷",为揭露日本帝国主义对满蒙的阴谋,他组织史学界同仁撰写《东北史纲》。在书中,傅氏首先用详尽的材料揭露日本所提出"满洲""南满""北满"等词的险恶用心,指出此为"专图侵略或瓜分中国而造之名词,毫无民族的、地理的、政治的、经济的根据"[5],严正地驳斥了日本蓄意制造的"满蒙非中国领土"的荒谬论调。当有学者罔顾侵略者的论调,执意坚持"僰人""猓猡"都是"民族",应当具有自决权时,傅氏愤然指出:"欲知此事关系之重要,宜先看清此地的'民族问题'。……此地正在同化中,来了此辈'学者',不特以此等议论对同化加以打击,而且专刺激国族分裂之意识,增加部落意识。盖此等同化之人,本讳言其渊源,今言之不已,轻则使之生气,重则使之有分离汉人之意识。……夫学问不应多受政治之支配,固然矣。若以一种无聊之学问,其恶影响及于政治,自当在取缔之列。"[6]傅氏认为在列强虎视我边疆时,倘使以"如实直书"的原则求得所谓边疆地理之真相而危及现实政治,

---

[1] 周梁楷:《傅斯年和陈寅恪的历史观点——从西方学术背景所作的讨论(1880—1930)》,《台大历史学报》第 20 期,第 101—128 页。

[2] 陈其泰:《"民族—文化"观念与傅斯年、陈寅恪治史》,《天津社会科学》2004 年第 1 期,第 129—133 页。

[3] 傅斯年:《中国学术界之基本谬误》,《傅斯年全集》(四),第 169—170 页。

[4] 傅斯年:《史学方法导论·史料论略》,《傅斯年全集》(二),第 4 页。

[5] 傅斯年:《东北史纲》(第 1 卷),中央研究院历史与语言研究所 1932 年版,第 3 页。

[6] 傅乐成:《傅孟真先生的民族思想》,《傅斯年印象》,第 202 页。

那么就应予以取缔。傅氏在《中国民族革命史稿》一书中,更是借严谨的历史研究来激发国人的团结和民族自信心。此时,傅氏将求真与致用融合在一起,共同构成其民族主义史学思想基础。[1]虽则傅氏这种史学旨趣,可以看作是中国鉴训史学传统及乾嘉考据学对其的深刻影响[2],实际上,其中更多是兰克史学中史料批判原则与重民族国家的政治史观对其影响的一种结果。[3]

综上所述,兰克史学对中国现代史学的影响是久远而深刻的,几乎渗透到历史学科的方方面面,迄今亦是如此。可以这样认为,中国现代史学的进步、发展与这一史学流派的影响和作用密切相关,兰克史学在其中的地位与作用是至关重要的。但是必须看到的是,中国史学界吸纳兰克的史学思想,运用兰克的治史原则来促进自身的进步,并不是以完全舍弃中国传统史学为代价的。西方的兰克史学思想与中国传统史学的精华并不矛盾,两者是能够共存的。在中国现代史学的进程当中,中国固有史学传统并不会因为兰克史学的引入而被消解掉,而是在新的历史条件下,适应新的历史要求,以新的面目作为中国现代史学的灵魂之一而出现,与舶来的西方兰克史学一起共同构成中国现代史学发展与进步的基石。

[1] 田亮:《抗战时期史学研究》,北京:人民出版社 2005 年版,第 205 页。

[2] 参见拙作《兰克史学和它的中国回响》,张广智主编:《20 世纪中外史学交流》,第 289—294 页。

[3] 有论者提到傅斯年一生只提到过兰克三次,他的藏书中也没有任何兰克的著作;他在英德的求学生涯,主要精力是了解学术整体发展的情形(参见王汎森:《中国近代思想与学术的系谱》,石家庄:河北教育出版社 2001 年版,第 345 页)。但有了对欧洲学术的整体观念,傅斯年对兰克史学的把握才更加切合其实质,深入兰克史学中各方面、各层次(参见 Wang Fan-sen, *Fu Ssu-nien: A Life in Chinese History and Politics*, New York: Cambridge University Press, 2000)。

自然、浪漫与历史 *

——试论浪漫主义历史观的形成

王利红〔1〕

　　对于浪漫主义和浪漫主义的史学观,历来有许多思想史家、文学史家和历史学家作了相当多的论述和研究,虽然观点各异,甚至截然相反,但对于廓清问题本身还是提供了很多富有启迪的创见。〔2〕尽管如此,有些学者对于史学史发展是否存在这一个时期还表示存疑。笔者当然是倾向于认为存在这么一个阶段,并且认为它对史学发展来说是一个相当重要甚至是承前启后的阶段。如何来认识这一时期的史学发展是一个重要的课题,笔者不认为自己有能力解决这一难题,只是想提出一己之见:从"自然"一词的含义演变来探索浪漫主义的渊源,浪漫主义的思想是如何受到自然观念转变的影响并在此基础上形成的,自然对于浪漫主义来说具有怎样的意义,以及这种认识上的转变对历史学观念的形成和历史学家的影响。笔者认为它们之间存在一定的逻辑联系,如果循着这条线索来分析,也许更有助于认识和理解浪漫主义史学产生的背景。因为自然观念的转变最终引出了对浪漫主义史学的形成至关重要的观念,并促成了它的形成与发展。

---

　　* 本文原载于《山东社会科学》2006 年第 4 期。

〔1〕 王利红,复旦大学历史学博士(2004 年 9 月入学,2007 年 7 月毕业),北京联合大学马克思主义学院教授。

〔2〕 有关这方面的论述,可参见汤普森《历史著作史》(商务印书馆 1992 年版),张广智、陈新《西方史学史》(复旦大学出版社 2001 年版),海登·怀特《元史学》,洛夫乔伊《观念史论文集》,克罗齐《历史学的理论与历史》(又译《历史学的理论与实践》)以及柯林武德《历史的观念》等书。

自　然

　　依笔者之见，"自然"对浪漫主义具有举足轻重的作用。思想史家洛夫乔伊认为，"自然"一词在西方思想的所有规范领域的术语系统中是一个意蕴丰厚的词，不同流派都会借助这个词某一方面的含义来表达自己的观点，尤其是17和18世纪的美学、哲学和自然科学。因此倘要阅读18世纪的著作而心中没有关于"自然"的诸种意义的全盘概念，就会在尚未领悟的含混不清中来回摇摆，就无法认识到造成至关重要的舆论和趣味变化的重要原因，因为这个词所包含的多重含义之间的可能的语义演变，总是伴随着与之密切相关的学说或思潮的。全面了解这个词在历史上所起的多方面的作用和含义，以及它在18世纪不容置辩的以及变动不居的性质就显得更为必需。[1] 卡尔·贝克尔认为，了解一个时代的学术和思潮，必须要知道维持着它们的那种舆论气候如何。[2] 对于浪漫主义史学的形成来说更是如此。与浪漫主义相关或共处于同一时期的思潮，包含了文艺复兴思潮、新古典主义和启蒙思想。利里安·弗斯特认为，浪漫主义运动的根基正存在于17世纪和18世纪一系列影响渐大、互相关联的潮流之中，浪漫主义之登上历史舞台，是整个18世纪的思想逐步演进的结果。在整个18世纪都进行着重新选取方向的根本性变化的历程中，"浪漫主义运动正是一个长期演变过程的产物和顶峰"[3]，但他没有具体指出所有这些变化的根本原因。笔者以为，与这一时期多种思潮相关的正是随着自然科学和哲学的发展而带来的自然观念的转变。新的自然哲学的出现彻底改变了人们对自然的看法，并影响到人们认识和思考问题的方式，这种认识上的转变及其所造成的心灵震荡正是浪漫主义产生的背景。自然观的转变因此就成为理解问题的关键。学者们对浪漫主义的研究或多或少都涉及了自然，但未有充分展开。笔者认为这一点很重要，抓住它，其他问题就会迎刃而解。

〔1〕　洛夫乔伊：《作为美学规范的"自然"》，《观念史论文集》，南京：江苏教育出版社2005年版，第66页。
〔2〕　卡尔·贝克尔：《启蒙时代哲学家的天城》，南京：江苏教育出版社2005年版，第5页。
〔3〕　利里安·弗斯特：《浪漫主义》，北京：昆仑出版社1989年版，第51页。

  洛夫乔伊曾在他的《作为美学规范的"自然"》一文中详细列举了"自然"一词在 18 世纪的多重含义,但对于这个词词义的演变没有详加论述。柯林武德《自然的观念》一书弥补了这一不足,使我们得以从历史发展的角度来理解"自然"一词。

  按照柯林武德的观点,历史上的自然观可以分为三个时期,即古希腊的自然观、文艺复兴的自然观和现代的自然观。其中文艺复兴的自然观又分为14、15 世纪的文艺复兴自然观和 16、17 世纪的后文艺复兴自然观。但在使用中,柯林武德未作具体区分,一般而言,他指的是 16、17 世纪的自然观。这一时期的观念由于自然科学的发展有了很大的变化。我们所要论述的自然观的转变和浪漫主义自然观或历史观的形成主要也是针对的这一时期。而为了说明自然观念的转变,我们必须首先追溯至古希腊的自然观。

  根据柯林武德的考证,"自然"一词来自希腊文,英语 Nature 是希腊语的拉丁译文。希腊语"自然"一词的本义和准确含义,也是 Nature 在英语中的原本和准确的含义,即事物的本质或本性。在古希腊的文献中,自然即意味着"本性",它总是意味着某种东西在一件事物之内或非常密切地属于它,从而它成为这种东西行为的根源。简言之,自然意味着一个事物行为的内在根源。当我们说一个事物是自然时,就是说使它像它所表现的那样行为。[1] 自然就代表了这一含义。它也是我们后来最常用的有关自然的含义之一。到亚里士多德时,他扩展了这个词的含义,总结了这个词的多重含义和用法,认为除了上述含义外,自然还具有起源、诞生和生长的意思,不仅是构成事物的基质,事物所由生长的东西,即他们的种子,而且是自然物体运动或变化的源泉,是自身具有运动源泉的事物的本质。[2] 亚里士多德突出了有关自然的本原和生成的含义,以及作为运动或变化的源泉的方面。这些观点后来在浪漫主义时期得到了充分展开。

  早从泰勒斯开始,古希腊的思想家就把自然界想象成为一个"被赋予灵魂

---

〔1〕 参见柯林武德:《自然的观念》,北京:华夏出版社 1999 年版,第 49—50 页。

〔2〕 柯林武德又把它具体化为七种,可参见《自然的观念》,第 85—86 页;亚里士多德的原文参见苗力田主编:《古希腊哲学》,北京:中国人民大学出版社 1995 年版,第 412—415 页。

的"活的生命有机体。[1] 希腊的自然哲学就是建立在自然界渗透着或充满着心灵或灵魂这个原理之上的。自然界不仅被看成是一个运动不息,从而充满活力的有机体,是一个自身有灵魂或生命的巨大动物,同时也是一个有理智的理性动物。自然界中规则或秩序的存在即是自然本身具有理性的表现(这一点和以后的文艺复兴的自然观很不相同,文艺复兴的自然观认为自然的法则是由外在于自然的上帝和人的理性赋予的)。按照希腊人的观念,自然中的一种植物或动物,如同它们在物质上具有"躯体"的物理机体那样,也依它们自身的等级,在心理上具有世界灵魂的生命历程,以及在理智上具有世界心灵的活动。[2] 苏格拉底、柏拉图和亚里士多德所研究的心灵,始终首先是自然中的心灵,是通过对身体的操纵显示自己的、身体中的和身体所拥有的心灵。对他们来说,自然、上帝和人是具有同一性的,是内在的统一。

自然不仅有心灵,而且是生长变化的。亚里士多德把它具体化为潜能的观点:在自然本身的发展和变化过程中,每一个事物的发展都经历了从潜能到现实的转化过程,并体现了生命本身欲求发展和实现的力。例如尽管有石块压顶,种子依然要努力破土而出;幼小的动物努力使自己的形体达到成年动物的形体标准,当它的目标达到了,它的努力也就停止了。事物的生成就是要使自己从一种事物长成另一种事物,但不是长成它所由以长出的那种事物,而是长成它所要长成的那种事物(如从种子长成植物)。整个过程贯穿着潜能与现实之间的延续:潜能是奋争的基石,凭借着奋争,潜能朝着现实的方向进发。这个奋争的概念,作为一个贯穿于整个自然界的因素,使得自然过程被导向终极的目的论意蕴:自然不只是有变化的特征,还具有一种以某种确定方式努力、奋争或变化的趋向。与奋争相对应,亚里士多德还设想了一个终极因的概念。它通过在适当的客体中唤起实现其自身物体形式的奋争,不但引导,而且激发或唤起它所支配的力量。它既是物体变化和发展的动力因,又是终极因。因为发展意味着奋争,即一个运动或过程不仅是被调整去实现未曾实现的物体形式,而且的确被朝着这种实现的趋向所激发。种子之所以生长,完

---

[1] 柯林武德:《自然的观念》,第 34 页。
[2] 同上书,第 4 页。

全是因为它正在致力于变成一棵植物,因此一棵植物的形式不仅是以这种方式生长的原因,也是它所可能有的一切生长的原因,亚里士多德通过对"发展"这一事实的反思形成了非物质的动力因概念。在这里,种子被赋予类似于人的意识和心灵,但其实它并没有。亚里士多德也承认这一点。但尽管如此,种子有"欲求"或"欲望",或者说生长的本能。种子生长,只是因为它要努力地变成一棵植物,它欲求在自身中、在物质的形式中,使在另外的情况下只具有观念的或非物质的存在性的植物形式具体化,在这一过程中它实现了自己的形式,虽然它完全是无意识的。

　　同所有的希腊人一样,亚里士多德认为自然界变化生长的最后结局是循环。圆周运动在亚里士多德看来是完美的有机物的特征。但这并不能降低他的自然观的意义。自然界对希腊人来说是一个连续的充满着变化的世界。根据柏拉图和亚里士多德的理论,所有自然的事物从根本上都加入了一个成长的过程。循环并没有否认发展。对此柯林武德很有见地地指出,进化论使人们有必要回到某种类似于亚里士多德的潜能理论的东西上去,因为它使人们认识到,当那还未实现的东西正作为引导过程所趋向的目标在影响过程本身的时候,当物种突变不是由于偶然律的逐渐作用造成,而是通过一步步被引向更高级的生命形式——一种更有效、更充满生命力的形式——而完成的时候,一个变化的过程才是可以想象的。如果说现代物理学已越来越接近古代伟大的数学家兼哲学家柏拉图的话,那么现代生物学正越来越接近伟大的生物学家兼哲学家亚里士多德。[1]从自然观念的演变,我们再一次看到思想发展的前后相续的过程,看到某种我们可以称之为历史的东西,甚至依稀看到后来的浪漫主义史学家(如赫尔德、康德)的思想的影子。浪漫主义史学在确立自己的观点时,从希腊的自然观中汲取了丰富的思想。柯林武德在书中用"从自然到历史"作为结语,是颇有感触和深意的。这也正是本文论述的重点。

　　接下来,柯林伍德没有论述中世纪的自然观,而是直接进入了文艺复兴的自然观。这其中的断裂,我们在下文可以通过另一位史家克罗齐来填补。

　　文艺复兴的自然观是以与希腊自然观形成对立的面目出现的。其主要表

[1]　参见柯林武德:《自然的观念》,第 85—90 页。

现为:"不承认自然界,不承认被物理科学所研究的世界是一个有机体,并且断言它既没有理智也没有生命,因而它就没有能力理性地操纵自身运动,更不可能自我运动,它所展现的运动是外界施与的,它们的秩序所遵循的"自然律"也是外界强加的。自然界不再是一个有机体,而是一架机器:一架按其字面本来意义上的机器,一个被在它之外的理智设计好放在一起,并被驱动着朝一个明确目标去的物体各部分的排列。文艺复兴的思想家也像希腊思想家一样,把自然界的规律和秩序看作一个理智的表现,只不过对希腊思想家来说,这个理智就是自然本身的理智,而对文艺复兴思想家来讲,它是不同于自然的理智。这个差别是希腊和文艺复兴自然科学所有主要差异的关键。"〔1〕

但文艺复兴的自然观并非一开始就是这样的,这中间经过了两个主要阶段。两个阶段的区别在于它们对身心关系的看法。在文艺复兴的早期阶段,自然界仍然被看作是活的有机体,它内在的能量和力量具有生命和精神的特征。15、16世纪的自然主义哲学赋予自然以理性和感性、爱和恨、欢乐和痛苦,并在这些能力和激情中找到了自然过程的原因。从这个意义上讲,它们与柏拉图和亚里士多德的宇宙论相似,而且更相似于前苏格拉底的宇宙论。与之相对应,我们可以在文艺复兴的古典主义和英国的自然主义中找到例证。但随着时间的推进,早期同古希腊自然观并驾齐驱的数学论倾向就将它淹没了。随着数学倾向占据主导地位,机体论的自然观就被机械论的自然观所取代。〔2〕与之对应的则是新古典主义和启蒙的理性主义。

机械论自然观的形成主要建立在17世纪科学发现的基础之上。由于天文学的发展,到了17世纪,科学已经发现了一个特定意义上的物质世界。它是不同于古希腊泛神论自然观的一个机械僵死的物质世界。在这个世界里,只存在一种物质。它的质在整个世界都相同,它的差异仅仅是量和几何结构的差异,虽然到处充满了运动,但其运动都是由普遍而纯粹量的力所驱动的。这反映了人们对宇宙的认识更加深入和细致,新的物理科学日趋成熟。但为达到它而付出的代价是:自然不再是个有机体而是一部机器,它的变化及其

〔1〕 参见柯林武德:《自然的观念》,第6页。
〔2〕 同上书,第106—110页。

过程不是由终极因而只是由动力因造成并引导的。它们不是倾向或努力,它们没有被引导或调整到去实现未存在的东西这个方向上去,它们仅仅是在运动。在此基础上,通过伽利略对科学和哲学的任务的一般陈述,形成了新的自然哲学。伽利略通过对自然现象的考察,宣称自然现象并不隐藏在神秘之中,也并不是一种复杂难懂的东西。哲学就写在那经常呈现于我们眼前的宇宙大书里。这本书是用数学语言写成的,字母是三角形、圆以及其他几何图形。自然的真理存在于数学的事实之中。自然中真实的和可理解的是那些可测量并且是定量的东西。质的差别,像颜色之间、声音之间的差别等,在自然界的结构中不存在,而只是由我们造出的衍生物,是确定的自然物体在我们的感觉器官上造成的,是属于第二性的质。从伽利略开始,机械自然观在理论上就已形成了。

此外,把自然看作是机械的观点还和当时的社会生活有关,是基于当时人们对自然和机械的类比。如果说把自然作为有理智的机体这种希腊观念是基于自然界同个体的人之间的类比这样一个基础之上的,即个人首先发现了自己作为个体的某些性质,于是接着推想自然也具有类似的性质;那么文艺复兴时期的机械自然观开始时,同样是类推的,但它是以非常不同的观念秩序为先决条件的。首先,它基于基督教的创世说和全能上帝的观念;其次,它基于人类设计和构造机械的经验。16世纪发生的工业革命,矿工和工程师大量使用的机械,构成了日常生活的特征。每一个人都懂得机械的本质,创造和使用这类东西的经验已经开始成为欧洲人一般意识中的一部分。因而导向如下命题就是很容易的一步:上帝之于自然,就如同钟表匠或水车设计者之于钟表或水车。[1] 这样一来,自然就被看作是工程师上帝用他的大手组装起来的一部大机器。它不仅站在它的造物主上帝的对立面,而且站在它的认识者人类的对立面。人们无须也不必再从整体上把自然看作是连续的活的有机体,"环顾一下周围的世界,思考一下它的全体和其中的每一部分,你就会发现它无非就是一架大机器,再分为无数之多的更小的机器,它们又可以再分下去,直到超出人类的感官和能力所能追踪和解释的限度。所有这许许多多不同的机

---

[1] 柯林武德:《自然的观念》,第9页。

器,乃至于它们最细微的部件,都以那样的一种精确性互相配合,使得所有思考过它们的人都要顶礼膜拜而为之销魂。贯彻在整个自然界之中的手段与目的之间那种奇妙的调协,就恰像是——尽管又远远超越了——人类……智能的产物"[1]。这时,使人们顶礼膜拜而为之销魂的不再是自然的灵性和神秘,而是精确性、统一的规则、普遍性、平衡和协调,而这些只要运用数学的方法和理性就一定能发现和揭示。

牛顿的发现更加加深了人们的自信。在 18 世纪,一般人都把新哲学和牛顿的名字联系在一起。因为牛顿发现了"自然界的普遍定律"从而看来就证明了别人只是在口头上所肯定的道理:宇宙是彻头彻尾合理的而且是可理解的,所以就有可能被人征服和利用。于是牛顿就甚于任何别人,已经把神秘驱逐出世界之外。"去钻研事物的本身,并总结出事物本身所由以形成的那些普遍的自然规律"[2]就成为认识的首要任务。不仅自然界是这样,人类生活的一切领域也都是如此。

牛顿在《自然哲学的数学原理》中阐述的完整体系界定了启蒙时代的思维空间,体现了科学知识的终极形式。18 世纪的理性主义者们醉心于科学和科学方法,随时准备动用科学的方法去"砸烂一切不名誉的东西"。探询艺术、文学、哲学、历史、道德、政治、宗教等各个领域的普遍法则就成为这个时代舆论的普遍气氛。笛卡尔运用其著名的方法论上的怀疑主义,确立了认识论上的"阿基米德点"。一个"清楚明白观念"的新时代,从笛卡尔和伽利略开始了。[3]精神与物质主客二分,主体的人的任务就是去认识作为对象的客体,以达到认识上的清楚明白。"启蒙运动的精义就在于思想上的安全可靠,而哲学家最受称道的财富便是确凿的知识。"理性成为衡量和判断一切的标准,一切都必须站在理性的法庭面前并接受理性的审判。对于一切事物,不必问它是怎样形成的,而只需问它是怎样的。分析的方法成为认识的首要方法。这就是 18 世纪的主流倾向,是当时人们心灵的趋向。"在当时的情形下,在科学和机械哲学领域,人们直接面对的是数学和实验理性的切实存在,这一冷酷的

〔1〕 卡尔·贝克尔:《启蒙时代哲学家的天城》,第 48 页。
〔2〕 同上书,第 48—50 页。
〔3〕 参见恩斯特·卡西尔:《国家的神话》,北京:华夏出版社 2003 年版,第 302 页。

现实就像死的自然,将人类的缺失、生命的冲动和沉浸在想象中的现实都蒙上了一层面纱。"[1]它割断了事物之间任何可能的联系,不仅是自然界的,而且还有社会生活和历史领域的。翻开这一时期的哲学家霍尔巴赫所写的《自然之体系》一书,就会看到自然界被描述为由一种冷漠无情的力量在统治着,毫无生机和整体上的关联,呈现出冷酷的荒芜感,少年歌德在读完后说:"我们无法想象这样一部书是何等之危险,它对我们是如此之阴沉、如此之暗淡、如此之有似于僵尸,以至于我们简直无法忍受它的出现;我们在它的面前战栗,就仿佛它是一个幽灵似的。"[2]这种观点被扩展来论述人类历史的发展时,同样令人震惊。浪漫主义者贡斯当在阅读时就深感悲痛和震惊,认为这是一个与未来隔绝的老人,怀着没完没了的狂热,莫名其妙地渴望破坏,盲目而近乎残酷地仇恨一种给人以平和及安慰的思想时所说的胡言乱语。他认为一旦他们冷静下来,静静地感受这个世界时,他们就会知道把自然界和人类社会想象为是由一位仁慈的心灵在统治着,因而是有灵魂和生命的,在整体上是世代延续的,是多么必要,否则"他们所看到的就只是必定要被尘世淹没的孤单的个人。世界了无生气:一代又一代的人们随着时间的流逝,偶然、孤立地出现在世界上,受苦受难,然后死去。各代人之间没有任何联系,他们的命运先是痛苦,然后归于虚无。过去、现在和未来之间的一切联系和交流都被切断。已经弃世而去的民族,其声音不再延续到尚存的民族的生活之中,而尚存的民族,其声音必定很快沉入同样永恒的寂静之中"[3]。

面对这样一个无意义的和荒谬的世界,人类的精神和情感将无所归依。浪漫主义者正是要在机械论者和启蒙运动留下的悠悠天地之中,在被遗弃的过去和关闭的未来之间,在古人、今人和来者之间,寻求声音和思想上的联系,从而开始他们怀乡的浪漫之旅。因此和人们想象的不同,浪漫主义并不是针对启蒙思想的一种无意义的创造,也不是针对科学的一种无聊游戏——事实

---

[1] 塞尔日·莫斯科维奇:《还自然之魅》,庄晨燕、邱寅晨译,北京:生活·读书·新知三联书店2005年版,第189页。

[2] 卡尔·贝克尔:《启蒙时代哲学家的天城》,第65—66页。

[3] 本杰明·康斯坦特:《贡斯当政治著作选》,北京:中国政法大学出版社2003年版,第280页;邦雅曼·贡斯当:《古代人的自由和现代人的自由》,上海:上海人民出版社2003年版,第218—219页;海登·怀特:《元史学》,南京:译林出版社2004年版,第196页。

上并没有人对科学提出异议。浪漫主义者只是强烈地感觉到，真正意义上的自然的形成离不开人类，而人类也离不开自然；自然是人类的根基和家园，对自然的了解也只能通过人类的语言。如果没有人类，世界将是空荡荡的。诺瓦利斯对此的描写是最深刻和典型的。他写道："最终回荡在世界的音乐将是巨型水磨发出的单调的滴答声，随机的激流推动着水磨，音乐永不停息。水磨孤零零地伫立在那里，既没有建筑师也没有磨坊主，一台真正的永动机，独自转动着。这是一个不断自动毁灭、自动重建的世界，蕴含着永久的冷漠和单调，它的未来清晰可见：虚无不断地自动重复，没有历史，也没有未来。"[1]

　　诺瓦利斯对机械自然和自动水磨的描述，通过不断的引述，得到了人们积极的回应。在工业革命和机械制造中失去土地和家园，随时面临失业的危险，社会交往与信仰也日益枯竭的产业工人，对社会进行反思的哲学家，敏感的艺术家，对此都充满了相同的感受和体会：一方面渴望出现另一个新的社会，摆脱束缚和压迫；另一方面对于过去的田园牧歌的生活充满怀想与眷恋。这就是当时欧洲的情绪。故学者们普遍认为，早在新古典主义和启蒙运动期间，就已经出现了与之相对的前浪漫主义的感伤。正如学者所论：启蒙世纪的欧洲，一半是光明，一半是忧郁；前者表现为理性的哲学和科学，后者则是非理性的情感，即历史通称的 18 世纪的古典的或者前浪漫主义，也称为心情哲学。我们的选择和研究只是分析了启蒙思想家们的"精神"，而忽视了他们的"心情"。这就等于说，只是了解了启蒙的一半，而"心情"那一半也许更为真实。它的特点是强调心情与情感，把情感、欲望、情绪、哲理、想象、雄辩等看似自相矛盾的因素融合在一起，与习惯的心理和行为相抗衡。[2] 在公元 1750 年左右，理智清醒的人们变成了多愁善感的人，而多愁善感的人马上就开始哭泣起来。随后一个世纪里的眼泪往往被人归之于卢梭的影响。然而不仅是卢梭，"确凿无疑的是，狄德罗在认识卢梭之前就流过眼泪了，而且在他与卢梭吵翻了以后，仍然在继续流泪"[3]。韦勒克对此的分析更为清楚，他认为不能将一个 18 世纪的批评家或诗人拆散开来，将其分为邪恶的伪古典主义和善良的

〔1〕 塞尔日·莫斯科维奇：《还自然之魅》，第 186—187 页。
〔2〕 参见尚杰：《启蒙世纪的另一半：古典的浪漫主义》，《江苏行政学院学报》2002 年第 4 期。
〔3〕 卡尔·贝克尔：《启蒙时代哲学家的天城》，第 35 页。

浪漫主义两半。"如果 18 世纪没有酝酿，没有期望，没有潜在的潮流等所谓前浪漫主义的东西，那么我们只好说华兹华斯和柯勒律治是从天上掉下来的；似乎新古典主义时期是铁板一块，始终如一，它前面没有什么思潮，后面也没有什么思潮。"[1]可见，在 18 世纪的启蒙运动和新古典主义时期，已出现了浪漫主义的精神境界和思想资源。许多有关天才和想象的、被认为最具浪漫主义色彩的思想，完全为某些主要的新古典主义的批评家所接受。这种看似矛盾的情形正反映了思想的延续性。

因此，浪漫主义者的愤慨和理念并非是与其时代背道而驰的多愁善感的忧郁，而是切中时弊，来自社会的现实。当时的欧洲文化就尽可能地吸收了浪漫主义的思想，这不仅体现在从谢林到黑格尔的哲学思想中，也体现在包括马克思在内的学者们所提出的社会主义思想中。浪漫主义在对自然和现实的双重感悟和批判中，终于作为一种重要的学术思潮登上了历史的舞台。

浪 漫 和 历 史

这里所说的浪漫主义[2]是特指 18 世纪末和 19 世纪影响波及整个欧洲

---

[1] 参见 R. 韦勒克：《批评的诸种概念》，成都：四川文艺出版社 1988 年版，第 151—153 页。

[2] "浪漫主义"一词的来源(Romanticism)可追溯到古法语词 ROMAN，而这一词的更古老的形式则是 Romans 和 Romant。这些词以及类似的构成形式归根结底都来自中世纪的拉丁语副词 Romanice。按利里安·弗斯特的描述，中世纪初，"浪漫"指的是与学术语言拉丁语相区别的新的口头语。当时，一部分人不满于只用拉丁语进行写作，这样"enromancier"和"romancar"就意味着以白话进行翻译和写作，以这种语言进行翻译和写作的书就称为一本"romanz"，"roman"或"romance"。随后，Roman 一词就被运用于以各种方言写成的故事，特别是古法语写成的故事。在 11 至 12 世纪，大量地方语言文学中的传奇故事和民谣就是用罗曼系语言写成的，这些作品着重描写的是中世纪骑士的爱情、神奇事迹和绿林的侠义气概，充满神秘、非凡和奇特的想象，弥漫着强烈的地域色彩。到 17 世纪，"浪漫"一词的含义因为等同于"夸饰情感的""虚幻的""狂热的"，故与理智清醒的现实的生活观完全相左，遭到贬斥和嘲笑。直到 18 世纪，在英国，"浪漫的"这个词才开始恢复声誉，获得了新的含义，成为褒义词。现代意义上的"浪漫主义"一词第一次以书面形式出现的证据可以在英国找到。正是在英国，这个词最先让人熟悉并得到广泛传播。为此人们普遍认为，这是英国对欧洲思想界最卓越的贡献之一。英国气质的"生气勃勃的自然主义"，使它最先把"浪漫的"这个词用于描写自然的风景和景象。早在 1711 年，在英国，"浪漫的"开始与"优美的"和"自然的"产生了关联。大约到 18 世纪中叶，"浪漫的"这个词已经负载了双重的意义：原义让人想起或者说意指旧传奇，引申义暗示了对于想象和情感的偏好。正是英国的自然主义赋予了浪漫一词新的含义。可参见利里安·弗斯特《浪漫主义》一书的有关章节。

的思想运动。按照巴尊的观点，指的是发生在特定年代、特定的社会背景之下的历史的浪漫主义，而不是所谓本能的浪漫主义。更具体地说，是克罗齐所说的理论和思辨的浪漫主义，即最初是对在启蒙运动占统治地位的文学学院主义和哲学唯理智论的论战和批判的一种思潮。[1]

针对新古典主义者希望在艺术上也能获得牛顿在物理学上所取得的那种成功的思想，即企图通过理性洞察普遍的真理，建立永恒正确的标准；把美学的基本原则和写作规则制成一劳永逸的配方，只要照章操作就会写出正确的作品，把艺术家当成有技术的工匠，通过计算、判断和推理来生产作品，把整个创作的终极目的，说成是对道德戒律的有理性的宣传，审美愉悦只不过是达到目的的手段[2]，浪漫主义者提出了新的观点：以唯美主义取代启蒙的理性主义，将首要的地位赋予艺术想象和艺术直观，唤醒纯真、伟大的诗性。浪漫主义者天才般地选择了自然作为表达他们情感和思想的突破口（我们稍后就会看到这种选择如何使他们在自然中重新发现了连续性、创造性、具体性、多样性、有机体等这些对历史观的形成具有决定性作用的因素，同时也形成了浪漫主义的有机论美学），自然的绚烂多彩，无限生机，神秘莫测，给人以无限的想象空间，体现了无穷的创造性；自然的季节变化，阴晴交替正应和着人的心情和感受。浪漫主义的诗人、哲人和历史学家正是在对自然的重新描述中，获得了表达内在情感的媒介："蓝山遥远的细线诱人远去，山谷却在保护和掩藏，在这样的地方，会从地势感中产生同自然的温柔友善的关系——隐藏，私下依偎着山谷、河流和山丘，又渴望离开，进入闪烁的远方。……把感情移入山峦明快的线条，移入平和的、宜于居住的山谷，移入我们在梦想中置入荒芜的隐修院与城堡的往昔。"[3]真正的浪漫不是表露的话语，而是感受的心情，浪漫主义在此表现的是对机械自然观带来的情感和想象的缺失的弥补，是对过去和远方温柔的回归和向往。他们从自然中获得的感受已在不知不觉中把他们带往过去和历史。

重返自然还使他们进一步感到了机械自然观和近代形而上学认识论以及工业革命所造成的与自然的分离和自身的缺失，更加剧了他们对于过去的怀

〔1〕 参见克罗齐：《十九世纪欧洲史》，北京：中国社会科学出版社 2005 年版，第 31 页。
〔2〕 利里安·弗斯特：《浪漫主义》，第 23 页。
〔3〕 狄尔泰：《体验与诗》，北京：生活·读书·新知三联书店 2003 年版，第 290 页。

念和珍惜。为了反抗现实他们从自然和历史中寻求依据,这表明浪漫主义不是为了过去而过去。席勒在其著名的长文《论素朴的诗与感伤的诗》中对两类诗人的区分最能说明问题:"诗人或者是自然,或者寻求自然。前者造就素朴的诗人,后者造就感伤的诗人。"〔1〕"自然特别优待素朴诗人,允许他总是作为一个不可分割的统一体来活动,在任何时刻都是一个独立的和完全的整体,并且按照人性的全部含义在现实中表现人性。对于感伤诗人,自然则赋予他这样一种力量,或者确切地说,在他心中激起这样一种热烈的愿望:从他内心深处恢复抽象在他身上所破坏了的统一,使人性在他自身之中完整起来,并且从有限的状态进入无限的状态。"〔2〕无疑,席勒所说的感伤的诗人指的是浪漫主义的诗人。而浪漫主义的诗人所以感伤,是因为他是分裂的。谢林借助于席勒的观点,更进一步把素朴和感伤作为区分古希腊艺术和近代艺术的标准:将前者视为素朴的,将后者视为感伤的,并认为它们的对立,无非是完满和非完满的对立,所以"素朴的诗人自然的寻求,感伤的诗人寻求自然"。从这里我们也可以推知日后浪漫主义史学为什么要特别强调历史发展的整体性。

欧文·白璧德在比较卢梭主义者和古希腊的自然主义时曾不无讥讽地说道:据说希腊人在看到一棵橡树时,总是同时看到了树精。在这种联系和其他联系中,存在着某种人的世界向外在自然形式的流溢。而卢梭主义者却没有通过想象赋予橡树一种有意识的生命和与自己相似的形象,并因此将它提升到自己的层面,相反,如果可能,他自己宁愿变成一棵橡树,并因此享受它无意识的、生长性的幸福。希腊人人性化了自然,卢梭主义者自然化了人性。他认为卢梭的伟大发现是白日梦,其中心就是人与外在自然的融合。他认为这是可笑的,是对古希腊自然主义的误读。其实他的分析无意中阐明了卢梭的自然主义和古典的自然主义的区别,正确地指出了体现在卢梭身上的浪漫主义的自然特征,如生长性,人与外在自然的融合,他只是不理解浪漫主义者为什么一定要把自己变成橡树,他更赞赏古人看待自然的方式,而认为变成橡树是一种倒退。事实上并非如此,希腊人在看到一棵橡树时,总是同时看到了树

---

〔1〕 参见弗里德里希·席勒:《秀美与尊严》,北京:文化艺术出版社1996年版,第284页。
〔2〕 同上书,第321页。

精,固然是一种人的精神和情感的投射,卢梭主义者却首先宁愿变成一棵橡树,这其实是更进了一步,也是和时代背景有关,即在与自然融为一体的同时,体会它的自由和生长性的幸福。他之变为橡树不是只为橡树,而是通过此种变的过程体会更多的人所失去而渴望得到的东西(如塞尔日说,回归自然只是意味着,我们并不愉快),因为他经历了与自然的不情愿的分离,他宁愿亲身去体验自然的生长性的幸福,并表达出他的快乐和感受。其实在卢梭之前,西方人并没有表现出多少要与风景融合的倾向,因为他们还不需要,但随着理性的发展所造成的人与自然状态的疏离的加剧,这种愿望变得日益强烈。是卢梭和在他之后的浪漫主义者开启了对自然的新取向。如狄尔泰所说,浪漫主义者像通过一种割裂和吸收的媒体看世界;所有的事物都接纳了他们的心的色彩。[1] 这种心情正是特定时代的产物。

浏览一下浪漫主义学者的作品和研究成果,可以得到一种非常强烈的印象:他们的身体和精神与自然保持着密切的接触,自然通过他们能够看到、听到和感知到的各种现象引发他们的思考和想象。他们因而对自然中生命的周而复始,对于人类生命在这一进程中的存在有了深刻的认识。他们之看待自然不是仅停留在自然,而是通过这种看的方式,观照更多的属于人的东西。顺着这个方向再往前走,我们就能理解为什么浪漫主义学者坚信,对于启蒙时代哲学家认为是静态的事物应当采用一种动态思维。[2] 如果说机械的自然哲学试图复兴柏拉图和希腊原子论及几何学派的理论,那么,浪漫主义则复兴了早期古希腊哲学家特别是亚里士多德的伟大的自然哲学,并由于时代的发展,添加了新的色彩和寓意。这一点在德国浪漫主义的先驱和领袖赫尔德和谢林身上表现最为突出。

赫尔德被认为是浪漫主义的先驱,在他身上兼有启蒙运动和浪漫主义的双重身份,但笔者更倾向于重视他身上的浪漫主义因素。如韦勒克所言,思想家的身上总是同时包含有很多互相矛盾的思想,是不能截然区分的,特别是处在一个思想发展急剧变化的时代。古希腊自然观的最早复兴发生在文学创作

---

[1] 参见狄尔泰:《体验与诗》,第 222 页。

[2] 塞尔日·莫斯科维奇:《还自然之魅》,第 188 页。

领域。由于极端蔑视新古典主义的陈规,英国的扬格在他发表于 1759 年的《独创性创作断想》一文中,确立了植物生长的概念,认为一部创新之作具有植物的性质,是从那孕育生命之天才的根茎上自然长成的,而不是制成的;以对立于机械的制造,他坚持不懈地用植物的生长以及生长的过程来隐喻艺术作品的创作过程。这篇论文后来成为狂飙突进运动的重要纲领性文件。[1] 扬格的理论带有明显的亚里士多德有关潜能的思想的影子,但他阐述的观点当时仅限于文学领域。赫尔德和浪漫主义者无疑吸收了扬格的思想,几乎所有的浪漫主义者在表述自己的思想时都喜欢使用植物作比喻就是例证。卢梭在《爱弥尔》中把孩童的成长比喻为一颗蕴涵生命和潜力的种子长成枝繁叶茂的大树的过程,柏克认为一个国家的法律必须是像一棵大树一样,是从一个国家的土壤中历经数个世纪生长起来的。不能说他们俩一定受到了扬格的影响,但至少表明他们都不约而同地从自然的生长过程寻求理论的依据,这也再次证明自然对浪漫主义的重要性。

赫尔德在其中所起的作用在于他把扬格仅限于文学创作领域的理论扩大到了所有的社会领域。他发表于 1778 年的《论对人类心灵的了解和感觉》一文,被视为思想史上的一个转折点。它开创了生物论的新时代:最激动人心的、最有创新意义的发现,原来只发生在物理科学领域,现已转到了生命科学领域中,因此生物学便取代了笛卡尔和牛顿的机械论而成为种种概念的巨大策源地,并迁移到其他科学领域中,从而改变了观念形成的具体特征。[2]"有机论"和"发展"的观点因此而在 18 世纪末和 19 世纪上半叶经历了一系列连续的和引人注目的重新定义。恩斯特·卡西尔(Ernst Cassirer)恰当地称赫尔德为"史学发展上的哥白尼",实现了"生物学的转向",开创了与启蒙运动的历史观根本不同的 19 世纪和 20 世纪历史学发展的新观念。[3] 而他借以实现生物学转向和形成新历史观的资源除了夏夫茨伯里的泛神论和当时的生

---

[1] 参见 M. H. 艾布拉姆斯:《镜与灯》,北京:北京大学出版社 2004 年版,第 241—245 页。

[2] 同上书,第 248 页。

[3] Lewis W. Spitz, "Natural Law and the Theory of History in Herder," *Journal of the History of Ideas*, Vol. 16,4 (Oct., 1955), 453-475; Elias Paiti, "The 'Metaphor of Life': Herder's Philosophy of History and Uneven Developments in Late Eighteenth-Century Natural Sciences," *History and Theory*, Vol. 38, No. 3 (Oct., 1999), 322-347.

物科学,最主要的在于他发现了"真正的莱布尼茨",用赫尔德自己的话说是"莱布尼茨对我的大脑说话"。而莱布尼茨的自然哲学带有明显的亚里士多德思想的痕迹,赫胥黎(Huxley)称他是自亚里士多德以来最全面的思想家。在他的自然哲学中提出的终极理论和发展概念正是在某种程度上重申了亚里士多德的目的因和动力因以及发展的观点。莱布尼茨认为没有目的便没有发展,如果原始的心灵是无意识的,它也可以有目的并且对目的毫无意识。自然是一个庞大的有机体,其部分是更小的有机体(即单子),被生命、生长和努力所渗透,组成了以几乎纯粹的机械为一端的,以心理生命发展的最高意识为另一端的一个连续的等级,并带着一种恒常的驱动或奋争沿着等级上升。这其中的每个单子都自成一体,与任何一个别的单子不同,变化在每个单子里都是连续的,变化的细节,造成了各个单纯实体的特异性和多样性。[1]

　　莱布尼茨的自然哲学深刻地影响了赫尔德。对赫尔德而言,自然不仅变成了一个有魔力的词,含义丰富,难以定义,可以时常被等同为或互换为灵魂和精神,更为重要的是,莱布尼兹有关自然是一个发展的有机体的思想和 18 世纪生物学和科学的新发展,共同启发了赫尔德对于文化和历史发展的新思考,形成了浪漫主义的历史观。我们可以在赫尔德的《人类历史哲学的观念》一书中,看到这种思想的历史表达。柯林武德对此评价很高,认为"第一次以这种新态度(这里指的是浪漫主义的态度——引者注)对待过去(而且在某些方式上还是最重要)的表现,乃是赫尔德所写的《人类历史哲学的观念》"[2]。"赫尔德总的自然观是坦率的目的论的。他认为演化过程的每一个阶段都是由自然设计好了准备着下一阶段的。并没有什么东西其本身就是目的。"[3]

─────────

〔1〕 莱布尼茨的先驱是斯宾诺莎。斯宾诺莎的伟大功绩在于他把笛卡尔分离开来的机械的物质世界的概念和精神世界的概念重新结合起来,推导出了整套宇宙的机械理论。他坚持物质的自然与心灵是不可分割的整体,并称这个整体为上帝。斯宾诺莎同意只存在一个实体,他称为上帝或自然。它是个无限的不变的整体,精神和物质是一个实体的两个属性。作为广延它是物质世界,作为思维它是精神世界。这两方面都包含着有限的、变化着的和非永久的部分,即单个的物体和单个的精神,仅仅通过动力因的作用即其他部分在它之上的作用,才使每个部分历经变化。莱布尼茨的宇宙论基本上和斯宾诺莎的没什么不同。他们之间的巨大差别在于,莱布尼茨着重重申了终极理论并有一个明确的发展概念。见《自然的观念》,第 122 页。
〔2〕 柯林武德:《历史的观念》,北京:商务印书馆 1997 年版,第 141 页。
〔3〕 同上书,第 142 页。

赫尔德把自然看作有生命的整体,把自然比喻为一条溪流,一种精神,一束火焰(这三个意象都是流动的);在自然中所有的事物都是相互联系的,在不知不觉中转化,但是不管处于创造中的生命以何种方式存在,它们都只是一种精神、一束火焰的某个组成部分、形式和途径。相同的流变也存在于历史中,他说:"你看到过江河的汇聚奔流吗:它最初只是发源于涓涓细流,通过向前奔流,不断增长,途经急流险滩,回旋曲折,不断汇聚沉积,逐渐成为声势浩大而深广的江河,最后融入大海,但在此之前它终究只是小溪,只是水滴。人类的历史不也正是这样吗?"[1]赫尔德用隐喻的方法而不是形而上学的描述来类比自然和历史的发展,表现出对历史的深刻洞察,这是先验的哲学沉思所不能做到的。赫尔德对目的和发展过程的强调,使他突出了有关时间的问题和手段与目的的问题。他认为,每一个人,每一个时代对于整个历史的汇聚过程来说,都是这个过程中的一个中心,就像莱布尼茨的单子是自我形成和自我调整的有机体一样,每一个人和每一个时代也是自我形成、发展、成熟和消亡的。对于自己的时代而言,它是自己的绝对和无条件的中心。但相对一个更高的目的来说,从未停止成为自身目的的我们,又是作为转瞬即逝的手段和工具而不得不存在于我们自己的既定的时间和地域而不能超越。"在某一相同的时间,我们既是目的又是手段。"如何理解我们的存在和发展,赫尔德提出了我们今天称为"时间之箭"的有关时间的第一个版本,即历史的时间。他认为只有在时间之中,自然和历史才能得到历史地理解,也才是历史的。从赫尔德开始,确立了时间在世界顺序中的位置,它不再是如机械般的一旦确定便永远如此,而是历史性地构成,具有不可逆转的特性。赫尔德说:"在世界上,没有两个相同的瞬间",而是充满质的转变和机遇。"所有在时间中展开的事物只有在时间之中才能发展,也只有在时间之中才能被理解。""在历史中每一件事都是清楚的,如果不是这样,我们将不能对之做出任何解释。"[2]"时间奔涌向

---

[1] Lewis W. Spitz, "Natural Law and the Theory of History in Herder," *Journal of the History of Ideas*, Vol. 16,4 (Oct., 1955), p. 460.

[2] Elias Palti, "The 'Metaphor of Life': Herder's Philosophy of History and Uneven Developments in Late Eighteenth-Century Natural Sciences," *History and Theory*, Vol. 38, No. 3 (Oct., 1999), pp. 326-335.

前，时间之子——人——以多种形态伴随着时间，万物尽情地在大地上盛开，而每一个具体的事物存在于它自己的时间、它自己的环境中。"[1]此外，赫尔德还对在此过程中的发展观念作了进一步的解释："发展"意味着后来的阶段是由先前的阶段生长出来的，但又不是完全地包含前面的阶段。先前存在的因素和条件为新一代的发展提供了原料，但是新的生命形式和文化形式也必定有新的组织原则[2]，不是对"原本"的机械复制，这样每一个阶段才会有自己的独特之处，不断发展得以形成一个单一的整体。

根据这种观念，过去的历史阶段必然导致现在的阶段；一定的文明形式只能存在于时间对它已告成熟的时候，而且正因为这些是它存在的条件，它才具有它的价值。从这种观点出发，所有历史上曾经存在过的朝代和阶段，便有了不可取代的、成为自身的价值，从而像启蒙运动那样地宣布与过去断裂，并把某些历史阶段（如中世纪）痛斥为愚昧、迷信和黑暗的做法就反而显得是荒唐可笑的。"因而，浪漫主义者们是以双重的方式在设想中世纪那样一种过去的历史阶段的价值的：部分地是其本身具有永久价值的某种东西，作为人类精神的一种独一无二的成就；而部分地又是在导致了那些具有更大价值的事物的那一发展过程之中而出现的。"[3]

谢林被誉为德国浪漫主义的精神领袖。他的独特贡献首先在于他对自然和艺术的沉思极大地影响了浪漫主义者对自然和艺术的感悟；其次，他由自然而艺术，由艺术而历史的思想发展历程，启发了浪漫主义对历史的思考，从而使自然、浪漫和历史之间达成一致性。他的自然哲学复兴了亚里士多德的观点，将整个自然界视为一个恢宏的有机体，所谓自然乃是精神本原"理智"之形成。如果说精神本原在人中意识到自我，在自然中则是无意识的，并非生命体产生于无生命体，而是自然界的无生命体为生命的产物，为其终结所致。物体的本原，是精神的、无意识的生命体；它可从事创造，却不能思考。而人则是这

---

〔1〕 洛夫乔伊：《观念史论文集》，南京：江苏教育出版社 2005 年版，第 168 页。

〔2〕 Elias Palti，" The ' Metaphor of Life '：Herder's Philosophy of History and Uneven Developments in Late Eighteenth-Century Natural Sciences," *History and Theory*，Vol. 38，No. 3（Oct.，1999），p. 328.

〔3〕 柯林武德：《历史的观念》，第 139 页。

个整体的最完善表现。从自然哲学出发,他认为艺术犹如自然,也是一个有机的生命和灵魂发展的整体,每一个阶段都有自己的特色。[1] 从浪漫主义对诗艺的论述中,可以看到谢林思想的影响。浪漫主义的著名代表施勒格尔说:"那使我们想到自然的,激励着无限的生命充实感的,就是美的。自然是有机的,最高的美因而是永恒的、植物性的。"[2]"在神性当中,深奥的概念本身与通俗的概念相互吻合。没有任何理念是孤立的,而是如其本质一样,只处在所有理念之中。……所有古代人的古典诗歌都彼此相关,不可分割,组成一个有机的整体。正确地看,所有古代人的古典诗歌只是一首诗,是唯一在其中诗艺本身显现为完善的诗。从类似的方式来看,完善的文学中一切书籍都只是一部书。在这样一部永远在变化生成的书里,人性和文化教养的福音得以公诸于世。"[3]施勒格尔给浪漫诗下的定义是:"浪漫诗是渐进的总汇诗。……只有浪漫诗能够替史诗充当一面映照周围整个世界的镜子,一幅时代的画卷。"因为浪漫诗"正处于生成之中;的确,永远只在变化生成,永远不会完结,这正是浪漫诗的真正本质。……只有浪漫诗才是无限的,一如只有浪漫诗才是自由的,才承认诗人的随心所欲容不得任何限制自己的法则一样"[4]。在这里,"无限的概念比有限的概念重要,生成(Becoming)的概念比存在(Being)的概念重要,行动的观念比完成(achieved completion)的观念重要,无尽渴望的心思比心灵中的静谧和泰然重要"[5]。

从这些对诗艺的论述中,浪漫主义历史观呼之欲出,同赫尔德的史学思想如出一辙。因为它们借以形成思想的媒介都是自然。布鲁姆对此的说明最为精到:"浪漫主义诗人的论断并不只是一种断言;它是一种玄学,一种历史理论",是浪漫主义诗人借以观看人类和人的生活的一种方式。[6] 浪漫主义者通过对自然的浪漫主义沉思,进而达到了对于历史观念的思考。正如自然界生物有机体的演变是多样性汇聚发展的过程一样,历史的发展有如浪漫诗的

---

〔1〕 弗·威·约·封·谢林:《艺术哲学》,北京:中国社会科学出版社1996年版,前言,第30页。
〔2〕 施勒格尔:《浪漫派风格》,北京:华夏出版社2005年版,第115页。
〔3〕 同上书,第116页。
〔4〕 同上书,第72页。
〔5〕 洛夫乔伊:《观念史论文集》,第207页。
〔6〕 哈罗德·布鲁姆:《批评、正典结构与预言》,北京:中国社会科学出版社2000年版,第168页。

发展一般,是渐进的总汇诗,所有的场景都属于历史这一进步主义戏剧的整体的一个部分,在这个意义上,可称为历史的有机体。施勒格尔后期在经历了文学观、哲学观和历史观的一系列变异后,不再奉艺术和美为最高典范,而是以历史研究为己任,他在其研究生涯的第三个高峰开设历史哲学讲座,就说明浪漫主义和历史学观念形成之间的联系。施勒格尔整体历史观的形成,源于他和席勒一样有感于近代自然科学的发展及其分析的方法所带来的人与自然、人与自己的分裂(席勒《论素朴的诗与感伤的诗》对施勒格尔的影响非常深刻,他公开承认受惠于席勒的文章),故他倡导完整的、统一的、和谐的观点,提出统一综合的理想。他之称浪漫诗是渐进的总汇诗,就源于这一现实的依据。[1] 就像自然界的生物,不管其种类有多么纷繁复杂,变化多么无穷无尽,但终究只是发生在自然的整体之中一样(当然,这个整体本身是变化的),所有的诗都只是一首诗,所有的书都只是一本书。所有人类的历史都只是一部普遍的世界历史。这样的隐喻在浪漫主义的历史情境下自然产生,这样的历史在康德的笔下有了理论上最为明确的表达。

康德在《世界公民观点之下的普遍历史观念》中认为,"把普遍的世界历史[2]按照一场以人类物种的完美的公民结合状态为其宗旨的大自然计划来加以处理的这一哲学尝试,必须看作是可能的,并且甚至还是这一大自然的目标所需要的"[3]。在康德看来,大自然绝不做劳而无功的事,绝不会浪费自己的手段以达到自己的目的。既然它把理性和以理性为基础的意志自由赋予了人类,就已经是对它所布置的目标的最明显不过的宣示了。这就是说,作为大地之上唯一有理性的被创造物,人类要由自己本身来创造一切,"人类的历史大体上可以看作是大自然的一项隐蔽计划的实现,为的是要奠定一种对内的、并且为此目的同时也就是对外的完美的国家宪法,作为大自然得以在人类

〔1〕 参见施勒格尔:《浪漫派风格》,序言,第 8 页。

〔2〕 "普遍的世界历史"一词原文为 allegemeine Weltgeschichte,相当于英文的 universal history,字面上通常可译作"通史"或"世界通史"。但作者使用此词并不是指通常意义的通史或世界通史,而是企图把人类的历史当作一个整体来进行哲学的考察,这明显是受到浪漫主义思想的影响而形成的历史观点,故此处作"普遍的世界历史"以与具体的或特殊的历史相区别,或进一步可以把具体的或特殊的历史作为是"普遍的世界历史"的组成部分或阶段。参看康德:《历史理性批判文集》,北京:商务印书馆 2005 年版,第 19 页注释。

〔3〕 康德:《历史理性批判文集》,第 19 页。

的身上充分发展其全部禀赋的唯一状态"〔1〕。这一计划的实现需要使用人类的理性,但理性并不是单凭本能而自行活动的,而是需要有探讨、有训练、有教导,才能够逐步地从一个认识阶段前进到另一个阶段。这就需要每一个人必须活得无比长寿,才能学会怎样可以把自己全部的自然禀赋加以充分运用,但事实上大自然仅仅给人规定了一个短暂的生命期限,在这个期限之内是无法完成的,因此理性的发展就需要一系列也许是无法估计的世代。每一个世代都得把自己的启蒙留传给后一个世代,才能使得它在人类身上萌芽,最后发挥到充分与它的目标相称的发展阶段。理性的充分发展最终"只能是在全物种的身上而不是在各个人的身上"实现,"这种情形永远都是令人惊异的:以往的世代仿佛只是为了后来世代的缘故而在进行着他们那艰辛的事业,以便为后者准备好这样的一个阶段,使之能够借以把大自然所作为目标的那座建筑物造得更高;并且唯有到了最后的一代才能享有住进这所建筑里面去的幸福,虽则他们一系列悠久的祖先们都曾经(确实是无意地)为它辛勤劳动过,但他们的祖先们却没有可能分享自己所早已经准备过了的这种幸福。尽管这一点是如此之神秘,然而同时它又是如此之必然,只要我们一旦肯承认:有一类物种是具有理性的,并且作为有理性的生命类别,他们统统都要死亡,然而这个物种却永不死亡而且终将达到他们的禀赋的充分发展"〔2〕。

康德对普遍的世界历史的过程的描述,无疑地既表达了启蒙运动的理性主义的观点,也表达了浪漫主义的发展观点。当他把理性的实现当作最高的理想时,他是启蒙运动的,当他描述理性实现的过程时,他是浪漫主义的。正如柯林武德所说的,康德历史观念中"真正值得瞩目的是,他把启蒙运动的观点和浪漫主义的观点结合在一起的那种方式"〔3〕。康德的心灵很显然是18世纪的理性的心灵,但这并不妨碍他"在这里完成了一件丰功伟绩,他说明了为什么应该有历史这样一件东西的存在;他说明,这是因为人是一种有理性的生物,因此他的潜能的充分发展就需要有一个历史过程。……有一个可以生

---

〔1〕 康德:《历史理性批判文集》,第16页。
〔2〕 同上书,第6页。
〔3〕 柯林武德:《历史的观念》,第146页。

活于其中的历史过程"。"历史就是朝着合理性的一场进步,同时也是在合理性中的一场进步。"[1]

　　康德把目的实现和过程的发展结合起来的方式,使他在历史这一并不是他所关注的重点的领域,写出了新的和有价值的东西。虽然他的头脑已经被启蒙运动定了型,但这一点也没有妨碍他事实上形成了浪漫主义的历史观,他之形成这个观点,是对"此"世界,即人文的世界的直接的关注的结果,也是他的卓越之处。这一点正如洛夫乔伊所言,在康德眼中有两个世界,对应于两种知识能力,即知性和理性。知性对应的世界是"此"世界,是在时空中具体存在的人和物以及事件的世界,我们可以称为历史的世界,这个世界是变化不定的,存在于时间中,每一刻都不相同;理性对应的是"超感觉的"或"本体的"或"理智的"世界,由既不在时间中也不在空间中的实在物所组成,它没有"之前"或"之后",没有"这里"或"那里"。通过对康德历史观的引述和分析,我们看到,启蒙运动和浪漫主义并不是水火不容,浪漫主义的历史观点也可以从启蒙运动的思想发展而来,如果说浪漫主义史学是以同情的态度看待以往的全部时代,并在其中发现真正可贵的人类成就,那么它也应该是带着这种眼光来看待启蒙运动的。因此,浪漫主义并不完全像我们原来所说的那样,是对启蒙运动的反动,是它的对立面。相反,浪漫主义者绝没有把自己放在与总体上来说的启蒙运动相对立的地位。如果说他们在某些方面强烈地批评启蒙运动,那么在其他方面他们也坚定地认同启蒙运动。[2]在谢林论述历史的相关话语中,我们能看到和康德相似的描述:"于是,我们便看到我们得到了一种新的历史特点,就是说,抱有理想的生物才有历史,这种理想是绝不能由个体实现的,而只能由类族加以实现。这就需要每个后继的个体在先行的个体不复存在时恰好能接替实现理想的活动,因而也就需要在绵延不绝的个体之间有连续性,并且,当历史进程中应该实现的东西是某种只能由理性和自由造成的东西时,还需要有传统和继承。"[3]和康德不同,谢林明确提出并强调了历史进程中传统和继承的重要性,认为"历史上仅仅一度存在过的事件实际上也与每个人

---

[1] 柯林武德:《历史的观念》,第153—154页。

[2] 参见詹姆斯·施密特:《启蒙运动与现代性》,上海:上海人民出版社2005年版,第829页。

[3] 谢林:《先验唯心论体系》,北京:商务印书馆1981年版,第240页。

的个人意识有联系或会有联系,不过这种联系恰恰不是直接的,而是确实通过无穷多的中间环节,以致只要人们能够指出这些中间环节来,也就会看出整个的过去对构成个人意识是必不可少的"[1]。

浪漫主义与启蒙运动

综观浪漫主义史观的产生,我们会看到,一种新历史观念的形成是它自己的时代和之前的时代发展的必然产物。浪漫主义对历史的看法从未脱离开启蒙运动的历史时空,相反也正是从中发展起来的。假设 18 世纪的"心灵"也像个体的心灵一样,有着一种由它对过去的记忆、它对目前事态和它对未来事件的预期三者所构成的一种似是而非的现在,那么 18 世纪的普遍化了的"心灵"或者说舆论的气氛,毫不犹豫地把过去回想成一个愚昧和不幸的时代,坚决地与之决裂,并庆幸人们终于从以往黑暗的荒野之中出现在或者正出现在 18 世纪的光明的、有秩序的世界中,步入了一个显然是更为美好的时代。[2] 浪漫主义身处 18 世纪的历史氛围,无疑首先受到这种思想的影响,继而对它产生强烈的怀疑,通过对自然观念的反思,他们看到了未来是奠基于现在,现在是由过去发展而来的;他们毫不犹豫地运用启蒙运动的激烈的批判武器对之进行批判,正如有的学者指出的,浪漫主义对启蒙运动的批判其实是很理性的。由于它采取的姿态过于激烈,以致人们忽略了它原来只是要填补启蒙运动留下的真空,弥补它致命的缺陷。浪漫主义终究是它自己时代的产物。一方面,它像启蒙运动一样立足于现在,充满信心地展望未来;另一方面,它又回望过去,从历史中寻求现在和未来发展的动力和根基。恰巧是在对自然的沉思中,它寻找到了历史的连续性的依据,并综合吸纳了过去和现时代的成果,形成浪漫主义的史学。和启蒙运动相反,它"再不是对过去时代的轻蔑和嘲笑,而是把过去时代的智慧作为现在与将来的部分;它使历史本身方方面面完整充实并面目一新……它在积极的战斗性的价值中感受到自己的生命力……历史同

---

[1] 谢林:《先验唯心论体系》,第 242 页。
[2] 参见卡尔·贝克尔:《启蒙时代哲学家的天城》,第 100—104 页。

时是哲学,自然被理解为发展和历史性……总之,这种浪漫主义不仅一点不同近代哲学、唯心主义或常言所说的绝对唯灵论不一致,而且就是这种近代哲学或这种哲学的某些特殊学说"[1]。如果没有启蒙运动所提出的普遍理性和人性的观点,又怎么会有浪漫主义的普遍的世界历史!浪漫主义实现的是思想发展的综合,这正是启蒙运动贡献给浪漫主义构造历史学理论的观念体系。在这种情况下,从康德到黑格尔的哲学和历史学都可界定为"浪漫主义的"。认为浪漫主义只是怀乡病,那是只看到了它的一方面,在浪漫主义对过去的"温柔的回归"中,在这一起承转合、上下求索之中,浪漫主义者就从自己的时代出发,贯通了古今,走上了一条历史之路,实践着历史学的思维,从而使浪漫主义的史观得以形成。

　　针对启蒙运动的哲学家和历史学家把中世纪看作是违反理性和常识的坏的时代,浪漫主义对中世纪情有独钟,充满同情,并在其中发现了至关重要的关于精神的价值的思想,从而再一次在具体的历史情境中实践了浪漫主义的史学思想。根据历史发展的连续性观点,每个时代的目的都是要成其为它自己,因而在它努力要成为它自己的那种东西的意义上,便总是合理和完美的。中世纪不过是成为它所能成为的中世纪而已。在这个过程中,它既从希腊罗马吸收了发展的要素,又贡献了自己的真正可贵的人类成就。浪漫主义史学为什么一再强调要回到中世纪,正是因为中世纪强调、提升和突出了人的精神的价值,而精神的重要作用是浪漫主义所极力主张的。浪漫主义的精神当然不仅是抽象的理性,还包括了情感、情绪和一般内心生活。如克罗齐所言:"基督教精神超过古代精神的地方不在其思想的冷静和稳妥,而在其情操的炽旺和想象的热烈。"[2]在对自然的想象和历史的回顾之中,浪漫主义投入的正是这种情操的热烈和不羁的想象。如果没有中世纪对精神的强调和提升,浪漫主义又如何使被理性逐出自然和历史的精神回归,如何通过精神的主体性的光照耀自然和前此被认为是昏暗的历史的每一个地方?

　　中世纪对于浪漫主义和史学的重要性还在于,基督教历史编纂学第一次

---

〔1〕 克罗齐:《十九世纪欧洲史》,第 31 页。
〔2〕 克罗齐:《历史学的理论和实际》,北京:商务印书馆 1986 年版,第 213 页。

真正打破了循环的观念,打破了人类事物永远重返起点的观念。在这里,历史破天荒第一次被理解为进步。因为中世纪强调的基督教的精神价值不是这一民族或那一民族所特有的,而是整个人类所共有的[1],所以根据基督教原理编写的任何历史,必然是普遍的、神意的、天启的和划分时期的。它所编写的历史就是一部普遍的历史,或一部世界通史,一直追溯到人类的起源。它要描述人类不同的种族是怎样出现并栖息在大地上各个居住区域的。它要描述各种文明和各个政权的兴衰。它把种种事件不是归之于人世执行者的智慧,而是归之于预先确定着它们的行程的神意的作用。[2]中世纪的历史学家是从一种普遍主义的观点来看待历史的过程的,只不过由于末世学的闯入使这个本应是不断发展的过程终结了。但中世纪所做出的努力对启蒙运动和浪漫主义已经足够。贝克尔早就用精彩的论述证明了18世纪启蒙哲学家的思想从未摆脱过中世纪的神学思想的影响;他们为自己构筑的理性的天城只不过是奥古斯丁的天城的改头换面。可以说,如果没有中世纪对精神价值和情操的强调,特别是没有中世纪线性的普遍历史发展观,我们很难想象浪漫主义史学思想的形成。浪漫主义史学的形成过程本身,既是一个观念的形成过程,也是一个实践的过程。我认为这可说是它的重要特征之一。

当把浪漫主义视为思想史的一个时代时,浪漫主义史学是以思想形式呈现的思想;在思想的形式中,它用发展的概念同启蒙运动静止的思想相对立。发展的概念在浪漫主义时期并不是首次萌发的某种全新的东西,不是花蕾的第一次绽放。因为任何一种真正的思辨概念都不能在某一时代没有而在另一时代却出现了。差别仅仅在于,在一个时代,科学问题似乎涉及思想的某一方面而不是另一方面,而思想却永远在其整体上普遍存在。因此,当人们说到古代和18世纪没有发展概念时,那是一种夸张。[3]事实上,如贝克尔所说,连续性这一观念是18世纪早就有了的(最早还可上溯至中世纪),"可是没有人欢迎它,它无依无靠地徘徊在人们意识的边缘之外,它怯生生地走近了门槛,

---

〔1〕 无疑,中世纪的普世主义又被启蒙运动吸收,发展出抽象的理性和普遍的原则,可见,思想的形成从来不是空穴来风,这再一次证明了浪漫主义史学观与启蒙运动的联系。

〔2〕 参见柯林武德:《历史的观念》,第89—90页。

〔3〕 参见克罗齐:《历史学的理论和实际》,第187—188页。

却没有真正地迈了进去。那原因是,18世纪的'哲学家'们主要感兴趣的并不在于使社会稳定,而在于要改变社会。他们并不追问是怎样成为它那现状的,而是要追问怎样才能使它比那现状更好"〔1〕。

在浪漫主义时期,发展的概念不再是没有听众的一个孤独的思想家的思想,而扩大成为一般的信念了;它不是怯懦地悄悄地出现的,不是被人矛盾地加以肯定的,它是具体地、首尾一贯地、理直气壮地出现的,并支配了精神。反抗它的力量的人是很少的。〔2〕那一时期的舆论气候逐渐变成这样的:"除非我们把我们的世界看作是一桩正在行进之中的事业,否则我们似乎就无从理解它。除非我们知道'事物是怎样成为它们现在的这种样子的',否则我们就无法确切了解它们。"〔3〕它(指发展概念)把它的智性的脊骨给予整个史学,而那种史学则在不同程度上替它纠正了一些同样片面的倾向,那些倾向来自情感的和政治的冲动,来自对最近的过去或对"昔日黄金时代"或对中世纪的深情厚谊。现在全部历史都被理解为一种必要的发展,因此它内含地或或多或少言明地获得拯救;人们用神圣的情感了解历史。因此,发展的概念就延伸到了传统的古代,随后由于知识和注意力的增长,又扩展到了东方文明。〔4〕

可见,一种思潮的形成必须要有合适的土壤,才能形成所需的时代氛围。从这个意义上讲,浪漫主义史学的形成既是时代的产物,又是多种因素促成的结果,思想的形成有时其实是需要机缘巧合的。当各种条件一旦具备,一个思想和理论的高峰即随之到来。

至此,浪漫主义在它自己的时代为自己找到了来自另外两个时代的思想和精神的资源。机械论的自然观使它们重拾古希腊的有机的自然观点,回到亚里士多德的潜能理论,启蒙的抽象理性和工业革命给人的精神和信仰带来的缺失,使它们频频回望中世纪的田园牧歌。如果说自然给予浪漫主义有关历史发展的连续性和生长的观念,那么,中世纪给浪漫主义贡献的是提升了的精神的价值和普世的思想,这使得几乎所有的浪漫主义者,不管通过什么样的

---

〔1〕 卡尔·贝克尔:《启蒙时代哲学家的天城》,第84页。
〔2〕 参见克罗齐:《历史学的理论和实际》,第189—190页。
〔3〕 卡尔·贝克尔:《启蒙时代哲学家的天城》,第17页。
〔4〕 克罗齐:《历史学的理论和实际》,第215页。

方式,最终都必然走上回乡的历史之路。这表明浪漫和历史似乎有着天然的内在的关联。最后,启蒙运动给予了浪漫主义以现实的基础,迫使它从启蒙运动的历史学家的论战性的和反历史的立场出发,去寻求连接古今、贯通未来的真正的历史观点。在此过程中,启蒙运动贡献给它进步的观念和更明确地迈向未来的普遍世界的思想,并在不久之后由它的理论出发,导致了一场伟大的实践——法国大革命。它既是一个启蒙的事件,也是一个浪漫的事件,从而为浪漫主义史学提供了写作和表达的实例。启蒙运动对于浪漫主义的意味,如拜泽尔所说,"就像一只凤凰,启蒙运动被它自己的火焰消耗殆尽,浪漫主义从它的灰烬中诞生出来"[1],而它的重生,开启了历史学一个新的世纪。

---

[1] 詹姆斯·施密特:《启蒙运动与现代性》,第337页。

简论雅典西西里远征

黄冬敏[1]

在古代希腊的历史上,曾发生过两次著名的战争:希波战争与伯罗奔尼撒战争。前者奏响了希腊辉煌的进行曲;后者则揭开了希腊没落的序幕,标志着希腊历史的转折。西西里远征是伯罗奔尼撒战争的重要组成部分。是"希腊历史上最大的一次军事行动——对于胜利者来说,是最辉煌的一次胜利;对于战败者说来,是最悲惨的一次失败"[2]。西西里远征正是雅典帝国扩张的表征之一。其失败不仅是伯罗奔尼撒战争的转折,亦是雅典历史的转折,意味着雅典帝国的解体与民主政治的衰败。探询西西里远征失败的原因,有助于进一步了解公元前5世纪爱琴海与地中海的希腊世界。[3] 本文试从经济、政治、社会意识等方面进行分析。

一、雅典经济的困顿

修昔底德在《伯罗奔尼撒战争史》中就已指出经济因素对战争的重要影

---

[1] 黄冬敏,复旦大学历史学博士(2005年9月入学,2008年7月毕业),现就职于湖南师范大学历史文化学院。

[2] [古希腊] 修昔底德:《伯罗奔尼撒战争史》,谢德风译,北京:商务印书馆1978年版,第563页。

[3] 国内学界对雅典西西里远征的失败主要集中在对雅典的党争的探讨上。如史海青认为雅典的失败是由于远征的非正义性,党争及战略战术的失误所致;韩益民细致分析了远征前雅典的渎神案,指出党争对雅典政局的影响;周洪祥对修昔底德的解释存疑,认为远征西西里是雅典战略的必然选择,战争的失败并非源自修氏所言的雅典民主的错误。(史海青:《雅典远征西西里惨败的原因》,《宁夏大学学报(社会科学版)》1987年第2期;韩益民:《西西里远征前的雅典渎神案》,《华南师范大学学报(社会科学版)》2003年第3期;周洪祥:《雅典远征西西里正误辨析》,《北方论丛》2005年第2期)

响。西西里远征的失败从根本上说，在于奴隶制经济的扩张与雅典小国寡民、自给自足的小生产方式不适应及对西西里形势的低估所致。

公元前 8 世纪雅典废除王政。经民主改革至公元前 5 世纪进入全面发展与繁荣期。希波战后，雅典称霸爱琴海，成为国际贸易中心。希波战前，雅典主要靠东方市场提供原料、粮食和生活消费用品。波斯战败，东方市场逐渐萎缩，经济中心由小亚城邦转向巴尔干半岛西方城邦及西西里。雅典帝国形成后，旗下盟邦约"三百个，人口总额估计达一千万至一千五百万人"[1]。雅典为此派出大量行政人员及驻军维持同盟事务，需花费大量薪金。为装饰富丽的雅典城，需从海外运输大量原料。此外还需供给工匠市政人员巨额资金及粮食。雅典出口以葡萄酒与橄榄油为大宗，而粮食多依赖进口。粮食对伯罗奔尼撒同盟也是非常重要的。谷物供应地主要是黑海、西西里、埃及和小亚。希波战后，波斯逐渐切断东方市场，而雅典控制爱琴海、黑海贸易，因而西西里粮道成为雅典同盟与伯罗奔尼撒同盟斗争的焦点。雅典试图控制西西里以切断伯罗奔尼撒粮道及维持自身供给，实现统一希腊的梦想，为此制定远征西西里的计划。

奴隶制的扩张与发展必然决定雅典帝国通过军事征服与掠夺来实现。然而这种扩张与雅典小国寡民自给自足的小生产经济不相适应。公元前 5 世纪，雅典固然是工商业经济大邦，但其经济特征仍以农业为主，以小土地所有制为基础。"利润用于消费，并非积累，由此扩大再生产是有限的。"[2]封闭性的自然经济不适应日益膨胀的帝国经济，战争的失败是不可避免的。

希波战后，雅典雄踞爱琴海，西进时遭遇经济强国科林斯、麦加拉，雅典通过《麦加拉法令》将麦加拉排除出黑海贸易网，遭致麦加拉强烈敌视，粮食供给、经济竞争与海陆权的争夺是伯罗奔尼撒同盟的整体诉求。雅典控制提洛同盟后，强迫盟邦纳贡、捐款，一律使用雅典币制及度量衡。伯罗奔尼撒战争期间，雅典加紧压榨盟邦，提高关税。牺牲盟邦的利益来维持雅典帝国，引起盟邦的反感，影响着战争的进程。

---

〔1〕 顾准：《希腊城邦制度史》，北京：中国社会科学出版社 1982 年版，第 156 页。
〔2〕 何兴民、赵英：《从雅典城邦经济看古代社会生产目的》，《西北师范大学学报（社会科学版）》1991 年第 5 期。

经济的繁荣、政治的蓬勃发展、雅典帝国的强大使雅典人轻视了西西里的实力。早在公元前 3000 年,西西里已与克里特有了贸易往来;公元前 1000 年始,移民登陆西西里;公元前 9 世纪腓尼基人在西岸落居;公元前 8—前 6 世纪,希腊兴起大规模移民。[1] 此时,腓尼基人已创造了高度发达的商业文明,影响着西西里的希腊殖民地。公元前 6 世纪,西西里普遍实行僭主制。叙拉古的僭主格隆及希厄戎战胜迦太基人后,获得大量赔款,以此大规模发展叙拉古,使其成为西西里的“雅典”。为保持海上贸易的畅通及防止劲敌迦太基,叙拉古建立了强大的商队和舰队。西西里的经济活动范围广阔,“包括工业、商业、运输业,还开垦大片耕地,经营着大片牧场,管理着大片森林,具有取之不尽、用之不竭的宽阔而深厚的财源”[2]。

当西西里联合反击雅典时,凭借其强大的经济实力及丰厚的资源足以支撑战争的行进。而此时,雅典不仅要应付伯罗奔尼撒战场,还要应付几乎与之同样大小的西西里战场,加之盟邦背叛,雅典疲于奔命。大规模的军费开支及战争对经济的破坏,使雅典无力支撑。尼西阿斯致信雅典政府时提及由于军队守备不足,无法修复战舰,外邦水手逃亡,影响了雅典军队的作战力。[3]同时,斯巴达军队长驻亚狄迦,毁坏狄西里亚农业,掠夺劳里温银矿,这使得雅典经济濒临崩溃。因为控制狄西里亚将控制雅典乡镇。“橄榄树栽种之后要经过二十五年,有时还要四十年才能结果。”[4]雅典遭受很大的损失,过去由捷径到达雅典的粮道,现在要冒险“花很大的运费,由海道绕过修尼阿姆地角,才能运到雅典”[5]。雅典为应付窘境,向盟邦加重税收,“他们开始对属民从海上输入和输出的一切货物征收 5% 的关税”[6],激化了内部矛盾,外部又面临西西里与伯罗奔尼撒的联合反攻。这样,在内外交困中,雅典必然走向厄运。

〔1〕 [美]威尔·杜兰:《希腊的生活》(上),幼狮文化公司译,北京:东方出版社 1999 年版,第 218—219 页。
〔2〕 贺家祥:《试论古希腊的重商主义》,《世界史》1995 年第 7 期。
〔3〕 [古希腊]修昔底德:《伯罗奔尼撒战争史》,第 506—507 页。
〔4〕 林志纯主编:《世界通史资料选辑——上古部分》,北京:商务印书馆 1963 年版,第 304 页。
〔5〕 [古希腊]修昔底德:《伯罗奔尼撒战争史》,第 517 页。
〔6〕 同上。

二、党争削弱了雅典帝国

西西里远征是伯罗奔尼撒战争的重要组成部分,伯罗奔尼撒战争带有两大集团争霸的性质,战争的非正义性决定了西西里远征失败的必然。西西里远征之前,希腊世界分裂为以雅典、斯巴达为首的两大同盟,彼此征战达十余年。雅典与斯巴达之间存在着民主制与寡头制的矛盾,双方都使用分化、拉拢的手段扶植与自己政体相同的党派。雅典与伯罗奔尼撒同盟中的科林斯、麦加拉之间的经济政治利益的冲突加剧了战争的激烈性。雅典残酷地压榨盟邦,激起盟邦的不满与反抗。对立的盟邦间存在着领土、经济、政治的纠纷,加剧了战争的复杂性。而盟邦以自己的利益为前提,频繁更迭外交策略,造成雅典盟邦内部的不稳定。从舆论倾向上看,伯罗奔尼撒战争一开始,人们大致"倾向于斯巴达……希腊各邦都热烈地在一切可能范围以内援助他们"〔1〕。除上述矛盾造成雅典远征失败外,雅典自身因素也起着催化的作用。

雅典民主制度经梭伦、克里斯提尼、庇西特拉图至伯里克利时代,民主政治达于极盛。然而不可否认,雅典毕竟是小国寡民的社会,直接参与、轮番而治的民主制度存在着一定的弊端和局限性。自伯里克利时,规定雅典公民资格为父母双方均为雅典公民。以后,雅典公民权成为特权。雅典辉煌的民主制度及繁荣昌盛的文明是以牺牲奴隶、外邦人及妇女等大多数人的利益为前提的。因而,雅典城邦存在着不可调和的阶级斗争。雅典民主制度在操作上亦存在局限与弊端。雅典的抽签制度保证了雅典公民的直接参与、轮番而治,但本身意味着"对官吏的德才的选择原则的放弃"〔2〕。苏格拉底批评雅典民主选举方法的轻率,他被指控说过这样的话,"用豆子拈阄的方法来选举国家的领导人是非常愚蠢的,没有人愿意用豆子拈阄的办法来雇佣一个舵手或建筑师,吹奏笛子的人或任何其他行业的人,而在这些事上如果做错了的话,其危害是要比管理国务方面发生错误轻得多的"〔3〕。

---

〔1〕 [古希腊]修昔底德:《伯罗奔尼撒战争史》,第111页。
〔2〕 杜平:《古希腊政体与官制史》,长沙:湖南师范大学出版社2001年版,第158页。
〔3〕 [古希腊]色诺芬:《回忆苏格拉底》,吴永泉译,北京:商务印书馆1984年版,第8页。

此外,公民大会、陪审法庭也具有局限性。公民大会、陪审法庭是雅典民主的标志,贯彻直接民主的原则。但是,当内部出现分裂,受蛊惑家影响时,公民大会就会成为"集体僭主"[1],而不按城邦法律办事。如:雅典人不顾尼西阿斯的力阻,执意通过远征西西里的决定;公元前406年将取得阿吉纽西海战胜利的将军处死。将军对民众负责,一旦战败,无论功勋,一律要受指责,甚至放逐处死,因而在战术上,多因循守旧,鲜有创新。而叙拉古人则大胆创新,因地制宜采取灵活策略,充分发挥骑兵、轻骑兵和标枪手等各兵种的特长,取得战争的主动权。

雅典党争削弱了帝国,是导致西西里远征失败的主要原因。雅典实行民主制度,但内部不同的阶层,为着各自的利益形成不同的政治倾向。主要是民主党与寡头党之间的斗争,但两党之间又存在着温和派与过激派之分。雅典党争长达300余年。早期党争基本上促进了社会的变革,使雅典民主逐步完善。伯里克利去世后,民主党分裂。一派是以尼西阿斯为首的温和民主党逐渐靠拢贵族党;一派是以克里昂为首的激进民主党。时值伯罗奔尼撒战争,两派又分别形成主和派与主战派。克里昂死后,亚西比德崛起,两派斗争重趋尖锐。党争贯穿雅典民主历史的全过程,败坏了社会风气。各阶层、各党派将自身的利益置于城邦之上,采取欺诈恐吓、诽谤、暗杀等手段,以推翻现行政策与领袖为快事。反对党与执政党之间固执己见,处心积虑地夺权,通过残酷地报复打击政敌,为实现自己的主张,诡辩风盛行。

战争使得以往维持城邦稳定的中产阶级丧失,导致城邦内部党派间势力的失衡。而梭伦制定的法令"任何人当发生内争之时,袖手不前,不加入任何一方者,将丧失公民权利,而不成为国家的一分子"[2]。这使得党争异常残酷、激烈,因为想保持中立,免于争端的人们"受到两个极端民主党派的摧残,不是因为他们没有参加斗争,就是因为嫉妒他们可能逃脱灾难而生存下去了"[3]。贝壳放逐法的废弃,削弱了城邦制衡及监督机制。此时,雅典盟邦也盛行着党派间的流血冲突,冲击着雅典帝国的大厦。正是在这样的政治氛

〔1〕 杜平:《古希腊政体与官制史》,第158页。
〔2〕 [古希腊]亚里士多德:《雅典政体》,日知等译,北京:商务印书馆1999年版,第12页。
〔3〕 [古希腊]修昔底德:《伯罗奔尼撒战争史》,第239页。

围中,多虑谨慎的尼西阿斯未能说服雅典民众取消远征西西里的计划,反而被委以重任,与反对者亚西比德一同领衔出征,在对立与分歧中远征搁浅。在关键时刻,雅典当局受反对党的煽动,武断召回亚西比德,这一切都为远征失败埋下悲剧性的伏笔。

当雅典的领袖醉心于个人野心时,西西里的赫摩克拉底正发表热情洋溢的演说。号召所有的西西里人团结起来,彼此让步,积极寻找盟邦,达成西西里内部的媾和。斯巴达王室的声誉与威名在希腊世界闻名遐迩。当斯巴达的斗篷和权杖出现时,盟邦衷心拥护。"人们对拉凯戴梦国王表示的是一种对英雄而非对常人的尊敬。"[1]因而,无论从雅典的内部还是外部来看,西西里远征必然遭到失败。

三、社会变迁影响着战争进程

随着经济、政治的变迁,雅典的社会意识、传统宗教道德观念及心理、民族风貌各方面也发生着巨大变化,深刻影响着西西里远征。

雅典人笃信宗教,认为神是不朽的,无处不在,城邦由至上神统治着。神在雅典人的生活中占有重要地位。出生、结婚和死亡都有专门的祭礼仪式,以保证家族的神圣与合法延续;出征前人们要取得神谕或占卜来预测吉凶;胜利后要将战利品献给神;缔约要以城邦神的名义进行;大大小小的体育赛会与节日庆典莫不与神有关。"神是人聚合的根源。"[2]一个人被放逐,意味着失去坛火,仅次于死刑。除雅典而外的希腊世界也普遍地虔信神灵。人们以祭礼祈祷的方式表达对神的感恩与亲近。求神谕或占卜,是为了得到神的庇佑。因而在希波战争中,在未取得吉兆时,保萨尼亚斯与他的士兵"在岗位上忍受死亡"[3]。而在取得吉兆后则英勇无畏地冲向波斯人。出于对超人力量的无知与恐惧,人们希望以虔敬来打动神,获得神的支持与赞许。对神的信仰及

---

〔1〕 施治生、郭方主编:《古代的民主与共和制度》,北京:中国社会科学出版社 1998 年版,第 215 页。
〔2〕 洪涛:《逻各斯与空间——古代希腊政治哲学研究》,上海:上海人民出版社 1998 年版,第 40 页。
〔3〕 〔古希腊〕普鲁塔克:《希腊罗马名人传》(上),陆永庭等译,北京:商务印书馆 1990 年版,第331 页。

各种仪式的强化和巩固,积淀在人们的生活中,影响着人们的方方面面。

因而我们不必惊异尼西阿斯的痴迷。尼西阿斯不同于雅典鼎盛时代的伯里克利。面对日食,伯里克利可以用战袍蒙住舵手的眼睛说:"无非那个东西比我的战袍更大,造成一个大阴影罢了。"〔1〕尼西阿斯正值西西里远征溃败时,雅典人的意气风发、自信勇敢已为战争消磨殆尽。在未知的命运前,雅典人选择了神,认为只要听命于神,才不会被神遗弃。神是圣洁不可侵犯的,任何渎神、慢神的行为都可能触怒神灵而给城邦带来灾祸,因而对触犯者要诅咒、放逐甚至处死。这样我们便能理解为什么在关键时刻,雅典政府会召回亚西比德受审。神是至高无上的,雅典人热烈而真挚地信神,所以尼西阿斯执着地沉迷于神示,雅典政府固执地判处亚西比德死刑,亚西比德叛逃至斯巴达从而使西西里远征必然走向灭亡。这是雅典社会的悲剧。

希腊的生活渗透着神性,在雅典人身上集中体现希腊的两种精神——日神精神与酒神精神。两种精神都象征着生命的强大。"前者是一种神的理想,后者是一种人的理想。"〔2〕两种精神都是朝气蓬勃而欢快的,渗透到雅典的社会中,塑造着雅典人热情、乐观和冒险的性格。阿波罗与狄奥尼索斯都是俊美而浪漫的青年,体现着雅典人对美好快乐生活的向往和追求。雅典人相信命运,但并不消极地面对命运。他们热烈地追求自由、快乐、荣誉及一切新奇美好的事物。他们挚爱着城邦,为了荣誉不惜献出生命。因而在西西里困境中,雅典士兵屡败屡起。面对死亡,恐惧着、悲伤着,却没有退缩。如果雅典能及时退兵,或许可以避免悲惨的命运。但是,雅典的精神却促使他们迎接惨烈的命运。

此外造成西西里远征失败的原因,还与当时雅典的社会变迁有关。希波战后,雅典的政治、经济高度繁荣,极大激发了公民的自信心。雅典帝国的建立使雅典走上扩张的道路。适应新形势,公元前5世纪后半叶,在雅典和其他城邦兴起"智者运动",强烈冲击着雅典的传统宗教与社会生活。智者运动最初是作为希腊启蒙思潮而出现的,洋溢着强烈的人本主义精神。普罗泰格拉斯的"人是万物的尺度",说出了雅典社会蓬勃的生机与活力,但由此也引发对

---

〔1〕 [古希腊]普鲁塔克:《希腊罗马名人传》(上),第497页。
〔2〕 李咏吟:《原初智慧形态——希腊神学的两大话语系统及历史转换》,上海:上海人民出版社1999年版,第215页。

传统、宗教、道德的否定,导致怀疑主义与相对主义,在政治上表现为霸权主义。雅典的霸权主义突出表现在与斯巴达和弥罗斯的论辩中。雅典人对斯巴达人说:"只是一个帝国被献给我们的时候,我就接受。"[1]以同样的口吻对弥罗斯人说:"强者能够做他们有权力做的一切,弱者只能接受他们必须接受的一切。"[2]

这样,雅典赋予城邦正义原则以新的内涵,即:正义的凭借与维护在于国家的强大。当修辞术蜕变为诡辩术,智者成为蛊惑家,随战争而来的是经济停滞,党争加剧,疾病盛行,阶级矛盾尖锐。在这种纷乱的局势下,雅典政府通过了西西里远征计划。雅典人的自信与冒险精神使他们认为他们能够做到一切。盲目的乐观使他们忘记了伯里克利的忠告:不要扩大帝国,要深思熟虑。雅典人狂热地支持西西里远征,轻易地听信厄基斯泰人,将大批精锐的公民兵送上不归的旅程。

战争的破坏,智者运动的消极影响及社会的变迁,极大败坏了雅典人的品质与道德。"在整个希腊世界中,品行普遍地堕落了,观察事物的淳朴态度,原是高尚性格的标志,那时候反而被看作是一种可笑的品质,不久就消失了。互相敌对的情绪在社会上广泛流传。"[3]同为雅典人,同为放逐者,客蒙可以不计恩怨,毅然报效祖国;地米斯托克利在征伐祖国两难境地下,从容自杀;希波战争中,阿里斯提德从全局出发,让贤于米太雅德;伯里克利弥留之际自豪地说:"雅典人从来没有一个是因为我而穿上丧服的。"[4]

伯里克利之后,雅典缺乏具有绝对权威的领袖,个人自我意识膨胀,个人利益高于城邦利益。雅典民主在战争中衰落了。领导西西里远征的领袖是尼西阿斯和亚西比德。尼西阿斯以虔敬、谨慎著称,但是过度的谨慎,缺乏果敢与勇毅,使他拒绝同僚的正确建议而贻误战机;过分地虔敬而丧失了突围的良机,终使7 000之众覆亡西西里。亚西比德年轻、俊美,是希波战后意气风发的雅典青年的代表。他聪颖、狂妄而喜欢冒险,狡诈、时髦而赋有谋略,但是他

---

[1] [古希腊]修昔底德:《伯罗奔尼撒战争史》,第55页。
[2] 同上书,第414页。
[3] 同上书,第239页。
[4] [古希腊]普鲁塔克:《希腊罗马名人传》(上),第500页。

缺乏忠诚与宽容心。他憎恨雅典政府的指控,愤而背叛雅典,向斯巴达人献策:支援西西里,占领狄西里亚,劫夺劳里温银矿。西西里远征军不可挽救地败亡了。"错误在于原始,"[1]亚里士多德以哲学家的口吻说,"一般来说,著名人物间的失和,其后果常常牵连到全邦。"[2]

公元前5世纪,希波战后,雅典成为全希腊的学校,创造了发达的奴隶制文明。然而经过伯罗奔尼撒战争后,这座"紫罗兰花团锦簇"[3]的自由之邦陨落了。西西里远征无疑是其重创的重要原因,远征的失败是雅典社会经济、政治、意识观念诸方面发展的必然结果。

---

[1] [古希腊]亚里士多德:《政治学》,吴寿彭译,北京:商务印书馆1983年版,第243页。

[2] 同上书,第244页。

[3] [美]伊迪丝·汉密尔顿:《希腊方式——通向西方文明的源流》,徐齐平译,杭州:浙江人民出版社1988年版,第79页。

"欧洲"与"文明"：基佐欧洲
文明进步史观初探*

傅 琼[1]

    弗朗索瓦·基佐(Francoise Guizot，1787—1874)是 19 世纪出色的历史学家。他出身于法国尼姆的一个新教家庭，1799—1804 年在瑞士日内瓦接受基础教育，1805 年回巴黎后，先遵从母愿学习法律，后因兴趣所归转入文学、哲学、历史、政治等领域，一生兼有新闻记者、历史学家、政治家等多重身份。作为历史学家的基佐，著作甚多。其中，他根据 1828—1830 年在索邦大学的讲稿加工而成的《欧洲文明史》和《法国文明史》，以精练的语言和富含哲理的分析广受赞誉。如英国史学史家古奇认为，基佐"是最早像解剖学家解剖躯体那样解剖社会的人；是最早像生理学家研究动物机体的功能那样研究社会有机体的功能的人"[2]。事实上，基佐还是第一个明确提出以"欧洲文明"为研究对象，"参照文明的进展对欧洲近代史作一回顾……对欧洲文明的历史，对它的起源、它的发展、它的目的、它的特性作一概述"[3]的人。然而，基佐文

  * 本文原载于《欧洲文明研究》2007 年第 2 期。

〔1〕 傅琼，复旦大学历史学博士(2005 年 9 月入学，2008 年 7 月毕业)，现为江西农业大学马克思主义学院教授。

〔2〕 G. P. Gooch, *History and Historians in the Nineteenth Century*，Boston：Beacon Hill Press，1959，p. 181.

〔3〕 Guizot，The History of Civilization in Europe，Lecture 1，See *Historical Essays and Lectures*，Chicago & London：University of Chicago Press，1972，p. 141.

明史中所蕴含的欧洲文明史观,迄今鲜有学者进行专门的论述[1],在笔者看来,这恰恰是基佐史学思想中最为绚丽的部分,是理解基佐史学思想的关键之所在。基于此,本文拟就基佐欧洲文明进步史观的生成背景、理论来源及基本内涵作一初探,以求教于诸方家。

一、基佐欧洲文明进步史观的生成背景

历史学家的社会历史观往往离不开各种社会思想的浸润,基佐也不例外。他在《欧洲文明史》的开篇之处就说,"我用了欧洲文明这个词语,因为十分明显,存在着一个欧洲文明,在欧洲各国的文明中普遍地存在着一种一致性……到处都是根据同样的原则向前发展,并几乎到处都会产生相似的结果……而另一方面,它的多样性却是十分惊人的"[2]。

基佐之所以直接采用"欧洲文明"一词,并用"十分明显"来强调它,首先是

---

[1] 关于基佐的研究,国外学者除 G. P. Gooch(Work: *History and Historians in the Nineteenth Century*)和 J. Weintraub(Work: *Visions of Culture*, Chicago & London: University of Chicago Press, 1966)将其视为文(明)化史家进行研究外,多侧重于其政治思想和史学思想的总体研究,如,Mary Conxolaty O'connor, *The Historical Thought of Francois Guizot* (Washington, D. C.: the Catholic University of America Press, 1955); Salvo Mastellone, *La Politica estera del Guizot* (Florence: La Nuova Italia, 1957); Douglas Johnson, *Guizot: Aspects of French History, 1787-1874* (Toronte: University of Toronto Press, 1963); Marina Valensise(ed.), *Francois Guizot et la Culture Politique de son Temps* (Paris: Éditions du Seuil, 1991); Ceri Crossley, *French Historians and Romanticism: Thierry, Guizot, the Saint-Simonians, Quinet, Michelet* (London: Routledge, 1993)。我国对基佐的研究还处于起步阶段。论文方面,仅见蒋相泽的《基佐的历史观批判》(载《学术研究》1963 年第 4 期);赖元晋的《基佐阶级斗争历史思想的演变》(载《法国研究》1984 年第 4 期);尤天然、洪波的《基佐》(载《世界历史》1982 年第 1 期);张铭的《基佐文化、文明史研究管窥》(载《贵州师范大学学报(社会科学版)》2004 年第 2 期)。论著方面,各种版本的《西方史学史》都提及基佐,但多将他视为政治史家,只有张广智先生的《史学:文化中的文化》(上海:上海社会科学院出版社 2003 年版)一书将基佐视为文明史家,并有简要论述。

[2] Guizot, The History of Civilization in Europe, Lecture 1, See *Historical Essays and Lectures*, p. 141.

因为他接受了当时欧洲社会各界普遍具有的"欧洲观念"〔1〕。自 18 世纪开始,欧洲社会的大多数思想家和政治家都拥有了现代意义的"欧洲观念",他们都明了欧洲是包括众多民族国家在内的欧洲,欧洲各国既具有许多共同之处,也各有其独特之点。面对欧洲社会由于民族国家观念日趋强烈而导致社会纷争不断的局面,学者们做出了自己的反应。如圣-皮埃尔希望在欧洲文化认同的背景下,实现欧洲政治统一。为此他写下了三卷本的《给欧洲以永久和平的回忆录》,提出了欧洲联盟的构想。〔2〕伏尔泰则在强调欧洲内部的多样化的同时,指出了欧洲文化认同的事实。吉本既认识到欧洲文化认同的一面,也指出了欧洲对人类自由的贡献:"欧洲被分割成许多独立国家,但却依靠宗教、语言和习俗方面的大致相似而彼此联系在一起的情况,对人类的自由起了一定的推动作用。"〔3〕但他与伏尔泰一样,对欧洲是否应实现全面统一保持沉默。卢梭尽管知道实现全面"统一的欧洲"有许多障碍,但还是满怀憧憬地认为,他们的时代不再有法国人、德国人、西班牙人和英国人,而只有欧洲人。欧洲人有共同的品味、同样的激情和一致的生活方式。〔4〕康德虽然像卢梭一样,认为通过欧洲均势来维持普遍的和平是不可能的,但他仍提出了自己的设想,希望建立一个包含欧洲各民族在内的联盟,通过它来"维护和保障一个国家自己本身的以及还有其他加盟国家的自由"〔5〕。身为政治家的拿破仑与史学家

---

〔1〕 "欧洲观念"既是欧洲内部多种因素相互作用的结果,也是欧洲与"非欧洲"的外部世界对立的产物。它经历了漫长的演化过程,在古典时期欧洲观念主要体现在神话概念和地理概念的认同上;中世纪时期欧洲观念的文化认同得以孕育和形成;进入近代社会后,欧洲观念对内而言是多样性的民族国家构成的欧洲,对外则是欧洲主义的欧洲(See Federico Chabod, *Storia dell' Idea di Europa*, Bari: Editori Laterza, 1964; Peter Burke, *Did Europe Exist before 1700? History of European Ideas*, Vol. 1, 1980;陈乐民:《"欧洲观念"的历史哲学》,北京:东方出版社 1988 年版; also See Christopher Dawson, *Christianity and European Culture*, Washington, D. C.: The Catholic Universiry of American Press, 1998; Heikki Mikkeli, *Europe as an Idea and an Identity*, Houndmills: Palgrave Macmillan, 1998)。

〔2〕 参见陈乐民:《欧洲文明扩张史》,上海:东方出版中心 1999 年版,第 104—115 页;陈乐民、周弘:《欧洲文明的进程》,北京:生活·读书·新知三联书店 2003 年版,第 132—148 页。

〔3〕 参见[英]爱德华·吉本:《罗马帝国衰亡史》上册,黄宜思、黄雨石译,北京:商务印书馆 1997 年版,第 17 页。

〔4〕 Norman Hampson, *The Enlightment*, London: Penguin, 1984, p.71.

〔5〕 [德]伊曼努尔·康德:《历史理性批判文集》,何兆武译,北京:商务印书馆 1991 年版,第 113 页。

们不同,他认为"欧洲各民族之间的认同性不够,需要重建统一的欧洲社会。因此,必须要有一个统治其他权力的更高权力,它有足够的权威迫使人们彼此达到和谐,法国是实现这一目标的最好地方"[1],必须借助武力来实现欧洲全面统一的理想。[2] 但拿破仑的梦想很快便破灭了,1815 年维也纳会议正式确认了欧洲文化认同背景下各民族国家独立的合法性。这种社会思想也深深刻在基佐的头脑中,所以他无疑接受了"欧洲观念",不仅没有试图对"欧洲"一词作任何解释,而且还以"欧洲"为研究对象。

其次,基佐还自觉吸纳了"欧洲观念"中所附含的"文明"[3]之意。"欧洲观念"不仅体现在欧洲人的彼此认同上,还体现在欧洲"文明"进步的自我意识上。在欧洲人与非欧人的接触与对抗,尤其是在 17—19 世纪欧洲大规模的殖民扩张活动中,对比非欧社会,欧洲人普遍认为自己是文明的,殖民地是野蛮的;自己是进步的,殖民地是落后的。如在美洲的殖民扩张中,欧洲人将美洲人视为没有历史的人民,将美洲视为野蛮、未开化、混乱的区域,他们将美洲人具备的特征放大并投射到自己身上后,渐渐赋予自身某种特定的"文明"内涵,并将这种观念延伸到与亚洲、非洲的对比上。如孟德斯鸠从势力对比的角度分析了亚洲弱、欧洲强的原因。伏尔泰虽然认为"东方是一切艺术的摇篮,东方给了西方以一切"[4],但他描述中国、印度、中东、美洲等非西方地区,不过是为他要详述的西欧提供一幅可在世界范围内确定其空间、时间位置和认识水平高低的背景图而已。他认为文明发展的最高级阶段属于欧洲,因此,在他的世界史观背后隐藏着欧洲文明优越观的实质。法国神甫鲍多在涉及美洲人

---

〔1〕 David Thomson, *Europe Since Napoleon*, London: Penguin, 1962, p. 37.

〔2〕 Martyn P. Thompson, "Ideas of Europe during the French Revolution and Napoleonic Wars," *Journal of the History of Ideas*, Vol. 55, No. 1 (Jan. , 1994), pp. 37-48.

〔3〕 "文明"一词自 18 世纪出现伊始,其基本含义之一就与"野蛮"相对,表示人摆脱了依附于本能而产生的虚弱或残忍后的状态,以及通向这种状态的过程。而且,这种状态,被认为是更为先进的社会和文化状态。米拉波侯爵在他的《人类之友或论人口》中第一次使用了这个词,并将"文明"与教化以及道德价值相联系(See Mirabeau, *L'Ami des hommes ou Traité de la population*, Paris, 1757, p. 377)。而且"文明"一词很快便传播开来,成为启蒙运动的重要话语,内含秩序、进步与开化之意。1771 年第 6 版的《特雷武辞典》的"文明"词条中,采用了米拉波的观点(See *Dectionnaire de Trevoux*, Pairs: La Compagnie des Libraires associés, 1771, tome II, p. 617)。

〔4〕 [法]伏尔泰:《风俗论》上册,梁守锵译,北京:商务印书馆 1995 年版,第 201 页。

信仰的背景下明确使用了"欧洲文明"这个概念,他指出,改变美洲印第安人不仅在于使之皈依基督教,更要使之接受欧洲文明,把他们塑造成真正的法国人。[1] 狄德罗和雷纳尔则在 1774 年和 1780 年版的《欧洲人在两印度建置殖民地和贸易的哲学与政治史》中,对比两印度野蛮状态,强调欧洲在人类文明发展中的独特作用并按照欧洲社会描绘出了文明社会的图景。在他们看来,文明是一个从野蛮的状态到市民状态的历史过程,是一个个人、人类和社会进步和完善的过程。这些关于欧洲文明进步的社会思想直接为基佐继承和发展,所以他强调欧洲近代文明以前的所有文明都不是真正的"文明",认为文明"这个大事实包含着两个事实,它靠两个条件存在,并通过两个标志显示出来:社会活动的发展和个人活动的发展,社会的进步和人性的进步"[2]。

除"欧洲文明观念"这一社会共识性思想外,当时欧洲社会风起云涌的民族主义思潮也深深影响了基佐。他在表述"存在着一个具有多样性特征的欧洲文明"之后,紧接着指出:"法国是欧洲文明的中心和焦点","已在其他地方崛起的文明思想和文明制度力图扩大其领域成为丰富而普遍的思想和制度,以便为欧洲文明的共同利益而运作时,它们必须在某种程度上在法国经受一次新的预习,然后从法国这个第二故乡出发去征服欧洲。"[3]很明显,基佐欧洲文明进步史观既服务于也源自他的爱国主义情怀。

欧洲和法国社会的剧变是促使基佐致力于从欧洲文明的历史进程中探索出一条自由与秩序之路的基本动因。基佐成长于法国社会和欧洲社会剧变的 18 世纪末和 19 世纪初,1794 年他父亲因反对山岳派的过激行为被送上断头台时,基佐年已 7 岁。虽然 12 岁至 18 岁时他是在欧洲相对平静的瑞士日内瓦接受基础教育,但 1805 年回到巴黎后,短短 10 多年的时间里,他亲历了法国社会的大起大落:拿破仑帝国在欧洲的短暂辉煌、神圣同盟对法国的围攻、维也纳会议的召开、波旁王朝的复辟等,所有这些深深地震撼着基佐及其同时代的知识分子。面对维也纳会议后法国国际地位的下降、国内新制度与旧制

---

[1] Federico Chabod, *Storia dell' Idea di Europa*, p. 64.

[2] Guizot, The History of Civilization in Europe, Lecture 1, See *Historical Essays and Lectures*, pp. 150-151.

[3] Ibid., p. 141.

度的冲突、新思潮与旧思潮的对抗,基佐的爱国激情大增,开始反思大革命,希望能为法国当前和今后寻找一条切实可行的、确保自由与秩序的发展道路,恢复法国在欧洲的大国地位。基佐的探索之路并不寂寞,"整个 19 世纪前半叶,法国革命一直是使(法国)历史学家、政治家、新闻界,甚至诗人兴趣永远浓厚的一个主题"〔1〕。斯塔尔夫人率先打开了自由主义的闸门。她于 19 世纪初期先后写下了《德意志论》《思考法国革命》等著作,强调欧洲只有依靠民族情感的力量才能摆脱专制,获得自由。贡斯当于 1813 年发表了著名的政治小册子《论征服的精神》,提出了自由主义的欧洲观:欧洲应当是一个自由的欧洲,即每个国家应保持各自的独立和特点,而不是被一种表面的统一的形式所埋没。〔2〕贡斯当的自由与多样化的欧洲观代表了 19 世纪早期自由主义思想的普遍观念,这一思想为基佐等自由主义者所称道和继承。夏多布里昂的《基督教真谛》将外界景物与人物的内心情感,将文学性与艺术性紧密地融合在一起,反映了法国的"世纪病",更引起了基佐等史学家们对社会秩序的深切关注。

为法国资产阶级统治国家的合理性寻找历史依据是基佐进入欧洲文明史研究的直接目标。1814 年拿破仑帝国灭亡后,面对怎样才能建立有秩序的统治,该由谁来领导和治理法国等问题,法国史学界存在着严重分歧,具体表现为日耳曼论和罗马论之争〔3〕的白炽化状态。日耳曼论代表大贵族利益,认为法兰西产生于日耳曼人(法兰克人)的征服,从日耳曼征服中产生的贵族制度是自然的秩序,这种秩序被大革命中"背叛祖国、无恶不作"的第三等级所破坏;认为 1814 年反法联军占领法国是恢复"历史上形成的古老封建制度"的又一次具有伟大意义的征服。罗马论代表资产阶级利益,认为全部法国中世纪史是罗马因素不断胜利的历史,起源于罗马因素的第三等级应该是法国的主人。第三等级反抗贵族、争取统治地位是合法的,大革命的功绩是应该肯定

---

〔1〕 [美]J. W. 汤普森:《历史著作史》下卷,第三分册,谢德风译,北京:商务印书馆 1996 年版,第 343 页。

〔2〕 [法]贡斯当:《古代人的自由与现代人的自由:贡斯当政治论文选》,阎克文、刘满贵译,上海:上海人民出版社 2003 年版,第 263—310 页。

〔3〕 日耳曼论与罗马论之争早在 18 世纪就已出现,在 19 世纪初,它变得更为激烈。

的。当时,罗马派的福里尔著述了《法兰克人统治下的南高卢史》。依据大量史料,他提出了"日耳曼入侵者所带来的除了破坏和混乱外什么也没有"的观点。该派基佐与梯叶里、巴兰特和米什莱等人深受启发,利用古文献学已有的大量史料研究成果,掀起了研究法国中世纪史的浪潮。基佐的文明史便是其中的主要成果之一。

可见,基佐的历史研究,尤其是文明史研究,并非出于个人的兴趣,而是"他试图以历史作为政治的斡旋力"〔1〕,为法国资产阶级统治合法性寻求有力证据的结果。通过历史研究,他明确提出:"在市政制度和民法方面,在政治秩序方面,在哲学、文学和社会生活、智力生活的所有方面,罗马文明流传的时间比帝国存在的时间远为久远;我们到处都可以看出它的痕迹;任何深渊都不能把罗马和近代世界分隔开来;这条线索在任何地方都未被打断;我们到处都能认出从罗马社会到我们社会的转折点;总而言之,古代文明在近代文明中所起的作用比一般认为的更大和持续得更长久。"〔2〕因此,在基佐看来,"历史能帮政治的忙,政治也能为历史服务"〔3〕。所以,政治家和历史学家两大身份,对于基佐来说不仅不矛盾,相反"它们是为着同一目的,是相互补充的"〔4〕。用基佐自己的话来说:"我属于1789年的那些第三等级,他们根本不愿停下脚步……作为一个中产阶级和新教徒,我愿致力于道德自由、法律面前的平等和所有社会秩序方面的胜利。"〔5〕

二、基佐欧洲文明进步史观的理论来源

社会思想从总体熏陶和推动了基佐,为他的欧洲文明史观打上了时代的

〔1〕 Guizot, *Historical Essays and Lectures*, editor's introduction, p. xxxviii.

〔2〕 Guizot, *History of Civilization in France: From the Fall of the Roman Empire*, Vol. 2, *Lecture 30*, London: George Bell and Sons Press, 1908, p. 404.

〔3〕 Guizot, *Essais sur l'histoire de France*, 13e ed.; Paris: Didier et cie, 1872, cf. Mary Conxolaty O'connor, *The Historical Thought of Francois Guizot*, Washington D. C.: The Catholic University of America Press, 1955, p. 10.

〔4〕 Weintraub J., *Visions of Culture*, Chicago & London: University of Chicago Press, 1966, p. 76.

〔5〕 Guizot, *Memoires pour servir a L'histoire de mon temps*. I, 27, Paris: Michel Levy Freres, 1858, p. 26.

烙印。但具体而言，与同时代的大多数法国学者早期往往较多接触本国及英国思想、较少获得德国学识不大相同的地方是，基佐的文明史观受益于英、法、德三国著名史家思想的直接滋养。

将基佐引入欧洲文明史殿堂的是英国史学家吉本的《罗马帝国衰亡史》。1807 年，年仅 20 岁的基佐认识了保林尼·得·默兰（后成为他的第一任妻子），她很快便发现了基佐的史学天分，积极鼓励基佐重译、注释和校正吉本的《罗马帝国衰亡史》。基佐花了四年的时间，于 1808—1812 年完成了这一工作。其间，基佐的史学兴趣日趋强烈。他说，"基督教巩固的历史激起了我强烈的兴趣。我阅读了教会诸神父的著作和德国作家记叙这个时期的那些伟大作品。从来没有任何学术研究这样紧紧地把我抓住。正是由于这些学术研究以及康德的哲学把我引向德国文献研究的"[1]。事实上，吉本的著作不仅将基佐引向了其他历史资料和历史著作，更重要的是，吉本的著作本身就是欧洲文明史中少有的精品。虽然作者的主要历史题材是战争和政治，该书不仅以其史料丰富、视野广阔令人称道，而且作为"抓住历史连续性这个观点的第一位作者"[2]，吉本在欧洲史上搭起了一座桥梁，将古代与近代的历史连接了起来。基佐在其文明史著作中并没有直接提及吉本，但基佐的文明史的时间跨度及历史持续发展观，都与吉本的文明史观有相似之处。可以认为，吉本的《罗马帝国衰亡史》已经在无形之中深深影响了基佐的史学兴趣及社会历史观。

事实上，在吉本的著作将基佐引向德国学界之前，基佐就已经显示出偏爱德国学术的倾向。早在日内瓦学习期间，他就接触并喜欢上德国文学和哲学。回到巴黎后，他对康德、赫尔德和席勒的兴趣远甚于对伏尔泰和康迪纳克的兴趣。当时他还写过很多赞扬德国文学和哲学的文章，以致他的朋友指责他太德国化，而他自己后来也在回忆中说，自己年轻时很像德国人。[3] 在吉本激发起他的历史连续性观念之后，基佐开始深入德国历史哲学领域，因而他的文

---

〔1〕 Quarterly Review, XCIV (December, 1853-March, 1854), p. 127. cf. Mary Conxolaty O'connor, *The Historical Thought of Francois Guizot*, p. 5.

〔2〕 ［美］J. W. 汤普森：《历史著作史》下卷，第三分册，第 122 页。

〔3〕 Mary Conxolaty O'connor, *The Historical Thought of Francois Guizot*, p. 3.

明史观中很大一部分理论来源于德国学界。康德哲学是基佐特别喜爱的,康德所研究的对象不是伦理学所研究的单独的个人,而是整个人类;他的自由与必然的关系突出地表现为个人乃至群体与整个人类之间的矛盾;他强调"如果历史从总体上考察人的意志自由的表现,那么,它就能够发现这种自由的一个合规律的进程"[1]。康德的目的论深深影响并体现在基佐的文明史中,以致圣伯夫批评说,"基佐的著作构成一条一环扣一环、一个环节也不能缺少的链子。他的目的,像支配和组织现在那样,支配和组织过去。我怀疑,一个人是否能够这样完整和确定地掌握他所叙述的历史的导因"[2]。

康德的历史哲学在他的学生赫尔德那里有了进一步的发展,基佐沿着这一路径研究了赫尔德及其思想。他曾大力称赞赫尔德的历史哲学巨著《关于人类历史哲学的观念》一书。赫尔德既具有开阔的历史和文化视野,又重视民族文化,注意挖掘各民族文化的价值,坚持民族文化本位的历史主义。他认为各民族文化在不同发展阶段并没有高下之分,每一阶段都是民族文化发展的必经过程,它们具有各自的特色,在当时都是不可必缺的,具有类似的重要性;认为人类各民族的历史和文化是同它们各自所处的地理环境和气候条件相联系的,人类有多少种文化就有多少种民族精神;认为人类历史和文化的多样性反映了统一性,它们都统一于一个更高的有机整体。[3] 赫尔德这种将历史视作文化史,重视文化发展的连续性、规律性,强调存在即有其合理性的观点,是对康德思想的发展,它们在基佐的文明史中都有所体现,如基佐关于欧洲文明(包括法国文明)的发展历程的进步观念,就有追随赫尔德文化观的痕迹。

此外,萨维尼的《中世纪罗马法史》论证了罗马法尽管受到蛮族入侵的震动,但在西罗马帝国覆亡后,仍然残存下来的历史;强调罗马法律史的连续性,强调法律是一个民族整个生活的表现。它不仅成为基佐文明史观的一部分,而且成为基佐文明史认识论的有力工具。在《法国文明史》中,基佐也视法律为民族生活的表现,他多次提到萨维尼并引用其法学史研究成果阐述欧洲文

---

〔1〕 [德]康德:《康德文集》第8卷,转引自李秋零:《德国哲人视野中的历史》,北京:中国人民大学出版社1994年版,第103页。

〔2〕 G. P. Gooch, *History and Historians in the Nineteenth Century*, p. 182.

〔3〕 张广智:《史学:文化中的文化》,上海:上海社会科学院出版社2003年版,第179—181页。

明的历史进程；他赞扬萨维尼渊博而胜任地详述了各种事实，认为《中世纪罗马法史》是一部富有哲学理的历史，又是一种关于历史事实的广泛的进步的编纂法的研究；但他也批评了萨维尼缺少联系的史学观念，认为萨维尼不但丝毫没有想把自己研究的特殊历史同人类文明和天性的一般历史加以比较，而且甚至在自己的课题范围内，也没有费心去把各种事实作任何系统的联系，因而导致它们完全孤立，除了日期的关系之外，没有任何其他关系。在基佐看来，这样一种关系并不是真正的关系，它既不赋予事实以意义，也不赋予事实以价值。[1]

尽管基佐一度非常偏爱德国著作，德国学者对他的影响也是显而易见的，但身为法国人的他也仍然可以算是法国史学家孟德斯鸠、伏尔泰、孔多塞、圣西门等人史学思想的继承者。

基佐对某些理性主义思想是持批判态度的，但这并不妨碍他向启蒙思想家学习。启蒙思想家们的规律观念、进步观念、自由观念也对他有较大影响。他是巴黎"18世纪哲学爱好者"沙龙的常客和由孟德斯鸠信徒组成的"空论家派"的主要领导成员，便可作为佐证。在笔者看来，孟德斯鸠把政治现象放置在历史的一般规律下加以说明[2]，他的历史规律性观念和政治制度观念影响了基佐。基佐的文明史也特别重视在历史语境下分析各种制度的结构及其命运。伏尔泰以历史视野影响了基佐。伏尔泰的历史视野比孟德斯鸠开阔，孟德斯鸠主要关注政治制度，伏尔泰重视人们的精神面貌和各国的风俗习惯。在他的名著《路易十四时代》开篇之处，他就明志，即不为后代叙述某个个人的行动功业，而向他们描绘有史以来最开明的时代的人们的精神面貌。基佐也特别重视人类精神的进步，强调人的发展。孔多塞给了基佐文明进步的强大信念。他从历史哲学的角度对人类文明进行了分析，提出人类历史发展要经历的十个阶段，认为后一阶段总比前一阶段进步；历史的进步是受人类理性在每一个时代的发展状况制约的；历史并不是英雄人物所创造的英雄业绩，而是人类理性觉醒的产物；历史进步的阶段，基本上就是相应于人类理性发展的阶

---

[1] Guizot, *History of Civilization in France: From the Fall of the Roman Empire*, Vol. 2, Lecture 11, pp. 3-4.

[2] [法]孟德斯鸠：《罗马盛衰原因论》，婉玲译，北京：商务印书馆2005年版，第102页。

段。可以说,基佐的人性发展观有些许孔多塞的影子。此外,同时代的长辈圣西门的阶段斗争的意识对基佐也有影响。圣西门坚信世界是变化发展的,事物的发展是有规律的,人类社会的发展也有规律性;财产问题是社会矛盾的根源,阶段斗争是社会发展的动力;旧制度处于衰落,必须由新的制度取而代之。[1] 他还指出,"中世纪形成的神学和封建体系,比希腊人和罗马人的政治和宗教体系更大大地向前推进了人类的文明。它最终在十五世纪创造出来的劳动成果,使现代的各族人民比古代的各族人民高出许多"[2]。

三、基佐欧洲文明进步史观的基本内涵[3]

基佐虽然受到众多史家及其史学思想的影响和启迪,但他并没有为这些思想所束缚,而是将它们融入自己的文明史观之中。如前所述,欧洲文明观念已被众多学者关注,但当时很少有学者从欧洲总体的角度进行分析。[4] 启蒙时代的史学著作多怀着世界史观,如吉本的《罗马帝国衰亡史》范围涉及欧洲、亚洲和非洲,孟德斯鸠的《论法的精神》指向人类社会的普适性,伏尔泰的《风俗论》更以涵盖世界范围而被人们当作近代史家世界史观的典范。尽管它们都多多少少具有欧洲优越论或欧洲中心主义的某些倾向,但它们毕竟并非专门的欧洲文明史。从这一意义上说,基佐公开以《欧洲文明史》为著作名称,以欧洲标准看待所有文明,导致眼中只有"欧洲"及其"文明"。另外,相对于同时代的其他史家来说,尽管基佐对"十八世纪学者的脚步的追随"[5]较多,但

---

〔1〕 参见[法]圣西门:《圣西门选集》第一卷,王燕生等译,北京:商务印书馆1979年版,第250—309页。

〔2〕 参见[法]圣西门:《圣西门选集》第三卷,董果良、赵鸣远译,北京:商务印书馆1985年版,第215—216页。

〔3〕 此部分和余论部分,与拙文《基佐文明进步史观述论》有少许交叉之处,特此注明。

〔4〕 在笔者查阅的有关欧洲历史著作史的作品中,在基佐的《欧洲文明史》之前或同时代以"欧洲史"命名的历史著作很少。仅见:约翰·福克斯的《威克里夫时代以来全欧洲宗教迫害史话》(详见 J. W. 汤普森:《历史著作史》上卷,第二分册,谢德风译,北京:商务印书馆1996年版,第884页);Lodovico Guiciardini, *Commentary on the Most Notable Events in Europe*, 1565; Pier Francesco Giambullari, *History of Europe*, 1566; Alfonso Ulloa, *The History of Europe*, 1570(See Heikki Mikkeli, *Europe as an Idea and an Identity*, p. 41)。

〔5〕 Bernard Semmel, H. T. Buckle: The Liberal Faith and the Science of History, *History and Sociology* (Sep. , 1976), p. 372.

正如伯瑞所说,基佐并未受到"任何曾经伴随和有助于这一观念发展的(启蒙)哲学理论的妨碍"[1]。他立足于欧洲历史发展进程本身,从内在制度和结构等方面对欧洲文明进行了总体阐释和分析。因而,在基佐这里,文明的含义远远超越了启蒙话语中的文明一词。在吉本那里,文明仅是"战争和政治";在孟德斯鸠那里,文明仅是"政治制度";在伏尔泰那里,文明主要是"风俗与精神";在赫尔德那里,文明仅是"精神文化"。而在基佐这里,文明"就像海洋,它构成一个民族的财富,该民族的生命的一切要素、支持它的存在的一切力量,都集中并团结在它的内部"[2]。

可见,基佐一方面是先辈学者们播下种子的收获者,另一方面也是欧洲文明史观的真正开拓者。正如基佐自己所说,"这种历史(文明史)是件新的工作,仅仅是刚绘出草图。有关它的念头,人们最早在十八世纪就已想出来,但我们看到它开始真正实行则是在我们自己的时代,即在我们的自己的眼皮底下。然而,今天人们研究的不仅是这种历史,不仅研究事实,而且也研究它们前后事件的关系及其原因;哲学家和学者们同样在这个领域里工作。但直到今天,我们可以说历史的研究,不论是哲学史的或学术史的研究,都是偏于一个方面的、有局限的;人们写出了政治的、立法的、宗教的、文学的历史;作出了精深的研究,在有关法律、风俗、科学、文学、艺术、人类活动的一切工作的命运和发展上提出了卓见;但他们并没有把它们总体来看,没有在它们的密切而丰富的统一中——加以考虑。即使人们企图抓住一般的结果,即使人们希望对人类的天性的发展形成一个完整的思想,那这座大厦也完全是在一种偏见的基础上建立起来的……它(文明史)是一切历史的一个概要;它需要它们全部用作资料,因为它叙述的事是所有其他的事的摘要"[3]。他以规律性、持续性和进步性为主轴,深入分析了欧洲文明的基本演化及其内在结构。

其一,基佐坚信欧洲文明在多种势力长期矛盾斗争下的持续进步性。他

---

[1] [英] 约翰·伯瑞:《进步的观念》,范祥增译,上海:上海三联书店 2005 年版,第 192 页。

[2] Guizot, The History of Civilization in Europe, Lecture 1, See *Historical Essays and Lectures*, p. 145.

[3] Guizot, *History of Civilization in France: From the Fall of the Roman Empire*, Vol. 2, *Lecture 30*, pp. 394-395.

承认环境对文明有一些影响,但抛弃了孟德斯鸠等理性主义者将环境视为文明发展的主要推动力或阻碍力的观点;他借鉴了圣西门等人的阶级斗争观,但并非局限于分析政治斗争,而更多地致力于探讨社会矛盾斗争对文明的作用;他吸纳了吉本、赫尔德、萨维尼、孔多塞等人历史连续发展的思想,并将其运用于文明进步与否的评判上。他承认并坚信各种文明的发展是不均衡的,总体上说文明是不断发展进步的,但认为并非所有文明、无一例外地都能持续发展。他将人类文明分为两种,一种是单一性文明,另一种是多样性文明。认为单一性文明,即使曾有过发展进步,但不能做到持续不断,因而不在他所谓的进步文明之列;多样性文明,由于存在多种势力的相持、斗争与妥协,能够持续不断地向前发展进步,因而被基佐视为真正的进步的文明。近代欧洲文明之前的文明,普遍都具有单一性。它们似乎都是从一个单一的事实、从一个单一的概念产生出来的,缺乏多种势力之间的斗争。无论是它们的种种制度、设施上,还是它们的思想和生活方式上,都打有单一性的烙印。所以,不管它具体表现为何种形式,都不能确保文明持续、不断地发展进步。而欧洲文明则不同,它具有鲜明的多样性特色,它存在着多种势力的斗争,此消彼长,时有变化,但谁也不曾完全被征服或完全取得胜利,而是共同推动欧洲文明的发展。[1]

其二,基佐深信欧洲文明进程中各种事实都具有其存在的合理性。他指出了伏尔泰将中世纪过分丑化的做法[2],并从赫尔德的文化观中汲取了养料,认为文明中的各种事实都有其存在的合理性,从长时段来看,它们都对文明的进步起着重要作用。两者不同的地方是,赫尔德主要从哲学思辨的角度对民族文化"存在即合理"进行了论证;而基佐则将《欧洲文明史》中的哲学思辨式论述,在《法国文明史》中以大量史料充分论证其历史的真实性。用他自己的话来说,他的文明就是"事实"。他分析说,基督教教会是各种势力中推动欧洲文明发展作用最大的势力。它是一种精神势力,一种精神力量,一种完全

---

[1] Guizot, The History of Civilization in Europe, Lecture 1, See *Historical Essays and Lectures*, pp. 160-164.

[2] Guizot, *History of Civilization in France: From the Fall of the Roman Empire*, Vol. 3, *Lecture 30*, pp. 3-4.

依靠人的信念、道德信条和情操的力量，它出现在一个物欲横流的社会中，带来了极大的好处。如果没有基督教教会，公元5世纪时，整个世界必将完全被物质力量所俘虏。可以说，教会单独发挥了一种道德力量，也支持和传播了一种关于规则、规律的思想，即在一切人类法则之上存在着一条法则，这条法则随着不同的时间和习俗而有不同的名称，它有时称为理性，有时称为上帝的法则，但是它在任何地方和任何时候只是名称不同的同一法则而已。[1] 同样，封建制度是必要的、唯一可能的社会状态。它是10世纪时普遍建立起来的、最具实力的斗争势力。在此外的三个世纪里，"它对个人内心的发展产生了很大的而且总的来说是有益的影响。它在人的头脑中唤起了种种思想观念、生气勃勃的感情、精神上的需要、性格和激情的良好发展"[2]。由于它既不可能建立法律秩序也不可能确立政治保证，而这些是欧洲社会复兴所必不可缺少的，因此，封建制度本身就蕴含着一种反抗权利。从13世纪开始，第三等级与贵族之间的斗争终于成为欧洲文明发展的主动力，第三等级是法国文明中最积极、最起决定作用的因素，它决定了法国文明的方向和性质。第三等级同贵族的斗争是16世纪近代法国文明诞生的主要原因。之后欧洲文明获得了加速发展，但它仍处于幼年阶段，仍在不断向前发展。

其三，基佐强调欧洲文明进程中各要素的动态和谐性。基佐既重视社会物质财富的发展，也重视精神道德的力量。从这一点来讲，卢梭、康德、赫尔德都对他有所启示，但也与他自身的新教信仰密不可分。他认为"文明的两大要素，即智力发展和社会发展，是非常紧密地联系在一起的，文明的完善的的确确不仅在于它们的结合，而且也在于它们的同步性，以及它们互相激发并发生自身的那种广度、便利程度和速度"[3]。基佐以历史主义的眼光，坚持动态和谐性而不是绝对的、无任何差别的协调与同步性。他指出，文明不仅包括社会和人类的发展，要使它完善，那么它们的同步性，它们内部的迅速联合，它们

---

[1] Guizot, The History of Civilization in Europe, Lecture 2, See *Historical Essays and Lectures*, p. 176.

[2] [法]基佐：《欧洲文明史》，程洪逵、沅芷译，北京：商务印书馆2005年版，第83页。

[3] Guizot, *History of Civilization in France: From the Fall of the Roman Empire*, Vol. 1, Lecture 1, p. 274.

相互的作用都是必不可少的。它们不可能是绝对同步的,某些时候是社会发展快,某些时候是精神发展更快。但基佐也特别强调非协调性不能太久,"如果它们长久不能齐头并进,它们的联合长久没有得到实现时,难堪的感觉、尖锐的不满和不完善的感觉就会袭上目击者的心头"[1]。他以英国、德国、意大利、西班牙、法国的文明发展状况例证各要素和谐发展的重要性:英国社会的发展比起人性的发展来更为广泛、更为辉煌,盛行着功利和应用的原则,英语尚不能称为一种有系统、有规律的、合理地构成的语言;德国的精神活动,如哲学、历史、文学、诗歌等进展得非常快,但它们都具有缺乏现实感受力的特征,社会发展慢,纯粹的智力活动构成德国文明的主要特征;意大利的个人和社会虽然有过辉煌,但是外部世界的涣散压迫了人的精神;西班牙则缺乏文明一般的、持续的进步的环境,有的只是庄严的静止或是没有结果的周而复始;而在法国,"精神的发展和社会的发展彼此从未相失过。那里人们和社会总是在进展和改善着,我不说两者并驾齐驱,但彼此差距是很小的"[2]。

此外,基佐还指出了欧洲文明发展的渐进性和非匀速性。他说"没有一个伟大的事实,没有一种社会状况是一下子就完完全全出现的。它总是缓慢地、一步一步地形成的。它是许许多多属于不同的时间和不同的来源的各种不同的事物所造成的结果"[3]。他将欧洲文明的发展历程划分为前后相继的三个时期,即初探时期、探索时期、发展时期。认为在第一时期社会的各种因素从混乱中解脱、诞生,以原始形式呈现,具有自己的活动原理;在第二时期,社会各因素互相靠拢、混合,犹如互相试探,而无力形成任何普遍的、正规的、持续的东西;在第三时期,欧洲社会具有了一定的形式,遵循一个既定的方向,快速而普遍地向一个明确的目标前进。[4]与此同时,基佐还指出了欧洲文明逐渐推进过程中的非匀速性。认为5至14世纪发展较慢,15世纪开始欧洲

[1] Guizot, *History of Civilization in France: From the Fall of the Roman Empire*, Vol. 1, Lecture 1, p. 273.

[2] Ibid., p. 279.

[3] Guizot, *History of Civilization in France: From the Fall of the Roman Empire*, Vol. 3, Lecture 32, p. 17.

[4] Guizot, The History of Civilization in Europe, Lecture 8, See *Historical Essays and Lectures*, pp. 217-218.

文明发展较快。15世纪在政治、精神、科学领域取得了重大进展,是欧洲现代社会的序曲,是16世纪强大革命的准备阶段。16世纪是现代社会的真正开始,"属于欧洲旧社会的一切因素和特点转化为两大事实:自由探索和中央集权"[1]。到17、18世纪,欧洲文明进一步发展,法国已处于欧洲文明的领先地位。基佐坚信欧洲文明在此基础上仍将不断前行。

四、余　论

基佐欧洲文明史观中所蕴含的乐观主义精神和辩证法思想,在克罗齐看来,具有时代的共性:"19世纪前半世纪的史学符合唯心主义的和浪漫主义的哲学,19世纪后半世纪的史学符合自然主义的和实证主义的哲学。因此,就历史学家而论是无法区别其历史思想和哲学思想的,二者在叙述中是浑然一体的。"[2]确实,基佐十分强调哲学的重要性,他认为历史学家兼有哲学家和画家的职责,"失去画家的职责,历史仍是有用的;但如果失去哲学家的职责,历史将浮于表面甚至是有害的"[3]。所以我们可以同意汤普森的说法,即"基佐本质上是史学思想家而不是历史著作家"[4]。

正是这种史学思想家的倾向,使基佐的文明史观与伏尔泰的文明史观有明显的不同。众所周知,在近代史家中,伏尔泰以其《路易十四时代》和《风俗论》被尊称为"西方文明史之父"[5],他与基佐一样,关注人类文明的发展,拥有整体史观念、进步史观念和文明史观念,后世学者们也往往据此将基佐的欧洲文明史观视作伏尔泰世界文明史观的发展形态。但事实上基佐史学中的哲学气质不同于伏尔泰,他对伏尔泰文明史采取的是批判式继承方法,直接从伏尔泰文明史观中继承的东西不多,相反,两者之间有较大的差别。

〔1〕 〔法〕基佐:《欧洲文明史》,第229页。
〔2〕 〔意〕克罗齐:《历史学的理论和实际》,傅任敢译,北京:商务印书馆1982年版,第152—153页。
〔3〕 Mary Conxolaty O'connor, *The Historical Thought of Francois Guizot*, Washington, D. C.: the Catholic University of America Press, 1955, p. 29.
〔4〕 〔美〕J. W. 汤普森:《历史著作史》下卷,第三分册,第356页。
〔5〕 H. E. Barnes, *A History of Historical Writing*, New York: Dover Publications, INC., 1963, p. 153.

　　其一,对文明的蕴意的认识不同。基佐较多从制度和法律层面认识文明,较少述及风俗等精神层面的文化现象。伏尔泰则将着力点置于风俗、技艺等精神文化层面。基佐明确将文明史研究限定在欧洲社会(其实主要是西欧社会)上,他认为东方文明缺乏持续进步的动力,否认东方文明的发展进步性的事实,带有较浓厚的欧洲中心论色彩;而伏尔泰的文明史以整个世界为研究对象,将整个世界置于进步观念中,尽管他的世界史观背后隐藏着欧洲主义的实质,但他的世界整体观念还是超越了基佐欧洲整体史观的。

　　其二,对文明发展状态的认识不同。基佐从长时段角度,强调人类的发展需要经过长时期的渐进式累积,认为包含中世纪在内的每一阶段发展进程中,人类理性都将随文明的进步而提升;文明进步源于社会与智力的和谐发展。伏尔泰则相信,人类理性是先验的、不变的;人类的发展受偶然性影响;中世纪是粗野的、荒谬的、黑暗的,只有古典文明和近代文明值得关注;文明进步的希望只能寄于开明君主身上。

　　其三,对事件因果关系的认识不同。基佐不仅关注事件的因果关系,而且特别强调具体事件与文明的关系。他的所有论述都是围绕文明发展的主题展开,枝蔓多被略去,用他自己的话说"各种重大事件、社会危机和社会所经历的各种情况,使我们感兴趣的仅仅在于它们与文明的发展的种种关系。我们询问它们的仅仅是,在哪一些方面它们反对它或促进了它,它们给了它什么,它们拒绝给它什么?"[1]而伏尔泰只关注事件的因果关系和人类的直接动机,他对历史的阐释仅限于发现特殊原因,而不思考基佐所研究的那些更广泛意义上的一般原因的作用。

　　基佐文明进步史观为何与伏尔泰文明进步史观有如此大的区别呢?除前述基佐学术中的德国倾向外,基佐与伏尔泰所处时代不同,也是一个重要原因。比如说,进步运动在18世纪时还没有完全显示其魅力。而到19世纪则成为一种显著的事实;18世纪是理性主义的世纪,而19世纪初民族主义思潮的发展,则在基佐身上体现为浪漫主义的"怀乡性"和对理性主义的强烈批判。

───────────

〔1〕 Guizot, The History of Civilization in Europe, Lecture 4, See *Historical Essays and Lectures*, p. 182.

因而，在基佐的文明史中，他"精力充沛地反对启蒙时代哲学家，尤其是康迪拉克、伏尔泰和苏格兰派哲学家等的理性主义教导"[1]。

　　总之，基佐的欧洲文明进步史观是西方史学思想中的瑰宝。他将"欧洲"与"文明"有机结合，以长时段、以整个时代为单位写作欧洲文明史，展示自身文明进步史观的做法，对后代史家，尤其是对年鉴学派历史学家有较大影响，如从布罗代尔的《文明史纲》一书中不难发现基佐文明史观的影子。同时，基佐的思想对近代日本学者福泽谕吉和中国学者梁启超等也有所影响[2]，在一定程度上促进了中日文明史的发展。当然，不可否认，基佐欧洲文明史观也存在许多不足，如他虽然强调了文明发展的规律性和持续性，却又"保留了超自然的信仰，尊重宗教，痴迷于伦理学"[3]。但总体而言，基佐的文明史观，既体现了作者对现实社会的关照之情，也对史学理论的发展有所裨益，其史学意义是值得肯定的。

---

〔1〕　Mary Conxolaty O'connor, *The Historical Thought of Francois Guizot*, p. 7.
〔2〕　参见日本学者福泽谕吉：《文明论概略》，北京编译社译，北京：商务印书馆 1982 年版；许冠三：《新史学九十年》，长沙：岳麓书社 2003 年版。
〔3〕　Mary Conxolaty O'connor, *The Historical Thought of Francois Guizot*, p. 4.

奥古斯都与罗马文学的黄金时代[*]

乔琴生[1]

奥古斯都时代的文学被誉为罗马文学的黄金时代。这个时代,涌现出了维吉尔(Virgil)、贺拉斯(Horace)、李维(Livy)、奥维德(Ovid)等彪炳后世的文学巨匠。他们歌颂英雄、伟大帝国与传统美德,充分显示了帝国盛世时代知识分子的骄傲与自豪;同时,他们亦居安思危,善于思考,敏于观察,时时流露出对社会问题的忧虑与思考。奥古斯都时代的文学盛况有着令后人困惑的地方:那就是具有反叛精神的文学与严厉的政治在一定程度上达到了和谐相融。一般说来,君王统治之下的帝国政治,很可能会对文学的自由创作,尤其会对诗歌产生负面的影响,统治者往往出于巩固政权的需要,钳制自由思想,压制反对意见,培植符合其要求的御用文人。[2]然而,奥古斯都时代的文学呈现给我们的是优美、和谐、贴近现实的画面。这种画面的出现与奥古斯都有着相当大的直接关系。

一、奥古斯都时代赋予罗马文学的历史使命

奥古斯都时代的罗马,文学(乃至整个文化)领域出现的盛况,是与这个时

 * 本文原载于《历史教学问题》2008年第1期。
〔1〕 乔琴生,复旦大学历史学博士(2005年春季博士入学,2008年毕业),现为复旦大学继续教育学院办公室主任。
〔2〕 奥古斯都作为罗马的第一位皇帝,也难逃类似的指责。"有人将这一时期的文学称之为'遵命文学',蒲伯(Pope)说,甚至《埃涅阿斯纪》也是'政治吹嘘',甚至诗中朦胧如梦的、无所针对的、普遍存在的忧郁也是故意制造的,来支持奥古斯都。"转引自维吉尔:《埃涅阿斯纪》,杨周翰译,北京:人民出版社1984年版,序,第18页。然而,笔者认为,事实却并非如此。

代的进程相伴的。公元前 3 世纪以来，罗马本土与希腊世界的接触更加广泛深入，公元前 1 世纪后期，随着帝国统一东西方进程的加速，希腊教育家、诗人、史学家、哲学家、建筑师们蜂拥而至，他们在罗马从事自己的事业，促成社会和文化方面的变革，使得"野蛮的"罗马人更加直接地感受到文化的力量，希腊文化不仅是帝国的重要组成部分，而且对罗马文化的形成、发展也起到了重要的作用，这些希腊学者、工匠们为帝国文化注入了古典以及希腊化的因素；与此同时，罗马自身文化的长久积淀，尤其是罗马人自身的文化意识也在逐渐觉醒，如老加图就曾对过分崇拜希腊文化进行过严厉的批评，使罗马文化在发展中保留了独树一帜(实用、朴素、虔敬)的风格。战后财富的大量集中和经济的逐渐恢复为文人们安心创作提供了物质基础，不少文人重新获得被战争夺走的财产，继而专心从事创作；风云变幻、革故鼎新的时代环境，使得罗马文人的感受更为犀利，这些丰富的历史环境下产生的多样化的情感为帝国初期的文学作品提供了最原始、最真实的素材，如表现最为突出的两个内容：对和平盛世的向往以及呼吁回归传统美德等。[1]

公元前 31 年，决定罗马最终命运的亚克兴海战的结束，标志着代表西方文化的屋大维战胜了代表东方文化的安东尼(及克娄巴特拉)；罗马终于在几百年的内外战争中盼到了统一的曙光。此时，唯一的权力争夺"幸存者"屋大维毫无疑问地登上了权力的巅峰。然而，摆在他面前的却是诸多的社会问题。在进行政治、经济、军事的改革与调整中，他始终不忘对意识形态的引导，对各个阶层心理的关注，对传统美德的强调，他"似乎总是感到文学和道德之间有着密切的联系"[2]，这就成为他成功的重要因素。而文学也理所当然地成为奥古斯都引导意识形态的重要阵地。有论者言道，"历史上，很少时期能够与奥古斯都时代的文学和艺术的创造成就媲美。伯利克里时代的雅典，伊丽莎白时代的英格兰，路易十四时代的法国……而奥古斯都时代是真正值得被称

---

[1] 维吉尔的《牧歌》《农夫集》《埃涅阿斯纪》这三部主要作品都不同程度地反映了对战争的厌恶，表达了对和平的急切盼望之情，预言新时代的到来；李维的《建城以来史》则开宗明义地指出要从过去的历史中寻求传统美德的回归。

[2] Gordon Williams, *Change and Decline: Roman Literature in the Early Empire*, Berkeley: University of California Press, 1978, p. 59.

作经典的时代,在这个时代,艺术与政府的目标理想完全的一致"[1]。这种
"目标理想完全的一致"正是在奥古斯都及其所创时代的引导下产生的,奥古
斯都时代赋予了罗马文学新的历史使命。这种新的历史使命转化为文学上理
想主义和激发热情的主旨:战后的和平,罗马和意大利的命运,过去的伟大以
及传统习俗的回归带来的道德提升。这些主旨无不与时代感受相呼应,十分
自然地为作家们所接受和认同,作家们由逃避现实转向了为罗马理想而努力,
他们从绝望渐渐转向了自信;反过来,他们也给了这个政权以理想。[2]

　　近百年的战争,是所有罗马人最为深刻的体验。罗马的扩张,财富的积
聚,帝国的形成,是数以万计的罗马平民用流离失所和血肉之躯换来的。在历
经格拉古兄弟、马略、苏拉、前三头、后三头的无数纷争和内战后,和平成为罗
马人民最深切的期盼。亚克兴之战的尘埃落定,也最终为罗马的百年内战画
上了句号,为罗马人民带来了企盼许久的和平。这种和平很自然地为每一个
罗马人民所感受,对和平的歌颂也成为罗马诗人的首要题旨。

　　伴随和平到来的,还有共和体制的最终瓦解,这种"痛"尤其被罗马的上层
贵族们所感受。共和的传统在近百年的个人与派系的纷争中逐渐消失,罗马
的不断扩张也使得共和的机制不再适应现实。虽然"许多动机不同的政治家
以行动表现出,他们相信解决罗马共和问题的唯一办法是:有一个人永久或
半永久地管理政府,但是从传统的观点来看,这个概念非常令人憎恶,部分原
因是对王权旧有的恐惧,部分原因是,他们实际上担心个人统治必定会妨碍他
人的自由与合法志向的实现"[3]。罗马将何去何从,被波吕比乌斯所盛赞的
混合体制将如何改革,忧虑、茫然的情绪一度笼罩罗马。文人们也纷纷思考,
以罗马伟大的过去和现实来振奋人心。在《建城以来史》的前言中,李维指出,
研究光荣的过去,可以补偿罗马最近沉沦的程度[4]。东方以及希腊的"不良

---

〔1〕　Donald R. Dudley, *The Civilization of Rome*, New York: New American Library, 1960,
　　p. 143.
〔2〕　R. M. Ogilivie, *Roman Literature and Society*, New York: Penguin Books, 1980, p. 115.
〔3〕　[英]戴维·肖特:《奥古斯都》,杨俊峰译,赵立行校,上海:上海译文出版社 2001 年版,第
　　15 页。
〔4〕　李维:《建城以来史》(前言·卷一),穆启乐(F.-H. Mutschler)、张强、付永乐、王丽英译,上海:
　　上海人民出版社 2005 年版,第 21 页。

影响",早在老加图时就被提及。在东西文化的接触中,家庭和宗教生活的变化使得传统的罗马道德的根基动摇。大批奴隶的使用损坏了家庭成员各司其职的平衡生活;个人性质的宗教则影响了罗马国家宗教的作用。在这种形势下,恢复和平的帝国,必然要将传统、道德问题再度提上议事日程。这也是奥古斯都最为关注的领域之一,他及其官员们大规模的修复神庙活动,对婚姻生育的鼓励,对奢侈、通奸的立法,都是明证。这无疑促进了文学在道德提升方面的关注。维吉尔的《埃涅阿斯纪》集中歌颂了"虔敬"的德行,显示出应该为人效法的过去,埃涅阿斯尽心于自己的责任(虔敬),代表了奥古斯都时代的真正精神。贺拉斯的《讽喻诗》(Satires)对社会缺陷的揭露,被拿来批评违背传统德行的轻浮与奢侈。《颂歌集》(Odes)中的"罗马颂"说明了这些德行,并且解释恢复这些德行、修正过去的失败,对罗马重建的重要意义。

二、奥古斯都的个人魅力

时代和新政权为文学创作提供了丰富的素材,接下来,奥古斯都则"为这些作家们提供了得以活跃的条件","他知道如何吸引有才能的人,让他们开始,让他们孤独"[1]。

罗斯托夫采夫曾明确指出奥古斯都及其开创时代的伟大,肯定了奥古斯都在罗马历史上承上启下的重要作用,但同时也指出他所创建的政治制度的复杂性[2],使得现代学者在断定奥古斯都事业的性质时存在着"不可调和的分歧"[3]。笔者认为罗氏的此番评论,同样也可以说明奥古斯都引导下的罗马文学。奥古斯都时代罗马文学的灿烂和浓厚的政治气息的融合往往令人不

---

[1] Donald R. Dudley, *The Civilization of Rome*, p. 143.

[2] [美] M. 罗斯托夫采夫:《罗马帝国社会经济史》,马雍、厉以宁译,北京:商务印书馆 1996 年版,第 63 页。

[3] 有些学者坚持认为奥古斯都的事业是复原事业,而且仅仅是一种复原事业,认为他的主要目的就是恢复古代的罗马国家。而另一些人则认为应该给奥古斯都加上革命改制者的头衔,认为他能够假托某种古代的典制而创造出一种崭新的政体、一种由罗马军队的首领统治的真正的君主政体。还有一些人又采取介乎二者之间的态度。

解。应该说,奥古斯都,这个"具有罕见智慧"〔1〕的人物,在政治、军事、经济、社会文化等各个方面的统治手段都令人叹服,他能使改革的过程变得"缓慢、自然"〔2〕,从而让人易于接受;在文学领域,他的统治效果亦是如此,他具有激励热情和忠诚的少有品质,并为人们提供值得书写与信仰的东西〔3〕。

首先,奥古斯都自身具备了足够的文学素养。屋大维从小就接受了良好的教育,10 岁时被舅公恺撒收养,此后他在阿波罗尼亚接受了文学、哲学、演讲方面的诸多训练。恺撒遇刺后,19 岁的屋大维在朋友的帮助下,获得老兵和恺撒财政官的支持,步入政坛,成为罗马政坛最有力的竞争者之一。奥古斯都本人在文学上虽建树不多,也不如养父恺撒那般文采飞扬,但他对文学并不外行,戎马政事之余,也表现出了一定的文学兴趣。"他写了大量各种不同的散文著作。如《驳布鲁图的〈论加图〉》、《对哲学的劝勉》、13 卷的《自传》、一本六音步的诗集《西西里》、《讽刺诗短集》……他对希腊诗歌也绝非外行,甚至能从旧喜剧中得到很大的乐趣,并时常在自己的公开招待会上上演它们。"〔4〕这些素质使他有足够的能力对各类文学进行鉴赏。在成为元首后,他下令坚决制止那些下流文丐们对他进行任何歌颂,"除了那些以严肃认真态度写的作品和杰出作家写的作品而外,他不喜欢人家以他为任何作品的主题,常常责成大法官别让他的名字在演讲竞赛中变得庸俗不堪"〔5〕。

而尤为值得一提的是,奥古斯都本人的性格。"奥古斯都把自己的权威(auctoritas)同自己的权力(potestas)加以对比。这种对比并不是新鲜事,这乃是个人威信与合法政权的由来已久的二重性。苏拉也考虑过在取得政权之后如何树立个人威信的问题,但是他没有奥古斯都那样的自制力,最后终于把残暴的形象留在史册上。"〔6〕与舅公恺撒相比,奥古斯都摒弃了"严厉而生

〔1〕 [英]特威兹·穆尔:《奥古斯都》,王以铸译,北京:中国社会科学出版社 1988 年版,前言,第92 页。

〔2〕 H. H. Scullard, *From the Gracchi to Nero: A History of Rome From 133BC to 68AD*, London, New York: Routledge, 1982(5th Edition), p. 209.

〔3〕 R. M. Ogilivie, *Roman Literature and Society*, p. 115.

〔4〕 [古罗马]苏维托尼乌斯:《罗马十二帝王传》,张竹明、王乃新、蒋平等译,北京:商务印书馆1995 年版,第 97—100 页。

〔5〕 同上书,第 100 页。

〔6〕 [英]特威兹·穆尔:《奥古斯都》,前言,第 63 页。

硬"的做事风格,他能在保有个人无上权力和重视贵族妥协限度二者之间游刃有余,他使主流阶层(贵族)继续享受尊贵地位,同时也对边缘人群(骑士阶层、人民、士兵和外省人民)有着强大的吸引力,这就成为他的制胜法宝——他提出了比西塞罗更有分量的方法,运用了比恺撒更灵活的手段。[1] 恺撒派的屋大维,消除了王权主义的外表,成为共和主义者的拥护者,是爱国主义、国家主义和传统尊严的保卫者。同样,奥古斯都的这一性格在文学领域也发挥得淋漓尽致:他的身边从来都围绕着众多文人,但他却与他们若即若离,试图使文人们回应他的政治主张,但同时也尊重他们自由创作的意志。

三、奥古斯都的文学策略

具体说来,奥古斯都的文学策略主要体现在对文人的引导和控制两个方面。

"奥古斯都对文学有着明显的兴趣,并积极地鼓励,认真地倾听新诗作,但是他总是保持一定距离,并且从来不在诗作中直接宣传什么。"[2] 正如小西庇阿曾经在公元前 2 世纪庇护波吕比乌斯那样,奥古斯都现在通过庇护的方式来关心、引导罗马文学。虽然奥古斯都不是这个时期唯一的文艺庇护者,但它可能是最成功的庇护者。[3]

奥古斯都对文学的庇护主要是通过身边好友组织文学团体进行的。最负盛名、最具活力的当属外交官梅塞纳斯[4]麾下的作家团体。梅塞纳斯善于将有才之人吸引到自己的周围,给他们以物质帮助,他先是收回了维吉尔的财

---

〔1〕 [英]戴维·肖特:《奥古斯都》,第 19 页。
〔2〕 Gordon Williams, *Change and Decline: Roman Literature in the Early Empire*, p. 57.
〔3〕 庇护制度在罗马的历史久远,早在共和之初就已十分普遍。奥古斯都庇护元老和骑士阶层,为他们提供了帝国的公职,消除阶级之间的敌意,他还通过"面包和剧场"庇护罗马平民,此外,建筑、娱乐也是他庇护的实际场所。庇护者的意愿对作家创作时材料、类型、审美以及政治态度有着重要的影响,作家,就像是职员,与其庇护者有着亲密的关系,而这种关系正是罗马社会的核心。
〔4〕 梅塞纳斯(Gaeus Cilinius Maecenas,前 74/64—前 8 年),来自伊特鲁里亚,他是伊壁鸠鲁的信徒,属于骑士阶层,有着优雅的品位,作为非正式的内部大臣,他的见多识广的才智和积极的工作为奥古斯都在社会文化领域的改革发挥了重要的作用;同时,他的主要职责是一名外交官,他曾作为代表签订了布鲁迪乌姆和塔伦图姆的重要条约。

产和诗集,当作礼物赠还给他;后又送给贺拉斯一座位于罗马近郊萨宾乡间的农庄和别墅。此外,他的作家团体还吸引了其他一些诗人、剧作家。梅塞纳斯将他们引入到奥古斯都的圈子中去,指导他们写作,由此产生了深远的影响。特别是梅塞纳斯向维吉尔建议从事道德和宗教改革主题的诗作。维吉尔也不负众望,通过自己的作品试将罗马人领回到田园诗的境界和叙事诗的神前[1],如公元前 29 年创作完成的《农夫集》回答的是当时社会最迫切的问题之一,即如何振兴中小农的经济,并指出这将是罗马长期发展繁荣的关键所在;史诗《埃涅阿斯纪》则借神话历史传说预言未来,赞美了特洛伊和罗马的勇气,特别赞美了朱利亚家族的光辉历史和丰功伟绩,将罗马的历史使命和奥古斯都的历史使命合二为一。

此外,波利奥[2]和麦塞勒[3]的文学团体虽与奥古斯都关系不是十分密切,但是总体上也是支持奥古斯都统治的。前者以私人身份积极参与罗马的文学生活。正是他消除了卡特鲁斯(Catullus)和维吉尔之间的隔阂,并鼓励年轻的贺拉斯和维吉尔,促使了维吉尔在《牧歌》上的创作。后者身边也聚集了一批作家同好,他们之中的名家就是哀歌诗人提布卢斯(Tibullus)和爱情诗人奥维德,表现出一定的自由倾向。

除了上述文学团体的形式外,另外一种重要的形式则是奥古斯都与文人折节相交,直接表达自己的意图,并通过政治手段作用于文人。

奥古斯都和贺拉斯一直保持着密切的关系,特别是在公元前 19 年维吉尔去世后,贺拉斯成为罗马第一诗人,更是受到奥古斯都的青睐。公元前 17 年,在祝贺农神(Saturn)时代的再度来临的庆典上,贺拉斯受命谱制了《时代之歌》(*Carmen Saeculare*),由 27 个男孩和 27 个女孩列队吟唱。这部作品可被看作是一部典型的被直接命令而作的作品。苏维托尼乌斯言道:"当阅读贺拉斯的《书信集》时,奥古斯都抱怨说,'请你理解,在你的作品中你并没有提到

---

〔1〕 [美]威尔·杜兰:《奥古斯都》,幼狮文化公司译,北京:东方出版社 2005 年版,第 27 页。

〔2〕 波利奥(Gaeus Asinius Polio,前 76—5 年),公元前 40 年罗马执政官,远征伊利里亚后即隐退,他建立了罗马第一个公众图书馆。

〔3〕 麦塞勒(Corvinus Marcus Messalla,前 64—8 年),政治上先后投靠过布鲁图、安东尼,最后投向屋大维。他首先是一位出色的将领,在东方和高卢统帅过军队,同时,自己也撰写多种著作,是一位出色的演说家。

我,难道你是害怕由于和我的亲密关系而带给你和子孙恶名吗?'"因此,从《书信集》2.1开始,即公元前17年以后开始,在第四部书的许多颂歌中,贺拉斯都直接向奥古斯都致辞。这些事实表明在安定了西班牙和安息之后,奥古斯都拒绝了梅塞纳斯的帮助,而是由自己直接控制文学。进一步的证据可以从诗人普罗佩提乌斯(Propertius)的第四部书中风格的改变看出。他曾经是梅塞纳斯圈子中的一员,并在他的早期诗作中以一种世故精明的方式(爱情诗)支持奥古斯都。但在第四部书中,他直接提到当前事务,并庆祝亚克兴的胜利。

史家李维也是奥古斯都很早就结交的大文人之一。他曾任奥古斯都的孙子克劳狄的教师,他的巨著《建城以来史》被看作是奥古斯都要求于时代著述的民族传统、乡土情感与爱国精神的杰出体现。奥古斯都在追述罗马立国的艰辛、表彰历代英雄的业绩和卫国爱国的光荣这个共同目标之下,让作者自由发挥,正如朱龙华先生精辟的评价:"奥古斯都笼络手法的巧妙和艺术家心志的坦诚达到了一定的深层文化境地的心领神会,才能促成黄金时代光耀千古的杰作。"[1]

最后我们要提及的是奥古斯都统治晚期的诗人奥维德。他是奥古斯都时代最负盛名的三大诗人(另两位是维吉尔和贺拉斯)之一,然而却未能享受到如另两位诗人般的优待,他的"一首诗和一个错误"使他遭到了流放最后客死异乡的厄运。这里,"一首诗"指的是奥维德早期的爱情作品,主要是《爱的艺术》。诗中不仅对爱情的某些细节描写大胆露骨,而且自始至终对神抱有不恭敬的态度,他曾说"承认神的存在是有好处的,因此我们无妨假定神存在。我们应该保存旧的宗教仪式,利用神来贯彻我们的戒条,这对社会是有好处的"[2]。这种对奥古斯都道德改革政策的嘲讽,当然会导致诗人的谪戍。"一个错误"则是暗指奥维德牵涉到小朱丽亚(奥古斯都的孙女)通奸案的丑闻一事。这使他被流放到帝国的边境托米斯(Tomis),并最终也未被奥古斯都所原谅,于公元17年客死流放地。奥维德的悲剧命运,多少给这辉煌的"黄金

---

[1] 朱龙华:《罗马文化》,上海:上海社会科学院出版社2003年版,第139页。
[2] [古罗马]奥维德:《变形记》,杨周翰译,北京:人民文学出版社1984年版,序,第6页。

时代"抹上了一丝暗色。

值得注意的是,虽然奥古斯都的文学控制在历史上颇为引人注目,褒贬之言甚多,但是也不能单方面夸大他的这种个人作用。罗马文人在一定程度上是自由的,创作也是出于真心的。正如论者所云,"奥古斯都没有对作者们施加任何政治的或道德的监察权,也没有强求他们为自己和政权称颂"[1]。而"他们绝非奥古斯都宣传运动粗浅的传声筒,更确切地说,他们的直觉与经验,致使他们的观点与奥古斯都相似",[2]他们的作品从本质上而言是对现实的真诚反思,我们"没有理由相信,他们需要对其庇护者虚情假意,或是对他们赞成的原因虚情假意"[3]。我们之所以说奥古斯都高超的统治手腕是后世统治者难以企及的,只是因为他既能驾驭主流思想,并在这基础上为罗马文人提供了足够广阔的创作空间。可以说,他成功地扮演了一位很好的文学鉴赏家的角色。

---

[1] A. H. M. Jones, *Augustus*, London: Chatto & Windus, 1970, p. 155.
[2] [英]戴维·肖特:《奥古斯都》,第47页。
[3] Peter Jones, Keith Sidwell, *The World of Rome: An Introduction to Roman Culture*, Cambridge, New York: Cambridge University Press, 1997, p. 270.

布罗代尔的文明史观*

王　伟[1]

一、研究布罗代尔文明史观的重要性

费尔南·布罗代尔是法国年鉴学派第二代的领军人物，也是 20 世纪最有影响的历史学家之一。本文探讨他的文明史观。首先说明一下研究布罗代尔文明史观的重要意义。简单说来，可归纳为以下几点：

第一，布罗代尔写作的历史都具有宏大视野，推崇包罗万象的"总体史"。在他的几部代表作中，《菲利普二世时代的地中海和地中海世界》和《15 至 18 世纪的物质文明、经济和资本主义》都囊括了数百年的时空和文明，原本打算写给中学生用作教材的《文明史纲》本身就对世界各大文明作了勾勒[2]；晚年写作的《法兰西的特性》虽未完成，但脉络俱在，法国虽为一国，但布罗代尔非常注重法兰西境内的次级文明、区域文明。布罗代尔如果活着的话，可能会告诉我们，他所写的并不是一个法兰西，而是许多个法兰西。

布罗代尔对于文明具有独到的见解。无论是他对于物质文明的推崇（这一点甚至被许多人所诟病），还是他对于资本主义概念的迥然不同于前人的理解，乃至"经济世界"概念的提出，等等，都体现了他特有的历史观。可以说，布罗代尔的历史观主要体现在他的文明史观。

第二，布罗代尔是一个复杂的历史学家。一方面他非常博学，他的历史著

---

　*　本文原载于《华中师范大学学报》（人文社会科学版）2012 年第 3 期。
〔1〕王伟，复旦大学历史学博士（2006 年 9 月入学，2012 年 7 月毕业），现为复旦大学图书馆馆员。
〔2〕从此书的内容来看，完全可以称作《世界简史》或《世界史纲》，但布罗代尔将此书命名为《文明史纲》，可见他对于"文明"范畴难以割舍。

作涉及的范围很广。但另一方面,他始终强调自己是一名历史学家,无论他在经济学、社会学方面有着多么巨大的影响。我们可以说他对于"资本主义"的独特的理解丰富了我们的思想认识,但决不能说他是研究近代"资本主义"的专家,也不能简单说他就是长时段理论的倡导者。这些称誉用在布罗代尔身上并没有不合适,但是仅仅这样说就简化了、矮化了布罗代尔。作为一个综合而富有独创性的思想家。他的贡献绝不是仅仅提出了一两个新概念、新方法。而如果要总结他毕生研究的核心的话,我们可以说他终身致力于文明史研究。

第三,当初吕西安·费弗尔推荐布罗代尔继任法兰西学院教授之后,布罗代尔讲授的内容正是文明史。而纵观布罗代尔波澜起伏的一生,从法国东北部的洛林到北非的阿尔及利亚,从南美洲的巴西到德国的战俘营,他亲历了各种文明的差异和冲突,这对他的研究都有潜移默化的影响,可以说他用生命的体验浇灌了文明史的花朵。而他特别推崇的米什莱、布克哈特等历史学家,都是卓有成就的文明史大家,从中也不难看出他的自我定位。

布罗代尔很少就理论问题进行连篇累牍的阐述,《长时段:历史与社会科学》可以算是比较突出的例外。还有一篇重要性堪与《长时段》一文比肩的理论文章正是探讨文明史研究的《文明史:过去解释现实》。其实,我们只消稍稍回顾一下《年鉴》杂志曾经用过的刊名:《年鉴:经济·社会·文明》,就不难明白,对于文明史的重视,是年鉴学派的传统。经济也好,社会也好,单单研究这些方面,不成其为历史,只有最后归属于文明,才有真正的历史味。这也是历史学家与社会科学家的分野所在。

二、文明史研究对于布罗代尔的意义

布罗代尔认为,历史同时是"对过去和对现时的认识,是对'已经发生'的和'正在进行'的演变的认识",而作为一个历史学家,"为了认识现时,必须研究迄今依赖的全部历史"[1]。那么文明史究竟意味着什么呢? 布罗代尔援

─────────

〔1〕 〔法〕费尔南·布罗代尔:《资本主义论丛》,顾良、张慧君译,北京:中央编译出版社1997年版,第121页。

引了两种表述。第一是拉斐尔·阿尔塔米拉的断言:"说到文明就等于说到历史。"第二是法国著名文明史家基佐的话:"这种历史[指文明史]是……包括所有其他历史门类在内的、最伟大的历史。"〔1〕毫无疑问,这些对于文明史地位和重要性予以充分肯定的评价,实际上也是与布罗代尔自己的看法相吻合的。布罗代尔在法兰西学院担任多年文明史教授,对文明史的感情也可以理解。布罗代尔本人对于文明史的看法也有非常明确的表述:"文明史几乎等于是人类历史。"〔2〕

文明史是非常重要的,甚至可以说文明史就是历史本身。但文明史究竟是什么,又很难通过定义来表述。作为"广阔无垠、难以划界的历史领域",根据不同的时代、国家、历史学家,文明史的内容"不断有所变更,并且继续在演变中"。可见很难为它下定义,"即使下了定义也不免牵强"〔3〕。

而"文明"这个词细究起来又很复杂,与"文化"这个词牵扯到一起,界线很难分清楚。这方面布罗代尔不止一次做过辨析,但我们在这里暂且不细究,只要知道,在布罗达尔的讨论中,文明史与文化史大体等价即可。文明史(或文化史)的内容涉及很广,拿布罗代尔所举的例子来说,语言史、文学史、科学史、艺术史、法律史、技术史、制度史、宗教史、迷信史、日常生活史,甚至很少有人研究的烹饪史等都包括在内。总之,"文明史不仅参与历史的某个门类,而且置身于整个历史之中",很难设想"文明史竟与通史(或者说,总体的历史)能够分开"〔4〕。这里我们可以看到,在布罗代尔的心目中,文明史实际上已经成为总体史的一种具体的体现和落实。文明史所包含的不同门类、不同层面及其所诉诸的解释,都是考验一个历史学家的地方。布罗代尔秉承了年鉴学派的传统,认为历史学的核心在于解释。就文明史而言,"每种解释都在不同的层次上囊括整个历史","势必要抓住历史的全部内在和外在表现"〔5〕。

我们知道,布罗代尔擅长的正是把那些看似无所不包的内容理出头绪,让

〔1〕 [法]费尔南·布罗代尔:《资本主义论丛》,第122页。
〔2〕 同上书,第161页。
〔3〕 同上书,第122页。
〔4〕 同上书,第123页。
〔5〕 同上书,第123页。

读者在眼花缭乱之中顺着他理出的线索亦步亦趋,直至恍然大悟。而文明史特有的纷繁复杂、头绪众多、难以归类的特点正适合布罗代尔发挥他的史学才能。20 世纪各门社会科学兴起,历史学研究的范围也变得更加广阔。年鉴学派的领导人吕西安·费弗尔一贯反对把历史学割裂成某某史、某某史之类的领域。而继承了费弗尔衣钵的布罗代尔在这方面也追随他的导师。在担任法兰西学院文明史教授之后,布罗代尔更是可以挥洒自如地把他的多方面兴趣融入文明史这个大熔炉中去了。

而布罗代尔在写作《文明史:过去解释现在》时认为,"文明史正徘徊在十字路口","它必须吸收新旧各门社会科学在无穷无尽的人生中实现的所有新发现"[1]。事实上,与其说这是在各门社会科学彼此激烈竞争的时代下布罗代尔对文明史的期许,倒不如说这是他对于历史学本身的期许。

三、布罗代尔认为应该怎样开展文明史研究

尽管我们可以从布罗代尔的历史研究实践中来总结他研究文明史的方法和路数,但我们不妨先通过布罗代尔本人的理论阐述来对此有个认识。因为在历史研究中,主观的理论和客观的实践往往是会脱节的。

布罗代尔所提出的大致有三点。第一,进行必要的否定。第二,争取对文明史下个最简明的定义,或者说确定研究对象。第三,邀请各门人文科学的专家共同参与。[2] 布罗代尔对这三点又分别作了比较详细的说明。这里我们根据布罗代尔的说明谈谈自己的理解。

首先是第一条:必要的否定。这是笔者认为最有特色的一条,也是初看上去最让人费解的一条。什么叫必要的否定呢? 通俗地说,就是做减法,把头脑中的条条框框都打破。我们知道,认识事物之前没有一定的心理结构是不可能的,没有一定的理论预设,不要说进行历史解释,连认识事物本身,甚至区分哪些是需要认识的事物都不可能。我想布罗代尔并非不明白这个简单的道

---

〔1〕 [法]费尔南·布罗代尔:《资本主义论丛》,第 150 页。
〔2〕 同上书,第 150—151 页。

理,他这么说有他的道理。布罗代尔分析了汤因比、斯宾格勒等许多文化史家的特点及其弊端,每个文化史家都有一套认识框架。认识框架原本是帮助我们解释事物的。但是当研究者过于依赖自己的框架时,并且不惜为了保持框架的完满性而牺牲事实时,这就会对研究造成负面影响。

这方面典型的例子就是英国的阿诺德·汤因比。[1] 尽管布罗代尔毫不掩饰汤因比对他的影响——"我承认曾反复读过阿尔诺·汤因比的著作,他那明快的文笔、巧妙的辩才和聪明的引证有时使我兴趣倍增。为了建立和维护一个独出心裁的体系,他特地慢条斯理但又坚持不懈地进行论证,这种艺术实在让我钦佩……"[2]

值得注意的是,布罗代尔在讨论各位文化史家时,给予汤因比以最大的篇幅。但是汤因比在年鉴学派其他历史学家的眼中地位不高。试比较一下年鉴学派第一代宗师吕西安·费弗尔和第三代传人雅克·勒高夫对汤因比的相当轻蔑的评价便可知一二。勒高夫批评汤因比"使用低劣的方法进行胡乱比较,这种方法是建立在大量时代混淆的错误之上的","他像魔术师那样制造一种虚幻的史学,像情节剧那样逐一展现各种文明"[3]。而布罗代尔对汤因比的评价显然不同。他是这样说的:"我们对汤因比的见解不能一笑了之……汤因比确实给我们上了几堂宝贵的课:即使反对他的人也认为他的某些解释值得人们景仰。"[4]布罗代尔对汤因比是肯定为主,其理由根据他自己的表述是这样的:"汤因比的功绩在于他调动长段的时间,敢于把相隔几百年的经验进行比较,并寻找不很可靠但很重要的康庄大道,虽然他不免有迷失方向的时候。"[5]对于汤因比所受到的一些尖锐的批评,布罗代尔也就其中不合理的

---

〔1〕 这里我们把讨论重点集中到汤因比身上,其实斯宾格勒对于布罗代尔的影响也很大,尤其他们都重视与创造性领域相对的常规领域。所以彼得·伯克敏锐地指出,这两位历史学家的相似之处"比通常认为的要多得多"。参见[英]彼得·伯克:《法国史学革命:年鉴学派(1929—1989)》,刘永华译,北京:北京大学出版社 2006 年版,第 42 页。
〔2〕 [法]费尔南·布罗代尔:《资本主义论丛》,第 137 页。
〔3〕 [法]J. 勒高夫,P. 诺拉,R. 夏蒂埃,J. 勒韦尔主编:《新史学》,姚蒙编译. 上海:上海译文出版社 1989 年版,第 12 页。
〔4〕 [法]费尔南·布罗代尔:《资本主义论丛》,第 146 页。
〔5〕 同上。

指责作出了辩护。[1]但无论汤因比也好,斯宾格勒也好,模式化的东西太重了。所以布罗代尔宁愿采用悬置模式的做法,"从一开始就放弃某些术语"。放弃术语,就意味着放弃规定性,而这种规定性大多是人为的,是否妥当还难说。本来这些术语是帮助我们认识事物的,但是当过分依赖术语时,事物(在这里是文明)的本质被遮蔽乃至歪曲了。所以布罗代尔在这里果断地呼吁放弃某些术语,这多少有些类似于现象学家采用"悬搁"的做法以"面向事实本身"的做法。当然,对于布罗代尔来说,他是要面向文明本身。

被摒弃的术语(或者说理论模式)有很多,除了斯宾格勒和汤因比的模式以外,举凡文明的线性发展说,文明的封闭独立说,维科的三时代论(神的时代、英雄时代、人的时代),孔德的三阶段论(神学阶段、形而上学阶段、实证主义阶段),还有斯宾塞、涂尔干、拉采尔、勒瓦瑟尔、麦克斯韦耶、希尔德布兰特、弗里德里希·李斯特、布赫尔以及卡尔·马克思等人的社会和经济理论都在摒弃排斥之列。年鉴学派历史学家对于理论先行和历史哲学的反感是可以理解的,甚至可以说是一种传统。他们都不愿意看到对于历史的抽象思辨代替历史研究本身,所以一直与理论保持距离。对于布罗代尔来说,他"抛弃这一切",并不是"全盘否定所有这些解释",而是"出于必要的谨慎"。布罗代尔宁可采用朴实的做法,先不理会这些形形色色的理论,这表面上看无非是秉承了他前辈的做法,但实际上更是因为他对于文明有自己的一整套认识、一整套框架,所以他并不愿意受到前人模式的掣肘。

布罗代尔所理解的文明是复数的,各种不同层次的文明之间互相渗透、互相制约。一方面,法兰西文明是欧洲文明的一个组成部分;另一方面,法兰西文明内部又有许多次级文明。布罗代尔热爱综合,但他从来不忽视细节,他不满于汤因比和斯宾格勒的比较粗疏的、大而化之的模式。这种不同层次、不同单位、不同性质的文明之间的碰撞,错综复杂又头绪万千,不正像历史中千变万化的时段吗? 这也是布罗代尔所擅长驾驭的。

在说明了"必要的否定"之后,接下来就涉及文明的定义了。或者通俗地说,文明究竟是什么? 这里要插一句,布罗代尔是很少运用定义手法的。但在

---

〔1〕〔法〕费尔南·布罗代尔:《资本主义论丛》,第149页。

这里却是破例了，他明确提出要给文明下一个最简明的定义，意在确定研究对象。此举似乎是针对相关人文社会科学对历史学的指责而作。因为作为一门成熟的科学，即使是社会科学，研究对象无论如何是要确定下来的，而历史学在这方面却比较特殊，究竟是哪些方面属于正当的研究方向，各种史学流派和各位历史学家都众说纷纭。尤其是以年鉴学派为代表的新史学崛起后，情况更为复杂。我们知道，新史学向来被认为是拓展了史学的领域。但究竟哪些是历史学的领域，不要说是史学界圈外的人士，就是历史学家内部尚有争议。所以布罗代尔试图要作一个最低限度的规定。

但是我们可以看到，尽管布罗代尔声称要给出定义。实际上却并没有如他宣称的那样做到。布罗代尔坦承，他对于文明的唯一的合适的定义，是借用自马赛尔·莫斯的一份报告。然而布罗代尔却没有明确地援引莫斯的定义。

非常重要的是"文化场"的说法。"文明首先是个场地"，"某些文化特征在特定场所的存在、集合和汇聚是构成某种文化的最起码的表现"。而"如果在地域的同一性之上再增加时间的稳定性，我就能把整个库存称作文明或文化"[1]。虽然布罗代尔这种对于文明的理解深受人类学的启发，但是像他这样不拘学科界限习惯于从各门社会科学中取自己所需的学者来说是习以为常的。

根据这个界定（实在还称不上是定义），我们可以看到，布罗代尔认为空间的稳定性和时间的稳定性是界定文明的标志。而他对文明内部的文化特征的理解则非常笼统，几乎在这方面不进行任何规定。所以布罗代尔在他的历史著作中对文化的讨论包罗万象，不拘门类。另外，文化场像电磁场、知觉场、气场一样，是很难确定其边界的事物。而边界的模糊性正是布罗代尔历史研究中的一贯风格。另外值得一提的突出特点是布罗代尔非常注重次级文化。布罗代尔明确表示，"每个文化场始终包括几个社会或社会集团"，因此，"必须尽可能地注意最小的文化单位"。我们看到，布罗代尔既重视综合，又从不忽视细节，可以说这已经构成了他治史的特点。

除了特别重要的"文化场"范畴以外，布罗代尔简单提出了对文明的"借

---

〔1〕［法］费尔南·布罗代尔：《资本主义论丛》，第 153 页。

鉴"与"拒绝"这两种交流方式。顾名思义,无须过多解释即可明白。如果说
"文化场"是类似涂尔干所谓"物"的存在的话,那么"借鉴"和"拒绝"都在于人
的态度。可以看到,在布罗代尔对于文明的认识中,他除了充分肯定文明的外
在环境的重要意义,并不曾抹杀个人的主观能动性。人面对环境的态度如何,
还是有一定自主性的。

布罗代尔所强调的第三点是在文明研究中,呼吁各门社会科学共同努力。
对于这种呼吁,我们已经十分熟悉,所以这里就不再详细展开了。这里布罗代
尔提到的有地理学、人口学、社会学、经济学、统计学等。布罗代尔认为在文明
史的研究中,历史学必须与这些社会科学开展对话。

所谓的对话,是双方的。历史学运用社会科学的方法,而社会科学也可以
借鉴历史学,推动其自身研究的发展。这方面,历史学的王牌就是"时间"。布
罗代尔曾经这样指出历史学对于社会科学的意义:

> 假如能够重新开始自己的事业,熊彼得说不定会当一名历史学家。
> 我还欢迎社会科学的专家们也把历史看作是认识和探索的一个非同寻常
> 的手段。现时多半要受不甘灭亡的过去的蹂躏,而过去则通过规律及其
> 异同方面,为真正懂得现时提供不可缺少的钥匙。[1]

布罗代尔在他的历史研究实践中,忠实地贯彻了他的构想,从而为文明史
领域开拓了新的天地。

---

〔1〕 [法]费尔南·布罗代尔:《15 至 18 世纪的物质文明、经济和资本主义》第 3 卷,施康强、顾良
译,北京:生活·读书·新知三联书店 1993 年版,第 5 页。

大历史：自然史和人类史的统一*

张井梅[1]

　　"大历史"作为 20 世纪末西方社会的新兴史学领域，近年来发展势头迅猛，一系列著作、讲座、论坛和机构相继推出[2]，引发愈来愈多人的关注。大历史的核心理念是从宇宙大爆炸开始的自然历史的视角，考察人类过去的历史，进而对于人类未来不久即将面临的重大挑战给予诠释。这种把人类历史置于宇宙历史的研究方法，与当下国际历史学会倡导的研究趋势不谋而合，即自然史和人类史的统一。2005 年(悉尼)、2015 年(济南)召开的第 20、22 届国际历史科学大会，研讨主题分别是"环境、人类和自然""自然与人类历史"，呼吁人类与自然的和谐共处。由此可见，在 21 世纪世界联系空前紧密的今天，重新审视人类与自然的关系是一项重大议题，对于构建人类命运共同体至关重要，甚至极有

---

　　* 本文原载于《世界历史评论》(第 8 辑)，上海人民出版社 2017 年版。

　[1] 张井梅，复旦大学历史学博士(2006 年 9 月入学，2010 年 7 月毕业)，现为苏州大学社会学院历史系副教授。

　[2] "大历史"这一主题的相关著作，诸如[美]大卫·克里斯蒂安：《时间地图：大历史导论》，晏可佳等译，上海：上海社会科学院出版社 2006 年版；[美]辛西娅·斯托克斯·布朗：《大历史：从宇宙大爆炸到今天》，安蒙译，济南：山东画报出版社 2014 年版；[美]大卫·克里斯蒂安：《极简人类史：从宇宙大爆炸到 21 世纪》，王睿译，北京：中信出版社 2016 年版；[美]大卫·克里斯蒂安、辛西娅·斯托克斯·布朗、克雷格·本杰明：《大历史：虚无与万物之间》，刘耀辉译，北京：北京联合出版公司 2016 年版；[荷]弗雷德·斯皮尔：《大历史与人类的未来》，张井梅、王利红译，上海：格致出版社 2017 年版；其他未译成中文的，诸如 Fred Spier, *The Structure of Big History: From the Big Bang until Today*, Amsterdam University Press, 1996。相关讲座、论坛，诸如大卫·克里斯蒂安为 TTC 录制的大历史课程(2007 年)；比尔·盖茨投资 1 000 万美元建立的在线"大历史教学项目"(Big History Project, 2010)，免费向公共开放课程；大卫·克里斯蒂安在 TED 的演讲：《18 分钟概览世界历史》(*The history of our world in 18 minutes*, 2011)；速成课《大历史》系列课程(Crash Course Big Histoy, 2014)。相关机构，诸如国际大历史学会，2010 年 8 月 20 日成立，大卫·克里斯蒂安是创会主席。目前，该学会已于 2012、2014、2016 年召开了三届大会。

可能在全球掀起一场历史认知变革。而这正是大历史的全部意义之所在。

一、打破传统范式的历史书写

我们对于大历史这一术语并不陌生。早在黄仁宇的《万历十五年》《中国大历史》《大历史不会萎缩》等著作中,就已经了解到了大历史。在黄氏那里,大历史(Macro-history)即宏观历史,强调时间和空间的综合归纳,提倡"采取长时间,远距离,而尤以超过人身经验的着眼研读历史"[1]。我们细读黄氏著作,会发现他的大历史叙述无不注重宽广的视界、长远的结构观察历史的脉动。比如他在《大历史不会萎缩》中写道:"如果一个历史学家笔下所处理的明清史与秦汉史全然无关,或者只能在外表上比较而不能在发展的过程中亘世纪或贯穿千百年地互相印证,当中必有蹊跷。而且将历史的非人身因素不断地追索回去,最后必及于所叙国家的天候与地理。"[2]时下,围绕大历史的论著不乏其例:吕思勉的《中国大历史》、何炳松的《欧洲大历史》、吕正理的《东亚大历史》以及美国萨克雷与芬德林主编的《世界大历史》系列丛书等。这些论著多是抛弃烦琐的历史描述,注重从全局视角进行脉络梳理,希冀给读者呈现高屋建瓴之势,从而清楚把握历史的发展历程。

然而,本文所要探讨的"大历史"[3](Big history),与黄氏的大历史有着不同的内涵。较之黄氏的长远结构,它的时间单位和空间维度更加绵长宽广,采取更为新颖的尺度丈量历史,将视野扩大至宇宙自然的范围。这一术语的创始人大卫·克里斯蒂安(David Christian)在《为"大历史"辩护》一文中强

---

〔1〕 黄仁宇:《为什么称为大历史》,载《读书》1994 年第 11 期。

〔2〕 黄仁宇:《大历史不会萎缩》,北京:中信出版社 2016 年版,第 31 页。

〔3〕 目前,国内已有一些文章对"大历史"进行介绍与研究,比如《全球史评论》第六辑的主题即是:大历史与全球史,通过"大历史理论与反思""大历史研究"和"大历史教学"等几个板块呈现了"大历史"的面貌;此外,其他论述还有刘耀辉:《大卫·克里斯蒂安的"大历史"观述略》,载《国外理论动态》2011 年第 2 期;刘耀辉:《大历史与历史研究》,载《史学理论研究》2011 年第 4 期;孙岳:《超越人类看人类?——"大历史"批判》,载《史学理论研究》2012 年第 4 期;刘耀辉:《大卫·克里斯蒂安:宇宙大爆炸以来的历史书写者》,载《中国社会科学报》2013 年 10 月 16 日;孙岳:《"大历史"的旨趣——记第 22 届国际历史科学大会"大历史"小组会议》,载《史学理论研究》2016 年第 1 期等。

调："所谓'大历史'，我指的是从各种不同尺度甚至宇宙本身的尺度去探究过去。"[1]因此，形成时空之分的大爆炸，被认为是历史的最初起点。所以，大历史讲述的历史始于137亿年前的宇宙大爆炸，并结合迄今的科学知识，建构一个贯通古今、涵括整个人类甚至整个生物圈的宏大叙事框架，展望多种可能的未来。这种看待历史的视野不同于以往的历史叙述，打破了历史的传统范式，令我们耳目为之一新。对此，大历史另一位主要倡导者弗雷德·斯皮尔（Fred Spier）给予充分的肯定："大历史对于人类的过去提出了一种全新的解读，这种解读使得我们在时间和空间上认清自己，而这是迄今为止其他形式的学术历史从未涉及的。"[2]

　　一般而言，历史叙述始于文明社会的兴起。历史之所以从此时开始算起，大概是从这时我们能够获取的信息比较多。因为重视文字材料，历史学家关注的最初焦点往往是国家起源与早期国家，而在此之前的人类历史则基本上被忽略，或者只占很小一部分比例。这种情况下，就无从谈及人类诞生之前的历史书写了。长期以来，这种历史书写范式占据着主导地位。20世纪中期，针对此前尤其是19世纪一度流行的民族国家史学，学界重新燃起了对普世历史的兴趣。借用大卫·克里斯蒂安的话而言："普世史又重新出现了……近年来，在世界史领域，宏大叙事再度兴起，诸如全球史、跨国史、大历史，或者其他类似的称法。"[3]赫伯特·乔治·威尔斯、阿诺德·汤因比、威廉·麦克尼尔、斯塔夫里阿诺斯等人就是引领者，他们已经意识到："如果要更加深入地全面了解新近的历史，那么追溯地球起源就显得十分重要了。"[4]即便如此，他们的历史书写对人类产生之前的地球历史也是着墨甚少。对此，斯塔夫里阿诺斯在《全球通史》第一编行文之前发表了自己的看法："本书显然是以最短的篇幅来论述人类进化过程中最漫长的史前阶段，笔者之所以偏重人类进入文明社会后的历史，是因为人类历史的发展速度一直在不断加快。地质年代

---

[1] David Christian, "The Case for Big History," *Journal of World History*, Vol. 2, No. 2 (Fall, 1991), pp. 223-238.

[2] ［荷］弗雷德·斯皮尔：《大历史与人类的未来》，第1页。

[3] David Christian, "The Return of Universal History," *History and Theory*, Vol. 49, No. 4, Theme Issue 49: History and Theory: The Next Fifty Years (December 2010), pp. 6-27.

[4] ［荷］弗雷德·斯皮尔：《大历史与人类的未来》，第9页。

以 10 亿年为计算单位，人类史前时代以千年计，而自从进入文明社会后，纪年单位开始不断缩小，逐渐变成以百年甚至十年计。时至今日，每天都有许多重大事件无休无止地蜂拥而来，无情地包围着我们。"[1]在他们看来，跳出地区史和国别史樊篱的"整体人类史"才是真正的书写中心，至于地球历史、生物圈等，只不过是正式历史书写的前奏而已。

那么，"大历史"的历史书写究竟是如何向传统历史范式发动挑战的呢？首先，把研究范围扩大到宇宙自然史范围。20 世纪 80 年代，大卫·克里斯蒂安在澳大利亚悉尼的麦考瑞大学开设了跨学科的大历史课程，从天文学家到历史学家的各个专业学者参与授课，就自身领域涉及的包罗万象的过往内容进行讲授。这门课程也已经成为其他大学课程的典范。大历史学者宣称："大历史提供了一种万物逐步发展的科学叙述框架。"[2]换言之，"大历史试图建构关于整个时间的历史，回溯到宇宙的开端"[3]。因此，大历史讲述的故事主要是从宇宙大爆炸、星系演变、生命进化，到早期社会的诞生、农业文明的出现、现代社会与文明危机。这种时间和空间的无限延展，几乎覆盖了天体物理学、宇宙学、地质学、地理学、生物学、考古学、人类学和历史学……这种"大统一理论"[4]（grand unified theory）是其他形式的学术历史从未涉及的。因此，大历史可以说"是 20 世纪一项学术创新"[5]。

其次，把自然科学纳入研究路径之中。可以说，在学科分类愈来愈专业化的现代，我们已经人为地将知识碎片化，陷入了知识结构的恶性循环。早在1959 年，查尔斯·珀西·斯诺（Charles Percy Snow）在剑桥大学著名的"瑞德讲坛"（Rede Lecture）上，就提请人们注意科学和人文的严重分离。而大历史企求达到的正是自然科学和人文科学的统一。大卫·克里斯蒂安曾信心满怀

---

[1] ［美］斯塔夫里阿诺斯：《全球通史》（第 7 版修订版）（上册），吴象婴等译，北京：北京大学出版社 2006 年版，第 2 页。

[2] Ian Hesketh, "The Story of Big History," *History of the Present*, Vol. 4, No. 2 (Fall 2014), pp. 171-202.

[3] ［美］大卫·克里斯蒂安、辛西娅·斯托克斯·布朗、克雷格·本杰明：《大历史：虚无与万物之间》，导论第 5 页。

[4] "大统一理论"的最佳表述是宇宙和人类的整体演化史。参阅 Ian Hesketh, "The Story of Big History," *History of the Present*, Vol. 4, No. 2 (Fall 2014), pp. 171-202.

[5] ［美］大卫·克里斯蒂安：《时间地图：大历史导论》，序，第 1 页。

地说："大历史允许我们使用新的方法和新的模式处理宏大问题,因为它鼓励我们在不同学科之间建立新的联系。"[1]所有大历史著作都是在这个目标下进行建构的,无论大卫·克里斯蒂安的"精密计时革命"(chronometric revolution),还是弗雷德·斯皮尔的"体系"(regime),他们的叙述都是把传统的历史学科同我们身后发生的历史化的自然科学结合起来的典范之作。弗雷德·斯皮尔甚至认为："本书提出的理论框架也许能够促进自然科学和社会科学的再次融合。"[2]对此研究路径,伊恩·赫凯斯(Ian Hesketh)给予高度评价："大历史,更重要的是,进行了不同以往的尝试,试图弥合科学与人文之间的鸿沟。"[3]

再次,它的核心术语是挑战传统历史范式的又一表现。翻阅大历史著作,令人眼前一亮的是"物质"(matter)、"能量"(energy)、"熵"(entropy)、"复杂性"(complexity)、"金凤花原理"(Goldilocks Principle)、"人类世"(Anthropocene)等术语,并且贯穿始终的是"不断增强的复杂性"。比如大卫·克里斯蒂安等的《大历史：虚无与万物之间》,列出了八道复杂性渐增的门槛,依次是大爆炸、宇宙的起源、恒星、较重的化学元素、行星、生命、智人、农业和现代世界/人类世;而弗雷德·斯皮尔的《大历史与人类的未来》更是以"复杂性"连接各主要章节。大历史借用这些核心术语,在人类生命和地球母亲面临重大生存危机的今天,将两者的存在置于宇宙视野进行考察,期望传达"我们就是这个宇宙的产物"[4]这一理念,从而有助于界定我们自身的定位,有助于建构人类与自然的和谐关系。

二、超越人类自身的生态关怀

美国环境史协会和欧洲环境史协会创建人唐纳德·休斯(J. Donald

---

[1] David Christian, "The Case for Big History," *Journal of World History*, Vol. 2, No. 2 (Fall, 1991), pp. 223-238.

[2] [荷]弗雷德·斯皮尔:《大历史与人类的未来》,第212页。

[3] Ian Hesketh, "The Story of Big History," *History of the Present*, Vol. 4, No. 2 (Fall 2014), pp. 171-202.

[4] [美]大卫·克里斯蒂安、辛西娅·斯托克斯·布朗、克雷格·本杰明:《大历史：虚无与万物之间》,第438页。

Hughes)反复强调：生态分析是理解人类历史的一个重要手段。约翰·麦克尼尔(John R. McNeil)也着重指出："如果历史与生态真能相互融合，或者说当它们相互融合时，我们将对过去有更好、更完整、更吸引人、更全面甚至可以说更复杂的概念……如此一来，我们也将更了解未来可能发生什么事，然后才有能力就这些可能进行辩论与抉择。"〔1〕无疑，人与环境的互动日益成为世人关注的焦点。当前，人类遭遇一系列史无前例的重大问题，诸如能源枯竭、环境恶化、气候变温、人口压力等，历史学工作者在面对这些生态危机时，更应当肩负重任，关心和探索国家、社会乃至人类的前途命运。

其实，这种关心和探索正是大历史及其研究者的出发点之一。上述论及的研究范围、研究路径、核心术语即是很好的例证。大历史俨然宣告了一个时代的到来：如果我们要进行超越人类自身历史的思考，就必然需要大历史。在大历史笔端之下，人类史不再是生物发展史的主宰，而只是它的一个构成部分。回溯自大爆炸以来的岁月，倘若把整个时间压缩为13年，那么地球就形成于5年前，恐龙灭绝发生在3周前，人类与黑猩猩从共同的祖先分化开来大约在3天前，工业革命发生在6秒前，冷战、人类第一次登上月球、互联网诞生全都发生在上一秒钟(大卫·克里斯蒂安和辛西娅·斯托克斯·布朗(Cynthia Brown)都有过类似的假设)……基于此，布朗得出一个基本的事实："人类的历史在地球时间中如同沧海一粟，微不足道，遑论宇宙时间了。"〔2〕仔细研读布朗的著作《大历史：从宇宙大爆炸到今天》，会发现整部书中弥漫着她对于人类困境的无尽担忧，尤为重视环境问题。其中，她认为人口增长绝对是造成生态问题的罪魁祸首，极大地威胁了地球环境及其他生物的生存。唐·霍尔辛格(Don Holsinger)在评论该书时指出："它揭示了从环境视角进行历史研究的深远意义，对于认清我们自己、认清我们所面临的挑战都产生了重大影响。"〔3〕布朗甚至还提出了如下一些问题："目前的世界政策会导向一

〔1〕 ［美］约翰·麦克尼尔：《太阳底下的新鲜事：20世纪人与环境的全球互动》，李芬芳译，北京：中信出版社2017年版，第337页。

〔2〕 ［美］辛西娅·斯托克斯·布朗：《大历史：从宇宙大爆炸到今天》，第41页。

〔3〕 Don Holsinger, "A Review of Brown's *Big History*," *Journal of World History*, Vol. 21, No. 2 (June 2010), pp. 308-310.

个可持续发展的未来，还是会导致一定程度的社会崩溃？""实现了工业化的人们能否学会和自然和谐共处呢？"〔1〕这一系列发问如雷贯耳，发人深省。或许，就是这一个又一个疑问，让大历史关注的生态问题始终处于不断演进之中。

我们知道，宇宙故事中存在着更宏大的历史叙述，有些问题只有当我们将视野放大到无限大时才能探索一二，因为随着视野的扩大，将会看到更丰富的画面，细节就变得不那么重要了。这里的问题即是由于"地出"（Earthrise）视角而加以关注的人类生存问题。什么是"地出"呢？1968 年阿波罗 8 号任务中，宇航员威廉·安德斯（William Anders）拍摄了一张被描述为"最具影响力的大自然图片"——"地出"图片：当阿波罗 8 号飞船掠过月球轨道时，地球如同升起的太阳，从月球背后升起，因此得名"地出"〔2〕。正是这幅画面让弗雷德·斯皮尔萌发出关切地球母亲的心声，也正是这幅画面让他一直悉心求索并试图理解："人类究竟如何走上了我们现今所走的道路。"〔3〕可以说，他的《大历史与人类的未来》之问世，就源于对地球生存问题的探讨。他坦言："我对于大历史理论基础的探究，源自深切关注人类如何对待我们地球上的生存环境。而对于环境的专注，又直接源自 20 世纪 60 年代末 70 年代初的阿波罗登月飞行。"〔4〕

以"地出"视角撰写的人类历史著述，为我们提供了一种看待我们共同过去的方法，关注那些塑造我们共同过去的重大进程的宏观模式。比如弗雷德·斯皮尔关注的"人工复杂性"和"日益增加的熵"〔5〕。"人工复杂性"即人类行为创造的各种物质复杂性，包括衣物、工具、房屋、机器和通信工具等，凭借这些东西，人类改变了周围自然环境和人类自身；"日益增加的熵"指的是随

〔1〕　［美］辛西娅·斯托克斯·布朗：《大历史：从宇宙大爆炸到今天》，第 278 页。
〔2〕　"地出"一词演化出来的意义很多，包括视野范围、人类境况的改变和有助于构建各种各样政治想象、道德想象、科学想象和商业想象的标志性力量。参阅 Benjamin Lazier, "Earthrise; or, The Globalization of the World Picture," *The American Historical Review*, Vol. 116, No. 3 (June 2011), pp. 602-630. 这幅画面引发了史无前例的环保意识浪潮，也强有力地推动了整体科学方法，诸如大爆炸宇宙论、板块构造学说和洛夫洛克的盖亚理论。
〔3〕　［荷］弗雷德·斯皮尔：《大历史视角中的环境问题》，载《全球史评论》（第四辑），2011 年 10 月。
〔4〕　［荷］弗雷德·斯皮尔：《大历史与人类的未来》，前言和致谢，第 1 页。
〔5〕　在斯皮尔看来，熵是热力学第二定律的本质，也是全人类努力抗争的朝向。参阅 Kraig Schwartz, "A Review of Fred Spier's *Big History and the Future of Humanity*," *Journal of World History*, Vol. 23, No. 1, Special Issue: Global China (March 2012), pp. 147-149.

着人类行为的加剧,产生越来越多的废物(也就是物质熵),不可避免地以垃圾的形式充斥地球表面。热力学第二定律表示:任何地方秩序的出现,势必伴随着其他某处更多无序(熵)的增加。又加之人类历史进程中剩余垃圾的逐渐累积,他判断:"人类活动的增加也一定与自然环境中人类活动产生的物质熵的增加同步发展。"[1]事实的确如此。如今,全世界人口已近 70 亿,与之相伴的是关键能源的日益枯竭和污染的恶化,并且长期来看,如果处理不当,势必会破坏许多人工复杂性的持续生产,进一步而言,可能会毁灭我们人类这个物种。因此,"人类历史上,无论人类可能试图执行什么其他计划,但是如果这些计划没有考虑到与熵的不懈抗争,都会注定失败"[2]。借用"复杂性""熵"等科学术语,弗雷德·斯皮尔成功地将人类历史与生态环境巧妙地联系到了一起。也许,正如弗雷德·斯皮尔所言,地球已经进入了第六次物种大灭绝阶段,我们人类可能就是最早遭殃的物种之一。但是,我们也不必过于悲观,只要我们及时地认清自己在宇宙中、在地球中的地位,及时地面对共同的问题、挑战与机遇,人类与自然同样可以是默然再生的关系。

此外,大卫·克里斯蒂安在《极简人类史》和《大历史:虚无与万物之间》两部著作中,纳入了"人类世"的概念,也反映出"大历史关注的生态问题始终处于不断演进之中"的态势。较之"地出","人类世"是比较晚近的概念。2000年,为了强调今天的人类在地质和生态中的核心作用,荷兰研究大气层的科学家保罗·克鲁岑(Paul Crutzen)和美国环境科学家斯托莫(Eugene F. Stoermer)指出,我们所处的这个时代应该称作"人类世",以此取代过时的"全新世",其中人类对生态圈拥有巨大的影响力,造成了一个充满不可预知的急剧变化的混乱时代。换言之,"人类行为,特别是人类在社会、政治和经济领域的行为,构成了全球变化的关键驱动力"[3]。"人类世"时代标志着一个物种在 40 亿年以来首次有能力改变生物圈。据此,我们可以思考在 20 世纪里所

---

[1] [荷]弗雷德·斯皮尔:《大历史与人类的未来》,第 124 页。

[2] 同上。

[3] Jan Zalasiewicz, Mark Williams, Alan Haywood and Michael Ellis, "Introduction: The Anthropocene: a new epoch of geological time?" *Philosophical Transactions: Mathematical, Physical and Engineering Sciences*, Vol. 369, No. 1938, The Anthropocene: a new epoch of geological time? (13 March 2011), pp. 835-841.

见到的快速发展的深层意义,包括科学成就、物质财富以及人类思维等方面。但是,对于这些快速发展所引起的负面影响,人类究竟是否也同样有能力加以控制呢? 从目前全球所处境况来看,答案毋庸置疑是否定的。大卫·克里斯蒂安援引"人类世"这一概念,应该是注意到了它的两面性:希望的同时也是困境。因此,他在大历史的时间尺度里既呼吁人类意识到对自然不断增强的控制力,又呼吁人类意识到过去为之(人类取得的利益)付出的巨大代价。他声称:"这种理念就是一个强大的透镜,我们可以透过它审视历史,进一步思考究竟是什么使我们如此与众不同。历史学家可能也会认同这种理念弥足珍贵,因为它提供了一种崭新的、更加准确的思考人类历史纪元的方式……人类世的理念同时也吸引了各种全球性组织以及来自不同背景研究人类活动对生物圈影响的专家们。"[1]所以,通过"人类世"对生物圈、对人类历史进行思考,或许有利于人类在对过去的研究和现实的需要之间适当地找到一个契合点。

三、构建人类命运共同体

每个时代都需要书写它自己的历史。这不仅反映了历史学自身的新陈代谢,同时也折射了历史学与时代的双向互动。大历史的出现即是一种时代的需要。在 21 世纪世界联系空前紧密的今天,在人类面临越来越多全球性问题时,我们迫切需要一种全球性的历史叙述。全球史研究奠基人威廉·麦克尼尔在研究全球史的过程中,始终以"整个人类命运的关怀"为宗旨。他认为:"影响整个人类历史的因素是疾病和战争。疾病与战争是人类自古至今主要的灾变异数,但它们从来都不是孤立的事件,而往往是人与自然、人与人之间具有的普遍共同性的各种关系互动的结果,因而人类在本质上有一部共同的历史。"[2]无独有偶,大历史研究奠基人大卫·克里斯蒂安也曾指出:"为了理解我们作为人类的共同关切,我们必须清楚人类有一部属于自己的'大历

---

〔1〕 [美]大卫·克里斯蒂安:《极简人类史:从宇宙大爆炸到 21 世纪》,第 184 页。

〔2〕 [美]威廉·麦克尼尔:《西方的兴起:人类共同体史》,孙岳等译,北京:中信出版社 2015 年版,推荐序,第 11 页。

史',这是一部超越特定地区、国家、民族甚至不同世界的'大历史'。"〔1〕由此可见,就现代西方史学内部而言,无论是全球史还是大历史,都通过历史书写寄托了对"世界主义情怀"的向往,即我们应当超越国界、阶级或宗教信仰的差异分歧,把整个人类历史当成整体来审视,重新定义人类存在的意义与责任,最终形成一个我们人类统一共同体的故事。

大历史的兴起,是从教学领域开始的。1989年大卫·克里斯蒂安在麦考瑞大学开设了他自称为"大历史"的课程,以此向他的同事们展示心目中历史导论课的理想形式。与此同时,美国得克萨斯州达拉斯南卫理公会大学(Southern Methodist University in Dallas)的历史学家约翰·米尔斯(John Mears)也开始设计大历史课程。又由于"大历史教学项目"的公开课,大历史影响了美澳荷韩英等数十个国家的年轻一代。以荷兰的大历史教育〔2〕为例:1993年,约翰·古德斯布洛姆(Johan Goudsblom)和弗雷德·斯皮尔效仿大卫·克里斯蒂安的研究,在阿姆斯特丹大学准备大历史课程,1994年,大历史课程首次开课,自此以后,每年均有设立。就课程感受而言,弗雷德·斯皮尔做了如下记录:"我们所有讲授过大历史课程的人都感受到了学生对于这门课程的浓厚兴趣。每年都会有许多学生告诉我,我们的大历史课程是他们上过的最好的大学课程,而且这门课程深刻地改变了他们的世界观。"〔3〕再比如,南缅因州大学巴里·H.罗德里格(Barry H. Rodrigue)记录了一个名叫阿曼达·门罗的学生对他们的大历史课程的反馈:

> 四个月前,当第一次思考我在宇宙中的角色的时候……我完全没有认识到我的周围还存在着一个生物圈,更不用说囊括其他各个民族的地球和宇宙……但经过这段漫长的难以置信的一路探索……我对宇宙有了新的认识。我学到了……我们都是世界的未来,我可以为自己和别人作一点自己的贡献。我很荣幸曾经同阿姆斯特丹大学及其他几个大学一起参与到这场学习"大历史"的运动中。我觉得通过这次活动,我变成了一

---

〔1〕 〔美〕大卫·克里斯蒂安:《极简人类史:从宇宙大爆炸到21世纪》,序言,第17页。
〔2〕 《全球史评论》(第六辑)有专文论述荷兰的大历史教育。
〔3〕 〔荷〕弗雷德·斯皮尔:《大历史与人类的未来》,第20页注释[38]。

个更好的、更审慎的人。我现在的任务是让更多的人参与进来,改变惯有的不好的思维方式,尊重这个赐予我们生命的美丽星球。[1]

可以看出,无论是斯皮尔的学生还是罗德里格的学生,他们都从这种大规模综合研究的授课模式中得到了精神的洗涤。其实,这才是大学(或者中小学)历史学科课程的意义所在:应当具有公民教育的功能,应当具有开启年轻一代新思维模式的责任。当下,我们急切需要的思维模式正如罗德里格指出的那样:"我们必须要以新的全球观念塑造世界公民,以点燃世界变革的火种,诚如英国物理学家大卫·胡克斯(David Hookes)所言,我们现在需要一个'全球启蒙'。"[2]

目前看来,大历史就担负着这种"全球启蒙"的神圣使命。虽然大历史自问世以来饱受诟病,但是它提供的共同的方向、意义、认同和目标,是我们所有人都无法忘怀的。迄至今日,这些内容已经以某种方式作用于大部分人类了。大卫·克里斯蒂安曾多次表达自己的壮志豪情:"大历史在 21 世纪将显出更大的魅力,恰恰是因为它能够帮助人类建立一种最广泛的认同:人类共同体的认同。"[3]对此,我们也充满了信心,期望"人类命运共同体"的建立,期望人类与自然的和谐相处!

---

[1] Amanda Munroe, University of Southern Maine, Final essay, LCC 350 Global Past, Global Present, Saco, Maine(USA), 19 May 2009。转引自[美]巴里·H.罗德里格:《大历史在美国的兴起》,载《全球史评论》(第六辑),北京:中国社会科学出版社 2013 年版,第 124—125 页。

[2] [美]巴里·H.罗德里格:《大历史在美国的兴起》,载《全球史评论》(第六辑),北京:中国社会科学出版社 2013 年版,第 127 页。

[3] 大卫·克里斯蒂安、弗雷德·斯皮尔、阿科普·拿撒勒、孙岳:《大历史:在宇宙演化中书写世界史》,载《光明日报》2012 年 3 月 29 日。

提阿菲罗斯在《致奥托莱库斯》中史学阐释理论体系[*]

肖　超[1]

作为一个在古罗马帝国时期里能与罗马相提并论的繁华城市[2]，叙利亚的安提阿（Antioch）作为早期基督教的策源地之一可谓相当重要。初期传道者巴拿巴（Barnabs）与保罗最早就是从这里被差遣去海外传道。[3] 并且根据《圣经·新约》的记载，甚至"基督徒"（Christian）这一个后世通用的称呼，也首先就是从安提阿开始使用的，"门徒称为基督徒是从安提阿起首"[4]。因此，当我们在早期基督教史学领域内深入研究某位名为"安提阿的提阿菲罗斯"（Theophilus of Antioch）的人物时，就会发现这位名中以"安提阿"来帮助确认身份的人物，对于早期基督教史学，也正像"安提阿"这座城市对于早期基督教，有着至关重要的意义。这绝非因为"安提阿"这一巧合，而是因为提阿菲罗斯在其传世之作《致奥托莱库斯》（To Autolycus）中的史学创新。在该书中，他不仅首次依据基督教信仰，编撰了自创世记以来直到罗马皇帝马可·奥

---

[*] 本文原载于《世界宗教研究》2012 年第 4 期。

[1] 肖超，复旦大学历史学博士（2007 年 9 月入学，2013 年 6 月毕业），现为广西师范大学历史文化与旅游学院副教授。

[2] 罗马诗人 Decimius Magnus Ausonius（ca. 310-395）曾在其作品（*Ordo urbium nobilium* 1-5）中对罗马帝国各重要城市加以排序，安提阿（Antioch in Syria）紧随罗马城、君士坦丁堡（Constantinople）、迦太基（Carthage）而位列第四。参见：*Roman social history: a sourcebook*，edited by Tim G. Parkin and Arthur J. Pomeroy, New York, First published in 2007 by Routledge, Reprinted in 2008，p. 46。另，有现代学者也指出安提阿是可以"与罗马城相比美"的，参见[美] M. 罗斯托夫采夫：《罗马帝国社会经济史》（上册），马雍、厉以宁译，北京：商务印书馆 2005 年版，第 203 页。

[3] 《圣经·新约·使徒行传》第 13 章第 2 节。

[4] 《圣经·新约·使徒行传》第 12 章第 26 节。

勒留〔1〕驾崩为止的编年史；他还对众多的传统西方史家与史著做出了评判，建构起了富有基督教信仰特色的新型史学阐释理论体系。这位早在7世纪就被西方史家誉为"极其渊博的编年史学家"〔2〕，时至今日似乎仍没有得到国内学者应有的重视。他撰述历史的目的是："我将采用一些你所阅读过的历史书籍……来向你阐明真理。"〔3〕那么，我们现在也就沿着他这条借助于历史文本来阐释理念的思想路径，根据他自己所写作的文本，来尝试着向读者阐明他的史学阐释体系。

一、"安提阿的提阿菲罗斯"的生平与著述

对提阿菲罗斯的生平所知甚少，只能根据其存世作品而大约推知以下信息：他曾在《致奥托莱库斯》第2卷第24章中提到"那被称作底格里斯河与幼发拉底河的两条河，就在我们自己区域的周边"〔4〕，由此可推测出他多半生活在两河流域，也即美索不达米亚平原（Mesopotamia）的一带或周边；而他在该书第3卷第28章中还提到了罗马皇帝马可·奥勒留的驾崩，故他至少应该活到了公元180年之后；并且，当他谈及《圣经·创世记》中"人要离开父母与妻子连合，二人成为一体"〔5〕这段话时，曾经指出"这话事实上也正在我们自身上得以应验"〔6〕，那么他很可能有过婚姻经历；至于他皈依基督教的经历，根据他在《致奥托莱库斯》第1卷第14章中的表述，他自己以前"同样也不相信耶稣复活的这一事情"，直到后来"接触到了神圣先知写就的神圣文字"〔7〕，并经

〔1〕 马可·奥勒留（公元121年4月26日—180年3月17日），全名为马可·奥勒留·安东尼·奥古斯都（Marcus Aurelius Antoninus Augustus）。拥有恺撒称号（Imperator Caesar）的他是罗马帝国五贤帝时代最后一个皇帝，于161年至180年在位。

〔2〕 Robert M. Grant, "The Textual Tradition of Theophilus of Antioch," *Vigiliae Christianae*, Vol. 6, No. 3 (Jul, 1952), p. 148.

〔3〕 Theophilus of Antioch, *Ad Autolygum* (*To Autolycus*), Text and Translation by Robert M. Grant, Great Britain, Oxford: Oxford University Press, 1970, p. 23.

〔4〕 Theophilus of Antioch, *Ad Autolygum* (*To Autolycus*), p. 67.

〔5〕 《圣经·旧约·创世记》第2章第24节。

〔6〕 Theophilus of Antioch, *Ad Autolygum* (*To Autolycus*), p. 73.

〔7〕 Theophilus of Antioch, *Ad Autolygum* (*To Autolycus*), p. 19.

过仔细思考才终于信仰基督教的。那么他最初应该是一个异教徒,是在接触了当时希腊语《圣经》文本后才皈依了基督教。除开提阿菲罗斯自己的文本,我们还可以根据稍后于他的"教会史之父"[1]攸西比乌斯在《教会史》中的记载,了解到这位"著名的提阿菲罗斯"是在安提阿教会中"自使徒以来的第六任主教"[2]。并且攸西比乌斯还指出,提阿菲罗斯就任安提阿主教的时间是在马可·奥勒留当政的第 8 年,那么也就是在公元 168 年左右。至于提阿菲罗斯的著述,攸西比乌斯在《教会史》中记载了这位主教"有一本名为《驳赫尔默格内斯的异端邪说》(*Against the Heresy of Hermogenes*)存世",以及"一本崇高的反驳马西昂(Marcion)的论文"[3]。但我们今天所能见到的,则主要是攸西比乌斯所描述的另外那三卷基础性的论文。在这三卷论文的第 3 卷第 1 章中,提阿菲罗斯直接指明文章是写给"我的好朋友奥托莱库斯"的,因此后世西方学者一般就将这三卷作品合称为《致奥托莱库斯》(*To Autolycus*)。事实上,正如近代研究提阿菲罗斯的专家罗伯特·M·格兰特(Robert M. Grant)所揭示的那样,这些作品既是"这位主教写给某位私密个人的,但同样也是写给某个更宽泛的读者群体的,其目的就是为了维护基督教信仰"[4]。在今天的意大利威尼斯,人们依然珍藏着该书一份源于 11 世纪或者是 12 世纪的手抄本。[5]

二、通往"真理"的"意是": 提阿菲罗斯的史学阐释理论

在《致奥托莱库斯》中,提阿菲罗斯基本上展现出了一种较完备而且前驱的基督教史学阐释理论体系,并且依据该体系对许多传统史家史著进行了阐释与批判。他的核心理念是:"那些喜爱真理的人,丝毫不会去关注那被污染

[1] [美] J. W. 汤普森:《历史著作史》上卷,谢德风译,北京:商务印书馆 1996 年版,第 187 页。

[2] Eusebius, *The Ecclesiastical History*, Volume I, with an English Translation by Kirsopp Lake, Cambridge, Massachusetts: Harvard University Press, reprinted 1998, p. 373.

[3] Eusebius, *The Ecclesiastical History*, Volume I, p. 385.

[4] Theophilus of Antioch, *Ad Autolygum* (*To Autolycus*), p. ix.

[5] Robert M. Grant, "Theophilus of Antioch to Autolycus," *The Harvard Theological Review*, Vol. 40, No. 4 (Oct., 1947), Published by: Cambridge University Press on behalf of the Harvard Divinity School, p. 227.

过的言辞,而只会去审视隐藏在言语后的事实,去检视这些事实'是何所是'
(what it is)以及'是何意是'(what it means)。"〔1〕而这句话,无疑是一把引
导我们深入理解他整个阐释理论体系的钥匙。这句关乎于"真理"(truth)、"言
辞"(language)、"言语"(word)、"事实"(fact)的话语,揭示出了提阿菲罗斯史学阐
释理论在解读他人文本时所包含的两项基本意蕴:(一)提阿菲罗斯的阐释理
论是以"喜爱真理"为前提的,其理论的适用主体,是那些"喜爱真理的人";而其
阐释的目的,则主要是指向"真理"。(二)在主体的阐释行为过程中,主体又应
该对阐释文本客体进行如下的三层区分:(1)作为阐释客体的文本,首先将被
区分为"被污染过"(defiled)的言辞,以及未被污染过的言语。(2)那些未被污染
过的言语,随后又将被区分为言语本身,以及隐藏(behind)在言语之后的事实。
(3)那些隐藏在言语之后的事实,还将被区分为"所是"(is)与"意是"(means)这
两者,最终的"真理"也就恰恰存在于所谓的"意是"之中。

(一)"喜爱真理的人":提阿菲罗斯史学阐释理论的主体、前提与目的

揣摩提阿菲罗斯开篇所言"喜爱真理的人",我们可以感悟到当时的西方史
学思想在发展到提阿菲罗斯处,以往那种依靠历史写作来对纷芜世事进行"观
察、判断和探索"〔2〕的探询动机已然遭到了废黜。显然,提阿菲罗斯已经在历
史中发现某种"真理",因为只有在"真理"被找到了的前提下,他才会自信有能力
提出找寻"真理"的路向和方法,并可能产生衷心的"喜爱"。那么,对于那些尚不
知晓提阿菲罗斯所言"真理"为何物的受众来说,又该如何实现"喜爱"这一行动
呢?就在《致奥托莱库斯》的第1卷第8章,提阿菲罗斯以一个反问来回答了这
种疑问,"难道你不知道是信心引领了所有一切行动吗?"〔3〕随即他又引用《新
约·约翰福音》中的话语"不要不信,只要相信"〔4〕来再次强调了这种引领一切
的信心。而在第1卷的结尾处,提阿菲罗斯更是将作者"我"与读者"你"这二者
合一,总结性地对受众们做出了如下要求:"我不再疑惑,而只是相信,顺从于上

---

〔1〕 Theophilus of Antioch, *Ad Autolygum* (*To Autolycus*), p. 3.
〔2〕 希罗多德:《历史》(全两册),王以铸译,北京:商务印书馆 2005 年版,第 151 页。
〔3〕 Theophilus of Antioch, *Ad Autolygum* (*To Autolycus*), p. 11.
〔4〕 Ibid. , p. 19. 参见《新约·约翰福音》第 20 章第 27 节。

帝,如果你愿意,你也同样必须顺服与信仰于上帝。"[1]因而只有那种放弃疑惑转而相信的人,才能与提阿菲罗斯在其历史阐释理论上达成一致。换言之,提阿菲罗斯史学阐释理论的主体是被如此地加以规定:即他必须是一个相信并喜爱"上帝"也即基督教信仰的人,而不是某个仍然还在怀疑或者探询"真理"的人。提阿菲罗斯这种在历史阐释中将基督教信仰视为"真理",并非突发奇想而是渊源有自。众所周知,即使在提阿菲罗斯之前不久的年代里,西方史学那种在历史中找寻隐含规律的探询使命依旧盛行。古罗马杰出史家塔西佗就认为他的撰述可以让读者"能够认识它们的前提与原因"[2],并进而希望能按照己意对历史任意解释:"依照自我意愿去感知,并能根据自我感觉去述说。"[3]然而这种自希罗多德直到塔西佗的不懈探询,却从未让人信服地找寻到任何可以一劳永逸的解答。倒是史家们任意阐释历史的倾向,使得西塞罗的那句名言"在历史中,评价一切的标准就是真实"[4]成了一句空话,以至于"在帝制时代,真实性成了形式上的要求,史家们都肯定它,但这种肯定仅仅是一种陈词滥调罢了"[5]。于是乎,西方传统史学逐渐堕入了一种探询无望、标准渐失的困境。而与此同时,渊源于犹太教的新兴基督教史学思想,却开始斩钉截铁地宣称他们已经在历史中发现了"真理"。那位被提阿菲罗斯多次引征[6]的犹太教史学家约瑟夫,就在其《犹太古史》中宣称人类历史中贯穿着一条主要规律,即人们必须"遵从上帝的意愿,恭敬遵行完美的律法"[7]。而在基督教早期"真正

---

[1] Theophilus of Antioch, *Ad Autolygum* (*To Autolycus*), p. 19.

[2] Tacitus, "The Histories", in *Tacitus II*, with an English Translation by Clifford H. Moore, Cambridge, Massachusetts: Harvard University Press, 1996, p. 9.

[3] Tacitus, "The Histories", in *Tacitus II*, p. 5.

[4] Cicero, "De Legibus" (the Laws), in *Cicero XVI*, with an English Translation by Clinton Walker Keyes, Cambridge, Massachusetts: Harvard University Press, reprinted 1994, p. 301.

[5] [美]凯利:《多面的历史:从希罗多德到赫尔德的历史探询》,陈恒、宋立宏译,北京:生活·读书·新知三联书店2003年版,第120页。

[6] 关于提阿菲罗斯对约瑟夫的提及,可以参阅:Theophilus of Autolygum, *Ad Autolygum* (*To Autolycus*), p. 133. 另根据Robert M. Grant所翻译的牛津版《致奥托莱库斯》,提阿菲罗斯至少有七处文字是以约瑟夫的《驳阿皮翁》(*Against Apion*)为渊源或类似的,参阅:*Ad Autolygum* (*To Autolycus*), p. 152.

[7] Josephus, *Jewish Antiquities* (books I-III), with an English translation by H. ST. J. Thackeray, Cambridge, Massachusetts: Harvard University Press, reprinted in 1998, p. 9.

的历史学家"〔1〕路加那里,他著述历史的缘由直接就是:"使你知道所学之道是确实的"〔2〕,而这其中的"道",也就是基督教上帝信仰。可见,提阿菲罗斯的宗教前贤们,早已为他预设了这样一种认识历史的前提——"遵从上帝"或者"知道所学之道是确实的"。因此这种"真理"也就被提阿菲罗斯一脉相承地予以承继,他在文章第 1 卷中就再三地阐明〔3〕了这种以上帝信仰为"真理"的信念:"这就是我的上帝,我劝诫你敬畏和信仰他。"〔4〕因此,就提阿菲罗斯开篇所言"喜爱真理的人"而言,他的阐释理论主体,就必须是信奉或者喜爱基督教信仰的人;而单就其中的"真理"概念而言,其理论就还含有一个必要的认识前提,即主体首先必须认同基督教上帝信仰的"真理"性质;而这样的一种史学阐释体系的目的,自然也就是为维护与宣扬基督教而服务的。

(二) 通往"真理"的"意是":提阿菲罗斯的阐释区分理论

实际上,提阿菲罗斯史学阐释理论之所以重要,主要还在于他在史学阐释中对过往历史文本所作的三个区分,因为正是他这一整套带领"意义"脱离于"言语"的文本阐释体系,帮助早期基督教将传统历史文本中的言语叙事留给了文本本身,而将历史发展的隐含"意义"带到了受众们的面前。那么,提阿菲罗斯究竟是怎样做,又是如何做到这些的呢?

(1) 让我们再回到提阿菲罗斯在《致奥托莱库斯》中的开篇语:"在那些有着颓废心智的可怜弱者群体中,流利的演说与悦耳的措辞,会产生快乐与虚荣所孜孜以求的赞美。然而,那些喜爱真理的人,则丝毫不会去关注这被玷污过的言辞。"〔5〕这样的言语,很容易让我们想起柏拉图的《申辩篇》中,苏格拉底在法庭上面对雅典公民们的那段著名开场白:"先生们,我可以向你们保证,这不是因为我会像他们那样流利地使用语言和精心修饰词句。不,你们听到的

---

〔1〕 [美]梅琴(Machen,J. G.):《新约文献与历史导论》,杨华明译,上海:上海人民出版社 2008年版,第 171 页。

〔2〕 《圣经·新约·路加福音》第 1 章第 3、4 节。

〔3〕 参见 *Ad Autolygum (To Autolycus)*(《致奥托莱库斯》)第I卷,第 3、4、5、6、7、8、11、12、13、14 章)。

〔4〕 Theophilus of Antioch, *Ad Autolygum (To Autolycus)*, p. 21.

〔5〕 Ibid., p. 3.

话将是直截了当、脱口而出的,充满着正义的自信。"〔1〕在此,我们能够看到某种思想上的沿袭:因为对于苏格拉底来说,雅典城里那些控告他的演讲家"矫揉造作的话语"完全就是"连篇的假话",而他自己的申辩,则因为直截了当而"将全部是真话"〔2〕。对此苏格拉底一个最显明、并且也是最先表达出的论据就是:"我不会像他们那样流利地使用语言和精心修饰词句。"可见,在苏格拉底那里,就已经有了将"流利地使用语言和精心修饰词句"斥为"非真"的思想;而发展到提阿菲罗斯处,则演进为将"流利的演说与悦耳的措辞"视为了"非真理"。有意思的是,提阿菲罗斯在该观点上的这种思想演进,也回过头去给了其启蒙者们一口有力的反噬。在《致奥托莱库斯》第3卷第2章中,他在讥笑了"苏格拉底借着狗,鹅和梧桐树起誓"〔3〕的行为之后,更是尖锐反问"柏拉图的教育形式对他自己又有何益处? 他们(苏格拉底与柏拉图)的学说体系对其他哲学家又有什么价值?"随后就将这两位思想前辈归为了"爱慕虚名的人",他们的言论也自然就是"一无益处,毫不虔敬"〔4〕的了。某种意义上,正是苏格拉底为了标榜其申辩因为"直截了当,脱口而出"而具备真实性、从而将那些流利与精心修饰过的言辞视为"非真"的思想的做法,启发了日后提阿菲罗斯将柏拉图等古代作者那些洋洋洒洒、精心构建的鸿篇巨制,以彼之道还施彼身地视为了"非真理"。上述就是提阿菲罗斯在其史学阐释理论中的第一层区分,即将文本区分为"被污染过的言辞"以及未被污染过的言辞,将那些"被污染过的言辞"视为非真理,不值得关注。那么他又是如何具体地区别这些"被污染过的言辞"? 一方面,他认为这种文本是基于史学家的虚荣心所引发,"历史家们总是喜欢著述大量的书籍来满足其虚荣心"〔5〕。而这些书籍中就有"关于诸神、战争和编年史"的,古代史学家包括"希罗多德与修昔底德",都是"一些爱慕虚名的人","他们自己既不知晓真理,也不能引导他人走

---

〔1〕 [古希腊]柏拉图:《柏拉图全集·第1卷》,《申辩篇》17,C,王晓朝译,北京:人民出版社2002年版,第2页。

〔2〕 [古希腊]柏拉图:《柏拉图全集·第1卷》,《申辩篇》17,C,第2页。

〔3〕 Theophilus of Antioch, *Ad Autolygum* (*To Autolycus*), p. 101.

〔4〕 Ibid. , p. 103.

〔5〕 Ibid. , p. 101.

向真理"[1]。另一方面,他还承袭苏格拉底与柏拉图的观点,将那些精心修饰的华丽言辞贬低为"被污染过的言辞",认为这些"喋喋不休"的烦琐文辞只不过是"徒劳无益与胡言乱语"[2]。诚然,定义文本作者是否"虚荣",以及文本言辞是否"被污染",这种区分多少显得主观随意。但对于当时饱受西方传统智识界攻讦的新兴基督教思想而言,提阿菲罗斯毕竟是在西方传统智识的源头处,找寻到了一把锋利的剃刀,可以言之有据地将那些违背与攻击基督教信仰的传统历史文本,首先就以"非真理"来定义并予以剔除。

（2）如果说提阿菲罗斯从希腊传统思想那里,借鉴了柏拉图与苏格拉底而构筑起其阐释理论中的第一层区分。那么他的第二层区分,则参考了自犹太教传承至早期基督教的《圣经》阐释方法——"隐喻解经法"。尽管提阿菲罗斯并没有在其文章中直接提及这种释经方法,但我们根据攸西比乌斯引用犹太经师斐洛（Philo）[3]的话语,可以知道早期犹太教徒们就已经大量地使用这种方法,"他们用隐喻来研习圣典,来阐述他们本民族的哲学"[4]。而且发展到攸西比乌斯所处的 3 到 4 世纪,隐喻解经法也仍然是基督徒中阐释《圣经》的主流方法,"我们今天仍然遵照惯例来……研读神圣的话语"[5]。因此可以推知,对于提阿菲罗斯这位自称是因为接触了希腊文《圣经》后才皈依基督教的信徒[6],他应该是熟知当时所流行的这种《圣经》阐释方法的。犹太解经者斐洛曾对于圣经的几乎所有内容,都以隐喻的方法进行了阐释。[7]在他看来,"整部律法书就像一个生灵,文字规章是这个生灵的躯体,而它的灵

---

〔1〕 Theophilus of Antioch, *Ad Autolygum*（*To Autolycus*）, p. 103.

〔2〕 Ibid. , p. 139.

〔3〕 关于他的生平与著作,可以参阅［英］罗纳尔德·威廉逊:《希腊化世界中的犹太人:斐洛思想引论》,许开来、林庆华译,北京:华夏出版社 2007 年版,第 1—20 页。另可参阅 F. H. Colson & G. H. Whitaker, "General Introduction," ix, see in *Philo*, Vol. I. With an English translation by F. H. Colson& G. H. Whitaker, Cambridge, Harvard University Press, reprinted in 1991。以及 *The Concise Oxford Dictionary of the Christian Church*, Ed. Elizabeth A. Livingstone, Oxford: Oxford University Press, 1977, p. 400.

〔4〕 Eusebius, *The Ecclesiastical History*, Volume I, p. 151.

〔5〕 Ibid. , p. 155.

〔6〕 Theophilus of Antioch, *Ad Autolygum*（*To Autolycus*）, p. 19.

〔7〕 ［英］罗纳尔德·威廉逊:《希腊化世界中的犹太人:斐洛思想引论》,第 154 页。

魂则是文字背后无形的智慧"〔1〕。因此,斐洛告诫读者,不要停留在"字面上与明显的"〔2〕意思,而应该"去进行隐喻的阐释,并且认识到:文字对于神谕而言,仅仅就像是阴影对于实体,而其中显现出来的更高价值,才是真实的与实存的事物"〔3〕。正是通过隐喻解经法,斐洛将《圣经》区分为两层意思:其一是"字面意思",其二则是"隐喻意思"。并且,隐喻意思还有着"显现出来的更高价值"。而基督教奠基者保罗也曾以隐喻方法来阐释《旧约》中的经文:"这都是隐喻(英译:allegory),那两个妇人就是两约。一约是出于西奈山,生子为奴,乃是夏甲。"〔4〕在这里,保罗就是通过隐喻解经的方法,将旧约经文中的字面意思"两个妇人",阐释为隐喻意思的"两约",并进而断言说:"这夏甲二字是指着阿拉伯的西奈山。"以此来阐明"夏甲"实际是上帝在西奈山上赐给摩西的律法(十诫)。可见,在基督教产生之初,其肇创者也已经通过区分"字面意思"与"隐喻意思"来对旧有经典加以阐释了。而提阿菲罗斯在其史学阐释理论中对于文本的第二层区分,也就正是承袭了上述隐喻解经法将文本"字面"意思予以剥离的做法。并且,他还极具创造性地将历史叙事文本区分为"言语"本身,以及"隐藏在言语之后的事实"这两者。〔5〕如此一来,传统历史文本就被区分为作为"言语"本身的"字面事实",以及隐藏在言语之后的另一种"字后事实"。而这种区分显然建构起了两点富有深意的含蕴:首先,通过对"字面事实"的剥离,使得传统历史文本的言语叙事被定义与转换为某种类似于隐喻解经法中"字面意思"的等价物。提阿菲罗斯也就由此可以贬斥希罗多德、修昔底德、色诺芬(Xenophon)等传统史家是"徒劳无益、胡言乱语的写作者",并得以轻蔑地反问"他们又提供了什么重要的信息⋯⋯?"〔6〕因为在这种区分中,前述史家们所讲述的那些诸如大流士的事迹,或者雅典人与斯巴达人的战争,又或者伯罗奔尼撒战争的历史〔7〕,都只不过是些"字面事实",

---

〔1〕 Philo, "On the Contemplative Life," in *Philo*, Volume IX, with an English translation by F. H. Colson, Cambridge, Harvard University Press, reprinted 1995, p. 161.

〔2〕 Philo, "On the Confusion of Tongues", in *Philo*, Volume IV, p. 113.

〔3〕 Ibid., p. 115.

〔4〕 《圣经·新约·加拉太书》第4章第24节。

〔5〕 Theophilus of Antioch, *Ad Autolygum* (*To Autolycus*), p. 3.

〔6〕 Ibid., p. 139.

〔7〕 Ibid.

它们在价值上都远逊于"字后事实"，并不值得人们予以重视。其次，通过建构起对所谓"字后事实"的甄别与标榜，就使得提阿菲罗斯为那种认为上帝创造了一切的基督教创世记历史观[1]，以及那记载了"众多神圣先知们协调一致、不可胜数的叙事"[2]的《圣经》历史叙事，在其阐释体系中找寻到了一个作为检验标准的最崇高位置。故而，提阿菲罗斯才得以自信满满地宣称："相比那些希腊人、埃及人和其他任何历史编纂家的著述，我们的神圣经书要更加古老与真实。"[3]因此，在提阿菲罗斯的第二层区分之下，其他各种历史文本所叙述的一切，就都被阐释为某种"字面事实"，而不得不被某种本来毫不相干的"字后事实"来加以检验。换言之，区分出所谓"隐藏在字面后的事实"，其实质就是去尊崇《圣经》中众多先知叙事中的"事实"，并认为这类先知叙事凌驾与统摄了其他所有百家争鸣的传统西方历史叙事。

（3）我们大致阐明了提阿菲罗斯史学阐释理论中的前两层区分。但这更多的只是反映出他是一个擅于利用对手漏洞的辩论者；或者是一个长于承袭前人精髓的继承者。而如果我们要见识到他作为"一位先驱者"[4]和一名理论家的独特面貌，那么我们还是必须深入到他随后的第三层区分之中。因为正是这最后也是最为复杂的一层区分，才真正地展现了这位早期基督教史学家深刻的理论性，以及独创的前驱性。再回到提阿菲罗斯开篇那句钥匙般的关键性语句，在剔除了那些"被污染过的言辞"与"字面事实"之后，其史学阐释理论体系的最后一层区分实际上就是如下的陈述："那些喜爱真理的人……只会去审视隐藏在言语后的事实，去检视这些事实'是何所是'以及'是何意是'。"[5]如果单就思辨而言，"是何所是"强调的是对文本叙事本身"是什么"的认识过程；而"是何意是"则强调的是文本叙事"到底意味什么"的阐释过程；换句话说：探询"所是"，更强调从文本本身去形成某种认识；而追问"意是"，

---

〔1〕 Theophilus of Antioch, *Ad Autolygum*（*To Autolycus*）, pp. 39-41.
〔2〕 Ibid., p. 87.
〔3〕 Ibid., p. 139.
〔4〕 Robert M. Grant, "Theophilus of Antioch to Autolycus", *The Harvard Theological Review*, Vol. 40, No. 4（Oct., 1947）, Published by: Cambridge University Press on behalf of the Harvard Divinity School, p. 256.
〔5〕 Theophilus of Antioch, *Ad Autolygum*（*To Autolycus*）, p. 3.

则更着重基于某种已有认识来对文本加以解释。故而,当深入到提阿菲罗斯的第三层区分时,我们要追问的就应该是在提阿菲罗斯自己的文本世界中,他这最终一层区分的"所是"究竟是什么,而他的"意是"又到底意味着什么呢?提阿菲罗斯曾经清楚地讲述了他阐释传统史学作品的目的:"我将采用一些你所阅读过的历史书籍……来向你阐明真理。"而且他也指明了只有"那些热爱真理的人"才会最终注意到"是何所是"以及"是何意是"。所以,提阿菲罗斯这层层递进的体系最终走向的就是他的基督教信仰"真理"。基于此,提阿菲罗斯第三层区分中的"所是"与"意是"的某一方面也就渐渐清晰起来。承接他在第二层区分中将传统历史文本建构为某种"字面事实",那么与之相对应的"字后事实"则是指《圣经》旧约中"希伯来人中的先知们"[1]的种种预言性叙事。也正是这些先知预言,在提阿菲罗斯的第三层区分中充当了"字后事实"中的实际"所是",并且他通过竭力展示出这些"所是"是如何呈现出"彼此和谐一致……而且千真万确"的面貌[2],从而带领受众们亦步亦趋地跟随他最终来到他那作为"意是"的基督教信仰"真理"领域。这正像西方现代学者所揭示的那样:"提阿菲罗斯通过将先知们的论说作为某种超自然的神谕的见证,以此来增强基督教教义的说服力。"[3]而且提阿菲罗斯自己也讲明了他的这种引导路径:即受众们只有通过阅读那些讲述真理的先知们的叙事,"才不致被诸般疑虑和无益的徒劳引入歧途,而能去获得真正的确切知识"[4]。而那种作为最终"真理"的"意是",实际也被提阿菲罗斯在文章中一早就已经阐明:"上帝……给予了人类一部律法,并派遣了神圣先知们来晓谕和教导众生,以使我们每一个都能被唤醒并意识到只有一个上帝。他们也教我们戒绝不法的偶像崇拜、通奸、谋杀、淫乱、偷盗、贪财……"[5]一言以蔽之,所有那些先知言论在其"所是"中最终所"意是"的"真理":就是基督教的一神教信仰及其教义道德。另一方面,提阿菲罗斯的"所是"与"意是",还承担了一个将传统史学以探

[1] Theophilus of Antioch, *Ad Autolygum* (*To Autolycus*), p. 87.

[2] Ibid. , p. 123.

[3] John G. Cook, "The Protreptic Power of Early Christian Language: From John to Augustine," *Vigiliae Christianae*, Vol. 48, No. 2 (Jun, 1994), p. 114.

[4] Theophilus of Antioch, *Ad Autolygum* (*To Autolycus*), p. 87.

[5] Ibid. , p. 85.

询"真实"为目的,转换为基督教史学以宣扬"真理"为前提的任务。我们知道,正如西塞罗所言:"在历史中,评价一切的标准就是真实"[1],传统希腊罗马史学中最重要的就是"真实",也即关注历史文本所叙述的事实"是什么"的"所是",而提阿菲罗斯则通过对"所是"与"意是"的区分,将受众们引向了追问文本"意味着什么"的"意是"领域。于是乎,原本那些貌似中性客观的、着眼于"所是"的叙事文本,就在提阿菲罗斯专注于"意是"的阐释过程中,被基督教教义道德来加以评判并贴上标签。对此,提阿菲罗斯还特地通过转引希米卢斯(Simylos)的话语来提醒受众:"诗人们习惯于一视同仁地去命名那些本质优秀卓越,和那些天性邪恶败坏的事物,我们对此必须加以辨别。"[2]

我们还可以举出提阿菲罗斯对传统史学文本的一个阐释实例来深入探讨。在《致奥托莱库斯》的第 3 卷第 5 章中,提阿菲罗斯向奥托莱库斯发问:"历史学家希罗多德难道不是叙说过,冈比斯(Cambyses)[3]怎样杀死了哈尔帕哥斯(Harpagus)的孩子,又将他们在烧熟之后,于他们的父亲面前摆放成为宴席?"[4]就史学叙事的文字事实而言,提阿菲罗斯所指的这道"食人宴席",是指希罗多德在《历史》第一卷第 119 节中所记载的,美地亚国王阿司杜阿该斯由于恼怒其心腹哈尔帕哥斯没能够杀死尚是婴儿的波斯王居鲁士,于是诱骗其吃掉了由他自己孩子血肉所制成的菜肴,以此来惩罚哈尔帕哥斯的历史叙事。[5]但对于希罗多德这一段关于哈尔帕哥斯食人的"所是"性记载,提阿菲罗斯却将其阐释为希罗多德教唆读者们去食人的"意是"性灌输。他对此怒斥说:"啊!这些灌输邪恶言论的人,他们记载了——或者毋宁说是向世人倡导了——这种(食人的)行为!"[6]他进而痛责所有那些在书籍中记载食人事件的作者们,"他们是如此地不虔与邪恶!这就是他们孜孜以求的道理和四处宣扬的哲学!正是这些人写下了这些教义学说(食人)才让世界充满

---

[1] Cicero, "De Legibus"(the Laws), in *Cicero XVI*, with an English Translation by Clinton Walker Keyes, Cambridge, Massachusetts: Harvard University Press, reprinted in 1994, p.301.

[2] Theophilus of Antioch, *Ad Autolygum*(*To Autolycus*), p.111.

[3] 有如此行径的并非冈比斯,而是美地亚国王阿司杜阿该斯;见希罗多德:《历史》上册,第 61、62 页。

[4] Theophilus of Antioch, *Ad Autolygum*(*To Autolycus*), p.105.

[5] 该故事叙事参见希罗多德:《历史》上册,第 55—63 页。

[6] Theophilus of Antioch, *Ad Autolygum*(*To Autolycus*), p.105.

了罪恶"[1]。所以,提阿菲罗斯的"所是"与"意是"这一对区分,就至少在两个领域里分饰了不同的角色:首先,在宣扬基督教"真理"的领域中,他的"所是"就被定义为圣经中众多先知的叙事,而这时的"意是"就是基督教信仰与教义道德;其次,在批驳传统历史文本"邪恶言论"的领域中,他的"所是"则指称传统文本的字面叙事,而"意是"则被用来建构出作者在字面背后的"邪恶"意图。因而,提阿菲罗斯的"所是"与"意是"也就常常是较为模糊地被他在两个有着不同任务的阐释领域内加以运用,曾有现代西方学者批评他"有些不够系统"[2],那么提阿菲罗斯理论上的这种模糊性也多少印证了这些学者的指责。

通过对其历史阐释理论体系的剖析,我们基本厘清了这位"试图去阐明基督教关于上帝、创世以及人类历史的叙述是真实准确的"[3]早期基督徒,是如何一层又一层地将文本"所是",引入了那个他命名为"是何意是"的领域。因为正是在这个着重于文本"意味着什么"的领域里,提阿菲罗斯才可以像我国著名史家刘知几所说的那样,去"睹一事于句中,反三隅于字外"[4];并且,历史学还被赋予了一种关于她自身的三重性质:历史叙事,不仅是作为文本的"字面言辞",也不仅是言辞背后的事实性"所是",她更加是事实背后的某种真理性"意是"。而此中极为深刻的一个意蕴就是:通过对终极"意是"的追求与阐释,历史学方能挣脱"文字"与"事实"的束缚,去大胆并直接地拥抱某种"意义"。于是乎,凭借着这种叠层状的阐释结构,提阿菲罗斯就可以悬搁起西方传统史学对历史"是何所是"的探询,而建构起早期基督教史学对历史"是何意是"的阐释,引领受众们走向了"千真万确"的"真理",也即基督教信仰与教义那里。至此,他也终于扬弃了苏格拉底等人所代表的希腊哲学,以及斐洛等人所代表的犹太信仰,首次以自己的基督教信仰发展与创新了人们对过往历史的看法。当然,提阿菲罗斯的历史阐释体系远非完美无缺,这或者是由于他

---

[1] Theophilus of Antioch, *Ad Autolygum* (*To Autolycus*), p. 105.

[2] Robert M. Grant, "Theophilus of Antioch to Autolycus," Theophilus of Antioch, *Ad Autolygum* (*To Autolycus*), Text and Translation by Robert M. Grant, Great Britain, Oxford: Oxford University Press, 1970, pp. 139, 228.

[3] Carl CurrySource, "The Theogony of Theophilus," *Vigiliae Christianae*, Vol. 42, No. 4 (Dec., 1988), p. 318.

[4] 刘知幾:《史通》卷六《叙事第二十二》,上海:上海古籍出版社 2008 年版,第 127 页。

一开始就处在两个彼此抵牾的场所之中：一来，他所立足的，是一个汇聚众多强调信仰而摒弃知识的先知的场所，"这些希伯来人中的先知，他们是些不识字的牧羊人并且从未受过教育"[1]；二来，他所面对的，又是一个充满诸如奥托莱库斯这种"读过大量书籍"[2]的异教智识人群的场所。因此，他的"所是"与"意是"，也就不得不经常要去承担在这两个场所中跨界穿梭的职责，它们既要斩钉截铁地去定义与高举神圣的教义信条；又要去迂回曲折地阐释与贬斥传统的史学文本。这自然在某种程度上模糊了他的理论适用。但我们要考虑到，他毕竟处在一个更大的、充斥着诸多异教对其信仰加以攻讦甚至污蔑的情境之中。比如他对食人叙事的阐释，其根源就在于"众多不虔敬的唇枪舌剑，都在错误地指责我们这些被称为基督徒的人……诬陷我们吃人肉"[3]。而这种大情境，才是决定其理论要勉为其难地沟通两处原本互斥的场所的最主要原因。西方现代关注"所指""能指"与"意指"等概念的阐释理论家罗兰·巴尔特，曾在评论左拉时认为："毒害作品的东西，是左拉回答了他所提出的问题，但是，为其留下喘息、梦想或震撼的东西，是小说的技巧本身。"[4]此一评判，似乎也可以借用到提阿菲罗斯身上，也许，提阿菲罗斯的理论内容，以今日观之存在着诸多缺陷，可他构建其历史阐释理论的技巧，则的确是让人惊叹与折服。因为长久以来，人类就困囿于文字活动的"书不尽言，言不尽意"[5]，而提阿菲罗斯，早在2世纪的时候，便建构起了对于历史文本中"言辞""所是""意是"加以区分的理论体系，并把传统历史叙事限定解释为字面"所是"，进而以信仰来强调对文字背后"意是"的阐释与追寻。基于此，他就为业已陷入困境的西方史学开辟了一条新路，使得原本拒斥史学的早期基督教思想，得以找到将历史学征为己用的可能；同时也为历史学投奔新兴宗教打开了方便之门。简言之，他为史学沟通了一条通往基督教"真理"的路径。

---

[1] Theophilus of Antioch, *Ad Autolygum* (*To Autolycus*), p. 87.

[2] Ibid., p. 105.

[3] Ibid.

[4] ［法］巴尔特(Roland Barthes)：《文艺批评文集》，"文学与意指"，怀宇译，北京：中国人民大学出版社2010年版，第319页。

[5] 《周易·系辞上》。

西方史学之东渐与中国史学的现代转型

——以朱谦之为中心的考察*

黄 蕾[1]

西史东渐,顾名思义是指西方[2]史学传入中国[3]。这一问题近年来成为学界关注的一个热点,研究成果颇丰[4],论者指出"从 1919 年至 1949 年这 30 年中,尤其在 30 年代前后,出现了第一次输入西方史学的高潮"[5]。此言甚是。在这一阶段,史家辈出,他们中的大部分人有良好的中国史学的修养,有留学海外学习西方史学的经历,他们身处动荡的时代,献身学术、引介西史,在中西史学思想的碰撞中寻求中国史学发展的新道路,朱谦之就是其中的

---

* 本文系教育部人文社会科学重点研究基地重大项目"近代以来中外史学交流研究"(项目号:07JJD770119)的阶段性成果。本文原载于《福建论坛·人文社会科学版》2010 年第 1 期。

〔1〕 黄蕾,复旦大学历史学博士(2008 年 9 月入学,2012 年 7 月毕业),现就职于上海外国语大学图书馆。

〔2〕 这里的"西方"是一个文化范畴,并不全是地理概念,本文中还包括日本。

〔3〕 关于西史东渐的起点问题,学术界大致有以下两种观点:一、认为自 19 世纪初西方新教传教士译述活动为起点,见邹振环:《西方传教士与晚清西史东渐:以 1815 至 1900 年西方历史译著的传播与影响为中心》,上海:上海古籍出版社 2007 年版。二、认为以 19 世纪末 20 世纪初为起点,见张广智:《再论 20 世纪中外史学交流史的若干问题》,载《学术研究》2006 年第 4 期;李孝迁:《西方史学在中国的传播(1882—1949)》,上海:华东师范大学出版社 2007 年版等。

〔4〕 如杜维运:《西方史学输入中国考》,载《台湾大学历史学报》1976 年 5 月第 3 期;林正珍:《晚清知识分子引介西洋史的若干问题——以梁启超史学思想为中心》,载《台湾师范大学历史学报》第 16 期,1988 年 6 月;俞旦初:《二十世纪初年中国的新史学》,载《爱国主义与近代中国史学》,北京:中国社会科学出版社 1996 年版;张广智:《二十世纪前期西方史学输入中国的行程》《二十世纪后期西方史学输入中国的行程》,载《史学理论研究》1996 年第 1、2 期;鲍绍霖:《西方史学的东方回响》,北京:社会科学文献出版社 2001 年版;邹振环:《西方传教士与晚清西史东渐:以 1815 至 1900 年西方历史译著的传播与影响为中心》;李孝迁:《西方史学在中国的传播(1882—1949)》,张广智主编:《20 世纪中外史学交流》,北京:北京师范大学出版社 2007 年版等。

〔5〕 张广智:《关于 20 世纪中西史学交流史的若干问题》,瞿林东主编:《史学理论与史学史学刊》(2002 年卷),北京:社会科学文献出版社 2003 年版。

杰出代表。

朱谦之(1899—1972),字情牵,福建福州人,被称为"百科全书式的学者",著作涉及文学、史学、哲学、东方学、比较文化学等诸多方面。1929年,他东渡日本求学,潜心历史哲学的研究,两年后回国,先后任暨南大学、中山大学、北京大学教授,积极倡导"现代史学"运动。他"嗜爱读书,写作不辍,日出而作,掌灯乃止,著述等身"〔1〕。历史学方面的主要著作有:《现代史学概论》《历史哲学》《历史哲学大纲》《黑格尔的历史哲学》《孔德的历史哲学》《历史学派经济学》等。

回顾大陆学界对于朱谦之的研究,主要集中在他的哲学和文化学方面〔2〕,在历史学领域对朱谦之进行研究的论文仅见周文玖《朱谦之的史学理论及其史学史研究——以在中山大学的教研活动为中心》〔3〕,惜未能深入开掘。此外,一些史学专著中也只有零星地提到朱谦之在建立新史学方面的作用。〔4〕香港学者许冠三在《新史学九十年》中,将朱氏归入史观学派,以"心智因素重于物质因素"为题归纳朱谦之的史学,文辞诸多苛责。而将朱谦之的史学探索置放于西史东渐的大背景下考察,尚不多见。笔者不揣浅陋,试从这方面做一些初步的探讨,因为它无论于中外史学交流史的研究,还是于中国现代史学史的研究,都是颇具意义的。

一、"哲学商量新智慧"〔5〕:引介西方的历史哲学

众所周知,在近代以来的中外交流史中,日本起到了中转站的作用。一批

---

〔1〕 何绛云:《绛云赘语》,见《朱谦之文集》第10卷,福州:福建教育出版社2002年版,第608页。

〔2〕 方用:《试论朱谦之〈周易哲学〉中的"情"》,载《周易研究》2007年第3期,《试论朱谦之唯情哲学的理想人格》,载《兰州学刊》2007年第4期;朱慈恩:《朱谦之历史哲学述论》,载《福建省社会主义学院学报》2008年第3期;赵立彬:《西方理论与朱谦之的文化学思想——以〈文化哲学〉为中心》,载《中山大学学报》2006年第1期等。

〔3〕 载《齐鲁学刊》2005年第1期,后收入《史学史导论》,北京:学苑出版社2006年版。

〔4〕 如刘俐娜的《由传统走向现代——论中国史学的转型》(北京:社会科学文献出版社2006年版)一文中谈到朱谦之在历史哲学方面对中国现代史学的作用;周文玖的《中国史学史学科的产生和发展》(北京:北京师范大学出版社2002年版)谈到了他对史学史贯通性的研究;张广智主编的《20世纪中外史学交流》谈到了他对输入黑格尔主义历史哲学的贡献等。

〔5〕 朱谦之:《中年杂咏六》,《朱谦之文集》第1卷,福州:福建教育出版社2002年版,第205页。

留日学生在日本接触到西方的新思想和新文化,他们或通过转译日文的西方著作,或在学习日本学者的研究成果的基础上深入思考,形成自己的观点,然后把这些成果带回国内,使国人对取道日本的西方文化有所认识和了解。如1902年,留日学生汪荣宝编译日本学者坪井九马三的《史学研究法》,以"史学概论"为题在中国发表。日本著名史学家浮田和民集众多西方史家学说著成的《史学原论》一书,引起我国学术界的极大兴趣,一些留日学生竞相翻译此书,译本有五六种之多。[1] 这正如俞旦初所说,"近代日本的史学理论和方法,受到西方的影响,而中国的新史学,在20世纪初,主要又是受到日本的影响"[2]。

朱谦之对西方历史哲学的引介,首先是从德国哲学家黑格尔的历史哲学开始。其源于1929年,是年4月,朱谦之得蔡元培、熊十力的推荐,以国立中央研究院特约研究员的名义东渡日本求学,中央研究院所给的题目是《社会史观与唯物史观之比较研究》。1931年,他回到国内,适逢黑格尔诞辰100周年,他翻译了日本史家关于黑格尔的文章8篇[3],加上自己的《黑格尔的百年祭》《黑格尔主义与孔德主义》《黑格尔论理学大纲》,结集为《黑格尔主义与孔德主义》,于1933年作为"历史哲学丛书"的一种,由上海民智书局出版。1936年,又由商务印书馆出版了《黑格尔的历史哲学》一书。

朱谦之考察了黑格尔主要著作的成书时间,认为其历史哲学可分为四个时期:精神现象学、论理学、法律哲学和历史哲学。[4]

朱谦之认为,研究黑格尔历史哲学,不能局限在《历史哲学》这部著作里,而是把它的形成看作一个动态的累积过程。朱谦之不仅详细阐述了黑格尔历史哲学的基本概念,而且揭橥了历史哲学的任务,并"指出各民族的各种原理

---

[1] 浮田和民讲述:《史学通论四种合刊》,李浩生等译,邬国义编校,上海:华东师范大学出版社2007年版。

[2] 俞旦初:《二十世纪初年中国的新史学》,《爱国主义与近代中国史学》,北京:中国社会科学出版社1996年版,第51页。

[3] 铃木权三郎《黑格尔小传》,吹田顺助《黑格尔与德国浪漫主义》,大江清一《黑格尔的精神现象学》,三枝博音《黑格尔的论理学研究》,关荣吉《黑格尔的历史哲学》《黑格尔的社会哲学》,松原宽《黑格尔的宗教哲学》,岩崎免《康德主义与黑格尔主义》。

[4] 朱谦之:《黑格尔的历史哲学》,《朱谦之文集》第5卷,福州:福建教育出版社2002年版,第398页。

之进行,发生,递嬗,这种运动之关联在什么地方"[1],这应当是从事历史哲学研究的一般前提。

朱谦之还认为,辩证法是黑格尔历史哲学的"特色所在"[2],"Hegel 的历史哲学,自始至终是依据于辩证法而成立,不但如此,他的全部哲学亦自始至终是依据于辩证法而成立。"[3]他将辩证法当作黑格尔历史哲学的核心,这无疑抓住了黑格尔历史哲学的本质。在他看来,黑格尔的辩证的方法运用于历史认识的实践,有其优点,也不可避免会有缺陷。一方面,运用辩证法进行历史研究,可以把历史看作动态发展的过程,这一过程有合理性和必然性,另一方面,容易陷入一种"图式主义"。朱氏所论,在今天看来,仍具有启发意义。作为历史认识的方法之一,辩证法不是放之四海而皆准的,仍然是需要一定的条件,而不能唯辩证法是论。

总之,朱谦之对黑格尔历史哲学的研究及其洞察,使国人眼界大开,这主要归之于他对黑格尔历史哲学不是一般的介绍,而是有相当深度的学术研究,且具特色。[4]

朱谦之继而对孔德的历史哲学也做出了深入的研究。1941 年,他出版《孔德的历史哲学》。他首先分析了孔德历史哲学的思想来源,受到孟德斯鸠、孔道塞(今译孔多塞)、圣西门、维柯、杜尔阁等人的影响,认为他们是孔德的"先导者"[5]。他进而指出,"实证主义就是为要确立社会改造的原理,才不得不就人类之社会生活现象,施以实证的研究。换言之,即求潜藏于社会生活背后之共同思想,求出那支配社会生活的法则"[6]。

在朱谦之看来,孔德的以知识为中心的三阶段法则,是其历史哲学的中心,接着他具体考察了孔德早期的论文集与《实证哲学》《实证政治学》两书中的"三阶段论",认为早期论文集中,孔德所说的人类知识所经历的三个阶段是神学的、形而上学的、实证哲学的,是其思想的萌芽阶段,到了《实证哲学》那

---

[1] 朱谦之:《黑格尔的历史哲学》,《朱谦之文集》第 5 卷,第 408 页。
[2] 同上书,第 395 页。
[3] 同上书,第 429 页。
[4] 参见黄见德:《西方哲学东渐史》(上),北京:人民出版社 2006 年版,第 627 页。
[5] 朱谦之:《孔德的历史哲学》,《朱谦之文集》第 5 卷,第 435 页。
[6] 同上书,第 451 页。

里,这种观点进一步成熟,而到了《实证政治学》一书中,他突破了知识的范畴,将人类精神区分为感情的、知识的、动作的三种,这既是孔德历史哲学观念自身之深入,更是朱谦之对孔德历史哲学研究的深化。

于此,朱谦之提出了一个明确的学术理念:"在历史哲学上将黑格尔与孔德结合"[1]方为正途。在朱谦之看来,西方一百年来的思想史,"就是黑格尔主义与孔德主义的争斗史"[2],而反观当时的中国,正处在两大争论的"十字路口":科学与玄学之争、新实证主义即社会史观派与辩证法的唯物史观派的论争,朱谦之更觉有必要用黑格尔与孔德的理论为这两大争论提供理论支持,他得出的结论是,黑格尔的辩证法"只能见到社会当进化似乎后所发生的一种病症",而依据孔德主义的社会学的历史观"可以发现社会进化的定律"[3],倘将二者结合起来,才是真理,才是"一个大综合的完完全全无少亏欠的大智慧"[4]。真是智慧者的"智慧之论",可以这样说,朱谦之将黑格尔和孔德的历史哲学研究结合起来,并针对当时中国的实际情况,探讨社会发展的道路,不啻为一种有益的尝试,其业绩凸显光芒且不可磨灭。他对现代西方史学新潮的引介,尤其是对现代西方历史哲学的引介,以及他的述评颇让国人开阔眼界,吸纳新见,增长才智,转变观念。因此,对中国学界产生了积极的影响。进而言之,对推动中国史学的现代转型,也是不无意义的。

二、"史论探讨异寻常"[5]:探索中西史学史

随着西史东渐,学者们对中西的史学史也表现出了浓厚的兴趣。梁启超早在《中国历史研究法补编》中就提出了"史学史的做法",认为"中国史学史,最少应对于下列各部分特别注意:一、史官;二、史家;三、史学的成立及发

---

〔1〕 朱谦之:《黑格尔的百年祭》,《朱谦之文集》第5卷,第290页。
〔2〕 朱谦之:《黑格尔主义与孔德主义》,《朱谦之文集》第5卷,第292页。
〔3〕 同上书,第303页。
〔4〕 同上。
〔5〕 朱谦之:《中年杂咏六》,《朱谦之文集》第1卷,第205页。

展;四、最近史学的趋势"〔1〕。当然,梁氏的关注点在中国史学史方面,对西方史学史是不甚了解的。而朱谦之的历史功绩早在 20 世纪 30 年代,就不限于重视中国史学史,也关注西方史学史,这的确是难能可贵的。

在《现代史学概论》中,朱谦之独辟两章专门探讨《史学的历史》,分别考察了中国和西方的史学史。

先说他对中国史学史的探索。朱谦之把中国史学的发展分为故事的历史、教训的历史和发展的历史三个阶段。《周易》《诗经》《尚书》《春秋》《竹书纪年》《左氏传》《国语》《世本》《穆天子传》《山海经》都是故事的历史。"教训的历史就是中国史学上所谓纪传体,是以人物为中心的"〔2〕,他考察了二十四史中各种体例的篇幅,认为"廿四史是以'纪传'为中心,而纪传又以'教训'为中心"〔3〕,所以二十四史都属于教训的历史。此外,《资治通鉴》和《通鉴纲目》等书则是以历史为政治教训的一派。他将发展的历史又分为三个时期:第一期,宋代至明,以政制史为中心,如"九通";第二期,明代至清,以学术史为中心,以浙东学派为代表;第三期,清至现代,又可分为三个阶段:考证及考古学派时期,细分为王国维等甲骨文字学、顾颉刚等人的古史真伪问题、傅斯年等科学发掘的方法;中国社会史论战时期;"现代史学"时期。这种细致的研究令人赞叹。

值得一提的是,朱谦之认为孟子的"孔子成春秋而乱臣贼子惧",证明了那个时代的历史已经开始从故事的历史走向教训的历史,而"孔子在史学史上的位置,和 Herodotus 一样,Herodotus 为西洋史学的始祖,孔子则为中国史学的始祖"〔4〕。这一论断和后来在学术界引起很大反响的朱本源的《"〈诗〉亡而后〈春秋〉作"论》〔5〕的观点如出一辙,这或许就是人们常说的"英雄所见略同"吧!

再说朱谦之对西方史学史的探索。他熟悉西方史学的历史。在 1931 年,

---

〔1〕 梁启超:《中国历史研究法补编》,北京:东方出版社 2005 年版,第 318 页。
〔2〕 朱谦之:《现代史学概论》,《朱谦之文集》第 6 卷,福州:福建教育出版社 2002 年版,第 59 页。
〔3〕 同上书,第 66 页。
〔4〕 同上书,第 58 页。
〔5〕 朱本源:《"〈诗〉亡而后〈春秋〉作"论》,载《史学理论研究》1992 年第 2 期。后收入《朱本源史学文集》,西安:陕西师范大学出版社 2005 年版。

他在上海暨南大学开设的四门课程〔1〕中就有西洋史学史。对于当时流行的西方史学史的著作,他认为绍特威尔的《史学史导言》"只限西洋古代史学",而且"简直连一个比较完全的参考书,都是没有",而古奇的《19世纪历史学与历史学家》只限于19世纪,所以"许多地方不能使我们满意",好在有鲁滨逊的《新史学》和巴恩斯的《社会科学的历史与趋势》,可以和绍特威尔的书互相参看,"不能不算我们研究者不幸中之万幸"〔2〕。个人以为,他的这些评论应该说是切中肯綮的。

关于西方史学史的分期问题,他认为也可以分为三个阶段:第一阶段故事的历史,内容主要包括从史诗神话到希罗多德。第二阶段教训的历史,从修昔底德到色诺芬、波里比阿,直到李维、塔西陀、普鲁塔克等史家都属于该阶段。第三阶段发展的历史,又可分为三期:1. 宗教式文化史,就是我们今天所说的中世纪的神学史;2. 哲学式文化史,又分为唯理主义,主要有马基雅维利、奎恰尔迪尼、吉本等人;浪漫主义,主要有卡莱尔;国家主义,主要有德罗伊森、弗里曼等;3. 科学式文化史,又分为考证派,主要有兰克、瑟诺伯斯、富林等;综合史学派,主要有兰普雷西特、韦伯、鲁滨逊等;社会史、经济史及科学史派。在那时,能对西方史学史作出如此具体而又细密的分析,倘朱谦之不是第一人,恐怕也是凤毛麟角吧。

朱谦之进一步论述了西方史学史各个阶段的主要特点,并对主要史家及史著进行简要点评,一些论断在今天看来仍不乏高见,如他论述马基雅维里、奎恰尔迪尼等人的史著,说"这些史著从一方面看,好似要重新回复到从前Thucydides,Tacitus 的史学时代,实际则为对中古宗教史家之一反动,而为人间本位的,唯理本位的史学之先驱"〔3〕。他正确地看到了文艺复兴时期史家由神本位到人本位的转化。

尤其值得一提的是,在两则附录中,朱谦之综合各家研究《圣经》的成果,介绍了《圣经》的历史,认为"《圣经》不是经,只是史,它是希伯来人留给我们的

〔1〕 西洋史学史、历史哲学、史学概论、社会学史。见朱谦之:《世界观的转变——七十自述》,《朱谦之文集》第1卷,第139页。
〔2〕 朱谦之:《现代史学概论》,《朱谦之文集》第6卷,第33页。
〔3〕 同上书,第41页。

一部神话式历史的典型"〔1〕；他还用了大量的笔墨讲述"故事式历史"的三个阶段，重点分析了希罗多德被称为"历史之父"的原因有：所受之博大教育，历史方向的转换，科学研究的精神。还介绍了《波斯战争史》(即《历史》)的卷册划分及其原因，对于希氏作品的缺点，他认为"在历史知识尚未真正明了的时代，似乎应该可以原谅"〔2〕，这种史论中的宽容精神，或许可以为他一直强调的将历史看作动态发展的过程的历史主义态度佐证。

关于朱谦之对西方史学史的论述，有学者颇有微词，认为他多据绍特威尔《史学史导言》和富林之说〔3〕，其实，倘若我们也历史地看待这一问题，结论或许要宽容得多。在当时的情形下，作为大学教科书的《现代史学概论》，专辟两章探讨史学史，这已经是一种很大胆的尝试。由于资料、读者群等诸多的限制，介绍多于研究也是可以理解的，须知，中国西方史学史的系统研究，那是要等到中国新时期之后。

总体说来，朱谦之对于中西史学史的论述，虽不免框架化和简单化，但一方面对于引导国人对中西史学发展的脉络的总体把握不无益处，另一方面也引起了后来学者的重视，开始将中西史学的发展阶段问题作为一个重要学术命题加以考量。白寿彝先生在读了朱谦之关于中西史学史的文章之后，指出："这样的写法，究竟是否跟中国史学发展的情况相符合，这是另一个问题，但他究竟划出了中国史学发展的一条线，这在别的史学史论著中是见不到的。我对这篇文章很有兴趣，后来我的讲稿也吸收这篇文章的某些论点，这使我讲授内容有些变化。"〔4〕

从历史的本身来说明历史，朱谦之在距今 70 多年前对中西史学的发展进程就有这样的认识，殊为不易，我们应当尊重前贤为我们所留下的史学遗产，并加以发展，这才是对待学术遗产的正确态度。此外，朱谦之对中西史学历史进程的合并研究，直接地来说，对史学史研究者具有某种方法论的意义，如对

---

〔1〕 朱谦之：《现代史学概论》，《朱谦之文集》第 6 卷，第 47 页。
〔2〕 同上书，第 56 页。
〔3〕 许冠三：《朱谦之：心智因素重于物质因素》，《新史学九十年》，长沙：岳麓书社 2003 年版，第 328 页注释 1。
〔4〕 白寿彝：《中国史学史》第一卷，上海：上海人民出版社 2006 年版，第 111 页。

当今开展的中西史学的比较研究有某种启示;间接地来说,对推动当时中国史学的现代转型,也许能起到某种潜移默化的作用。

三、"振臂高呼君莫笑"[1]:寻求本国史学发展的道路

在中国史学的现代转型中,现代学术期刊的创办起到了很显著的作用。[2]朱谦之在从事西史东渐的同时,创办《现代史学》学术期刊,为中国史学的现代转型摇旗呐喊,奔走呼号,作出了重要的贡献。

在中国史学史上,早在 20 世纪 20 年代,就开始出现专门的史学研究期刊,如《史地丛刊》《史学杂志》《史学年报》等,这些期刊的创立,对推动中国史学的现代转型,进而对中国新史学的发展都起到了推波助澜的作用。正如学者指出的那样:"学术杂志,基本上是学术研究机构或学术团体创办,往往是一个学术期刊就是一个学派的阵地,有它独有的特点、学风,在这个刊物周围聚集统一学术倾向的学人。"[3]比如法国的年鉴学派就是一个以《经济社会史年鉴》为中心的史学团体。1929 年法国年鉴学派的《经济社会史年鉴》创刊号宣称:"打破史学研究的专业局限和学科局限";杂志的力量"不是一些方法论的文章、理论的阐述,而是通过实例和具体研究"来显示。[4]

在年鉴学派的学者们发出这一呼声之后 4 年,1933 年,远在中山大学的朱谦之,在其创建的《现代史学》的宣言书中,明确地提出了如下办刊旨趣:1. 历史之现代性;2. 现代治史方法的运用;3. 注重文化史尤其是社会史、经济史、科学史。[5]倘将它与《年鉴》杂志略加比较,或许能够引起我们的一些

---

[1] 朱谦之:《中年杂咏六》,《朱谦之文集》第 1 卷,第 205 页。

[2] 具体参见张越:《新旧中西之间——五四时期的中国史学》第九章第二节《学术期刊与史学发展》,北京:北京图书馆出版社 2007 年版;张越、叶建:《近代学术期刊的出现与史学的变化》,载《史学史研究》2002 年第 3 期;李春雷:《史学期刊与中国史学的现代转型》,载《史学理论研究》2005 年第 1 期;王建伟:《20 世纪二三十年代的专业期刊与史学革新》,载《史学月刊》2008 年第1 期。

[3] 周文玖:《中国史学史学科的产生和发展》,第 75 页。

[4] 《经济社会史年鉴》1929 年创刊号《致读者》,转引自姚蒙:《法国当代史学主流》,台北:远流出版公司 1988 年版,第 38 页。

[5] 朱谦之:《现代史学概论》,《朱谦之文集》第 6 卷,第 97 页。

思考。两本杂志都强调史学和其他学科的结合,都注重经济史、社会史,都注重实践性而非简单的理论阐述,但是年鉴学派历经几代学者,发展成为对当代史学产生重要影响,并奠定法国史学在国际史坛领先地位的重要流派,而《现代史学》杂志却因为种种原因而终于昙花一现,这不能不让人唏嘘不已。然而,它留给我们的史学遗产却值得我们去认真总结。对此,下文略说一二。

关于现代史学的任务。在《现代史学》第五卷"卷首语"中,朱谦之开篇便点明了现代史学的任务,"现代史学的第一职务,乃在怎样理解目前世界历史和中国历史的大转变。换言之,即是'考今'"〔1〕。他十分欣赏克罗齐的"一切真的历史就是现代的历史"的观点,多处引用并加以阐发。他将历史学作为沟通过去与将来的通道,认为"历史家如果能够把过去的僵迹,完全无缺的记载下来,还不算尽了史家的职务,须知史家之所以为史家,在他能够将过去同现在、未来联络起来"〔2〕。在办刊的过程中,他也贯彻这一思想,将关注的重点转移到现当代史上。据不完全统计,《现代史学》杂志有经济史专号〔3〕、史学方法论特辑〔4〕、中国近代史专号〔5〕等,均"开风气之先"〔6〕。

此外,他对当时的一些著名的史家史观加以批判。他认为梁启超"史者叙述人类社会赓续活动之体相"的观点是错误的,他指出"旧历史把政治看得过重,固是错误,新历史家把人类活动的事迹,来包括全历史,也是个顶大的毛

〔1〕 朱谦之:《考今》,《朱谦之文集》第 2 卷,福州:福建教育出版社 2002 年版,第 157 页。
〔2〕 朱谦之:《现代史学概论》,《朱谦之文集》第 6 卷,第 14 页。
〔3〕 第一卷第 3、4 期:中国经济史研究专号:朱谦之:《经济史研究序说》;陈啸江:《西汉社会"纯经济过程"之解剖》;黄松:《均田制度下的北朝农村经济》;董家遵:《唐末经济恐慌与农民》;朱希祖:《交子之起源》;戴裔煊:《纸币印刷考》;王充恒:《宋代南方经济发达的研究》;梁瓯第:《清末外资本侵入后的农村经济》;傅衣凌:《论中国的生产方式与农民》;王兴瑞:《关于中国古代用铁的研究》;何仁棠:《中国经济现阶段之分析》;《编后》。
〔4〕 第二卷第 4 期史学方法论特辑:朱谦之:《历史论理学》;陈啸江:《建立史学为独立的法则的科学新议论》;石衡:《关于历史方法的一点小小的贡献》;岑家梧:《戏剧史方法短论》。
〔5〕 第五卷第 1 期中国近代史专号:朱谦之:《考今(卷首语)》;朱谦之:《太平天国史料及其研究方法》;朱谦之:《天德王之谜》;陈安仁:《中国现代革命史论》;王兴瑞:《清末革命党与保皇党的关系》;区琮华:《中国海关总税务司的起源》;丘陶常:《明季士大夫复国运动对于近百年来中国革命运动的影响》;黄庆华:《辛亥革命思潮溯源》;彭泽益:《太平天国对于东西革命的影响》;戴裔煊:《清代盐课归丁史源试探》;刘伯奎:《李鸿章与中俄密约》;郑师许:《新航路的发见与欧人东来的追溯》;苏宪章:《现代来华之西方旅行家》。
〔6〕 朱谦之:《世界观的转变》,《朱谦之文集》第 1 卷,第 147 页。

病"〔1〕。他对于傅斯年等人的"近代的历史学只是史料学"的观点加以批驳，他认为"现代史学界的最大病痛，正是'恁是天崩地裂，他也不管，只管讲学耳'"〔2〕。这和他认为史学的任务是"考今"是一致的。在这里，我们无需也不可能对梁氏、傅氏的学术观点加以褒贬，因为时至今日，对他们二人的研究自可为其学术价值作证，而朱谦之所创办的《现代史学》之被人们遗忘，也或许和其强烈的"现代性"有关，毕竟朱谦之的"现代"对于我们而言已是70多年前的事情了。不过在当时内忧外患的背景下，史家想要通过史学之彰往察来的功效来探求民族发展的道路，在当时确是可以引起很多人共鸣的。关于现代史学的研究方法，朱谦之认为唯物辩证法自有其优点，但同时也存在问题，现代的史学要综合各种方法，比如心理的方法、统计的方法、社会科学的方法，还包括传统史学的方法等。他进一步指出，历史研究中最重要的方法是"发生的方法(Genetic method)"〔3〕，值得注意的是，他这里的所谓"发生的方法"，和我们现在所说的历史的方法并无二致。在那时，将多学科的研究方法引入史学研究，当是一种超前的与可贵的尝试。

针对当时轰轰烈烈的史料派和史观派之争，朱谦之认为史料派和史观派都存在着弊端，而欲结合这二者的长处。他套用黑格尔正反合的理论，"这种现代史学运动，实为发展史第三期中之必然的产物，如以第三期之第一时期即考证及考古学派为'正'，则第三期第二时期即唯物史观派为'反'，那么'现代史学'就是'合'了"〔4〕。这种想法虽然有些天真和理想化，但毕竟可以看出朱谦之希望探求一条有别于考证派和史观派的新的治史途径。

此外，朱谦之关于唯物主义史观的一些观点，在今天看来，仍然有借鉴意义，如他认为唯物史观论者们，理论多而事实少，"当他们拿着马克思的公式，来解决中国社会上之复杂问题，而且要'见之行事'，这自然太危险了"〔5〕。这可视为"醒世之语"。在这里，值得一提的是，他在《现代史学概论》一书后，

---

〔1〕 朱谦之：《现代史学概论》，《朱谦之文集》第6卷，第7页。
〔2〕 朱谦之：《考今》，《朱谦之文集》第2卷，第158页。
〔3〕 朱谦之：《现代史学概论》，《朱谦之文集》第6卷，第126页。
〔4〕 同上书，第97页。
〔5〕 同上书，第98页。

附了《史学概论普通参考用书》《史学方法论普通参考用书》，列举了中、日、英、德等语的相关参考书，并简单介绍其内容，为读者指点门径，这在当时是很少见的，他的这种方法无疑有助于史学走向大众社会，为现实服务。

自西方史学初入中国，至今百余年，正是有了一代代学人的努力，才有了新中国蓬勃发展的史学，时至今日，回顾朱谦之当年创办《现代史学》时的宣言，仍给我们以启示，特兹录如下：

> 我们愿成为转型期历史学的先驱，对于一切现代史学既要广包并容，对于过去的史学也不惜取批判的态度。我们不敢妄自菲薄，我们要努力摆脱过去史学的束缚，不断地把现代精神来扫荡黑暗，示人以历史光明的前路。[1]

综上所述，朱谦之通过《现代史学》这一学术期刊，弘扬现代史学理念，介绍各种研究方法，进而通过西史引介及他的史学思想，在学人尤其在年轻一代中，播撒了史学变革的种子，为中国史学从传统走向现代，"扫荡黑暗，示以光明"，其先驱者的历史地位当不可磨灭。

---

[1] 朱谦之：《现代史学概论》，《朱谦之文集》第6卷，第6页。

编后记

这是一本庆贺张广智先生从教五十年的纪念文集。文集所收文章皆为各位张门弟子在复旦大学跟随先生攻读博士学位期间所发表的论文,以此向张先生致敬,也借此回忆一下自己最后的那令人难忘的学生时代。

复旦大学西方史学理论与史学史学科在 20 世纪 60 年代由以耿淡如先生为代表的前辈学者开创。改革开放以后,张广智先生一力担当,默默耕耘,如是者四十余载,使复旦大学历史系成为国内西方史学理论与史学史研究的重镇。张先生著述丰赡,既有《克丽奥之路——历史长河中的西方史学》(复旦大学出版社 1989 年版)以及《史学,文化中的文化——文化视野中的西方史学》(浙江人民出版社 1990 年版)这样研习西方史学史、从事西方史学史教学的必备参考书,又有像《西方史学通史》(六卷本,复旦大学出版社 2011 年版)这样可藏之名山的鸿篇巨制。

张先生更倾力于西方史学史的教学与人才的培养,建立和完善了从本科到硕士、博士生各阶段的西方史学史课程体系,编写《西方史学史》教材。自1995 年始,总共培养了 31 位西方史学理论与史学史专业方向的博士研究生,其中大多数现都在国内各高校的历史院系任教,成为西方史学史研究的中坚力量。

跟随张先生读书,不仅是学术上的探索,更是人生的修习。自古以来,我们说起读书,总是一个"苦"字,"寒窗""冷板凳"之类的,或许是被太史公植入了太过强烈的心理暗示,"昔西伯拘羑里,演《周易》;孔子厄陈、蔡,作《春秋》……"以致读书人都有了"发愤""郁结"的潜意识。但西方尤其是西方史学的传统不然。西方"史学之父"希罗多德在其《历史》的前言中开宗明义:"在这里发表出来的,乃是哈利卡尔那索斯人希罗多德的研究成果,他所以要把这些研究成果发表出来,是为了保存人类的功业,使之不致由于年深日久而被人们遗忘,为了使希腊人和异邦人的那些值得赞叹的丰功伟绩不致失去它们的光彩。"也就是说,希罗多德所追求的是记录、保存并欣赏人类的伟大功业,为人类唱赞歌,用法国史家让·博丹的话来说,希罗多德作史,实乃为了娱悦。

在弟子们的眼中,张先生是得了希罗多德真传的。张先生的研究、著述、教学,一如他的首本西方史学史的专著《克丽奥之路——历史长河中的西方史学》的书名所展示的,浸染着文艺女神的风范,是研究,是创作,也是审美,并无为稻粱谋的苟且与困厄。即使八十高龄,先生仍在写着"人生仿若初见"的隽永文字。

说到人生初见,清代词人纳兰性德曾伤感于"人生若只如初见,何事秋风悲画扇"。对于我们张门弟子而言,得以随先生读书,受先生濡染,无论是继续从事学术研究还是其他行业,都可受益终生,正可谓"张门求学如初见,梅兰竹菊弄画扇"。

编　者
2020 年 9 月

图书在版编目(CIP)数据

西方史学的开拓与创新:庆贺张广智先生八十华诞暨从教五十年论文集/《西方史学的开拓与创新:庆贺张广智先生八十华诞暨从教五十年论文集》编委会编. —上海:复旦大学出版社,2021.1
ISBN 978-7-309-15216-6

Ⅰ.①西…　Ⅱ.①西…　Ⅲ.①史学理论-西方国家-文集　Ⅳ.①K0-53

中国版本图书馆 CIP 数据核字(2020)第 134751 号

西方史学的开拓与创新:庆贺张广智先生八十华诞暨从教五十年论文集
《西方史学的开拓与创新:庆贺张广智先生八十华诞暨从教五十年论文集》编委会　编
责任编辑/关春巧

复旦大学出版社有限公司出版发行
上海市国权路 579 号　邮编:200433
网址:fupnet@ fudanpress.com　http://www.fudanpress.com
门市零售:86-21-65102580　　团体订购:86-21-65104505
外埠邮购:86-21-65642846　　出版部电话:86-21-65642845
上海盛通时代印刷有限公司

开本 787×1092　1/16　印张 25　字数 382 千
2021 年 1 月第 1 版第 1 次印刷

ISBN 978-7-309-15216-6/K·733
定价:150.00 元